仅供内部使用

中国石油
三项制度改革百篇案例

中国石油天然气集团有限公司人力资源部 编

石油工业出版社

图书在版编目（CIP）数据

中国石油三项制度改革百篇案例 / 中国石油天然气集团有限公司人力资源部编. —北京：石油工业出版社，2024.1
ISBN 978-7-5183-6481-7

Ⅰ.①中… Ⅱ.①中… Ⅲ.①中国石油天然气集团有限公司—经济体制改革—案例—中国 Ⅳ.①F426.22

中国国家版本馆CIP数据核字（2023）第253949号

出版发行：石油工业出版社
　　　　　（北京安定门外安华里2区1号 100011）
　　　网　　址：www.petropub.com
编　辑　部：（010）64523611　图书营销中心：（010）64523731
经　　销：全国新华书店
印　　刷：北京晨旭印刷厂

2024年1月第1版　2024年1月第1次印刷
787×1092毫米　开本：1/16　印张：32.75
字数：406千字

定　价：98.00元
（如出现印装质量问题，我社图书营销中心负责调换）
版权所有，翻印必究

编委会

主　任：杨　华
副主任：吴　云　　刘明锐　　陈　蕊
成　员：郝庆华　　白广田　　孙树红　　梁保伟　　何　波
　　　　张丽东　　徐　晓　　付大海　　曾　路　　任宏伟
　　　　罗晓维　　刘　巍　　陈知广

编审组

组　长：梁保伟
副组长：刘　巍
成　员：曾海涛　　董彦坤　　舒才生　　徐丽萍　　艾唐敏
　　　　穆松涛　　陈少华　　贾静科　　王安立　　李　林
　　　　宋青松　　崔　跃　　麻永超　　周敦喜　　褚利国
　　　　刘红超　　罗　金　　尹前进　　孔庆利　　朱志军
　　　　范路炜　　赵冬冬　　王　亮　　王宇鹏　　耿一凯
　　　　马海峰　　李廷璐　　秦　雯

序

习近平总书记在党的二十大报告中指出，要深化国资国企改革，加快国有经济布局优化和结构调整，推动国有资本和国有企业做强做优做大，提升企业核心竞争力；完善中国特色现代企业制度，大力弘扬企业家精神，加快建设世界一流企业。这对新一轮国有企业改革作出重大部署，擘画了国有企业在中国式现代化建设中的新使命新任务，为更深层次推进以人事劳动分配三项制度改革为关键的国企改革明确了前进方向、提供了根本遵循。

一部石油工业史就是一部改革创新史，中国石油历来就有依靠改革破解企业发展瓶颈的优良传统。近年来，中国石油党组始终坚持以习近平总书记关于国有企业改革发展和党的建设重要论述为指引，以自我革命的勇气和魄力，坚定不移推进全面深化改革，统领所属企业上下联动、动真碰硬、攻坚克难，推动人事劳动分配重要领域和关键环节改革取得突破性进展，各项改革指标显著改善，在国务院国资委考核评估中三年连上三个台阶，步入第一方阵。改革的整体性、系统性、协同性更加突出，企业领导体制不断优化，组织体系实现系统性重塑，任期制和契约化管理全面落地，市场化选人用人机制、用工机制、分配机制加快形成，人才强企工程行稳致远，有效解决了一批制约企业高质量发展的突出问题与矛盾，有力推动了中国石油规模实力明显提升，活力效率持续增强，为保障国家能源安全、推动经济社会发展、保障和改善民生做出了重要贡献。在推进深化改革过程中，各

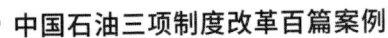

企业锐意改革创新、勇于实践探索，形成了一批质量高、成效好的特色做法和典型案例，既有对三项制度改革整体把握的全面推进，又有聚焦专项业务的重点突破；既有突出关键问题的解码破题，又有着眼常态长效的整章建制，总体上可学可鉴、可感可知，对下一步推进改革深化提升行动具有重要参考指导意义。

千川汇海阔，风正好扬帆。新时代开启新征程，新征程呼唤新作为，为贯彻落实党中央关于国企改革深化提升行动重大决策及中国石油党组持续深化三项制度改革相关部署要求，进一步强化典型引领，发挥示范效应，现将各企业探索形成的特色做法和典型经验汇编出版，希望各单位相互学习借鉴、主动对标提升，锚定提高核心竞争力、增强核心功能的目标任务，开拓进取、固本兴新、聚力攻坚，持续深化三项制度改革实践探索与创新，以更加优异的改革成效，为加快建设世界一流综合性国际能源公司提供坚强保障。

2023 年 12 月

目 录

总 论

1. 深化三项制度改革　为高质量发展注入强劲动力 ·················003
   中国石油总经理助理、党组组织部部长、人力资源部总经理　杨　华

2. 纵深推进三项制度改革　打造加快建设世界一流企业"强引擎" ······008
   中国石油总经理助理、党组组织部部长、人力资源部总经理　杨　华

3. 深化三项制度改革　筑高质量发展之基 ·····························013
   中国石油总经理助理、党组组织部部长、人力资源部总经理　杨　华

第一部分　企业整体改革篇

1. 砥砺前行谋改革　创新机制促发展 ···································019
   天然气销售分公司（昆仑能源有限公司）

2. 构建全球统一"六大体系"　提升国际化市场核心竞争力 ············024
   国际事业公司

3. 释放创效潜力　持续深化三项制度改革增活力 ·····················028
   大庆油田有限责任公司

4. 深化三项制度改革　激发人才队伍活力　赋能世界一流大油气田建设···033
   长庆油田分公司

5. 建立健全"三能机制"　增强企业核心竞争力 ·······················040
   塔里木油田分公司

i

6. 勇闯改革"深水区" 激活发展"源动力" 推动企业高质量发展 ……045
　　辽阳石化分公司

7. 突出组织体系优化 聚焦人才活力激发 为打造竞争力突出能源公司
　　提供人力资源支撑 ……………………………………………………051
　　锦州石化分公司

8. 紧紧围绕激发活力提高效率 持续深化三项制度改革 ……………058
　　哈尔滨石化分公司

9. 深化三项制度改革 有效解决结构性缺员难题 ……………………061
　　辽河石化分公司

10. 突出效益效能导向 探索事业部制改革 ……………………………064
　　燃料油有限责任公司

11. 坚定信心 迎难而上 推动改革纵深拓展 助力企业发展转型 ………069
　　上海销售分公司

12. 聚焦"三能"机制 统筹协调推进三项制度改革见实效 ……………074
　　湖北销售分公司

13. 深化三项制度改革 提升运营效率 激发全员活力 …………………079
　　广东销售分公司

14. 激发新活力 创造新动能 打造人力资源价值提升新引擎 …………083
　　黑龙江销售分公司

15. 深化三项制度改革 赋能高质量发展 ………………………………088
　　重庆销售分公司

16. 深化三项制度改革 注入发展强劲动力 ……………………………093
　　贵州销售分公司

17. 全面深化三项制度改革 激发企业高质量发展动力 ………………098
　　江苏销售分公司

目 录

18. 科学管理 深化改革 扎实推进三项制度改革走深走实 …………103
    浙江销售分公司

19. 聚焦"四优一提" 深化改革攻坚 赋能钻探企业高质量发展 ………108
    西部钻探工程有限公司

20. 深化改革增活力 破解难题促发展 为世界一流企业建设提供有力支撑
    …………………………………………………………………………115
    东方地球物理勘探有限责任公司

21. 坚持"四突出"持续深化内部改革 全力保障世界一流企业建设 ……121
    测井有限公司

22. 深化三项制度改革 推动企业高质量发展 ……………………………126
    技术开发有限公司

23. 深化三项制度改革 激发创新创效活力 ………………………………130
    宝鸡石油机械有限责任公司

24. 坚持问题导向 突出"三能"建设 深入推进人事劳动分配制度改革 …134
    宝鸡石油钢管有限责任公司

25. 全面深化三项制度改革 助推企业高质量发展 ………………………139
    济柴动力有限公司

26. 奋楫笃行履践致远 持续深化三项制度改革 …………………………144
    规划总院

27. 强化"三能"机制建设 激发企业内生动力 …………………………149
    昆仑制造北京石油机械有限公司

28. 坚定不移全面深化三项制度改革 ………………………………………152
    石油工业出版社

29. 做精做细做实三项制度改革 激发新闻人才队伍活力 ………………156
    中国石油报社

iii

第二部分　组织体系优化篇

30. 持续深化三项制度改革　以新担当新作为激发企业改革发展活力……163
    油田技术服务有限公司

31. 聚焦"四化"管理　构建油气生产单位新型组织体系………………169
    长庆油田分公司

32. 构建"油公司"组织体系　赋能世界一流大油气田建设………………174
    塔里木油田分公司

33. 以新型管理区模式赋能组织体系转型升级……………………………179
    新疆油田分公司

34. 井工程专业化管理实践探索……………………………………………182
    西南油气田分公司

35. 聚焦"三效"提升　锚定"三新"目标　优化组织体系　助力公司转型升级…………………………………………………………………………187
    大港油田分公司

36. 推进新型作业区建设　释放老油田一线生产组织活力………………192
    华北油田分公司

37. 以问题目标为导向系统推进组织体系优化……………………………197
    大庆石化分公司

38. 压减层级提效率　瘦身机构促管理　为全力助推企业高质量发展奠定坚实基础……………………………………………………………………202
    大连石化分公司

39. 紧扣业务运行　聚焦职能优化　全面推进实施大部制改革…………205
    西北销售分公司

40. 坚持改革创新　持续放权赋能　以组织体系升级助推公司高质量稳健发展 ……209
云南销售分公司

41. 大力实施组织机构优化　深入推进岗位赋能工程…………213
宁夏销售分公司

42. 创新生产组织模式　激发队伍服务效能……………………217
海洋工程有限公司天津分公司

第三部分　干部"能上能下"篇

43. 推行职业经理人试点　激活企业改革新动能…………………223
天然气销售分公司（昆仑能源有限公司）

44. 突出"能上能下"　锤炼"硬核"干部　以实干笃行担当尽责助推油田高质量发展……………………………………227
长庆油田分公司

45. 坚持"五步法"　推进干部"能上能下"……………………232
吐哈油田分公司

46. 完善全过程管理长效机制　持续优化干部队伍结构…………237
独山子石化分公司

47. 加强年轻干部"选育管用"　持续优化干部队伍结构…………244
西北销售分公司

48. 以点带面打好干部管理监督"组合拳"………………………248
测井有限公司

49. 探索创新完善市场化选人用人机制　打造高素质干部队伍……251
昆仑数智科技有限责任公司

第四部分　员工"能进能出"篇

50. 积极探索　以点带面　打造员工市场化退出新机制……………259
    国际勘探开发有限公司

51. 控总量　盘存量　提活力　持续优化人力资源配置……………263
    大庆油田有限责任公司

52. 盘活人力资源　提升价值贡献　激发老油田发展"新活力"………267
    辽河油田分公司

53. "三聚焦"优化人力资源配置　"能进能出"激活价值创造动能………272
    长庆油田分公司

54. 紧抓改革机遇期　持续提升人力资源价值创造……………………277
    新疆油田分公司

55. 盘活富余用工　释放创效潜能　助力老油田扭亏脱困………………281
    吉林油田分公司

56. 控总量　优增量　盘存量　转方式　充分激发人力资源活力助推企业高质量发展……………………………………………………285
    华北油田分公司

57. 聚焦效率效益　优化资源配置　为高质量发展提供坚实人力资源保障…289
    吐哈油田分公司

58. 聚焦人力资源优化　提升全员劳动效率　三项制度改革落地见效……295
    中油国际管道有限公司

59. "三六五"工作法赋能人力资源盘活新价值………………………299
    兰州石化分公司

60. 着力深化机制改革　持续优化人力资源配置………………………304
    新疆销售有限公司

61. 推进"控员分流十二项措施" 有效优化人力资源配置 ·················308
   山东销售分公司

62. 深化用工制度改革 持续提升人力资源利用效率 ·······················313
   渤海钻探工程有限公司

63. 加强精细化用工管理 持续提升人力资源配置效能 ···················318
   川庆钻探工程有限公司

64. 瞄准国际化本土化发展方向 持续优化境外用工管理模式 ········322
   工程建设有限公司

65. 优化人力资源配置 提升劳动用工效率 ·····································326
   渤海石油装备制造有限公司

66. 聚力人才队伍建设 优化人力资源配置 ·····································330
   中国石油管理干部学院

第五部分 薪酬"能增能减"篇

67. 以效益效率为导向 深化"三横三纵"工效挂钩奖金分配体系建设 ···337
   新疆油田分公司

68. 完善激励机制 释放发展活力 持续深化薪酬分配机制改革 ···········342
   大港油田分公司

69. 聚焦五个维度 提升考核质效 助推企业高质量发展 ················347
   华北油田分公司

70. 业绩考核在"破"和"立"上下功夫 全面激发生产经营活力 ········353
   玉门油田分公司

71. 健全绩效考核机制 促进企业高质量发展 ································357
   乌鲁木齐石化分公司

72. 强化精准激励　增强销售企业市场竞争力 …………………………361
　　华南化工销售分公司

73. 深化薪酬分配改革　为高质量发展赋能 ……………………………366
　　西北销售分公司

74. 薪酬激励创造新动力　助推企业高质量发展 ………………………373
　　辽宁销售分公司

75. 创新激励机制　激发内生动力 ………………………………………377
　　安徽销售分公司

76. 聚焦"能增能减"深化薪酬分配改革　实现质效双增 ……………382
　　江西销售分公司

77. 向改革要动力　向市场要活力　持续提升科改示范企业科技创新动能
　　………………………………………………………………………386
　　东方物探中油奥博科技有限公司

78. 高效率薪酬分配助力高质量发展 ……………………………………389
　　渤海钻探工程有限公司

79. 利用定量考核"指挥棒"　提升技术人员精准激励效能 …………393
　　海洋工程有限公司工程设计院

80. 实施差异化绩效考核　激发员工队伍活力 …………………………397
　　渤海石油装备制造有限公司

81. 打好多元激励组合拳　激发科研人员创新动力 ……………………402
　　工程技术研究院

82. 突出价值导向　深化分配改革　强化精准激励　激发创新活力 …406
　　工程材料研究院

83. 打出考核分配"组合拳"　激发三项制度改革动力活力 …………409
　　中油财务有限责任公司

第六部分　人才队伍建设篇

84. 销售企业市场营销专家队伍建设实践……………………………415
    销售分公司

85. 厚植人才成长沃土　构建人才发展生态　全力锻造新时代高技能人才
    ………………………………………………………………………420
    大庆油田有限责任公司

86. 创新深地科研体制机制　赋能世界一流大油气田建设……………426
    塔里木油田分公司

87. 深化育才机制改革　拓展人才发展通道　打造科技创新人才队伍……434
    大港油田分公司

88. 持续深化专业技术岗位序列改革　全面支撑公司高质量发展深刻转型
    ………………………………………………………………………440
    煤层气有限责任公司

89. 建好抓实用活"四个体系"　打造专业技术岗位序列改革新引擎……446
    兰州石化分公司

90. 深化专业技术岗位序列改革　激励人才作用发挥……………………451
    锦西石化分公司

91. 专业技术岗位序列改革行稳致远　城市炼厂人才强企工程落地生根…456
    长庆石化分公司

92. 深化三支经理人队伍建设　为公司高质量发展赋能护航……………460
    辽宁销售分公司

93. 紧抓发展之源　激发创效活力　深化人才工程建设　推动企业高质量
    发展……………………………………………………………………465
    河南销售分公司

94. 多措并举打造人才新高地 …………………………………………… 470
   石油化工研究院

95. 强化人才培育　打造育才阵地　助力管理技术型企业高质量发展 …… 475
   西部钻探工程有限公司

96. 全面深化专业技术岗位序列改革　全力打造高水平科技自立自强先行军
   ……………………………………………………………………………… 481
   长城钻探工程有限公司

97. 突出"五抓"促"五精"　建设高素质专业技术人才队伍 ………… 486
   渤海钻探工程有限公司

98. 以岗位管理为主线　推动专业技术岗位序列改革走正走稳走远 ……… 490
   测井有限公司

99. 完善"生聚理用"机制　激发科技创新动能 …………………………… 495
   海洋工程有限公司渤星公司

100. 构建"三新"模式　开创专业技术人才队伍建设新局面 …………… 498
   管道局工程有限公司

101. 深入推进专业技术岗位序列改革　加快建设引领发展的战略人才力量
   ……………………………………………………………………………… 503
   工程建设有限公司

总　　论

深化三项制度改革
为高质量发展注入强劲动力

中国石油总经理助理、党组组织部部长、人力资源部总经理　杨　华

党的二十大报告鲜明提出，"深化国资国企改革，加快国有经济布局优化和结构调整，推动国有资本和国有企业做强做优做大，提升企业核心竞争力"，在新的历史方位赋予国资国企新的使命和任务。中央经济工作会议强调，"完善中国特色国有企业现代公司治理，真正按市场化机制运营"。三项制度改革作为国企改革的关键环节和基础性内容，是构建市场化经营机制推动高质量发展的动力机制和兴企良方。中国石油党组坚持将深化三项制度改革作为贯彻落实习近平总书记关于国有企业改革发展和党的建设重要论述的实际行动，组织人事部门以实施改革三年行动为统领，以时不我待的强烈紧迫感和前所未有的工作力度，实施一系列开创性举措，取得一系列重要阶段性成果，"下、出、减"等多年难啃的"硬骨头"逐步破局深化，为中国石油开创发展新局面注入了强劲动力。全面迈上中国式现代化建设新征程，要不忘初心再出发，持之以恒加快推进三项制度改革，切实把中国特色现代企业制度优势转化为公司治理效能，把改革红利转化为高质量发展、建设世界一流企业的强大动力。

一、勇于刀刃向内，坚持思想破冰引领改革突围

改革是一场深刻革命，习近平总书记强调，坚定不移全面深化改革，逢山开路，遇水架桥，敢于向顽瘴痼疾开刀，勇于突破利益固

化藩篱，将改革进行到底。敢于斗争、善于斗争历来是中国石油的鲜明特质，面对建设世界一流企业和全面深化改革的艰巨挑战，坚持问题导向、系统观念、底线思维，高站位、观大势、谋全局，自上而下"观念重塑"，以思想自觉引领行动自觉。各所属企业主要负责人亲自抓、带头干，各级领导人员率先垂范、身先士卒。健全完善改革制度体系，建立形成高效督导推动机制。坚持把建设世界一流企业、人才强企工程、提质增效等战略目标和重点任务相结合，把顶层设计与基层实践相结合，把深化改革与加强干部人才队伍建设相结合，不断增强改革的系统性、整体性、协同性，确保改革既出成果出经验，又出干部出人才。步入加快建设世界一流企业和实施"十四五"发展目标攻坚的关键阶段，要进一步深刻领会中国石油党组对改革形势的科学判断和重点改革的工作部署，抢抓机遇、创新发展、迎难而上，巩固拓展改革成果，健全常态长效机制，切实以深化改革破难题、增活力、创优势、促发展。

二、优化调整组织体系，完善治理提升战略支撑能力

卓越的组织体系，既是一流企业的核心能力之一，也是企业资源配置、人才培育和科技创新等能力得以发挥的重要保障。近年来，中国石油党组聚焦提高资源配置和运行效率，加快推进组织体系优化和业务布局调整，有效提升管控治理效能和主营业务核心竞争力。全面取消"局处科"行政级别，形成"纵向分级、横向分类"的企业类别和领导人员岗位动态管理机制。实施总部组织体系优化调整，组建四大业务板块（子集团），完善形成"总部为战略和一体化统筹中心、业务板块为业务运营和利润中心、企业为执行中心和利润分中心"体制架构。加快推进"油公司"模式改革，重构生产组织方式和管控流程，系统压减管理层次和机构人员，推动"金字塔"向扁平精简组织结构

转变，组织效能全面提升。随着内外部环境的深刻变化，围绕推进治理体系和治理能力现代化，要进一步主动适应战略转型要求，统筹推动体制架构完善、扁平化组织结构构建和生产组织模式创新，切实抓好组织体系优化提升专项工程，健全完善上下贯通、执行有力的新型高效组织体系。

三、落实"两个一以贯之"，创新机制推进干部"能上能下"

企业领导人员是治企兴企的中坚力量，是发展石油事业、保障国家能源安全的关键少数。按照习近平总书记对国有企业领导人员提出的"20字"要求，鲜明树立讲政治、重实干、重实绩、重担当的用人导向，持续加强制度建设和实践探索。在具备条件的所属重要和特大型分公司建立模拟法人治理结构，明确科研单位实行党委领导下的院长负责制。建立完善外部董事人才库，选优配强外部董事，推动子企业董事会功能结构不断完善。全面推进经理层成员任期制和契约化管理，优化考核指标设置、细化考核兑现政策，实现严格考核、刚性兑现，有效传递经营责任压力。坚持组织配置与市场化选聘相结合，积极探索在新成立的研究院通过市场化方式选聘管理层成员，鼓励所属企业通过竞争性选拔方式扩大选人用人视野。大力推进管理人员末等调整和不胜任退出，细化明确考核退出情形、退出程序、退出管理，自上而下应用考核结果推动管理人员退出，有效激发干部队伍动力活力。深入学习贯彻党的二十大精神，立足落实新时代党的组织路线，进一步将党管干部与市场机制有机统一，鲜明用人导向选干部配班子，砺剑赋能提素质强本领，稳妥推进干部资源高效开发和队伍结构优化升级，大力弘扬企业家精神，着力打造坚强有力的领导班子和堪当重任的"三强"干部队伍。

四、完善市场化用工机制，优化配置推进员工"能进能出"

市场化改革是国有企业发展壮大的必由之路，灵活高效的市场化经营机制，能够有效提升资源配置效率，激发企业的生机与活力。聚焦提升全员劳动生产率，着力控制总量、盘活存量、优化结构，持续巩固完善市场化用工机制。坚持突出标准、规范程序，从严把好内部人员流动和外部人员入口关。坚持与效益效率挂钩、差异化调控，新增计划聚焦主业、有保有压，重点向主营业务关键岗位、重点项目、新兴业务倾斜，非主营及低效无效业务原则上退出不补。坚持"能进能出、能出尽出"，积极敞开出口，员工总量始终箭头向下。坚持"内内外"原则，采取内部转岗、跨企业输出、开拓外部市场等方式优化盘活，持续挖掘提升人力资源价值和潜力。立足建设世界一流企业战略全局，围绕提高劳动生产率形成高质量投入产出关系，进一步健全岗位管理制度，合理确定用工规模，统筹推进人力资源控减优化，不断强化社会化招聘、契约化管理、精细化考核、市场化薪酬、制度化退出，着力激发员工队伍动力活力。

五、健全精准激励政策，发挥杠杆功能推进薪酬"能增能减"

分配制度改革事关干部员工切身利益，是国企改革实践中的热点难点问题。近年来，中国石油始终坚持效率效益导向，持续搞活内部分配，不断健全完善差异化、精准化激励机制。坚持工资总额增长与劳动力市场基本适应、与企业经济效益和劳动生产率挂钩，构建工资效益效率联动、效能对标调节和工资水平调控共同组成、协调运转的工资总额决定机制。强化科技创新激励保障，建立工资总额特殊事项清单管理制度，对高层次人才引进、关键核心技术攻关、科改示范企业等涉及科技创新激励保障事项予以单列。建立健全分级分类的人工成本管理体系，加强人工成本调控，保持人工成本增减与效益变动同向匹配。指导企业积极推进导向鲜明、规范合理的中长期激励方案，有效激发核心骨干人才动力活力。迈上第二个百年奋斗目标新征程，进一步坚持按劳分配、效率优先、兼顾公平，突出创新驱动发展和市场化分配导向，健全体现中国石油特点的市场化分配机制，实现分配制度对企业经营的促进和推动作用。

六、实施人才强企工程，突出人才为本激发创新创效活力

人才强企是落实新时代人才强国战略的重要举措，中国石油首次以领导干部会议专题部署新时代组织人事工作和人才强企工程，实施"十大人才专项工程"，构建"生聚理用"人才发展机制。全面开展"人才强企工程推进年"活动，搭平台、建机制、促创新。制定出台科技领军人才队伍建设工作方案，针对人才特点精准培育培养，着力打造领军人才接续力量。深入推进专业技术岗位序列改革，健全完善制度体系，不断强化人才成长通道建设。积极承办国家级技术技能竞赛，加大评先推优力度。搭建技术技能人才创新平台，组织高层级专家咨询会诊活动，推进技能人才提质增效专项行动，充分激发各类人才创新创效活力。进入新发展阶段，聚焦加快实施创新驱动发展战略，要进一步深入推进人才强企工程，以打造战略人才力量为重点，不断提高人才队伍建设水平，以构建完善人才发展机制为突破，全方位培养、引进、用好人才，努力实现人才资源价值最大化，全力打造能源与化工领域人才和创新高地，在打赢关键核心技术攻坚战中贡献石油力量。

（发表于 2022 年 12 月 29 日《中国石油报》）

纵深推进三项制度改革
打造加快建设世界一流企业"强引擎"

中国石油总经理助理、党组组织部部长、人力资源部总经理　杨　华

党的二十大报告作出"深化国资国企改革、加快建设世界一流企业"系列新的重大部署，为新的历史起点上国有企业改革发展提供了根本遵循。人事劳动分配三项制度改革作为国有企业改革的中心环节和基础性内容，对于激发企业活力提升核心竞争力、促进高质量发展至关重要。全面迈上中国式现代化新征程，中国石油坚持把学习贯彻党的二十大精神作为当前和今后一个时期的首要政治任务，大力弘扬"我为祖国献石油"主旋律，矢志不移推进改革发展，围绕打造"六个一流能力"，不断推进理论创新和实践创新，奋力开创三项制度改革新局面，努力把改革红利转化为奋进高质量发展、加快建设世界一流企业的强大动力。

一、围绕打造一流的改革攻坚能力，主动融入高质量发展大局，以理论创新和系统思维推动顶层设计科学化高站位

习近平总书记强调，深化国有企业改革是篇大文章，必须坚持正确的方法论。中国石油坚持运用贯穿习近平新时代中国特色社会主义思想的立场观点方法，深刻认识和把握三项制度改革内在规律，通过深入开展国家高端智库和中国石油软科学课题研究，推动政策理论创新突破，构建具有中国石油鲜明特色的"公司治理＋三能机制"改革基本理论逻辑框架，建立以市场化用工机制、激励约束机制为核心的制度

体系和统筹协调、分工负责的促改革、抓落实督导推动机制。在改革实践过程中，全面落实"两个一以贯之"，坚持问题导向，突破惯性思维，自上而下"观念重塑"，以思想自觉引领行动自觉。注重改革的系统性、整体性、协同性，融入提质增效、亏损企业治理、法人压减等重点任务，及时对接"双百企业""科改示范企业""创建世界一流示范企业"等国企改革专项工程，形成推动改革强大合力。高度重视考核评价指挥棒作用，全方位营造改革氛围，以改革激活力、靠改革谋发展理念深入人心。站在新的奋斗起点，中国石油牢记初心使命，转观念、聚人才、强攻关、打基础，巩固拓展改革成果，更加重视改革质效，努力以深化改革提升企业内生活力、市场竞争力、发展引领力。

二、围绕打造一流的现代治理能力，深度契合企业发展战略，以组织体系优化推动公司治理现代化高效能

建设世界一流企业，需要上下贯通、执行有力的组织体系保障支撑。中国石油坚持把加强党的领导和完善公司治理有机统一，深入推进公司治理体系和治理能力现代化，以打造新型高效组织体系支撑建设基业长青的世界一流综合性国际能源公司。构建"纵向分级、横向分类"的企业类别和领导人员岗位动态管理机制，全面去机关化、去行政化。加快价值型、国际化总部建设，深化"放管服"改革，组建四大业务板块（子集团），突出业务协同、专业化发展和产业链国内外一体化统筹。战略性调整一级企业布局结构，系统优化企业组织体系，坚决摒弃"上下一般粗""职责同构"和简单"加减法"。加快推进"油公司"模式，跟进信息化、数字化、智能化建设，重构生产组织方式和管控流程，压减管理层级，带动企业组织机构和人力资源队伍的整体性重塑，全面提升组织效能和全要素生产率。站在新的奋斗起点，中国石油围绕创新领先、治理现代要求，进一步主动适应战略转型需

要，完善"定位明确、界面清晰、责权统一、协调运转"的高效能管理体制和组织体系，全面支持赋能公司治理体系和治理能力现代化。

三、围绕打造一流的引领发展能力，突出德才实干导向，以"能上能下"推动干部队伍专业化高素质

习近平总书记在党的二十大报告中提出"建设堪当民族复兴重任的高素质干部队伍"的重大任务，对国有企业干部队伍能力素质提出更高要求。中国石油突出把政治标准作为第一标准，坚持重实干、重实践、重实绩的鲜明导向选干部配班子。注重培育锻造企业家队伍，建立健全容错纠错机制，为改革创新者撑腰鼓劲，真正释放企业家创造激情、创新精神、创业能力。大力选拔学专业干专业的"三强"干部进班子，技术密集型企业选配专业技术总师，不断提升企业领导班子专业化水平。常态化培养选拔优秀年轻干部，严格把关、强化锻炼、跟踪培养，打造适应公司未来发展的优秀年轻干部预备队和战略预备队。坚持科学化选、契约化管、制度化退，经理层成员任期制和契约化管理实现全覆盖，激励"真担当"。坚持组织配置与市场化选聘相结合，通过竞争性选拔方式扩大选人用人视野，发掘"真人才"。建立管理人员退出常态化机制，严考核硬兑现，打破身份"铁饭碗"，促进"真作为"。站在新的奋斗起点，中国石油立足落实新时代党的组织路线，进一步将党管干部与市场机制有机统一，统筹抓好干部选育管用工作，大力弘扬企业家精神，全力打造坚强有力的领导班子和堪当重任的"三强"干部队伍。

四、围绕打造一流的价值创造能力，统筹实施控减优化，以"能进能出"推动员工配置精准化高效益

劳动用工制度改革是现代企业制度的重要组成部分，也是企业加

强和改进管理、转换经营机制的重要着力点。中国石油牢牢把握市场化方向，推进用工多元化、市场化、社会化，着力控制总量、盘活存量、优化结构。科学规划员工总量，合理控制用工规模，坚持与效益效率挂钩、差异化调控，推动人力资源向主业企业和优势企业集中，不断提高企业竞争力和产业集中度。完善人才引进机制，突出标准、规范程序，从严把好内部人员流动和外部人员入口关，提高"进"的质量。推行岗位合同管理，完善考核激励体系，发挥劳动合同契约作用，敞开出口畅通"出"的渠道。健全人员流动机制，打破流动壁垒，创新实施内部转岗、跨企业输出、开拓外部市场等举措，优化盘活人力资源存量，持续挖掘人力资源价值和潜力。站在新的奋斗起点，中国石油以提升效率效益、激发队伍活力为目标，围绕健全完善市场化用工机制，进一步强化社会化招聘、契约化管理、精细化考核、市场化薪酬、制度化退出，不断激发人力资源潜能，努力提升全员劳动生产率形成高质量投入产出关系。

五、围绕打造一流的激励约束能力，健全薪酬政策体系，以"能增能减"推动分配机制更合理更有效

薪酬改革牵一发而动全身，是国有企业市场化经营机制建立的重要一环，也是三项制度改革的核心，关系到国有企业改革的成败。中国石油始终坚持效率效益导向，健全完善差异化、精准化激励政策，着力以薪酬改革破冰牵引带动三项制度改革的整体提升。强化工资总额管理，构建工资效益效率联动、效能对标调节和工资水平调控共同组成、协调运转的工资总额决定机制，建立工资总额特殊事项清单管理制度，实施核准制、备案制、周期制分类管理的差异化管控模式。深化内部分配改革，科学设计薪酬体系，突出价值创造主体地位，不断优化薪酬结构，加大浮动工资占比，持续加大向科技骨干人才、基

层一线和艰苦岗位的分配倾斜力度，适度拉开分配差距。灵活开展中长期激励，健全制度体系，因企施策、积极稳妥推进，坚持把好钢用在刀刃上，有效激发核心骨干人才动力活力。健全绩效考核制度，优化个人绩效考核评价体系，打通价值创造、价值评价、价值分配的人力资源价值管理链条。站在新的奋斗起点，中国石油突出创新驱动发展和市场化分配导向，进一步健全完善激励和约束并举、效率和公平并重，体现中国石油特点的市场化分配体系，充分发挥薪酬分配杠杆导向和激励约束作用，不断提升员工的获得感、自豪感和荣誉感。

六、围绕打造一流的创新引领能力，实施人才强企工程，以机制突破推动人才队伍建设高质高效

党的二十大报告强调，必须坚持"人才是第一资源"，深入实施"人才强国战略"，坚持"人才引领驱动"。中国石油牢固确立人才引领发展战略地位，把"人才强企"列为公司"四大战略举措"之首，专题部署人才强企工程，实施"十大人才专项工程"，构建"生聚理用"人才发展机制，全面开展"人才强企工程推进年"活动。积极推动人才发展与科技创新双轮驱动，"内培外引"相结合打造一批战略科技人才、科技领军人才、青年科技人才、卓越工程师、大国工匠和高技能人才。深入推进专业技术岗位序列制度改革，不断强化人才成长通道建设。搭建技术技能人才创新平台，组织高层级专家咨询会诊及技能人才提质增效专项行动，搭台子、铺路子、压担子，充分激发各类人才创新创效活力。站在新的奋斗起点，中国石油围绕深入推进人才强企工程，对标"世界一流"标准，进一步完善人才发展机制，全方位培养、引进、用好人才，以一流的人才队伍引领能源与化工领域人才和创新高地建设，为实现高水平科技自立自强贡献石油智慧和力量。

（发表于2023年3月2日人民政协网）

深化三项制度改革　筑高质量发展之基

中国石油总经理助理、党组组织部部长、人力资源部总经理　杨　华

近年来，中国石油牢牢扭住三项制度改革这个"牛鼻子"，着眼全局谋篇，聚焦重点发力，以超常规的力度和举措，全方位推动改革任务落实落地，在健全动力活力机制、提高效益效率方面取得令人瞩目的重要成果，深化改革厚积薄发、聚力成势，为中国石油高质量发展奠定坚实的制度机制基础，打造形成三项制度改革赋能世界一流企业建设生动实践的"石油样板"。

一、组织体系持续变革重构

组织体系是企业的筋骨与神经，决定着组织运营管理效率，深刻影响企业战略落地与实施。中国石油围绕构建与现代化经济体系和高质量发展要求相适应、具有中国石油特点的治理体系和治理能力，统筹实施管理体制改革、组织体系重塑。优化总部职能分工、机构设置和人员配置，价值型、国际化总部建设迈出坚实步伐；优化业务板块划分和管控模式，组建四大业务板块（子集团）；优化调整海外业务体制机制，构建"总部直管＋专业化管理＋区域性监督"三位一体管理架构；优化完善新兴业务组织管理体系，服务保障新能源新材料新事业创新发展，构建形成"总部为战略和一体化统筹中心、业务板块为业务运营和利润中心、企业为业务运营分中心和利润中心"的三级管理为主的体制架构。接续实施组织体系优化提升专项工程，大力撤并整合职能任务相近、设置重复分散、规模过小、低效无效机构，机构

编制有保有压、箭头向下，精干高效、协调运转的组织体系初步形成。

二、干部队伍更加奋发有为

干部队伍是事业发展的坚强基石，是企业不断成长壮大的重要保障。中国石油坚持党管干部原则与市场机制有机统一，着力锻造堪当世界一流企业建设重任的高素质干部队伍。树立实干担当鲜明导向，激发干部敢为善为有为，形成"用好一个人、激励一大片"的良好效果。积极推行竞争上岗，变相马为赛马，以实绩论英雄，切实增强干部队伍竞争意识、危机意识，公开遴选部分企业总工程师、总会计师人选，新成立研究院通过市场化方式选聘管理人员，鼓励企业通过竞争性选拔方式扩大选人用人视野。大力培养选拔优秀年轻干部，注重储备优选、精培细育、严管厚爱，按照三个"三分之一"原则常态化梯次配备，有力促进干部队伍结构系统性优化，"盖层太厚、断层隐忧"问题基本化解。全面实施经理层成员任期制和契约化管理，明晰权责、以绩定薪、刚性兑现，推动经理层薪酬"能增能减"、职务上下有序。出台关于加强管理人员考核退出工作的意见，鲜明亮出"优"和"劣"的标尺、"上"和"下"的准绳，依据考核严格兑现奖惩，促进干部"能上能下"制度化常态化，形成健康有序的竞争激励机制。

三、人才队伍焕发生机活力

中国石油始终把人才"第一资源"作为推动转型发展"第一动力"，实施"十大人才专项工程"、构建完善"生聚理用"人才发展机制等一系列重大举措。持续加大领军人才培养支持力度，量身定制培养方案，配备高水平科技创新团队，给予充足科研经费保障，重点强化青年科技人才培育培养。持续加大高层次人才引进力度，主动出击，广纳英才，实行"一人一策"特殊支持政策，确保人才引得进、留得住、用得好。深入实施"石油名匠"培育计划，搭建技能人才创新创效平台，开展技能人才提质增效专项行动，多方联动推动技能人才队伍建设。强化人才培养赋能，大力实施全员思想政治能力提升、人才梯队履职能力提升、专项人才能力素质提升三大培训计划。打造人才集聚平台，统筹推动新建研究院建设，加快形成中国石油人才工作战略支点。畅通人才成长通道，全面推行专业技术岗位序列制度改革，深入实施操作员工技能晋级计划。优化人才发展环境，严格落实党委联系服务专家制度，"一对一"联系服务，营造"政治上充分信任、思想上主动引导、工作上创造条件、生活上关心照顾"的良好环境氛围。

四、人力资源有序控减优化

百万石油员工是企业最宝贵的财富，中国石油聚焦用好用活、提升人力资源价值和效能，着力打造公平公正、崇尚奋斗和价值创造的管理机制与企业文化。科学规划并从严控制员工总量，坚持差异化分类调控，重点压减人员规模大、人均劳效低、长期亏损企业用工，新增用工需求立足内部调剂解决，新增计划重点向主营业务关键岗位、重点项目、新兴业务倾斜。严把人员入口关，坚持公开平等、竞争择优，持续优化院校结构、学历结构、专业结构，高校毕业生招聘质量不断提升。制定人员分流安置、优化盘活十项举措，鼓励员工动起来、走出去，对内坚持挖潜盘活，实施技能培训、转岗培训，强化激励保障，引导有意愿、有能力的富余人员向主营业务、创效岗位有序流动。对外指导用工需求企业与人员富余企业"结对子"，建立双向激励机制，推动人员跨企业优化配置、合作共赢。深入推进用工方式转型，组织指导企业制定转型实施方案，明确时间表、路线图，稳步推进实施。坚持从依法合规管理入手，从强化用工契约化破题，严格合同到期考核和年度绩效考核，加大末等调整和不胜任退出实施力度，市场化用工机制逐步实现制度化规范化。

五、薪酬激励突显精准高效

围绕提升激励资源投入产出效率，全面深化薪酬分配体系改革。突出精准高效，构建由工资效益效率联动、效能对标调节和工资水平调控等共同组成、协调运转的工资总额决定机制。突出市场化方向，统筹优化不同业务、不同企业和各类各层级员工之间的收入分配关系，实现员工工资水平与劳动力市场价位相适应、与企业市场竞争力相匹配，合理拉开收入分配差距。开展劳动力市场价位对标，建立健全分级分类人工成本管理体系，实施人工成本峰值管理。不断加大向科研单位倾斜力度，优化专项奖励管理，提高科技创新奖励标准，强化对科研技术等关键岗位人员的精准激励。建立工资总额特殊事项清单管理制度，对科技创新激励保障、市场化选聘高层次人才、新能源新材料新事业、专项奖励等事项予以工资总额单列支持。健全完善中长期激励制度体系，明确"政策包"和"工具箱"的适用范围、实施条件、激励对象，不断推动中长期激励提质拓面，精准激励效能持续提升。

习近平总书记强调，深化国企改革是篇大文章，改革只有进行时，没有完成时。在新的历史起点上，中国石油三项制度改革坚持以习近平新时代中国特色社会主义思想为指引，全面贯彻落实国企改革深化提升行动重大部署，围绕提升核心竞争力、增强核心功能，进一步加强战略规划统筹，强化政策制度衔接，巩固拓展改革成果，奋力谱写新时代三项制度改革新篇章，为加快建设世界一流综合性国际能源公司提供强劲动力、持久活力。

（发表于2023年11月6日《中国石油报》）

第一部分　企业整体改革篇

砥砺前行谋改革　创新机制促发展

天然气销售分公司（昆仑能源有限公司）

天然气销售分公司（昆仑能源有限公司）面对国家油气体制"X+1+X"市场格局变化带来的新形势以及天然气销售"批发亏、终端弱"的现实挑战，按照国务院国企改革"双百行动"和中国石油全面深化改革部署要求，坚持刀刃向内破坚冰，大胆探索建机制，以建立适应社会主义市场经济的人事劳动分配制度体系为中心，以全力激发企业内在活力为目标，全面推进三项制度改革落地生根，为公司高质量发展注入源源不断的动力。

一、完善组织架构，打造精简高效的组织运行机制

（一）匹配功能定位，构建三级架构

实施天然气销售批零一体化整合，构建"公司本部—省级公司—项目公司"三级管理架构，明确公司本部履行"战略管控、资本运作、生产监督"职能；省级公司作为公司派出机构，履行"指导、监督、服务、协调"等管理职能；项目公司履行"生产、利润、成本"管控职能。

（二）压缩管理层级，精简组织机构

公司本部打破科室壁垒，二级单位实行无部门组织方式岗位管理，领导直接管理到岗位，强化各级领导副职业务核心作用，在充分授权基础上，强化有效控制，促进管理人员各尽其职、各负其责。面对法人企业数量过多的客观实际，采取"一套人马、多个机构、分账核算"

管理模式，统筹推进各省级公司内部三级管理机构的优化整合工作，严控三级机构数量和基层领导职数。近年来，在新增终端项目 160 余个的背景下，累计压减三级管理机构 158 个，三级领导职数减少 11%。

（三）推行企业分类，实行动态管理

按业务类型和管理定位对二级单位进行分类，选取规模和效益类评价因子，根据实际赋予不同的权重计算出分类系数，由高到低把二级单位划分为一类、二类、三类。为有效激发活力，企业分类按照上年度经营数据每年测算一次，实行动态管理，分类结果作为确定二级单位领导人员薪酬标准的重要依据。

二、打破身份管理，建立权责清晰的岗位管理机制

（一）立足描述分析，科学设置岗位

按照"因事设岗、以需定岗、一岗多责、精简高效"原则，从岗位基本信息、岗位目的、岗位权限等 8 个方面，对每个岗位开展立体综合描述，通过写实和访谈调查对岗位的工作内容、工作周期、工作频次等进行核定并编写岗位说明书。通过科学分析和整体优化，公司本部共设置 249 个标准岗位，二级单位本部设置 39 个通用性岗位，建立了统一的岗位体系。

（二）内外结合评价，岗位横向分类

为客观评价两级本部的岗位价值，构建"2 个大类、7 个因素[①]、15 个维度"岗位评估模型，运用"因素计点法"，对岗位评价打分。按照分数高低和岗位层级，将公司本部岗位划分为 A1—A6 类，二级单位本部岗位划分为 B2—B8 类，完成岗位横向分类，体现岗位价值差异。

---

① 7 个因素指衡量岗位价值的 7 个主要方面，分别是人员管理、对公司财务的影响、决策与授权、专业资格、合作能力、学习与解决问题、工作条件。

（三）岗位纵向分级，打通职业通道

打破传统行政职级和职数管理模式，对两级本部岗位在纵向上进行统一分级，设置资深经理、高级经理、经理、高级专员、专员、主办和助理主办等层级，体现不同员工在自身岗位上的能力和水平差异，符合层级聘任和业绩考核条件人员均可申请向高层级晋升，给业绩优秀的员工建立快速晋升通道，打开员工职业发展天花板，为更好地发现和使用人才创造条件。

三、完善考核体系，建立导向明确的绩效考核机制

（一）分层分级考核，实行联动挂钩

强化组织与个人考核结果联动，公司本部员工考核与部门绩效挂钩、二级单位领导副职与分管岗位员工绩效双向挂钩。按照"干什么、考什么"原则，实现基层单位领导副职考核差异化，彻底打破以往副职之间考核内容一样、考核结果一样、考核兑现一样的"大锅饭"局面。

（二）实施强制分布，充分拉开差距

对各层级人员年度考核结果实施强制分布，根据得分情况，由高到低按比例划分为A、B、C、D 4个等级[①]，有效区分绩效优秀和绩效不佳的员工。通过强制分布拉开考核差距，激励先进，鞭策后进，充分激发员工的工作活力。

（三）建立积分制度，强化结果应用

建立绩效考核结果累计积分制度，以标准化形式累计记录员工业绩成果，按照3个年度滚动计算。绩效考核结果除与奖金兑现、表

---

① A为10分占比不高于25%，B为8分占比不高于40%，C为5分占比不低于25%，D为2分占比不高于10%。

彰评优和培训培养挂钩外，还与员工的晋升进行严格挂钩，连续3年积分30分的，优先列为晋升对象，有效提升绩效考核的权威性和公信力。

四、实施差异分配，重构激励精准的薪酬分配机制

（一）优化工资项目，改革工资制度

按照"以岗定薪、以级定薪、易岗易薪"原则，围绕固定收入和浮动收入两部分进行改革，统一制定各类岗位、各层级的岗位工资标准，统一津贴补贴的项目设置，设立新的绩效奖金及专项奖励标准，建立了一套更加市场化的薪酬分配制度。

（二）打破平均主义，建立差异化分配体系

新的工资制度中，同一层级不同类别岗位的工资标准横向收入差异在5%左右，同一类别岗位相邻层级之间纵向收入差异在15%左右，实现了薪酬的差异化分配。结合绩效考核结果应用等措施，合理拉大内部分配差距，实现了差异化分配的改革目标。

（三）深化工效挂钩，建立工资总额调控机制

结合工资总额"三个低于"[①]指导思想，制定工资总额预算管理办法，健全工资总额决定和正常增长机制。根据效益、人工成本、用工水平和劳动力市场价位等因素，决定员工收入水平和企业工资总额，强化工资总额市场化调控的管理理念，将工资总额核定由"事后算账"转变为"事前预算"，由被动接受转变为主动作为，由上级下指标发工资转变为自己挣指标发工资。

---

① 工资总额增长幅度低于本单位经济效益增长幅度，员工平均实际收入增长幅度低于本单位劳动生产率增长幅度，两级本部人员平均工资增幅低于当年本单位员工的平均工资增幅。

五、推行优胜劣汰，引入充满活力的市场竞争机制

（一）强化绩效应用，实现优胜劣汰

严考核，硬挂钩，全面将考核结果与职务晋升挂钩。3年考核结果24分及以上的，可列为晋升对象；连续2年累计积分10分及以下的，进行职业辅导；连续3年累计积分15分及以下的，降低一个岗位层级；年度考核结果为D级的，则直接降低一个岗位层级，并进行培训，仍不胜任岗位，则解除劳动合同。切实增强员工竞争意识，督促提升个人综合能力和工作业绩。

（二）建立市场化选人用人机制，推行职业经理人制度

按照"市场化选聘、契约化管理、差异化薪酬、市场化退出"原则，选取所属4个生产经营严重困难亟待减亏、扭亏的项目先行试点职业经理人制度，面向公司内外部公开选聘经理人。通过聘用协议、业绩合同，明确双方年度任务与任期目标，以及责任、权利与义务，坚持严考核硬兑现，根据考核结果决定其收入分配和进退。同时鼓励相关单位大胆探索，持续完善制度流程，不断积累经验，切实发挥职业经理人的制度优势，坚决打好全面深化改革攻坚战，已在公司内部初步形成示范效应。

（三）绑定核心人才与企业利益，构建中长期激励机制

为规避经营的短视行为，充分利用国资委推进"双百企业"改革的积极政策环境，研究制定项目公司跟投方案，通过打造利益共同体，将核心关键岗位人员与公司利益绑定，充分激发核心人才在市场开拓、项目运营等方面的主人翁意识，调动人才积极性，强化干事创业的内生动力。

作者：张再跃、黄远斌、檀建超、曹绪纲

构建全球统一"六大体系"
提升国际化市场核心竞争力

国际事业公司

国际事业公司将三项制度改革融入公司治理各环节，在构建"全球统一的岗位职级体系、差异化的薪酬福利体系及全面业绩考核体系"的基础上，进一步搭建"柔性化的组织机构体系、竞争性的招聘选拔体系、精准化的人才培养体系"，推动国际业务各公司全面深化改革落实落地，国际化市场竞争力不断增强。

一、搭建柔性化的组织机构体系，推动公司治理现代化

坚持境内面向服务上游、融入炼厂，境外面向油气运营中心和资源地，搭建柔性敏捷组织体系。

（一）实施"矩阵式"管理架构，推动全球一体化、扁平化管理

以市场化为导向，结合实际开展"三定"工作，撤销终端网络部，相关职能并入成品油部；撤销市场战略部，成立柔性组织"全球市场战略研究中心"；海运部根据业务发展需要前移至香港；协助法律"一部三中心建设"，风控人员派驻制落地实施，实现公司本部部门数量压减20%。

（二）勾勒"四张图"，完善全球贸易网络布局

以"战略架构图、机构布局图、贸易流向图、投资分布图"4张图挂图作战，优化全球业务布局及组织架构。境内公司方面：顺应海南自贸区加速推进建设趋势，优化理顺华南、海南业务一体化管理；

统筹华北地区业务，对内进一步整合开发区域内炼化市场，深入对接集团化销企业，对外融入国际事业公司全球油气贸易发展布局，打造环太平洋西岸国际能源中心。境外公司方面：依托"海陆空"立体营销网络做强公司亚洲油气贸易中心，将越南、菲律宾业务划归新加坡公司统一管理；发挥香港金融中心结算、税收、融资优势，建立香港金融结算中心、国际贸易航运管理中心和综合能源供应平台。

（三）以"两图一体系"为抓手，理顺管理体制

坚持"优化、调整、共享"原则，编制组织机构图、工作网络图和薪酬福利体系，形成各业务单元、职能部门、境内外大区公司组织机构图180个、工作网络图198个，厘清各业务工作网络、组织架构、岗位设置和汇报线路，力争在面对全球市场竞争时在反应与决策速度中出效益、见成绩。

二、构建全球统一的岗位职级体系，推动"三强"干部队伍专业化

坚持科学化选拔、契约化管理、制度化退出，激励干部"政治坚强、本领高强、意志顽强"。

（一）把握关健少数，加强干部选拔任用

及时高效调整中层管理人员，有效填补部分关键岗位空缺，持续优化公司专家队伍建设，增强相关单位整体合力，干部人才队伍梯次配备日趋合理，生机活力明显增强，公司"80后"二级副以上干部占比达43%。

（二）推进任期制与契约化管理，强化考核退出

2022年，将包括公司领导班子成员在内的管理人员全部纳入任期制与契约化管理，100%签订任期协议与聘任书。分别制定《岗位说明书》和《权责清单》，干部担当有动力，考核有抓手。建立完善岗位退

出管理机制，开辟领导干部退出通道，制定公司《管理人员考核退出管理实施细则（试行）》，2021年以来，多个干部退出领导岗位，推动"以岗定薪、能上能下"局面形成。

三、完善差异化的薪酬体系与全面业绩考核体系，推动收入分配差异化

充分发挥薪酬分配的激励作用，对标先进公司绩效薪酬实践案例，推动国际化薪酬绩效改革，实现薪酬"能增能减"。

（一）以市场化导向探索与市场薪酬接轨

以"纵向岗位职级、横向岗位序列"为价值分配基础，对标确定各层级、各岗位工资水平，推进核心岗位、核心人才薪酬水平率先向市场化水平靠拢。参照国际先进实践科学制定外派员工薪酬，加强外派员工激励，灵活调整外派员工薪酬构成，科学引入国际市场调研数据，加强向海外一线艰苦地区和岗位倾斜。并构建境外属地员工市场化激励约束体系，在"个人收入与创效直接挂钩"基础上实施奖金递延分期发放和追索扣回机制。

（二）实事求是推动考核向多元化、全面化转变

根据各业务特点，从"唯利润考核"向"全面业绩考核"转变，引入组织绩效、经营难度系数，完善业绩指标及权重设置，牢牢盯住经济效益、劳动生产率、国有资产保值增值等指标，完善工效挂钩机制。健全完善全面绩效考核制度化、规范化体系，持续完善年度与任期考核相结合、结果与过程考核相统一、考核结果与奖惩任免相挂钩的考核机制，坚持高绩效者高薪酬，强化薪酬绩效的指挥棒作用。

四、打造竞争性的招聘选拔体系，推动员工配置科学化

立足高端市场，严把人才"入口关"，因地制宜畅通校园招聘、社会化招聘、内部流动等人才引进三大特色通道，打造国际化人才"蓄水池"。

（一）招聘端口前移，强化招聘"市场品牌"理念

加大拔尖人才校园招聘力度，面向清华、北大、人大等顶尖院校启动"国际贸易人才训练营"，公司高层、部门负责人亲自参与教练团，通过招聘前置提前锁定储备优秀人才，打造中国石油国际贸易人才"金字招牌"。

（二）立足"高精尖缺"社会招聘引进高端人才，战略性储备未来痛点所需人才

加大熟悉俄语、信息技术、数学等基础学科，"双碳三新"领军人才的引入，提升相关业务全球竞争力，推动从炼油为主的炼化基础产业，向"基础加高端"的能源化工材料现代综合贸易转变。

（三）结合公司人才队伍"小而精"特点，实现人员有序流动

深度挖潜系统内人力资源，运用交易员等核心岗位能力素质模型提高人才识别培养科学性和精准度。近3年，实现外派人员交流轮岗191人次、分支机构员工到总部交流近80人次，内部转岗11人次。2023年共30人列入轮换计划，目前已启动轮换8人，使员工在流动进出中充分成长赋能，切实提升对中国石油的服务水平、打造中国能源贸易人才高地。

作者：武军利、郭效擎、王梅英、孙岐、张添之

释放创效潜力
持续深化三项制度改革增活力

大庆油田有限责任公司

改革是破解发展难题的金钥匙。大庆油田有限责任公司深入贯彻落实国企改革三年行动重点任务和中国石油相关工作部署，坚持系统思维，迎难而上，全力推动实施三项制度改革，努力破解制约油田高质量发展的深层次问题，不断增强企业发展的内生动力活力。

一、立足"三个着眼"，推动形成干部"能上能下"机制

认真贯彻落实党中央和中国石油党组全面从严治党有关精神，坚持党管干部原则和新时代好干部标准，着力健全完善领导人员"能上能下"机制，有效推动干部"能上能下"常态化，营造全面从严、担当作为、风清气正的良好政治生态。

（一）畅通"上"的渠道，从源头上树牢正确导向

以鲜明用人导向引领干事创业导向，近5年来，累计新提拔中层领导人员700余人、基层领导人员4000余人。按照"三分之一"梯次配备要求，完善上下联动年轻干部培养选拔机制，大力发现储备一批油气主营业务领域优秀年轻干部，"十四五"以来，共有近百名政治素质过硬、岗位历练扎实、专业能力突出、群众认可度高的"80后"干部走上中层领导岗位。优化拓展领导人员选拔任用方式，在广泛开展组织选拔的基础上，对所属单位本部部门三级副职岗位符合资格条件人数较多、人选意见不集中的，倡导采取竞争性选拔程序，进一步扩

大了选人用人视野,营造了"岗位靠竞争、工作看业绩"的良好氛围。

(二)着眼夯实"下"的依据,从根本上健全制度体系

健全完善差异化考核机制,修订完善《领导班子和领导人员年度考核综合评价办法》,提升业绩考核权重,实行考核结果强制分布,同时本着"鼓励先进,鞭策落后"原则,严格应用年度考核结果,推动奖优罚劣,激励担当作为。积极推进领导人员任期制和契约化管理,建立健全配套制度体系,对开展工作的基本要求、关键环节、政策要点、操作规范等进一步明确,43家子企业、53家分公司、44家比照二级单位管理的成员单位任期契约签订工作全面完成。研究制定领导人员提前退出岗位政策,对达到一定年龄或因身体健康状况无法在现岗位正常履职的干部,允许其自愿申请提前退出领导岗位。

(三)着眼形成"下"的威慑,从行动上坚决果断处理

坚持严管厚爱,敢于在干部"下"的问题上动真碰硬,对不胜任、不作为、不规矩的干部果断调整或免职,近年来先后对1名在任期内担当作为不力、群众认可度比较低的中层干部给予降职处理;对2名纪律规矩意识不强、损害干部队伍形象的中层干部免除职务;对3名安全责任意识不强的中层干部免除职务,让履职尽责、干事创业在油田蔚然成风。同时,坚持"三个区分开来",健全完善容错纠错机制,从政治、思想和生活上关心关爱干部,合规合理正确对待被追责问责干部,对"下"了以后作用发挥较好、工作成效明显、符合使用条件的,及时给予新的干事创业机会,近年来重新启用影响期满的中层干部2名,旗帜鲜明地为担当者担当、为实干者撑腰。

二、瞄准"三个优化",推动提升人力资源效能

面对老龄化严重、冗缺员并存、自然减员达到高峰等诸多矛盾,创新改革举措,着力优化劳动组织架构及人力资源结构,推进"控增

量、盘存量、压总量"，持续加强劳动用工管理，有效激发企业创新创效活力。

（一）科学优化组织体系，持续提升管控治理效能

通过两次较大规模机构优化调整，公司本部机构减幅达 56.5%，人员编制减幅达 33.4%。改革涉及的 35 家二级单位二、三级机构压减率达 18%；管理人员压减率达 10%。推动"油公司"模式改革，从生产单元剥离与油气生产非强相关的业务，实现"剥洋葱"主业留核；油田层面整合专业水准要求较高的业务，实现"甲乙方"技术服务；二级单位层面整合与生产过程融为一体的业务，实现"无缝式"支持保障；采油厂内合并成立数字化运维中心，实现"跟进式"数字支撑。有序整合教育培训、矿区服务、多种经营及装备化工业务，有效提高产业集中度，提升规模发展能力。其中，重组教育培训资源后成立的铁人学院，已被中央组织部确定为国有企业唯一一家全国党员教育培训示范基地，被中华全国总工会确定为全国职工教育培训优秀示范基地和首批全国工会干部教育培训基地。

（二）科学优化用工管理，合理调整队伍结构布局

严把人员新增入口，积极开展急缺岗位毕业生定向招录，优选素质优、能力强退伍军人，招聘外部技术、技能专家到油田工作。3 年来累计招聘各类人才 800 余人。大力畅通减员出口，充分利用剥离企业办社会职能政策，与地方政府协商移交企办院校、医院员工 7000 余人；积极推进大庆钻探工程公司所属物探和测井业务移交中国石油所属专业公司，整体划转员工 6000 余人；通过开展劳动能力鉴定，对符合条件的因病或非因工负伤人员，采取内部退养、离岗歇业等方式，妥善安置 2000 余人；在大庆钻探工程公司开展短期离岗试点，进一步拓宽人员分流安置渠道，累计办理短期离岗 300 余人；通过 ERP 系统筛查、群众举报、随机抽查等方式，清理清退长期不在岗人员 200 多人。

（三）科学优化调剂模式，多措并举盘活人力资源

加速"内循环"进度，牢固树立"一家人、一条心、一盘棋、算大账"理念，对新增用工需求，优先使用油田内部富余人员。打破上市与未上市壁垒，通过业务承揽等方式在上市生产单位安置未上市富余人员 5800 余人。开展上市单位与未上市亏损企业"一对一结对帮扶"，矿区服务单位向上市单位劳务输出 700 余人。充分利用人力资源统筹配置平台等途径，在中国石油内部安置富余人员 1000 余人。利用大庆钻探工程公司、水务公司、通勤服务公司等单位专业优势，推动专业技能人员向中国海油、北控集团、油城公交公司等企业劳务输出，累计输出近 1000 人。加大"调结构"力度，在油田层面，实施井下作业、电力运维、档案管理等业务专业化整合，优选划转人员 7000 多人；在二级单位层面，优化内部人员结构，三级领导职数压缩 15%，本部管理人员压缩 13%，油气生产单位全面取消小队层级，减少管理人员 7000 余人。

三、聚力三个"突出"，推动实施薪酬分配制度改革

突出效益效率导向和市场化方向，建立完善差异化、精准化的激励约束机制，充分发挥薪酬分配的激励效能和牵引作用。

（一）突出效益效率导向，健全工资总额决定机制

建立健全由工资效益效率联动、效能对标调节和工资水平调控等共同组成、协调运转的工效挂钩办法，推动各单位通过完成高质量发展目标，带动员工收入合理有序增长。建立外部市场开发奖励机制，区分国际、国内中国石油外部、中国石油内部、大庆本地 4 个市场类型，以外部市场收入为基数，按一定比例计提工资总额，助力各单位积极外闯市场、创效增收。实行优化人力资源配置奖励，对主动开展劳务输出、业务承揽的单位，按照输出社会企业、中国石油内部企业、

油田内部单位等不同情况，每新增输出 1 人奖励 0.5 万～2 万元；接收单位按 50% 予以奖励，鼓励各单位盘活用工、提高效率。

（二）突出市场化方向，完善重点群体激励机制

建立核心技术技能人才收入与相应层级管理岗位对应机制，提高技术技能津贴标准，对取得突破的重点科研项目及技能竞赛获奖人员予以重奖，实行科技成果转化收益分享等中长期激励，各类人才薪酬竞争力显著增强；二级单位层面企业首席技术专家、企业技术专家人均收入超过二级正职水平；中国石油技能专家收入达到二级副职水平。强化生产一线艰苦岗位定向激励，充分拉开前线与后线员工的收入差距，切实发挥薪酬激励作用。

（三）突出潜能释放靶向，充分搞活内部分配

各单位充分发挥内部分配主体作用，探索实行机制灵活、形式多样的分配方法，进一步搞活内部分配，激发动力活力。油气生产板块推行"全要素考核计奖"，采油工月度奖金高低相差 3000 多元，员工思想发生了积极变化，都想多管井、管好井，工作主动性得到极大提高；工程技术板块实行"单井计酬"，不同钻井队之间人均月度奖金高低相差 2500 元，营造了基层单位"比速度、比效益、比降耗"的良好氛围；装备制造板块推行"计件工资"，车工月度奖金高低相差 2800 元，从要我干变为我要干，劳动效率大幅提高；科技研发板块实行"课题制计奖"，课题组成员年度奖金高低相差 4.8 万元，科研人员参与课题竞争热情和潜能被极大地激发出来，出现了争着干、抢着干的科研攻关局面。

作者：李钟磐、鲍全宇、谢诤、周剑风、梁国超

深化三项制度改革　激发人才队伍活力赋能世界一流大油气田建设

长庆油田分公司

深化三项制度改革是国有企业全面深化改革的重点任务，是完善现代企业制度的重要内容，是提升国有企业核心竞争力和核心功能的必然要求。作为党之长庆、国之长庆，坚持以习近平新时代中国特色社会主义思想为指导，贯彻落实国企改革三年行动决策部署，大力破除制约油田发展的体制机制障碍，全面提升核心竞争力，赋能世界一流大油气田建设，建成了国内首个6500万吨特大型油气田。

一、聚焦党建引领"聚力"，推动深化改革走深走实

始终把坚持党的领导、加强党的建设作为三项制度改革的重要保障，强化政治引领、组织引领、目标引领，推动三项制度改革各项任务走深走实。

突出政治引领。长庆油田分公司党委发挥把方向、管大局、保落实的领导作用，深入学习贯彻习近平总书记关于国企改革和党的建设重要论述，"第一议题"学习习近平总书记重要讲话，"第一时间"贯彻落实中央重大决策部署，把国企三年改革行动任务细化为落实措施，保证党中央决策部署在油田落实落地。围绕建设基业长青世界一流大油气田目标，结合长庆油田分公司"三步走"发展战略规划，将三项制度改革工作纳入长庆油田分公司党委议事日程，细化改革具体举措，定期研究部署、组织推动、跟踪落实，以三项制度改革成效推动油田高质量发展。

突出组织引领。成立长庆油田分公司党委主要领导任组长的三项制度改革工作领导小组，形成党委统一领导，组织人事部门牵头抓总，职能部门、所属单位密切配合的联动机制。紧跟"油公司"模式组织架构改革步伐，建立健全党的组织体系，动态优化基层党组织设置，探索完善以"管理层级"为主体，业务链、生产链、服务链、区域链等多种形态为支撑的"1+X"党组织设置模式，推动基层党组织设置运行与功能定位相一致、与改革发展相适应、与管理幅度相协调，为三项制度改革提供组织保障。

突出目标引领。编制《深化人事劳动分配制度改革行动方案》，形成五大工作目标、24项重点工作、19项配套政策，采取"项目化、表格化、时序化"推进，以年度目标实现支撑中长期奋斗目标的完成。将三项制度改革"三能"目标与"油公司"模式改革"五化"工作要求有机结合，与人才强企工程相结合，与提升企业管理相结合，优化管理流程、夯实管理基础、提升管理水平，让企业在新形势下焕发出活力和生机。

二、聚焦组织机构"最优"，构建精干高效组织体系

按照"业务有保有压、机构能增能减、职数严格管控、层级有效压缩"的思路，实施组织体系优化提升工程，促进长庆油田特色治理体系治理能力现代化。

推进"归核化"业务布局。全力发展资源勘探、油气开发和新能源"三大主业"，优化结构提效能，盘活存量去包袱，集中优势求突破，把资金、技术、人力资源投入油气主业，大力推动机构"瘦身健体"，有效剥离企业办社会职能，转型12个非主营业务和低效业务充实主业，主业从业人员占比达到77%，主业投资占比达到95%以上，实现了集约高效发展。

构建"标准化"组织架构。着力构建具有长庆特色的"油公司"模式，全面推进两级本部大部制改革，公司本部二级机构压减 25%、编制定员压缩 25%、中层领导人员职数压减 21%；油气生产单位本部三级机构压减 28%、编制定员压缩 21%、基层领导人员职数压减 24%。规范采油气生产单位组织架构，全面推广 1 个本部、2 个科研、2 个保障、N 个生产的"标准化"设置，完成"去行政化"改革，二、三级机构分级分类管理全面覆盖。

实行"扁平化"劳动组织。加快新型管理区作业区建设，选取页岩油、长北、苏南 3 家单位积极践行"油田公司—新型管理区"劳动组织模式，按照"四办四中心"组织架构标准，取消作业区管理层级，劳动组织更加精干高效。按照"一体决策、统一指挥、集中监控、区域运维"的思路，在新型采油气作业区推进"作业区级"大监控运行模式，压减了管理层级，精简了岗位设置，优化了资源配置，提升了员工满意度和幸福感。

三、聚焦管理人员"有为"，打造忠诚担当干部队伍

树牢"有为才有位"选人用人导向，健全干部"能上能下"机制，着力打造奋发有为、忠诚担当的干部队伍。

丰富"育"的载体。注重管理人员政治历练，将习近平新时代中国特色社会主义思想和党的二十大精神作为党员干部"必修课"，建立二级管理人员中央党校领导力拓展培训班、中青年后备干部领导力提升培训班、"85 后"三级正职骨干示范培训班和"90 后"三级副职骨干基础能力培训班为一体的干部培训体系，着力建设自觉践行"两个维护"、听党话跟党走的干部队伍。有计划选派干部特别是年轻干部到基层一线、吃劲岗位"蹲苗培养"，每年选派百余名"80 后"干部担任页岩油、深度处理总厂等重点项目组经理、副经理，参与国家级、集

团公司级重大科技专项，推动干部在不同岗位不同环境中经风雨、见世面、长才干。

崇尚"实"的导向。坚持崇尚实干鲜明导向，近三年从业绩好的油气生产单位提拔干部占比50%，从生产科研一线提拔干部占比80%以上。某项目经理，带领团队连年实现"钻试投"三个100%，创造了长庆气区开发纪录，从三级正职快速成长为长庆油田分公司最年轻的生产单位"一把手"，并被选派到集团公司任职，营造出有为有位的鲜明导向。

畅通"下"的渠道。建立干部任用负面清单，划定能力不胜任者下、作风不务实者下、状态不适宜者下、考核不称职者下、廉政不干净者下等"硬杠杠"。完善刚性退出、自愿申请、组织调整等退出通道，促进干部队伍新老更替。强制考核结果分布，建立"黑白灰"名单，对优秀白名单奖励，对基本称职"灰"名单提醒诫勉，对不称职"黑"名单调整免职。推进所属二级单位和本部部门任期制和契约化管理，严格"双70""双80"不达标硬退出要求，近三年有20余名二级管理人员，因考核靠后、状态不佳，由组织调配退出岗位，打破干部"上得去""下不来"的梗阻。

激发"上"的动力。健全容错纠错机制，对问责调整的干部不"贴标签"、不"一棍子打死"，近三年对20余名处分期满的干部予以提拔使用。将因能力不强、动力不足"下来"的干部列为教育培训重点，加强能力建设和信心重塑，帮助其改正不足、提升本领、转变作风，重新赢得组织和群众的认可。近年有4名降职、免职的干部，经组织培养、个人努力，重新获得提拔重用，实现"下后再上"。

四、聚焦技术技能"专精"，焕发人才队伍生机活力

始终把人才"第一资源"作为推动油田高质量发展的"第一动

力",实施"十大人才专项工程",完善"生聚理用"人才机制,着力打造专业化技术技能人才队伍。

打通技术人才发展"双通道"。将专业技术岗位序列制度改革纳入全面深化三项制度改革总体布局,精心编制"十四五"期间全面开展专业技术序列改革的实施方案,分六大业务领域、114个专业方向对岗位体系进行优化完善。在48家科研、生产及生产辅助单位全面开展改革,涉及专业技术人员近7000人,为技术人员开辟了一条独立、稳定、畅通的职业发展通道。推行科研攻关"揭榜挂帅"制,组建24个科技创新团队,集中力量攻克"卡脖子"难题,重奖重大科技成果,最大化激发科技人员动力活力。

搭建技能人才成长"立交桥"。深入实施"石油名匠"培育、技能等级晋级、创新创效能力提升三大计划,推动工程师、班组长与技师双向培养,高技能人才队伍不断壮大,2023年达成技师选育"千人"目标,高技能人才占比较"十三五"末提升3个百分点。建立竞赛获奖选手用工转换、技能专家直推劳模、工作室同评共建、创新创效协作联动机制,调动操作员工成长成才积极性,两年来技能人才获全国五一劳动奖章等国家级荣誉8人,省级劳模、工匠和中国石油技能手120余人。

构建人才赋能培训"大平台"。聚焦精准赋能,分业务、分层级对接三支队伍培训需求,分类分级调研设计三大培训计划和19项子计划,每年培训员工5万人次。重构教育培训制度体系、课程体系、运行、支撑体系,优化整合内部培训资源,推动前瞻性培训走进中央党校、清华、人大和华为等知名院企,每年利用"中油e学""长庆e学堂"培训4万人次。紧跟油田数字化智能化变革需要,完成新型采油气作业区10个操作岗位培训大纲开发,初步建成数字化油田一线岗位培训标准规范。

五、聚焦劳动用工"可控",推进人力资源控减优化

完善员工"能进能出"机制建设,精准引才、优化盘活、依规退出,控总量、优结构、提价值,最大限度盘活人力资源,有效激发企业活力动力。

精准引才聚才。围绕资源勘探、油气开发、新能源三大主业,绘制人才需求图,拓宽人才引进渠道,加大数理化基础学科、新能源、数智化等专业高校毕业生引进力度,扩大物探、钻井、录井等专业领域技术人才储备,以人才"智高点"抢占发展"制高点"。近三年,引进985、211及"双一流"毕业生占比达56%,硕士及以上人员占比69%。

优化盘活资源。建立以劳效为标准的人力资源流动机制,突破油气生产单位流动限制,明晰劳效低向劳效高单位流动导向,实现人才与单位的"双向奔赴"。每年通过内部竞聘、分流安置、劳务输入、对调交流、员工调动等举措盘活人力资源,"十三五"以来,油气当量由5300万吨增长至6500万吨,用工总量由7万多人缩减至6万多人,万吨及单井用工指标始终保持在中国石油前列。

依规有序退出。针对员工"能进不能出"弊病,建章立制,精准发力,规范员工违规违法退出认定标准和工作程序。持续5年开展在册不在岗人员清理,开发员工智能服务系统,实现考勤和请销假"信息化"管理。鼓励从事特殊工种、因病或非因工致残等达到规定工作年限的操作员工内部退养。近三年,油田市场化用工退出1300余人,内部退养1300余人,队伍结构持续优化。

六、聚焦薪酬分配"精准",激发干事创业内生动力

健全薪酬分配体系,用好绩效考核"指挥棒",打破收入分配"藩

篱",释放薪酬管理效能,有效激发干部员工干事创业内生动力。

按效益效率贡献"切蛋糕"。突出按效益效率分配导向,构建工资总额与单位经济效益、业务增长挂钩机制,与劳动生产率对标联动机制,与劳动力市场和管理难度相适应的工资水平调控机制,薪酬向油气产量贡献大、增产增效多、人均劳效高的单位倾斜。实施"预考核+总兑现"管控模式,对主要营运指标进行过程考核,根据综合完成率预兑现,推进各项业绩指标按时运行。

把激励资源用在"刀刃"上。聚焦效益产量增量,实施油气超产分档奖励政策,建立奖励标准与油气销售价格联动机制,制定月度考核、专项激励、业绩加分、表彰激励、追责问责"五位一体"的天然气保供奖惩体系,激发生产单位增产上产热情。实行劳效提升特别奖励,对全员劳动生产率实行先进性、进步性双维对标考核激励。探索实施中长期激励,指导具备条件的科技型企业申报岗位分红激励,探索实施科研单位虚拟分红激励,2022年科研骨干人均分红超2万元,激发科技人员创新创效活力。

调控科学合理"分配比"。加大薪酬向基层一线、关键艰苦岗位和科研骨干人才倾斜力度,科研单位人均收入高于平均水平接近4万元,油气生产单位人均收入差距最高达到3万元左右,一线后勤相差6万~8万元。结合所属单位分级分类现状,将奖金标准划分为三类A/B档6个序列,体现差异化、贡献度。突出"干多干少不一样""干好干坏不一样",对中层领导人员年度考核排名前20%的奖励5%~10%的绩效薪酬,排名后5%的按奖扣对等原则进行扣减,充分调动领导干部积极性和主动性。

作者:付顺勋、高鹏、俱小丹、汤庆刚、常旭鼎

建立健全"三能机制" 增强企业核心竞争力

塔里木油田分公司

2020年以来，塔里木油田分公司以国企三年改革行动为契机，建立健全"三能机制"，持续巩固完善风清气正的政治生态、团结和谐的人文环境、心齐劲足的工作氛围、务实创新的精神文化、现代高效的管理模式、公平公正的用人机制，有效激发调动员工参与建设世界一流大油气田的积极性、主动性、创造性。2020年至2022年，油气产量当量从2851万吨逐年递增至3310万吨，员工人数从1万余人逐年递减至9000余人，全员劳动生产率从311万元／人逐年提高至497万元／人。2023年上半年油气产量当量1769万吨，超额完成生产经营任务，各项生产经营指标保持行业领先，企业核心竞争力进一步增强。

一、坚持精选育、严管理，干部人才"能上能下"常态化

聚焦建设堪当重任的高素质专业化干部人才队伍，建立向上晋升有位、向下退出有序、跨序列流动畅通的干部人才培养使用机制，靠机制推动干部人才"能上能下"，年轻中层干部占比从12%提高到34%，一级工程师及以上专家增长超过一倍。

（一）建立完善竞争性选拔机制

一是竞争性选拔经营管理人才。面向全油田公开招聘中基层领导干部近600人、区域总监29人，在中国石油系统内公开招聘2名"80后"总会计师，把忠诚为党护党、全力兴企强企的良将贤才选上来。二是竞争性选拔专业技术人才。面向全油田公开选聘中层专业技术岗位人员62人，其中2023年公开选聘企业高级专家9人、一级工

程师 24 人，创塔里木油田分公司双序列改革以来选聘岗位、规模、竞聘人数三项最高纪录，把矢志爱国、锐意开拓创新的优秀人才选上来。三是竞争性选拔优秀储备人才。梯次建立优秀干部人才库，优者进、劣者出，动态跟踪掌握各级优秀干部人才 1200 余人；大力实施"十百千"人才培养工程，分级分类遴选领军、拔尖、骨干人才培养人选 338 人，把又红又专的青年才俊选出来。

（二）建立完善干部人才"能下"机制

一是改革中不胜任要"下"。深化管理区改革中，九大管理区基层干部按照"先起立、再坐下"的原则，原职务自然免除，全部重新竞聘上岗，其中落聘或聘任至下一层级岗位的 71 人。二是年度考核靠后要"下"。探索建立年度考核动态竞聘机制，专业技术岗位年度考核排名后 20%、研究院科研团队岗位年度考核排名后 20%、采油气管理区基层领导人员年度考核排名后 15%，全部重新竞聘上岗，落聘的，易岗易薪。三是任期契约不达标要"下"。全面推进任期制和契约化管理，按照全覆盖原则，油田领导班子成员与 26 家二级单位班子成员签订任期契约，明确末等、不胜任情形，考核结果基本称职的重新竞聘上岗、不称职的予以免职。

（三）建立完善配套政策措施

一是实施岗位管理。油田本部深化大部制改革，撤销内设科室，坚持因事设岗、以岗择人；在研究院创新设置科研团队岗位，在监督中心设置区域总监岗位，均无行政级别，实行公开竞聘、动态管理，向岗位管理转变。二是加强专业技术。统筹机构编制资源，精简经营管理岗位、充实专业技术岗位，将管理区安全环保、生产运行等岗位纳入专业技术序列改革，研究院专业技术人员占比从 66% 提高到 90% 以上，九大管理区专业技术人员占比从 40% 提高到 60%。三是拓宽成长通道。全面打通专业技术和经营管理岗位序列转换和晋升通道，专业技术岗位可平转、提转至经营管理岗位，同步拉平专业技术序列岗位与经营管理岗位薪酬待遇。

二、坚持优增量、盘存量，员工队伍"能进能出"市场化

突出人员控减优化，严把入口质量关，优化人力资源配置，建立多样化的用工退出方式，在油气产量当量净增459万吨的情况下，用工总量减少9%，用工效益效率显著提升。

（一）高质量引进优秀人才

一是高质量引进高校毕业生。高标准开展油田形象展示、校园宣讲，引进985、211和"双一流"院校毕业生比重提高到75%。二是高质量引进紧缺成熟人才。建立成熟人才引进机制，面向中国石油系统公开招聘短缺人才，引进钻井、财务等紧缺优秀成熟人才25人。三是高质量引进高端技术人才。打破传统人才引进思路，秉承"不求所有、但求所用"的理念，依托中国石油超深层复杂油气藏勘探开发技术研发中心，建立开放共享的科技创新体系，成立技术委员会引进外部专家11人，其中两院院士6人；科研项目实行"揭榜挂帅"，面向全球张榜7个项目，52名行业内外专家竞相揭榜。

（二）大力调整员工队伍结构

一是推动人力资源向主责主业聚集。坚持一手抓油气增储上产、一手抓新能源发展，在新能源、油气储运、数字化、应急等领域实行管办一体的事业部模式，加快生产辅助及后勤业务发展转型，整合同质同类业务，油田主营业务人员比重从54%提高到65%。二是推动人力资源向生产一线聚集。严格控制两级本部机构设置、编制定员，油田两级本部实施大部制改革，将生产、安全和技术岗位设置在生产一线，油田本部人员控制在员工总量的5%以内，二级单位本部人员精减到15%以内、基层单位人员提高到80%以上。三是推动人力资源向

关键核心岗位聚集。结合员工退休整体情况，新增用工主要补充到主营业务，有力支撑博孜、富满等新增区块高质量建产，加快新能源业务快速发展，油田科研、勘探建设等关键核心人员增长14%。

（三）畅通员工退出通道

一是业务性退出。加快推进用工方式转型，推广应用"管理+技术+第三方"用工模式，逐步退出低端低效业务，移交三供一业、医疗、酒店业务，采用中止合同、劳务输出等方式退出390人；分流安置塔西南公司富余人员，关停编织袋厂等低端低效业务，内部盘活1400余人。二是政策性退出。针对结构性、岗位性、生产性的富余人员，制定富余人员分流实施意见，明确11种分流安置方式，内部退养、离岗歇业、内部待岗近千人。三是市场化退出。加强劳动合同管理，强化组织监督，建立完善员工违规行为处理机制，员工市场化退出率达到2.17%。

三、坚持一主线、两重点，员工收入"能增能减"差异化

以"价值引领"为主线，围绕"重点事、重点人"，探索构建"一主线两重点"的薪酬分配体系，强化重点激励、精准激励，变"漫灌"为"滴灌"，有效激发员工主动性、积极性、创造性。

（一）拉开单位间分配差距

一是调整优化工资总额决定机制。突出效益效率导向，完善与各单位综合业绩增幅和编制定员强相关、强挂钩的工资总额决定机制，重点向利润贡献大、投入产出高、科技创新成效显著、工作条件艰苦的单位倾斜。二是差异化设置经营管理难度系数。选取人均效益贡献、资源质量、员工指数等9个测算因素，确立各单位经营难度系数，客观反映各单位实现业绩目标的难度和努力程度，体现不同单位的价值创造能力，2022年单位综合业绩分值差距扩大7倍。

（二）拉开岗位间分配差距

一是岗位价值差异化。采取岗位写实、专家测评等方式，科学、量化评价不同岗位员工的价值贡献，对纵向各层、横向各岗差异化确定业绩考核系数，5家二级单位完成试点，收入差距倍数提高9个百分点，实现在什么岗、干什么活、拿什么钱。二是绩效考核差异化。根据经营管理、专业技术、操作技能三类岗位工作性质和价值差异，分类分层建立考核评价方式和业绩指标体系，明确同级岗位业绩考核结果最高、最低分值差距不低于10%，2022年同层级岗位收入差异化系数改善9%。三是薪酬兑现差异化。以业绩优劣决定收入增减，考核为优秀的经营管理人员，业绩奖金系数予以上浮，考核为基本称职的，业绩奖金系数下浮0.4。年度考核结果为A档的专业技术人员，年度收入水平高于对应层级经营管理岗位，考核结果为DE档的人员比A档人员业绩奖金系数降低0.5~0.7。对操作技能人员实施积分考核，操作技能同层级岗位月度奖金最高最低相差近50%。

（三）强化精准有效激励

一是给工资总额"上好阀"。精准调控流量和流向，将年度工资总额增量的80%重点用于关键核心岗位的激励，科研骨干年均增幅比油田高3个百分点，一线生产、科研核心岗位年收入与后勤单位岗位差30%。二是给重点事"分好类"。将油田公司重点项目划分为七大类55项，逐一签订"重点项目业绩考核任务书"，并建立重点工作督查督办闭环管理机制，紧盯关键时间节点实施考核奖惩到个人，年度对标排序前10%的给予10%的绩效奖励，后10%的减发5%的绩效奖金。三是给重点人"画好像"。在科研单位试点开展核心骨干人才甄选与激励，按条件、标准精准甄选近400名核心骨干人才，抓好关键少数人员的重点激励，2022年精准激励1000多万元。

作者：王建、李林、梁剑、王平、张志雄

勇闯改革"深水区" 激活发展"源动力"
推动企业高质量发展

辽阳石化分公司

辽阳石化分公司深入学习贯彻习近平总书记视察辽阳石化重要讲话精神,积极应对严峻市场竞争挑战,坚持问题导向,直面差距短板,按照业务驱动、制度配套、协同推进、考核评价、激发活力的基本思路,在优化业务结构、规范机构设置、畅通人才成长通道、提升全员素质、完善薪酬分配等方面,靶向施策、精准发力,持续推动三项制度改革走深走实,不断增强企业活力、提升效率效能,着力打造有实力、有活力、有竞争力的现代炼化企业。

一、强化顶层设计,推进机构"瘦身健体"

按照"业务归核化、机构扁平化、管理专业化"的管理目标,对标行业标准和先进企业,编制组织机构调整及业务优化整合方案,组织制定工作路线图,明确时间节点和实施路径,分阶段抓好各项改革措施的落实,确保组织机构更加精干高效。

(一)剥离社会职能,实现归核化发展

坚持早谋划、早动手,积极与地方政府和相关单位沟通,提前一年完成供水、供电、供暖和物业移交任务。2018年,职工医院完成混合所有制改革,辽化宾馆由集体企业租赁经营,生活区有线电视和通信业务全部移交专业公司。撤销矿区服务事业部,调整为矿区管理部,矿区本部由原来的"八部一室"9个二级机构压减为5个三级机构。

2020年，结合"四供一业"①移交进度，撤销公用事务中心建制，完成液化气业务移交、离退休社会化改革和集体企业改制工作。通过剥离企业办社会职能，进一步精简了机构，优化了人力资源配置，使企业轻装上阵，经营业务归核化。

（二）创新组织模式，建立扁平化架构

聚焦精简组织机构，压缩管理层级，优化生产流程和管理流程，加快推进实施扁平化管理。2020年，撤销职能部门、附属机构及部分履行管理职能的直属机构科室设置，压减三级机构80个。2021年11月，11家二级单位34个车间共计约2800余名员工，顺利由"五班三运转"调整为"四班两运转"的作业方式。2022年，炼化主体生产装置和公用工程（水、电、气、风、氮）装置均组建设立运行部，原有"分厂—车间"两级行政管理调整为运行部一级管理，压减二级单位本部部门和车间等三级机构79个。2020年以来，公司二级机构减少8.2%，三级机构减少56.1%，基层班组减少59.4%，队伍更加精干高效。

（三）实施业务整合，突出专业化管理

先后在工程检维修、分析化验、仓储、设备监测、仪表电气、采销等领域开展专业整合。将原设备检修部、机械厂、工程公司合并为建修公司，并退出工程监理业务；将各生产厂的8个分析车间整合到生产监测部，合并成立3个中心化验室；设立设备监测中心，统一负责设备状态监测、水质防腐、设备防腐业务，发挥专业优势；将主体单位仪表电气车间整合成立仪电中心，统一负责公司仪电系统运行、维护工作。2020年，撤销联贸公司机构，将进出口业务分别划归物资采购中心和销售中心；对成品库仓储、汽车衡器计量及调运、物资管理业务进行优化整合，达到精简组织机构设置、辅助业务专业化管理、

---

① 供水、供电、供暖、供气和工业物业。

效益效率有效提升的目标。

二、优化资源配置，厚植人才"第一资源"

以全面提升人才价值为目标，创新人才赋能管理体系，实施差异化培养，重点突出"实践"赋能，着力打造素质过硬"三支队伍"，以效率决定用工，以能力决定岗位，让更多英才脱颖而出，激发高质量发展"第一动力"。

（一）建设担当作为的领导干部队伍

全面贯彻新时代党的组织路线，按照"高素质、专业化"标准，严把选人用人关，鲜明树立"有为才有位"选人用人导向，健全干部"选育管用"和人才"生聚理用"机制，以工程思维推进人才强企工程。大力实施"111"工程，即遴选100名近期成熟、100名中期培养、100名远期关注的优秀人才作为后备干部重点培养，突出专业、年龄和成熟度等因素，着力打造组织遴选、集中培训、实践锻炼、跟踪管理、择优使用、动态调整"六位一体"培养链条。定期组织开展中层后备干部民主推荐，为锻造"三强"干部队伍储备力量。对各单位梯队建设情况开展调研，逐一分析研判，延伸掌握下一层级优秀年轻后备干部名单。加强本部和基层的双向交流，选派有发展潜力的优秀年轻干部到生产调度、安全环保、信访维稳、劳动纪律督查等重点岗位挂职锻炼。近几年，"80后"中层管理人员占比由零增长到16.9%、"80后"基层领导人员增长到40.1%，干部队伍结构不断优化。

（二）培育决胜未来的专业技术人才队伍

健全人才全过程培养机制，实现从入厂源头培养至岗位跟踪培养的全覆盖。对于新入职大学生，除了配备专业技术和操作技能师傅以外，增加了见习论文答辩环节，实现毕业生到员工的角色快速转变。以人岗匹配为目标，完善人才成长与序列间转换通道，科学设定各层级岗位的设置数量、工作权限、任职条件、选聘程序等内容，积极打通专业技术人员的成长通道和各类人才的转换通道。注重发挥高端科技人才引领作用，制定差异化人才培养策略，择优选派专家骨干参加催化装置专家、机械专业技术骨干等高级研修班，大力培养工艺优化、质量管理、工艺防腐等专业领域技术拔尖人才。全面整合专业优势人才资源，组建完成优化创新、HAZOP 分析、工艺及设备防腐蚀、仪表检维修及新技术应用、聚酯新产品创新 5 个创新示范团队和计划优化、生产技术、设备、仪电、安全、环保 6 个专业技术管理团队，为公司技术人才成长搭建学习锻炼和发挥能力的平台。

（三）打造一专多能的操作技能队伍

重点聚焦知识更新、能力提升，突出创新创效，加快复合型高技能人才培养。建立以主体装置外操区域化、内操系统化、班长全流程能力的操作员能力标准，动态组织星级操作员培训及考评，目前在聘星级操作员 2652 人。以开展"千对工程"和"师徒结对"为工作抓手，强化技能经验传承，持续加快高技能人才培养。2020 年以来，坚持技能骨干人才和新入职员工师带徒培养模式，签订师徒协议 1650 对。建立四级验收工作机制，注重引领技能水平全面提升。持续加强基层班组长队伍建设，注重操作技能和现场管理能力培养，强化生产难题攻关。组织开展季考和月评等专项活动，依托基层车间夯实技能员工季度考核、月度评价工作，考核评价结果与季度奖金、月度奖金挂钩，充分发挥奖金的激励作用，促进员工系统化能力提升。深入梳理形成 9096 份文件培训教材和题库，组建 470 个模块共 19607 道试题，不断强化员工素质能力，保障装置长周期平稳运行。

三、冲破利益藩篱，激活一线"创效分子"

坚持效益效率导向，树立"价值是自己创造的"理念，完善业绩考核激励体系，探索推行"工效卡"①制度，实施精准奖励，打破分配"大锅饭"。以能力决定位置，贡献决定薪酬，引导干部员工聚焦主责主业，立足岗位实际建功立业。

（一）完善考核体系，提升考核质量

牢固树立"没有考核就没有管理"的理念，以计划管理为"龙头"，建立以计划会、生产优化会、经济活动分析会、绩效考核会为主体的"四会"机制，以计划会定目标，优化会抓过程，经济活动分析会找差距，绩效考核会硬兑现，构建生产经营管理闭环。每月召开绩效考核会议，增加考核的透明度和严肃性。按照定量与定性相结合、以定量为主的原则，对标行业标杆，优化KPI指标设置，优化奖金结构和考核办法，持续加大绩效考核力度，提升考核质量，层层传递生产经营压力，倒逼部门和单位抓过程、抓指标、抓管理，引导基层单位压缩用工总量，提高生产工作效率。发挥了考核的"指挥棒"作用，推动公司整体经营管理水平持续提升。

（二）强化工编挂钩，优化薪酬分配

坚持"效益效率优先、差异化分配、精准奖励、薪酬动态运行"的分配原则，将奖金向效益好、责任重、风险大、技术含量高的生产一线和岗位倾斜。按业绩贡献考核分配，薪酬能升能降，体现盈利与亏损不一样、减亏与增亏不一样、开工与停工不一样、干多与干少不一样，合理拉开分配差距。将奖金发放权限分级，二级副职以上干部薪酬发放由辽阳石化分公司人事处直接负责，基层领导人员及以下管理人员由基层单位人事部门负责。前后线奖金分配差距倍数达3.5倍，真正打破薪酬分配平均主义"大锅饭"。

---

① 对每天的工作进行记录，依据工作量及工作效率分配奖金。

(三)健全奖励机制,激发担当作为

健全员工奖励机制,对在安全生产、科技创新、管理提升、挖潜增效等工作中做出突出贡献的单位和个人给予精准奖励,设立生产优化、科技创新、安全环保、技术攻关、新产品开发等专项奖励,加大向一线关键艰苦岗位、核心骨干人才等重点人员的分配倾斜力度。在部分单位推行"工效卡"制度,将工时、工作量、效益指标等量化、细化,与员工奖金直接挂钩,有效激发员工工作热情。深化二次分配制度改革,按不低于月度奖金总额6%和10%的标准,用于基层单位开展二次分配,适当赋予班组长一定额度的考核奖励基金,有效调动车间和班组的积极性,促进基层自主管理。

作者:姜怀东、宋建鹏

突出组织体系优化　聚焦人才活力激发
为打造竞争力突出能源公司提供人力资源支撑

锦州石化分公司

锦州石化分公司坚决贯彻中国石油党组决策部署，以组织体系优化提升为基础，以人才价值提升为统领，持续深化三项制度改革，推动公司组织机构更加精干高效，构建人才晋升通道，有效激发干事创业和创新创效动力活力。

一、主要做法

（一）加强年轻干部培养选拔

坚持党管干部原则，鲜明树立讲担当、重实绩、重实干、重基层的用人导向，统筹"选育管用"，打破"论资排辈"，消除"隐性台阶"，加大干部交流力度，稳步推进干部队伍年轻化。

建立机制，精准研判，"选"准干部。强化顶层设计，提出总体工作目标和2023年、2025年分阶段具体工作目标，建立优秀年轻干部人才库，构建"4333"年轻干部培养选拔、储备使用体系。将政治标准挺在前面，按照"二级正、二级副、高级主管、主管"4个职级，明确"主营业务、主体专业、年龄结构"3个条件，面向"基层一线、技术骨干、优秀群体"3类人员，精挑细选储备干部。根据培养成熟情况，划分"近期使用""轮岗锻炼""蹲苗培养"3个层级，提高年轻干部培养使用工作精准度。

沃土蹲苗，提升本领，"育"强干部。加强理论教育，举办"青马工程"示范班；开展依法合规网络培训班、新提任领导人员专题班等，不断开拓优秀年轻干部视野，增长才干，提高理论素养和知识水平。搭建实践锻炼平台，把党支部书记、党支部委员等岗位作为培养锻炼和选拔优秀年轻干部的重要平台，助推他们在管党建、管业务中增长才干。近年共有9名党支部书记成长为中层领导人员。

从严要求，强化担当，"管"实干部。坚持从严要求，强化监督管理。印发多项制度，加强干部任职回避、述职履职、业绩考核等全方位全过程管理监督。强化结果应用，打破身份观念，刚性确立退出底线，破解干部"能下"难题。2022年履职状态较差的5名二级副职及以上领导人员提前退岗，3名二级正职调整到二级副岗位。

破除台阶，大胆选配，"用"好干部。树立鲜明用人导向，打破用人定势，稳步推进干部队伍年轻化。按照三个"三分之一"配备原则，统筹使用各年龄段干部，安排优秀年轻干部到生产一线生产、设备、安全等重要管理岗位任职，助推他们在攻坚克难中建功立业，加快优质干部资源向最能发挥其价值的岗位流动。

（二）持续优化组织体系

针对组织机构臃肿，车间规模偏小，岗位设置分工过细，结构性缺员等诸多问题，持续优化生产组织模式，激发员工活力。

精简机构，"物理重组"。一是推进大部制改革。根据中国石油组织体系优化要求，进一步集约配置机构职能，深入推进大部制改革，完成本部及直附属机构"三定"工作。二是推进专业化管理，推动组织资源归核化。推进所属二级生产单位整合工作，通过机构优化整合、撤并，将炼油、化工、公用工程、油品储运和检维修系统23个二级单位优化整合为14个联合车间。三是优化精简内设机构，萎缩退出后勤业务。对本部及直属机构内设机构进行规范，撤销所有三级机构。进一步整合非主营业务，明确业务属性，提高专业化和业务集中度。加快推进社会化职能移交，萎缩退出物业、托幼、离退休等业务。

管理变革，"化学融合"。一是构建新型组织管理模式。优化调整生产单位（联合车间）领导班子岗位设置及业务分工，确保生产运行、技术管理和 HSE 管理受控。按照中国石油天然气股份有限公司（简称股份公司）《关于推进炼化业务生产运行组织模式优化的指导意见》，全面推行扁平化管理，撤销三级机构设置，统一下设专业组，以人员整合推进管理深度融合。二是优化生产作业形式。调研相关炼化企业，对运行模式、经验做法、推行条件进行深入研究，制定具体生产组织方式优化实施方案。坚持试点先行，按照"成熟一个，推进一个"的原则，有序推广"四班二倒"模式。三是持续推进"五定"工作，实施岗位整合。结合公司生产模式和作业形式优化，持续推进定岗定编，按照推行"无人值守+区域集中控制"、大工种大岗位区域化系统化操作的原则，推进班组和岗位整合工作，真正发生"化学反应"。

"三岗"转换，激发活力。一是实施目标定员，推进用工方式转型。对照"五定"标准，全面梳理主体装置、辅助装置关键核心岗位，制定目标定员及员工总量控制计划。其中主体装置定员（管理+技术+核心骨干）近2000人，辅助装置定员（管理+技术）500余人，预计到2035年员工总量控制在3000人以内。二是推行"三岗"制，优化队伍结构。结合生产组织模式和轮班作业形式调整，通过薪酬激励机制、一岗多能素质提升培训、岗位竞聘、推行"三岗"制（上岗、随岗、待岗）等措施，积极组织各单位落实定岗定编方案，激发员工学习培训积极性，提高技能素质，实现"能者上庸者下"。

（三）稳步推进专业技术序列改革

牢牢把握"四个抓手"，打造高素质科研和工程技术人才队伍，强化专家队伍建设，激发创新创效动力活力。

抓顶层设计，系统谋划推进。根据中国石油《关于进一步完善专业技术岗位序列制度的实施意见》，全面开展专业技术人员盘点，摸清现有技术人才底数。深入调研试点改革单位经验做法，结合实际情况，确定首批专业技术岗位序列改革范围。研究制定《专业技术岗位序列改革工作实施方案》，启动改革工作。

抓选聘程序，分级分类规范选聘组织。目前专业技术序列职级共设 7 级，由高到低依次为企业首席专家、企业高级专家、一级工程师、二级工程师、三级工程师、助理工程师及技术员。首席专家和高级专家聘任由锦州石化分公司统一组织，第三层级专业技术岗位聘任由各单位自行组织。以注重能力、突出贡献、业绩优先、公平公正为原则，按照层级由高到低的顺序逐级开展岗位选拔聘任。逐步构建纵向发展顺畅、横向流动有序的人才成长通道，形成结构合理、层次清晰、优势突出的专业技术人才布局。

抓工作任务，释放动能激发创新活力。一是举办专家聘任仪式，鼓舞干劲部署任务。分别举办首席专家和高级专家聘任仪式，锦州石化分公司执行董事、党委书记为专家颁发聘书，与聘任专家签订目标责任书，明确专家基本任务和专项任务指标。二是召开专家座谈，激发专家动能。组织召开技术专家座谈会，激励专家在创新引领、业务把关、智囊参谋和人才培养方面做贡献。三是搭建交流平台，发挥技术领军作用。2023 年持续举办"创新大讲堂"活动，针对生产全流程优化、优势产品市场前景分析、炼油化工行业环保技术发展应用等课题，分享交流成果，解决一线生产难题，实现关键技术和经验的传承与发展。已举办"创新大讲堂"16 期，公司级技术专家全部上台授课，受众 1200 余人次。

抓联系服务，突出党委关心关爱人才。修订发布《中共中国石油锦州石化分公司委员会关于加强党委联系服务专家工作的实施方案》。召开专题党委会，明确党委班子成员联系服务对象。各级领导干部与专家"结对子、交朋友",营造"政治上充分信任、思想上主动引导、工作上创造条件、生活上关心照顾"的人才集聚和人才发展环境。

(四)打造技能领军型操作队伍

坚持按需培养、因材施教的原则,有针对性地制定培养方案和考核激励机制。通过落实轮岗实习检验操作技能人员履职能力和应急处理水平,积极构建"大岗位、全能型"操作技能人才格局。

开展多岗培训,提升岗位履职能力。通过师徒结对的方式促进教学相长,以实现"一岗精、多岗通、上下流程工序清"的培训目标。研究制定激励措施,引导操作技能人员履职能力向"广度"拓展。将岗位练兵、导师带徒、技能竞赛等融入员工日常教育培训,强化基本功训练,提升员工履职水平和应急处理能力。定期跟踪各基层单位多岗通情况,督促通岗率不达标单位制定专项整改方案,对组织不力的单位严格绩效考核。

强化考核评价,壮大高技能人才队伍。积极优化高技能人才队伍结构,强化考核评价。召开高技能人才座谈会,激励督促高技能人才创新创效。2022年有2名公司级技能专家晋升为中国石油技能专家,1名技能专家降级聘任,对年度考核不合格和末位人员停发相应津贴,实现高技能人才"能上能下",逐步形成金字塔型高技能人才队伍。积极向辽宁省、锦州市政府推荐技能人才,1名青年高技能人才入选"锦州工匠",2名专家入选"辽宁工匠",优秀高技能人才队伍不断壮大。

搭建交流平台,加速创新成果应用。对重点核心工作及当前存在的差距短板,策划并启动创新大讲堂活动。发挥高技能人才担课题、解难题、育新人的重要作用,加速科技成果转化应用,解决一线生产难题,做好关键技术和经验的传承和发展。充分利用网络直播平台和网络培训平台,实现线下集中授课、线上网络直播、课后重复回看三大功能。全年共完成公司级创新大讲堂22讲,受众超过2000人次,各单位内部创新微讲堂活动持续推进。

（五）充分发挥薪酬的杠杆作用

坚持效益效率导向，优化业绩考核体系，积极发挥薪酬考核的激励和保障作用。

形成梯次，发挥薪酬驱动作用。调整与单位系数、岗位系数联动的绩效奖金，持续拉大一、二、三线差距，向关键核心岗位倾斜。2020—2022年，完成任务奖累计增幅达80%，充分发挥薪酬的杠杆调节作用。

突出目标，发挥薪酬导向作用。通过将月奖基数中基本奖部分与主要KPI指标联动，在与约束类指标关联的基础上，增加与利润完成情况的关联，实现月奖金兑现与公司指标、单位内部指标的双联动，同时持续加大关联考核力度，2020—2022年，基本奖累计增幅达40%。

靶向施策，发挥精准激励作用。坚持人才是第一资源，树牢价值导向，持续优化绩效奖金分配体系，突出精准激励，适当提高关键领域、关键岗位及核心骨干人才的岗位责任系数，加大考核分配力度。

二、工作成效

（一）干部队伍年轻化结硕果

一线生产、设备、HSE管理等部门主要负责人中有近4成为"80后"年轻干部。新提拔领导人员中40岁以下年轻干部占比超60%，40岁左右二级正职占比15%，完成中国石油"1/8"和"1/5"比例要求。

（二）组织机构更加精干高效

二级机构由2019年末的54个压减为现在的34个，压减比例37%；三级机构全部撤销，中层领导人员职数压减比例15.3%。组织结构更加合理，机构更加精干，专业化程度明显提高。

（三）"化学反应"见成效

"四班二倒"运行模式实施后，运行班组由原来的5个班减少到4个班。通过推行竞争上岗，增强了员工工作和学习的积极性。新的倒班模式实施后，内外操、有岗无岗人员收入差距拉大，让员工真正感受到了干和不干不一样，干好干坏不一样，极大地提高了班组员工的工作热情。

（四）人才晋升通道基本构建

专业技术岗位序列改革稳步推进，完成2名首席专家、7名高级专家和17家基层单位346名第三层级专业技术岗位的选聘工作。队伍素质显著提升，2022年，12家主要生产和辅助单位在岗操作技能人员共有1900多人，其中有多岗位上岗合格证人员为1600多人，占比87.8%，较2021年末上升25.1%。

作者：张世忠、赵亮、刘富强、王铁铮、王侣桥

紧紧围绕激发活力提高效率
持续深化三项制度改革

哈尔滨石化分公司

哈尔滨石化分公司围绕企业改革发展中心工作，坚持对标先进、苦练内功、刀刃向内，持续健全完善"三能"机制，推动改革重点任务落地见效，有力激发企业的活力效率。

一、深化劳动用工制度改革，健全"能进能出"机制

（一）科学开展定岗定编定员，实现员工"能进能出"

坚持"敞开出口、严把入口"，利用企业规模小、人员少的优势，抢前抓早建立健全员工"能进能出"机制。坚持市场化导向，优化编制结构，向一线主营核心业务部门倾斜，先后2次组织修订编制定员，实现目标定员持续硬下降。截至目前，累计引入新员工173人，解除劳动合同124人，实现员工"能进能出"。

（二）大力压减组织机构，构建精简高效的管理体系

"十三五"期间，公司坚持前瞻性、先进性原则，兼顾可操作性和适用性，先后完成南直卫生服务中心医疗机构离退休业务社会化移交、厂内石化宾馆撤销、江滨商贸公司注销、湖滨山庄清理、家属区"三供一业"移交、集体企业华泰公司清算等工作，现已实现两级扁平化管理模式，2022年人工成本利润率为404.12%，组织机构运行更加高效。

（三）实现"人尽其才、人尽其用"，持续优化员工队伍结构

采取人才流动奖励机制，盘活内部富余人员，创新实施属地化编制、专业化管理、矩阵式考核的"三化"管理模式，鼓励二、三线员工向一线有序流动，清理长期在册不在岗及办理协议保留劳动关系人员2人，累计引导二、三线员工向一线流动80人，2022年一线员工队伍占比提高到43.1%，全员劳动生产率达到527万元/人，人工成本投入产出水平得到大幅提升。

二、深化干部人事制度改革，健全"能上能下"机制

（一）推进"能上能下"常态化，激励干部担当作为

近年来，23人通过竞争聘任到领导岗位，6人因未能正确履行职责，导致事故或工作实绩落后，免去领导职务。2019年推行一般管理和专业技术人员3年聘期制，共有195个岗位、554人次报名竞聘上岗，岗位交流47人，26人落聘重新找岗位。2021年对4个领导岗位和16个一般管理、专业技术岗位进行公开选拔，3名"80后"干部走上领导岗位，21名优秀骨干聘任到重要管理岗位。2022年建立"近期使用＋轮岗锻炼＋蹲苗培养"三支人才队伍清单，提拔8名领导干部，并对5名中层领导人员实行考核退出，让"能上能下"机制成为常态。

（二）推行领导人员任期制和契约化管理，完善"能上能下"机制

破除唯学历、唯资历、唯推荐票的"旧框架"，大胆使用实绩突出、担当作为的优秀年轻干部，将参与重点项目建设、挂职锻炼、班组管理等基层实践经历作为公开选聘加分要素，并固化到制度。2022年末，建立完成78名领导人员的任期制指标，职责明确、目标清晰的契约化管理体系形成，让业绩指标成为领导干部任职考核的重要条件，为重点解决能下问题提供依据。

（三）加快青年人才素质培养，为干部能上提供资源储备

大力实施人才强企工程，制定完善人才强企工程措施196项，增强公司发展动力。开展2期"青马工程"培训班，组织22名学员赴大庆铁人学院集中学习"充电"，提升青年人才能力，为干部能上提前做好人才储备。

三、深化薪酬考核制度改革，健全"能增能减"机制

（一）建立科学精准激励机制，实现收入"能增能减"

建立以利润、成本和部门费用控制三项重点指标为基础的工效挂钩机制，精准制定各岗位绩效奖金系数、精准设置科技创新等专项奖励，逐步拉大薪酬分配差距。开展岗位价值评估和分类分档，以岗位目标薪酬为导向不断优化薪酬测算模型，推进以岗定薪、按绩取酬的薪酬优化目标。公司一线和三线的奖金收入比例由原来的1∶1.25提升到1∶1.65，差异化考核机制凸显，实现收入"能增能减"。

（二）发挥绩效考核导向作用，增强薪酬分配动力

建立健全风险与利益相平衡、约束与激励相结合绩效考核体系，充分调动员工积极性。着力提高科技创新、效益贡献突出、降低成本显著和安全管理受控等方面的激励效能，2022年日常考核达到3397条，业绩考核达到4900条，绩效考核总金额700多万元，实现提质增效1亿元，助推公司高质量精细化管理。

作者：谷俊友、胡兰天、辛颖、杨金亮

深化三项制度改革
有效解决结构性缺员难题

辽河石化分公司

辽河石化分公司党委坚决贯彻落实中国石油三项制度改革工作部署，抢抓改革关键机遇期，在业务、组织机构、用工模式、薪酬激励等方面全面与中国石油先进炼化企业对标的基础上，制定了"一年转观念、两年见成效、三年上台阶、五年创一流"的改革目标，全力推进业务归核化、组织机构扁平化、直接用工精干化、薪酬激励"精准化"，取得显著成效。

一、业务结构"归核化"

以提高公司发展质量和效益为目标，遵循"做强主营业务，做精生产辅助业务，退出低效无效业务"的原则，转观念、找差距、明方向、定目标，明确"该干什么、该用多少人、该用什么样的人"，逐步外包保洁、绿化、治安保卫、食堂餐饮、文体场馆管理、巡线、产品装车、铁路道口及维修保运业务，退出招待所、浴池业务，移交有限电视业务，减少直接用工400余人。100余名退出业务富余人员通过转岗培训补充至一、二线倒班岗位，有效解决新建装置开工缺员难题。通过优化生产流程，关停创效能力差的焦化汽油加氢装置，28名操作人员转岗分流至其他装置。通过业务归核化，大量减少了二、三线业务用工需求数量，把有限的人力资源聚焦到核心业务发展上。

二、组织机构"扁平化"

以"大机构、一体化"组织模式为目标,大力推进组织结构扁平化改造,优化二级单位本部机构设置和职能配置,持续整合业务相近、区域相邻和体量偏小机构,组织机构由整合前的58个减少到36个,精简幅度37%,撤销二级机构机关设置,减少管理层级,领导干部职数压减20余人,管理和技术岗位压缩50%。推行"大班组、大岗位"设置,加强人员通岗培训,先后完成油品储运部、第三联合运行部、第五联合运行部、动力运行部、营销调运部的班组整合,减少班组25个,减少用工100余人,真正实现机构整合、业务整合、人员整合的目标,进一步提高劳动效率,有效缓解人才断档压力。

三、直接用工"精干化"

制定"五个一批"用工补充计划,即高校招聘精准补充一批、非主营业务外包一批、引导员工正向流动一批、转岗通岗培训一批、劳务派遣聘用一批,以应对退休高峰期挑战。积极对标炼化板块成员企业标准,全面核定近期、中期和远期目标定员,逐步压减一线非核心操作岗位和二、三线及低端低效岗位。第三方用工优先在中国石油内部调剂,缺员岗位优先由辽河油田分公司人员补充,目前已累计补充140人,主营业务"管理+技术+核心操作技能直接用工,其他岗位第三方用工"模式初步建立。严把入口,畅通出口,近5年员工总量减少413人,降幅15%。持续清理在册不在岗人员,下发《关于结构调整中人员分流安置实施办法》,鼓励员工内部退养、离岗歇业,累计清理在册不在岗人员139人。

四、薪酬激励"精准化"

完善业绩考核体系,实施精准激励,合理拉开员工收入差距,有效激发内生动力。坚持以利润为导向,加大工效挂钩力度,实行绩效奖金与生产经营业绩动态挂钩。将月度绩效奖金基数与税前利润完成情况挂钩,根据上季度利润完成情况确定本季度各单位奖金基数。完成季度利润奋斗目标,奖金基数上调20%;完成利润基本目标,奖金基数不变;未完成利润基本目标,奖金基数下调10%。将业绩合同中效益类指标权重由30%提高到40%,其中装置利润指标权重由10%提高到20%,有效调动各单位增收节支、争创效益的积极性。通过优化薪酬体系,绩效奖金占工资总额比例由48%提高到55%,"业绩升奖金升、业绩降奖金降"的理念深入人心,激发了广大干部员工生产优化、节能降耗、挖潜增效的责任意识和主动意识。近3年公司全员劳动生产率持续快速增长,一线员工与三线员工月度奖金差距扩大至6.4倍,分配差异更加明显,收入差距合理拉开,一线人才流失现象明显改善。

作者:马楠、寇卫民、陈闯、赵刚、朱寅菲

突出效益效能导向　　探索事业部制改革

燃料油有限责任公司

燃料油有限责任公司深入贯彻落实中国石油三项制度改革工作部署，准确把握作为中国石油炼油特色产品的营销、贸易及服务专业化公司的发展定位，按照专业化发展、市场化运作、运行方向，探索实施集中决策和放权经营相结合的事业部制改革，突出效益效能导向，企业核心竞争力大幅提升，广大干部员工的绩效意识、指标意识和责任意识显著增强。2022年，营业收入、净利润同比分别增长49%和92%，深化改革有效推动了企业高质量发展。

一、优化业务组织模式，突出协同高效运行

（一）优化事业部组织管理架构

针对炼油特色产品特点和经营网络全国化布局，综合考虑公司现有营销业务的功能定位、战略价值和协同效应等因素，充分发挥采购、储运、生产、营销、贸易、科研和期货等全产业链一体化运作优势，按照大部制整合本部部门，设立资源、沥青、船燃、石油焦、期货、物流6个业务事业部，15个区域公司、29个经营部和27个驻厂服务部，形成从市场端到资源端高效顺畅的全流程业务管理体系，进一步理顺公司市场营销管理体制，有力支撑了各类统销产品的统一市场营销升级。

（二）推行"矩阵式"业务运行模式

根据事业部功能定位和各业务线发展规划，调整优化职能配置，

厘清职责边界和责任分工，打通事业部内部、事业部之间、事业部与二级单位之间，以及事业部与管理部门之间的业务流程。强化业务事业部纵横联动，纵向实行上下贯通、一体协同、独立运行，并充分依托公司党建、纪检、人力资源、财务等职能体系，统筹运作资源、市场、物流、库存、期货等业务，实现全国各地同类业务的集成管理；横向依据内部市场准则，统筹联动采、储、产、销、研等各环节，既解决了过去责权利不统一、不清晰的问题，也营造了业务事业部之间"比价值、比贡献"的良性竞争局面，实现公司整体效益、效率最大化。

（三）实施"集中决策、分散运营"管理机制

事业部作为公司6条专业线业务的归口管理部门，采取"集中决策、分散运营"的管理机制，从公司层面统筹本专业线业务，并归口管理和指导二级单位开展专业线相关工作。各事业部的长期发展规划、年度预算及业务计划等重大事项由事业部提出方案或建议，报公司履行"三重一大"集体决策程序，确保业务始终沿着战略目标及经营目标前进；各事业部业务层面运营及管理工作，由各事业部在公司授权范围内自主管理，充分发挥熟悉产品、贴近市场的优势，经营权限适度下放、相对独立运营，日常业务决策和运营效率、市场反应速度较改革前大幅提升。

（四）提升人力资源配置整体效能

借助专业咨询公司先进的管理工具和成功经验，组织推进公司"五定"工作，用翔实的数据、科学的方法，精准评估公司人力资源整体状况，充分显现各单位人员余缺。并结合沥青厂扭亏转型、新增统销产品人员需求以及高水平营销队伍建设，有序开展内部人员余缺调剂、量才录用、培训上岗，先后组织十余批次岗位公开招聘和组织调配，在充分筛选和多轮培训后的基础上，经过精心筛选和多轮培训后

将200多名员工充实到了营销一线和生产仓储一线，员工队伍结构性矛盾得到有效缓解，人力资源配置效能得到有效提升。

二、强化人才价值评价，实施差异化精准化考核

（一）扎实推进任期制和契约化管理目标考核

准确把握任期制改革的主要任务、关键环节、阶段安排和进度要求，在统筹考虑各单位经营现状、班子配备、"十四五"发展规划等因素后，分两批组织领导人员签订《任期岗位聘任协议和经营业绩责任书》，进一步明确任期期限、岗位职责、权利、义务、业绩目标和薪酬兑现等内容，加强治理主体的监督与管控，提升各级经理层应对内、外部市场变化的响应速度，确保各级经理层依法依规履职尽责，有效激发公司各级领导人员干事创业的热情。

（二）强化"三位一体"考核激励

建立健全以年度业绩考核为主体、月度考核和专项业绩奖励相互补充的"三位一体"考核激励体系，强化全员考核责任层层分解，加强公司对事业部、事业部对专业线内二级单位的独立考核，进一步划小核算单位，精细独立核算，在确保考核压力逐级传导、人人肩上担指标的同时，切实增强员工的使命感、责任感和获得感，有效发挥考核的"指挥棒"作用。

（三）健全完善干部考核评价机制

针对干部考核标准不细、操作性不强、"画像"不够精准等问题，进一步细化所属领导班子和中层领导人员综合考核评价标准的"颗粒度"，领导班子履职测评指标中一级指标由5个增加到6个，二级指标由12个增加到23个；中层领导人员履职测评指标中一级指标由3个增加到4个，二级指标由10个增加到20个。通过加强履职测评指标评价要点和标准的针对性和导向作用，结合年度"一报告两评议"情

况和后备领导人员民主推荐结果等考评数据，从当期排名、历史排名、测评得分、业绩考核得分、得分分布情况等多个维度全面、真实、准确反映各二级单位（部门）班子和中、基层领导人员的实际履职情况，对连续2年排名靠后的管理人员调整或退出领导岗位。

三、改进薪酬分配机制，实施骨干人才精准激励

（一）建立管理人员差异化考核机制

依托事业部专业化管理优势，结合厂、库、销售分公司的生产经营特点，由事业部对本专业线的利润、成本、费用指标进行独立核算和考核，加大利润总额指标的考核权重，突出薪酬分配的激励效能和杠杆作用，建立事业部、二级单位超额利润与各单位（部门）各层级人员工资收入挂钩，职能部门各层级人员的工资收入与事业部同层级人员收入水平挂钩的联动考核机制。对超额完成利润总额目标的事业部和二级单位，按一定比例增加工资收入；对未完成利润总额目标的，按一定比例核减工资收入。加大对业绩好、价值高、贡献大干部员工的精准激励力度，科学合理拉开盈亏单位收入分配差距，中层管理人员收入最大差距由37%提升至200%，一般员工收入最大差距由63%提升至165%，全面激发了干部员工干事创业的动力活力。

（二）建立专业技术人才激励考核评价体系

制定《专业技术岗位序列工作实施方案》，明确专业技术序列岗位任职资格条件、工资标准、任期、任期项目责任书等，为专业技术人员建立独立、畅通、稳定的职业发展通道，拓展事业发展空间。同时，为加大对从事基础性、前沿性研究人员的激励力度，公司持续修订完善《科技奖励管理办法》《科技成果转化创效奖励办法》等奖励制度，提高基础研究奖和技术发明奖奖金标准，优化科技成果转化创效奖励办法，扩大转化创效奖励范围、细化完善奖励提取比例，强化对做出

重要贡献人员的精准激励。对承担关键核心技术攻关任务的领军人才及科研团队，给予专项奖励、工资总额单列、中长期激励等方面支持。

（三）健全技能人才薪酬激励机制

树立业绩贡献导向，健全完善基于岗位价值和业绩贡献，兼顾技能要素的薪酬分配制度，推动技能人才由"拿证书要待遇"向"凭业绩贡献挣待遇"转变。对受聘高技能人才实行津贴制度，按照技师每月1500元、高级技师每月2000元发放技能津贴，并根据考核结果核算收入，考核不合格取消相关待遇。各二级单位突出正向激励、精准激励导向，对亟需的高技能人才、核心关键岗位制定专项奖金分配方案，加大倾斜力度，持续优化内部分配关系，进一步发挥薪酬的价值驱动作用，用好用足公司激励政策，增强高技能人才工作的责任感、使命感，激发工作的主动性、创造性。

作者：王洪亮、阎劼、刘燕华、何鹏飞、张放

坚定信心 迎难而上
推动改革纵深拓展 助力企业发展转型

上海销售分公司

上海销售分公司围绕中心工作和三项制度改革重点难点，积极探索、不断创新、主动作为，三项制度改革取得积极成效。目前，较2020年初，本部及直附属机构减少31%，两级本部管理人员编制减少10%，全口径用工总量控减6%，直接用工总量控减27%，干部人才队伍建设不断加强，薪酬分配激励机制不断健全，为公司加快建成"国际知名、国内一流"油气氢电非综合服务商提供了强有力的组织人事保障。

一、稳妥推进大部制改革，为企业发展提供组织保障

（一）持续精简机构编制

推动《两级机关大部制改革方案》等"1+4"项机构改革配套措施全面落地，使改革工作"有章可循、有据可依、有法可用"。截至目前，本部各部门按照"9+1"模式运行，本部、二级单位内设机构分别压减31%和20%，"大营销、大市场"营销体系基本建立，本部各部门、二级单位、股权单位管理人员编制分别压减13%、12%、9%；中层、基层领导人员职数分别压减10%、23%，其中委派至股权企业的中层领导职数降幅达26%。

（二）持续优化队伍结构

制定《人力资源优化配置实施意见》《基层领导岗位和一般管理岗

位竞争上岗工作细则》等制度，2022年优化分流管理人员8%，基层领导人员竞争上岗28%、退出基层领导岗位23%、一般管理人员竞争上岗15%，两级本部管理人员总量提前1年完成大部制改革压减目标，管理人员队伍结构更加合理，后备人才队伍有序接替。

（三）持续控减直接用工总量

加快推进用工方式转型，严格按照"内内外"原则，优先盘活内部用工存量，通过市场化退出、业务外包、推行大岗位、并站管理、优化排班等方式，合理控减压降用工总量，直接用工较2020年初减少27%，全口径用工减少6%。

二、积极推进薪酬机制改革，激发员工价值创造能力

（一）强化薪酬分配与企业高质量发展各项举措融合

工资总额与地市公司发展能力评价结果相挂钩，实行分类管理，引导各单位注重发展规模和发展质量，提高管理水平和员工素质。根据评价结果动态调整各单位工资总额，员工薪酬收入与企业经营业绩、效益效率、成长进步互动互联，相互促进。加油站薪酬分配与"阿米巴"经营模式融合，落实销售分公司升油工资制改革，将加油站奖金占比提高至55%以上。突出效益效率调节作用，积极推进"阿米巴"经营管理系统建设完善，逐步实现加油站"一板一册一定额"[①]管理，通过核算"量费利效"明细账，加油站自主调整经营、用工、费用使用策略，通过提质增效提升业绩，提高员工收入。

（二）完善"任期—年度—重点—月度"立体化业绩考核体系

围绕"十四五"规划，制定各单位任期经营业绩目标，护航中长

---

① 一板一册一定额：一板指"阿米巴"经营看板，一册指加油站预算管理手册，一定额指加油站费用定额。

期"蓝图"实现；聚焦效益效率，科学设置主要业绩指标的基础目标及奋斗目标，引导各单位勇挑重担，形成年度业绩考核向心力；重点业绩任务强化考核，撬动考核激励杠杆鼓舞员工士气，提高工作热情和积极性；月度考核灵活调整，细化和延伸年度经营业绩考核项目，有效补齐业绩短板，确保全年业绩目标完成。强化业绩考核与薪酬分配联动，精细化开展各层级业绩考核工作，公司业绩与员工收入同频共振，同增共减，极大激发干部员工创销创效热情。

（三）落实工效挂钩，充分发挥薪酬激励约束作用

构建"面—线—点"立体化薪酬分配模式，薪酬分配主要向业绩完成好、劳动效率高、投入产出比优的单位和个人倾斜。统一标尺确保企业整体"面"上公平，巩固加油站以人均劳效为标尺的薪酬分配原则，修订完善《加油站员工薪酬管理实施细则》，落实升油工资制，阶梯设置升油工资标准，强调多劳多得、效率优先。重点考核兑现撬动业务"线"激励杠杆，关键节点、任务采取立项考核，叠加业绩兑现的方式强化激励，带动3年新增2万吨站3座，万吨站18座，新增2000万元便利店1座，千万元便利店4座。用活用好专项奖励、关键任务（GS）考核，发挥"点对点"精准分配、激励作用，极大激发干部员工工作热情，推动公司业绩持续向好。

（四）落实人才强企，调动员工工作积极性

对标市场，落实岗位、能力、业绩付酬和市场溢价"3+1"分配模式，3年内2次开展薪酬市场化对标，针对性进行薪酬结构调整，摒弃单一普涨或平均分配。紧盯上海市普工市场和中石化薪酬水平，多渠道开展业绩、薪酬"双对标"。以新成立合资单位为试点，推行基于岗位价值的市场化薪酬管理，突出价值创造、价值评价、价值分配。总额分配中，坚持两个"高于"，即加油站工资总额涨幅、人均工资涨幅均高于本部；坚持加油站员工"劳效不降，薪酬不降"。

三、强化干部人才队伍建设，人才内生动力持续提升

（一）全面做好干部梯队建设

坚持"使用是最好的培养"理念，确保优秀年轻干部在全年选拔使用的领导人员中占比达到三分之一，过去5年提拔40岁以下年轻干部占提拔总数的43%，在市场营销专家的选拔配备上，坚持三个"三分之一"原则，避免"盖层""断层"问题。坚持从"选苗"抓起，通过大部制改革全员竞聘，基层领导人员中"85后"干部占比26%，有力增强干部队伍活力。

（二）严格落实领导人员考核退出

将评价作为激励干部担当作为的重要手段，强化考核结果应用，根据年度考核结果和履职表现，对履职测评分数较低，综合考核排名靠后的领导人员，加大退出力度。2020年以来退出中层领导岗位9人、基层领导人员13人，切实做到领导人员"能上能下"。

（三）注重在大考中考察识别干部

在2022年上海新冠感染严重期间，印发《关于在疫情防控和保供一线考察识别干部和做好发展党员工作的通知》，紧盯干部员工在疫情防控期间的实际表现，实行人事政策倾斜，对疫情期间表现突出的，根据工作需要优先提拔使用，在大部制改革全员竞聘中优先上岗，并在业绩考核、职级晋升、职称评定、技能等级认定、评先选优中给予重点关注和倾斜。

（四）全面推行任期制和契约化管理

修订《上海销售分公司推行经理层成员任期制和契约化管理实施办法》，确保考核有据、权责对等；围绕公司发展战略，聚焦主责主业，突出实用性、挑战性，科学设置任期经营业绩目标，体现不同岗位考核指标的差异化。经理层岗位聘任协议和经营业绩责任书签订率100%，

通过全面推行任期制和契约化管理，让每位经理层成员从传统"身份管理"向市场化"岗位管理"转变，实施竞争上岗、任期管理、刚性退出，打破"铁交椅"，激发干部队伍"一池活水"。

（五）建立专业技术人才队伍发展通道

围绕公司发展战略、立足加强市场研判和行业分析，首次选聘5名市场营销（高级）专家、14名市场营销专员，初步构建一支"政治强、懂营销、能打仗、打胜仗"的市场营销人才队伍。

（六）全面落实职业技能提升行动

印发《技能等级认定管理办法》《高技能人才管理办法》，推行技能人才"积分制"选聘考核制度，首聘企业技能专家1人、特级技师2人，并与相关单位特级技师、企业技能专家签订师徒协议，协同开展课题攻关、技能提升等活动，相互学习、相互促进，推进高技能人才跨企业交流；充分运用上海市竞赛相关有利政策，打通技能人才以赛代评"最后一公里"，1人因赛破格晋升高级技师、3人破格晋升技师、3人破格晋升高级工。积极开展全员岗位练兵活动，技能人才持证率超过70%，一线员工能力素质显著提高。

作者：毛福胜、徐丽萍、梁历辉

聚焦"三能"机制
统筹协调推进三项制度改革见实效

湖北销售分公司

湖北销售分公司坚持用好三项制度改革"关键一招",聚焦"三能"目标,统筹推进大部制改革、领导班子成员任期制和契约化管理等系列改革措施,不断提升公司治理体系和治理能力现代化水平,推动改革与发展深度融合、高效联动,连续2年三项制度改革考核获评中国石油一级单位。

一、统筹"谋全局",推动机构改革任务落地生根

牢固树立工程思维、系统思维,持续健全与战略规划相匹配的管理架构,推动组织体系改革取得实质性突破。

(一)率先全面推进组织机构改革

在中国石油销售企业中,率先完成公司本部大部制改革,全面梳理两级本部部门职责,制定所属分公司大部制改革指导意见、两级本部人员分流安置指导意见以及岗位设置意见,两级本部机构、人员基本改革到位,其中二三级机构从103个压减至85个,减幅22%,超额完成目标任务。通过末等调整、转岗分流等措施分流126人,大部制改革取得实质性进展。

(二)推行机构类别动态管理

开展企业发展能力评价,对地市分公司从经营规模、经营质量、发展能力三方面进行综合评价,通过对28项指标计算分析,客观反映

各单位的经营表现、价值贡献，并根据发展能力评价结果的高低顺序，按照3∶4∶3的比例，将地市分公司的类别分别确定为一、二、三类，类别内又细化为ABC三档，分类分档系数与领导班子薪酬基数挂钩，每年动态管理，组织活力得到持续提升。

二、搬掉"铁交椅"，引导干部"能上能下"

完善激励约束机制，构建能者上、庸者下的选人用人机制，让真正"想干事、能干事"的人走上施展才华的舞台。

（一）健全干部"上"的标准

修订《干部管理办法》等制度，从制度层面明确了可衡量、可比较、可操作的干部管理标准。2021年以来采取竞争上岗、公开选拔等方式先后调整中层干部63人次，17名干部实现异地交流，10名干部实现党务、业务双向交流，提拔任职人员45岁以下超过80%，70余名一线优秀干部走上基层领导岗位，干部队伍结构不断优化，极大调动年轻干部积极性。制定保护支持干部担当作为干事创业若干措施，正确对待被问责和处分的干部，在长期考验和严格考察基础上，有3名被问责干部重新担任领导职务。

（二）畅通干部"下"的渠道

坚持"严管和厚爱结合、激励和约束并重"的原则，聚焦领导人员不能为、不愿为、不善为问题，开展干部"不担当不作为"专项治理，先后对2个单位主要领导进行调整，给予12名领导人员"黄牌"警告。注重领导人员年度考核结果应用，综合考虑胜任能力、业务需要等因素，先后对3名考核结果靠后的领导人员进行岗位调整。制定《管理人员退出岗位管理办法》，进一步完善干部"下"的渠道。

（三）强化"上与下"的支撑基础

落实领导人员任期制和契约化管理要求，科学核定所属单位任期经营业绩指标及目标值，组织完成61名分公司班子成员的任期合同签订工作，实现契约管理全覆盖。淡化官本位思想，完成领导人员"去行政化改革"，建立"纵向分级、横向分类"的岗位类别动态管理机制，变身份管理为岗位管理，推动领导人员队伍向职业化和专业化方向迈进。强化综合考评动态运行，推进领导班子和领导人员考评数据库建设，将主要业绩指标、年度民主评议结果、审计巡视、信访维稳、安全环保等有关信息收集整理入库，多维度考评、多途径了解领导班子和领导人员，为干部"能上能下"提供有力信息支撑。

三、端掉"铁饭碗"，实现员工"能进能出"

深化劳动用工制度改革，攻坚"岗位体系顶层设计不够完善，人才成长通道相对单一，引进难、留人难"等深层次问题，提高引才质量，打开退出通道，多渠道提升员工队伍素质。

（一）聚焦重点人群，严把"进"的关口

开展常态化人才盘点，进一步提升用工招聘标准，将新增员工计划精准用于核心业务关键岗位人才引进；探索实施大学毕业生积分制管理，强化毕业生培养使用，不断优化员工队伍结构。规范使用非全日制用工，核定专项经费，在员工流失率高、招工难的特殊时段，组织各分公司补充灵活用工，较好地缓解了加油站高峰时段和节假日现场用工紧张、服务质量不高等问题。探索推行员工进出两条线管理，制定下发加油站业务外包用工聘用管理办法，允许各单位按一定比例补充优秀人才，确保员工队伍后继有人。

（二）坚持疏导结合，打通"出"的渠道

按照"自愿退出一批、分流安置一批、提拔使用一批"的原则，多渠道精简分流富余人员。有序推动非核心业务外包，探索将警消、厨师等非核心人员转至第三方服务企业，积极推动警卫、消防、餐饮、加油机维修等业务服务采购，实现从"管人"到"管事"的实质转变。建立加油站定员矩阵模型，引导基层"一站一策"挖掘用工潜力，公司全口径用工压减、库站外用工占比、人均非油利润等指标在中国石油销售企业中排名靠前。强化劳效考核督导，将"人均劳效提升"作为重点纳入全员劳动竞赛，建立月度人均劳效分析与通报机制，积极引导地市分公司主动减员控员。

（三）健全制度机制，用好现有人才

实施"百人计划工程""青马工程""青年人才培养计划"等重点培养项目，推进人才梯队建设；推行"项目+工作室制"的人才培养模式，制定《高技能人才管理办法》《职业资格管理办法》，实施加油站经理、便利店经理、客户经理三支经理人队伍积分制管理，强化待遇保障、丰富晋升渠道，激发人才队伍创新动力。成立创新工作室19个，技师工作室7个，组织技术技能人才围绕管理创新、技术革新等主题开展研究，研发创新创效成果16项、一线小发明小创造41个，1项成果成为销售分公司9个推介成果之一，4个项目荣获中国石油级奖励。

四、打破"大锅饭"，推动收入"能增能减"

全面推进量效激励机制改革，通过量效工资管理、提质增效挂钩、工效挂钩联动、效益贡献分配等多种方式，激励多劳多得，打破"大锅饭"。

（一）差异化分配激发员工队伍活力

以油非销量和单位效益指标完成情况核定薪酬总额，各所属单位自主实施二次考核分配，依据劳动效率、工作业绩等指标实行差异化薪酬分配机制。打破"按岗级固定分配"的常规做法，采取按个人工作承载量和业绩贡献进行分配。进一步下放薪酬分配权限、加强薪分配监控、强化福利政策补充作用，适当拉开收入分配差距。两级本部管理人员同层级员工月度收入差距最高达到33%。

（二）多元化激励增强提质增效动力

在充分考虑疫情等因素影响下，通过压缩用工、提高效率、加大薪酬与量效挂钩力度，充分发挥薪酬分配杠杆作用。加油站层面薪酬总额，由原来"固定部分＋浮动部分"，全部调整为浮动部分，薪酬总额与纯枪量、非油毛利、非油收入等量效指标挂钩；本部人员薪酬与机构类别、业绩指标挂钩，增量增效才增资、减量减效必减资，靠量效挣工资的意识得到进一步强化。与改革前相比，在新增运营加油站26座的情况下，全口径用工总量压减15.8%，人均纯枪量提升6.5%，人均薪酬提升20%。

（三）持续提升精准激励效能

对加油站实行统一标准兑现量效工资的基础上挂钩价格到位率效益指标、对油库的工资总额挂钩人均周转量效率指标，同时实行客户经理队伍专项改革，实行薪酬管理"上不封顶"，进一步做大做强客户经理队伍。通过分类管理、量效导向、挂钩分配，重点向考核指标完成好、利润贡献大、劳动效率高的单位倾斜，不断助推公司竞争实力的良性提升。

作者：董晓军、刘媛、孙彦波、姚彦辉、李思

深化三项制度改革
提升运营效率 激发全员活力

广东销售分公司

广东销售分公司结合自身实际积极探索，贯彻落实中国石油和销售分公司三项制度改革总体工作部署，以提高效率效益为目标，以优化资源配置、激发队伍活力、提升运营质量为重点，突出抓好完善组织运行机制、去行政化的分级分类管理、优化人力资源配置、强化薪酬分配激励约束、建设高素质专业化干部队伍、拓展人才成长发展通道等重点任务，建立完善以"三能"为核心的用工管理机制，为打造"粤港澳大湾区最具价值综合能源服务企业"提供保障。

一、推进大部制改革，提升组织运行效率

一是加速推进大部制改革落地实施。制定了《广东销售分公司大部制改革实施方案》《中国石油天然气股份有限公司广东销售分公司组织优化顶层设计方案（修改版）》《中国石油天然气股份有限公司广东销售分公司组织体系优化实施方案》。省公司层面，按照"9+2"机构模式进行设置，建立核心突出、支撑有力、监督到位的组织运营模式。地市公司本部按照"三部一室"机构模式进行设置，突出对主营业务、对基层库站的服务保障职能，充分利用共享、专项外包等业务开展，优化岗位设置，将主要精力集中到市场营销、业务经营、网络开发和客户开发维护。二、三级机构从2020年的168个压减至131个，压减幅度22%；管理岗位编制压减109个，本部万吨纯枪用人员压控至2

人。二是持续改进基层劳动组织形式。在汲取"阿米巴"经营管理理念精髓基础上，建立以党建为引领、以市场为导向、以客户为核心的加油站团组经营管理模式，将若干加油站组合成团组，实行"五统一、五+N赋能、N配套"①，实现团组内部资源共享、优势互促、劣势互补、降低内耗、集成合力。广东销售分公司本部累计建立团组130个，覆盖加油站600多座，全面放权赋能。三是创新组织机构设置及运作模式。打造柔性组织，引入项目制管理模式，淡化机构边界，组建历史遗留问题、合作经营、新能源、油库浮盘一体化改造4个专项工作组和非油客户开发、营销数据化、航煤销售、船燃对接、保税业务5个专项小组，集中专业力量开展攻坚工作。

二、优化队伍结构，畅通人才职业发展通道

一是持续优化干部队伍结构。加强对领导班子及领导人员常态化分析研判和考核考察，统筹考虑专业结构、经历结构、年龄结构等多方面因素，认真落实干部选配三个"三分之一"原则，大力发现培养选拔优秀年轻干部，推动实现老中青梯次配备和专业结构优化。仅2023年中层领导人员调整109人次，中层干部中40岁及以下占比31.25%。二是加大中层领导人员考核力度。修订印发《推行经理层成员任期制和契约化管理实施办法》《中层管理人员退出领导岗位管理办法》，主要采取"任期业绩考核+任期履职测评"相结合的方式进行，推动考核结果与绩效薪酬强挂钩、与干部选拔任用强关联，坚决实施末位调整和不胜任退出制度，推动形成"能者上、优者奖、庸者下、劣者汰"的用人导向和良性机制持续加强领导人员监督。2023年考核

---

① "五统一"指统一营销、统一资源、统一用工、统一考核、统一绩效。五+N赋能、N配套指在"五统一"基础上，根据团组管理的实际需求，灵活为团组进行职能赋予和相应的管理配套。

退出中层领导人员 8 人。三是加强人才队伍建设。开展优秀年轻干部专题调研，区分层次、专业和成熟度，建设以 40 岁左右为主体的预备队和 30 岁左右为主体的战略预备队。落实党委沟通联系专家制度，完善配套制度体系，形成由 13 人的专家、22 名营销专员组成的营销专业队伍。组建"专家工作室""技师协会"，开展营销和管理创新课题研究、难题攻关，打造柔性组织，发挥传、帮、带作用。大力推广劳模营销创新工作室建设，推动优化创新成果转化，营造全体员工群策群力干事创业的生动局面。

三、完善激励政策和改革配套薪酬体系，切实做好人工成本控制工作

一是完善总额核定机制。坚持工效挂钩，全口径总额核定。总额严格与各单位分级分类结果、编制定员、费用总额、油品和非油品量效等指标挂钩，突出"量、效、费、率"指标完成情况对各单位工资总额的决定性影响。优化单项奖励激励政策。聚焦战略部署，完善精准激励机制。结合年度经营的实际情况，分阶段分重点调整优化单项奖励激励政策，突出效益贡献和精准激励，奖励分配向效益好、贡献大的单位或员工倾斜。二是完善业绩考核体系。坚持预算引领，科学合理设计地市公司年度业绩考核指标。提高利润、销量考核指标权重，引导地市公司紧盯提质增效目标精准发力。加大本部职能部门考核力度，以实现任务目标为导向，差异化设置考核指标和考核权重。持续推进全员业绩考核工作，加大考核挂钩力度，将考核结果与员工薪酬、职务晋升等相关联，强化业绩考核价值导向，实施"月考核，季清算，年度总清算"的考核兑现机制，全员奖金与业绩考核结果挂钩，对于利润为负的单位，按 95% 兑现，合理拉开收入分配。三是完善加油站工资制度。依托加油站团组和店长制推进工作，建立完善加油站升油

含量工资，提高与量、效、率直接挂钩的工资比重，突出量、效、率指标在工资分配中的决定作用，进一步强化员工"挣工资"的理念。四是强化成本管控机制。统筹管控人工成本和业务外包费用，逐项梳理、分析，挖掘降费空间，合理控制附加费项目支出，多措并举降低成本费用。规范业务外包费用会计列支科目，建立健全各单位人工成本和业务外包费用"月跟踪、季分析、年评价"的工作机制，加强对成本变化情况的跟踪监测。

四、积极开展规范有序的用工管理制度及人才储备建设

一是按照三项制度改革关于优化人力资源配置，激发员工动力活力的要求，配套完善修订了一般管理岗位人员管理办法，对一般管理岗位人员的任职资格、选拔方式、考核评价、交流退出等方面进行明确和完善。在员工晋升上进一步明晰客户经理、油库人员、油站人员和管理人员纵向和横向晋升条件，打通和拓宽员工晋升通道，促进优秀人才脱颖而出。二是持续加强后备人才补充。按照引进人才更加贴近市场的要求，加大应届毕业生招聘工作，在招聘专业、薪酬待遇、培训方案、培养方向等方面进行科学设置，根据专业需求，筛选成绩优异、能力突出人才进行招聘。三是优化人力资源配置。综合考虑加油站数量、零售量、直销量、用工总量、管理效率、地域面积、油站性质等情况，按照劳动定员标准核定加油站编制，尝试多元化灵活用工形式，有效控制员工总量，逐步改善队伍整体素质和用工结构。深化业务外包和委托管理，采取市场化运作机制，鼓励用工形式多样化，严格控制费用支出，加强风险管理。推进加油站整站业务外包，减少直接用工，提高劳动效率。

作者：赵瑞、王晓南、王贵文、刘洪臻、张城莉

激发新活力 创造新动能
打造人力资源价值提升新引擎

黑龙江销售分公司

黑龙江销售分公司将三项制度改革作为推动企业高质量发展的重要抓手,把握改革的重点、难点、堵点、要点,在人力资源价值提升方面进行积极探索和有益实践,有效解决了制约发展的深层次问题,进一步盘活了企业资源,激发了企业生机活力。2020年以来,公司连续3年被中国石油评为业绩考核A级企业,荣获中国石油2020—2023年任期业绩优秀单位。

一、强化政治引领,把好思想认识"重点"

(一)把党的领导有机融入公司治理

认真落实"两个一以贯之"要求,制定推进公司治理体系和治理能力现代化实施方案,坚持"双向进入、交叉任职"领导体制,明确和落实党组织在公司法人治理结构中的法定地位,实现党委把方向、管大局、保落实和经理层谋经营、抓落实、强管理的有机统一。

(二)把加强学习作为转观念的必修课

作为东北老工业区内老企业,针对长期形成的"员工总量大、人工成本高、劳动效率低"等制约高质量发展的短板和瓶颈问题,组织学习习近平总书记《摆脱贫困》一书,引导干部员工树立"改革先改观念"意识,以推进三项制度改革破困融冰、逆境突围,形成"心往一处想、劲往一处使"的强大合力。

(三)把加强监督作为强化担当的硬手段

推进纪检监察体制改革,选派纪检组长,有效解决部分二级单位党政"一把手"兼任纪委书记"同体监督"主责主业不突出、工作不聚焦等问题,实现所属单位专职专责监督全覆盖。成立5个派驻纪检组,在二、三类分公司和合资单位开展派驻监督工作,推进全面从严治党"两个责任"全面覆盖、层层贯通。

二、强化机构压减,解决体制机制"难点"

(一)持续推进大部制改革

完成黑龙江销售分公司"9+2"模式、地市公司"三部一室"的大部制改革任务。哈尔滨地区所属单位实现"四合一"[①],解决了困扰公司20多年的难题。推进片区属地管理与功能转化,确保公司组织体系上下贯通、运转协调。关停乌吉密油库,优化物流布局、降低运营成本。撤销驻哈尔滨石化分公司办事处,完成地付系统集成,提高地付运行效率。2018年以来,累计撤并二级单位13个、三级单位44个,精简管理人员359人,压减率分别为30%、24%和22%。改革后公司两级本部编制由964人压减到744人,减幅22.8%;中层领导职数由130人压减到117人,减幅10%;基层领导职数由404人压减到329人,减幅18.6%。

(二)全面实施片区转型

深入推进基层党建"三基本"建设和"三基"工作有机融合,着力把党的政治优势、组织优势转化为基层治理优势,完成全部县级片区管理体制转型,建立"党建+N"运营模式,撤销片区行政管理职能,基层党组织作战管理"支部建在站上",将全部83个基层党总支(党

---

① 哈尔滨地区的四家二级单位合并成一家。

支部）打造成基础作战单元，基层凝聚力战斗力显著提升。

（三）持续开展人力资源价值评价

将13家地市公司的效益、效率、效能、质量、规模与人的发展相统一，进行关键指标内外部对标，内部对标最高分与最低分相差7.8分，外部对标最高与最低排名相差167名，促进所属单位找准短板，不断改进工作方式，持续优化人力资源结构，激发人力资源潜力。

三、强化创新驱动，打通提质增效"堵点"

（一）推行"阿米巴"经营，全面提升价值创造能力

运营加油站全部实施"阿米巴"经营管理模式，实行"两挂一考"的方式兑现员工收入，挂升油含量工资，让员工明晰卖一升油能挣多少钱，按不含税销售收入的7%挂非油提成工资，实现谁付出谁受益。各单位根据所属创效单元利润完成情况进行二次分配，对员工的激励实现由销售数量为主向量效并重导向转变，加油站员工的算账意识进一步提升，2022年收入同比上年增长超过11%。

（二）全力提高人均劳动效率

实施人工成本进度跟踪，对标人工成本、纯枪吨油人工成本同比增减变化情况，持续提升人工成本投入产出效率。2022年全员劳动生产率28.7万元/人，较"十三五"末增长22.7%；人均纯枪量258吨，较"十三五"末增长15.7%；人工成本利润率27.9%，较"十三五"末增长11%；库站外人员占比28%，较"十三五"末下降6%。

（三）多项措施确保用工总量管控

建立全口径用工计划和人均纯枪量双管控机制，实施月度通报，并与所属单位领导干部的效益年薪挂钩考核，督导各单位奋力完成全年人员控减任务目标。持续推广加油站委托经营模式，现有委托经营加油站170座，剥离直接用工100余人，进一步加快低效站用工方式

的转变。近 3 年控减直接用工 2562 人，年均降幅达 8.4%。

四、强化"生聚理用"，实施人才强企工程"要点"

（一）干部人才队伍"提能"

实施领导干部素质提升"赋能计划"，将思想政治学习作为领导干部能力素质提升的必修课。按照"怎么学、学什么、干什么"原则，举办中青年干部本领提升培训班，优秀年轻干部及核心骨干人才 75 人参加培训，不断增强干部治企兴企本领。

（二）技能人才队伍"提优"

"十四五"以来，推行技能人才"积分制"选聘考核制度，通过销售分公司评审，聘任企业技能专家 2 人、特级技师 2 人、高级技师 1 人、技师 26 人，实现高技能人才选聘"零"突破。建立技能专家工作室，以技能专家为领衔人的技能人才队伍，成为推进公司持续创新发展的一支重要力量。相继取得中国石油 2021 年销售企业职业技能竞赛 3 金 1 银 2 铜和团体第一名；中国石油首届实操培训师大赛油品储运调合工二等奖、加油站操作员工种三等奖；2022 年全国首次石油石化行业竞赛 1 银 2 铜和团体二等奖的良好成绩，向全国同行业领域展现了公司高技能人才素质。2023 年全面加强"三基"工作，开展岗位练兵，实行技能操作人才"导师学徒"模式，完成涵盖 4 个工种初中高三个等级认定 2500 余人，认定通过率为 73%。127 人参加销售分公司技师、高级技师职业技能认定，超过前 10 年高技能人才认定人数之和，实现了 13 家地市公司技师及以上高技能人才全覆盖。

（三）营销人才队伍"提质"

重点打造"地市公司经理、客户经理、加油站经理"三支经理队伍建设，畅通专业技术岗位序列通道，通过销售分公司高级市场营销专家评审。建立加油站经理"双通道"发展路径，在年销量

5000～10000吨和万吨以上2个吨级的加油站经理岗位，对等三级正、副职干部管理，拓宽加油站经理发展空间，畅通部门人员向一线流动渠道。两级公司累计52名管理人员到加油站经理岗位历练成长，走向复合型人才锻炼成长之路。

（四）后备人才队伍"提量"

落实"双百千"人才强企方案和发现培养选拔优秀年轻干部二十条措施，遴选推荐第一期培养对象18人，参加"青马工程"示范培训班，重点储备40岁左右为主体的预备队、30岁左右为主体的战略预备队优秀年轻干部各100名；培养基层核心骨干人才1000名，中、高级专业技术和高级工以上职业技能人才1000名。完善追踪培养机制，系统培养适应公司经营发展需要的后备力量。

2023年是贯彻党的二十大精神的开局之年，是落实中国石油"十四五"规划承上启下的关键之年。黑龙江销售分公司坚定"控减压降""强优转提"工作总目标，以深化三项制度改革为抓手，不等不靠，加快节奏，推进组织体系优化提升工程落地见效，牢固树立人才引领发展的战略地位和"人才是第一资源"的理念，突出价值导向和市场化方向，聚焦人力资源价值提升和劳动生产率提高，为中国石油加快建设世界一流综合性国际能源公司贡献力量。

作者：邵振宇、韩璐、栾艳秋、李田田、岳智勇

深化三项制度改革　赋能高质量发展

重庆销售分公司

重庆销售分公司深入贯彻中国石油三项制度改革工作部署，牢牢把握正确改革方向，以"钉钉子"精神狠抓改革任务落地见效，赋能企业高质量发展。在近3年中国石油三项制度考核中，2021年、2022年连续2年考核结果为一级。

一、聚焦"能上能下"，树牢人才队伍建设"新风向"

（一）强化年轻干部工作

建立党委研究年轻干部工作常态化机制，统筹谋划年轻干部工作。建立"一队两库"战略储备机制，制定实施年轻干部培养选拔计划，建立形成"313"干部人才储备库[①]。统筹把握各批次选拔工作中年轻干部占比，大胆启用优秀成熟的年轻干部，近3年新提拔中层领导人员72人次，其中40岁以下占47.2%，"80后"干部覆盖二级单位领导班子。

（二）明确刚性退出标准

推进中层领导人员任期制管理全覆盖，明确"双40""双70"要求，对干部刚性退出定好规则。制定《加强和改进管理人员考核退出工作细则》，强化干部考核退出管理，明确中基层领导人员和部门主管、高级主管考核退出的情形与程序。

---

① 建立300名左右培养潜力大的处级后备干部队伍，100名左右素质能力高的青年骨干人才库，300名左右职业技能佳的加油站经理人才后备人才库。

（三）强化考核结果应用

制定实施《组织人事部门对领导人员进行提醒、函询和诫勉的实施细则》《绩效约谈办法》，近3年对47名中层领导人员进行提醒，对6家单位主要领导进行绩效约谈。强化年度综合考核结果应用，对连续两年排名末位的领导班子、中层领导人员进行谈话，对16名考核结果排名靠后、工作成效不佳的干部，采取从一、二类企业交流调整到三类企业任职，从重要职能部门交流调整到基层单位任职及退出领导岗位等措施。

（四）推行职业经理人制度

制定《加油站职业经理人改革试点方案》和《加油站人事制度改革方案》，在江南分公司试点1名非油业务总监和江北分公司试点5名加油站经理职业经理人选聘，面向社会公开招聘，实行市场化聘任制，明确任期和业绩目标。

二、聚焦"能进能出"，促进人力资源配置"再升级"

（一）压紧压实用工总量

开展全面定岗定编，高效利用大数据平台，对加油站编制实行月度动态调整；按照"库站外用工比例不超过10%"的原则，严格控制地市公司和片区编制，压减附属机构编制；用工计划持续实行"效率优先"的"双控双达标考核"[①]，各单位全口径用工总量计划以人均纯枪提升10%为基准目标进行差异化测算，压减下达用工总量计划。公司直接用工总量从2020年初的5060人减少到2022年年底的4300多人，减幅15%。

---

① 用工总量和直接用工双控，用工总量和人均劳效达标。

（二）推动用工管理升级

引入专业律师团队，组织开展劳动关系管理与法律风险防范轮训，分类清理处理富余人员。推动股份公司《员工违规行为处理规定》落地，对劳动纪律、工作表现、考核结果差，不能胜任岗位的员工，依规处理。近3年共解除直接用工劳动合同180余人，退回业务外包公司的第三方用工百余人。

（三）推动加油站用工转型

印发《业务外包管理指导手册》，明确业务外包范围、外包合同签订、外包人员管理流程等，协助外包公司强化业务外包人员管理。推进加油站委托管理，采取整体委托和服务委托并行的两种模式，将销售服务和操作服务委托给外包公司管理，减少了直接用工总量。

（四）优化库站劳动组织形式

推行油库班组运行新机制，推动以"调度为中心"的业务管控新模式及以"综合运行+区域管理"相结合的大班组运行新机制落地，实现"一人多岗、一专多能、团队协作、统一安排"，核心岗位从9个归并为5个，所属9座油库员工从501人减少到463人。聚焦双低站治理改革创新，推进治理模式升级，在万州、涪陵分公司4座加油站进行试点家庭承包经营，优化用工9人。

三、聚焦"能增能减"，强化业绩考核"指挥棒"

（一）发挥业绩考核导向作用

优化调整中层领导人员业绩合同指标权重分布，将效益类指标权重由25%调整为35%，突出效益效率导向。强化分级分类结果应用，将分级分类结果应用到业绩考核和绩效兑现中，根据类别适当拉开二级企业绩效基数，结合业绩考核结果，中层领导人员年收入差距超过10万元。

（二）统一加油站经理业绩合同范本

优化调整年度加油站经理业绩合同范本，采取"一竿到底"管理模式，各单位将业绩考核指标目标值分解到站，解决以往二级单位对加油站经理考核指标迥异，单位间无法横向比较找差距的难题。分类张榜500多名油站经理业绩考核情况，对标先进、查找差距、坚定措施，推动业绩提升。

（三）优化操作人员工效挂钩

加油站操作服务人员工效挂钩考核采取"升油提成工资+目标薪酬考核"两轮驱动模式，其中提成工资占操作服务人员绩效的65%，目标薪酬考核占比35%。目标薪酬考核由加油站经理对利润、纯枪、非油等目标分解到班组及个人，实现"人人头上有目标"。充分肯定劳动贡献大、劳效高的员工，解决因环境因素、区位因素造成考核差异。

（四）抓实业绩考核闭环管理

定期通报分析业绩考核结果、排名情况，对考核结果后两名或连续考核靠后的人员，由业绩合同发约人定期开展面谈，沟通目标任务、工作结果、员工能力和潜能挖掘等，分析存在问题和需要给予的支持。探索"KPI结果考核为主、GS过程考核为辅"的立体绩效考核体系，本部部门的考核由KPI+GS共同构成，通过引入基于过程管控的GS考核，形成任务下达、过程监控、成果提交、验收评价的管理闭环。

四、聚焦"精干高效"，激发组织机构运转"新动能"

（一）实施大部制改革

按照"业务驱动、资源整合、界面清晰、协同高效"的原则，实施大部制改革，优化岗位设置，公司本部岗位从150个优化为84个，编制压缩37%；二级单位部门岗位从63个优化为40个，编制压缩32%。本部13个部门调整为9个；撤销工程中心、配送中心、技能人才评价中心等3个附属机构；二级单位由6个部门调整为4个，减少2个。现两级部门编制到位率98%，人数从2020年初的957人减少到436人，压减54%。

（二）深化体制机制改革

积极构建与市场环境高度契合、与政府"放管服"要求充分适应、与重庆市行政区划完全匹配的现代化企业管理模式，发挥区县组织机构在管理中的枢纽作用，设立32家区县分公司，区县分公司与片区合署办公，实行一套人马、两块牌子，对外以"分公司"的名义开展工作，对内以"片区"的模式进行管理，人员编制从262人压缩到167人，压缩95人。

（三）推进单主体运营

坚持"一个行政区域一个运营主体"原则，对地市、区县公司及其托管的股权企业实行一套人马、N块牌子，进一步完善股权企业管理方式和董监事配备原则，提升管理效能。19个股权企业委托二级单位管理，管理人员实行兼职，减少管理人员38人。

（四）推广柔性组织模式

对部分关键性、方向性的研究工作以及阶段性重点工作和新业务，打破各专业线的限制，尝试柔性团队组织模式的创新实践，组建新能源、品牌授权经营、数据分析、营销策划、农业板块业务开发等8个柔性组织，发挥柔性组织敏捷灵活、快速高效的优势。

作者：朱莉、王乙、魏猛、郝唯斌、魏婷

深化三项制度改革　注入发展强劲动力

贵州销售分公司

贵州销售分公司坚持问题导向，聚焦组织机构优化、干部队伍结构调整、员工总量控制、用工方式转型、搞活内部分配、人才队伍建设等6个方面重点改革任务，构建完善以"三能"机制为核心的人力资源市场化机制，强化动态考核和精准激励，为公司开创发展新局面注入强劲动力。

一、优化组织机构，推进业务转型升级

主动适应市场形势的新变化和客户的新需求，变革体制、创新机制、精简机构、转变职能、优化流程，实施公司本部"9+2"和分公司本部"3+1"机构模式，推进公司成品油零售业务转型升级。

（一）做强做大做优零售

推进直销、批发、零售业务一体化运作，整合零售业务、直销业务、批发业务、油非互促、客户管理、现场服务管理、现场监控等职能，在原营销处、加油站管理处的基础上组建市场营销部。

（二）做强网络

整合加油站开发、建设、投运职能，油库建设职能，信息化建设职能，在原投资建设管理处、工程建设项目管理办公室、油库项目部、信息化管理处的基础上，组建发展计划部（设备信息部）。

（三）做专直属单位

整合仓储调运处和仓储分公司，对调度、仓储、运输、现场监控

一体运营整合，成立储运分公司（仓储调运部）；整合非油与物资、服务采购等工作职能，强化"非油业务+集采+配送"专业化管理，成立非油品分公司（非油品经营部），负责非油业务的库存及成本控制，自有商品开发及新业务拓展。

（四）做实分公司本部部门

围绕地市公司业务运作中心、成本控制中心和利润分中心的功能定位，做实营销主体地位，设置综合办公室（党群工作部）、业务经营部、财务部、投资质量安全部4个部室。

二、完善选人用人机制，推进干部"能上能下"

牢固树立讲政治、重实干、重实绩、重担当的用人导向，持续优化选人用人机制。

（一）大力调整干部队伍结构，推动中层干部年龄、知识、业务结构持续优化

近3年，公司累计调整中层领导人员54人次，刚性交流中层领导人员24人，占44.4%；提拔优秀年轻干部17人，占31.5%。

（二）全面推进经理层成员任期制和契约化管理

制定《所属单位领导人员任期制管理实施细则》，与公司总部部门、分公司领导人员签订岗位聘任协议和任期经营业绩责任书，明确岗位职责、任期目标、考核管理、激励约束等权责事项，推进严考核硬兑现，有效传递经营压力。

（三）强化考核结果应用

修订完善《中层干部经营发展重点控制指标考核结果应用实施细则》，按照指标达标情况，引入"绩效约谈""信任度评价"等问责手段，与中层干部的"面子""位子""票子"全面挂钩。近3年，累计约谈中层干部17人次。

（四）大力推进管理人员末等调整和不胜任退出

制定《管理人员考核退出实施细则（试行）》《领导人员退出领导岗位管理暂行办法》，细化明确考核退出情形、退出程序、退出管理。近3年，管理岗位人员考核退出7人、不胜任退出3人。

三、完善市场化用工机制，推进员工"能进能出"

聚焦生产效率提升，控制总量、盘活存量、优化结构，持续完善市场化用工机制，从严把好人员入口关，员工总量始终保持箭头向下。员工总量由2020年年底的2379人，减少到2022年年底的2179人，降幅达8.4%。

（一）严格用工管理，着力控减用工总量

修订完善《员工流动管理办法》等四项制度，规范员工管理，强化员工奖惩，维护企业正常的生产经营秩序。

（二）实施库站员工定员动态管理

对标先进单位，根据加油站3个月油品提枪次数、非油毛利动态测算，建立"油品靠提枪、非油靠毛利"的劳动定员机制，有效解决加油站定员数量不合理、劳动强度不均衡、非油业务重收入不重效益等问题，提高劳动效率，助推业绩增长。

（三）实施库站大岗位设置

融合加油站设备、财务、便利店管理等业务，推进加油站岗位合并，减少加油站非现场人员，将加油站岗位优化为加油站经理、前庭主管、便利店主管、营业员4个基本岗位，优化后加油站调整岗位人员362人，实现从专人专岗到一人多岗、一岗多能的转变。

（四）有序推进辅助性和非核心岗位业务外包

与第三方合作加油站保洁、油库警消等辅助性业务，节约直接用工130多人。

（五）实施畅通员工退出通道。

不断降低自主用工规模，实施加油服务业务外包，99座加油站的加油服务实现了加油业务外包，剥离直接用工290人。

四、完善差异化激励机制，推进员工收入能增能降

把薪酬分配制度改革作为激发基层活力的突破口，持续完善差异化激励机制，搞活内部分配，全面调动各单位和员工的积极性、主动性。

（一）坚持全员绩效考核，持续提升绩效管理水平

修订完善《全员绩效考核管理办法》《加油站绩效工资考核分配指导意见》，建立健全加油站工资与效率效益联动机制，充分调动员工工作积极性。

（二）优化工资总额分配

在工资总额分配上，坚持效益导向，以工效挂钩为基础，进一步向销量和效益贡献大的单位倾斜，实施阶梯式吨油提成和非油提成标准，加大利润指标挂钩力度，对超额完成毛利总额指标的单位给予专项奖励。

（三）推行"阿米巴"经营模式

以升油含量工资改革为契机，配套出台《加油站阿米巴经营实施方案》，以毛利最大化、费用最小化为导向强化经营管理，释放加油站提质增效动力。搭建加油站量效薪酬测算模型，直观反映绩效工资构成及计算方法，让加油站多劳多得有了明确的突破口，员工"挣工资"的分配理念进一步增强。

五、聚焦"生聚理用"，加快人才队伍建设

聚焦"生聚理用"人才发展机制，部署七个方面25项重点工作，

配套出台新入职员工基础培养、人力资源价值评价等工作方案和配套文件，完善形成"1+N"人才工作制度体系，确保人才强企工程稳步有序推进。推进新入职员工基础培养计划，建立新入职员工"123"培养计划和师带徒"双师"制，确保新入职员工培养规划的有效落实。积极培养一批青年政治骨干。落实中国石油"青马工程"实施方案，连续2年举办公司"青马工程"培训班，培养优秀青年骨干42名。着力完善人才评价机制。持续推动技能人才评价由"职业资格鉴定"向"企业技能等级评价"转型，扩展管理职能，增加技师以上的高技能人才选聘功能，制定高级技师、技能专家管理办法，3人通过销售分公司资深技师的评审，4人参加高级技师的职业技能认定。积极搭建人才成长平台，坚持以赛促训，以赛促学，通过每年举办职业技能竞赛和比武，激发员工强技能、创一流的热情，提高员工服务意识和技能水平。在2023年全国石油石化系统加油站操作员职业技能竞赛中，获得个人赛1金1银2铜、团队赛2银2铜的优异成绩。

作者：李严、陈斌、陈硕、石茜、孙静远

全面深化三项制度改革
激发企业高质量发展动力

江苏销售分公司

江苏销售分公司坚持在优化组织体系、落实"三定"工作、开展竞争上岗、控制用工总量、优化人力资源配置、完善考核分配制度等方面精准施策、持续发力，取得了明显成效，为公司构建高质量发展新格局，提供了坚强有力的人力资源保障。

一、优化机构管控模式，组织运行效率显著提高

积极推进组织机构改革，加快构建适应企业发展需要的组织体系。

（一）全面完成大部制改革

制定组织机构及职责优化、两级本部和基层库站定编定岗等一揽子改革方案，大力精简机构编制，全面完成两级本部大部制改革。完成公司本部部门"9+2"管理模式调整，规范地市公司"三部一室"机构设置，实现大部制框架下的有效运行。调整优化两级本部部门职能配置，厘清工作界面，创新运行机制，优化业务流程，提高整体管理效能。实行扁平化管理，压缩管理层级，缩短管理链条，撤销12个管理片区。改革以来，累计撤销4个二级单位、3个本部部门、3个附属机构，压减19个三级机构，机构压降比例34%。

（二）创新生产组织模式

实行"固定+机动"的劳动组织形式，集约配置人力资源。"固定"方面，根据销售规模，定期核定加油站定员数量，优化岗位设置和排

班方式，保障加油站良好服务水平。"机动"方面，建立任务型组织，组建营销策划、服务保障、培训赋能等三个团队，成立党支部攻坚小组，保证急难险重任务完成。组建"虚拟增长团队"，组织有专业特长的员工，按照"战时集中、战后归位"的虚拟组织形式，开展团队式难题攻关、专业化营销服务。

二、全面完成"三定"工作，岗位设置更加精干高效

全面梳理部门职责现状，研究制定岗位设置方案。按照"大岗位"思路核定职能部门编制，合并职能交叉岗位，优化岗位设置，明确任职条件，高效配置人力资源。创新岗位说明书任务清单模块，从工作流程、工作频次、工作成果等方面分解、量化和描述岗位职责，实现岗位职责具象化、可视化。开展岗位价值评价，确定岗位层级，形成突出主责主业的岗位名称，实现岗位标准化管理。通过"三定"工作，累计压减两级本部管理岗位130个，完成中层、基层领导人员职数均压减10%的目标。优化加油站岗位设置，按因事设岗和最少岗位数原则重新设定岗位，显化富余人员620人。整合油库岗位设置，完成油库大班组作业方式调整，分流安置44人。

三、着力开展竞争上岗，队伍活力有效激发

坚持层级管控、竞争择优、人岗匹配和平稳过渡的原则，拓宽人才选用视野，两级本部管理岗位面向公司全体员工开展竞聘。打通人才队伍成长通道，实行经营管理岗位和操作服务岗位序列间的有序转换，鼓励加油站经理、客户经理报名竞争上岗，充分调动一线员工的工作积极性。搭建"能上能下"、本部管理人员和基层人员双向交流的人才选拔使用机制，16名大学毕业生通过竞争上岗走上部门管理岗位，42名优秀操作服务人员成功竞聘管理岗位，21名基层领导人员落

聘，分流安置 162 人，全部充实到客户经理、加油站经理等一线岗位。管理人员实行聘任制，聘期 2 年，期满自动解聘，重新参加竞争上岗，倒逼两级本部管理人员树立竞争意识，打造一支素质优良、能力过硬的本部管理人员队伍。

四、严格控制用工总量，劳动效率大幅提升

按照年度销售任务目标和劳动生产率提升计划，从严从紧制定用工计划，坚持"进出两条线"管理，层层分解用工指标，完善考核监督机制，确保用工总量控制目标有效落实。

（一）严把用工入口

建立新增用工计划审批机制，严格控制用工规模，把有限的岗位资源用于引进高校毕业生及专业人才。严把新增员工"入口关"，实施加油站经理后备人才"451"接替计划，利用流动补充计划，每年引进 40 名普通高校毕业生，用 5 年时间引进培养 100 名优秀大学生站经理，提升人才队伍整体质量水平。

（二）畅通人员出口

实行劳动效率对标管理，对冗员多、劳效低的单位，从严下达减员指标，加强考核，督促落实。全力推进用工市场化退出，用好协议保留、内部退养等政策，鼓励符合条件人员退出岗位；强化劳动合同管理，对违纪违规、不胜任岗位工作、业绩考核不合格、不服从工作安排的员工依法解除或终止劳动合同。3 年来共计减少直接用工 2075 人。

（三）积极推动用工方式转型

按照核心业务由直接用工负责，非核心业务和辅助性业务实施业务外包的思路，积极推行"加油站经理+外包"用工模式，加强宣传鼓动，引导员工转变就业观念，降低员工对"身份"的敏感度，淡化

"铁饭碗"思想。选择综合实力强、管理规范、诚实守信的服务外包单位，作为员工转型合作单位，积极宣传，鼓励员工转变劳动关系，5年来累计转型911人。建立用工身份转换机制，根据综合评价，录用业绩突出、综合能力较强的外包人员，置换表现一般的直接用工，提升基层员工队伍质量。灵活用工方式，在销售旺季招聘小时工、网约工、暑期工，积极与高校沟通对接，建立毕业生实习基地，定期安排实习学生到加油站工作，缓解阶段性用工紧缺问题。近3年，公司用工总量累计减少1587人，市场化退出1216人，全员劳动生产率大幅提高。

五、优化人力资源配置，内部存量充分盘活

全面梳理分析人力资源分布情况，提高资源配置效率，着力解决结构性冗员和结构性缺员问题。

（一）搭建员工流动平台

树牢上下"一盘棋"思想，搭建平台统筹调剂用工，做好管理部门基层单位之间、分公司之间、加油站之间、基层岗位之间的人员调配，提高人力资源配置效率。逐站开展劳效分析，优化排班设计，低效站人员向高效站流动，51座新投运和改造站点用工全部通过内部调剂解决。针对苏南地区缺员、苏北地区人员富余，跨地市人员调配难的情况，建立内部劳务派遣机制，将苏北地区低劳效亏损单位的富余人员，阶段性外派到苏南地区人员紧缺的高劳效单位工作，累计外派110人。

（二）强化内部潜力挖掘

采取内部调剂、清理清退非主营业务外包、外包转自营等方式，着力盘活内部人力资源。取消加油站食堂小时工116人，清退库站警消及保安58人，全部由内部人员调剂解决。常态化、制度化组织管理人员到站加油，管理部门人员轮流插班加油，累计排班15000余人次，

有效缓解了加油站销售高峰期、节假日用工紧张问题，人力资源利用效率进一步提升。

六、完善考核分配制度，激励效果进一步显现

针对不同群体业务特点和绩效评价要素，突出效益效率导向，建立完善市场化、多元化、差异化分配体系，按照员工贡献大小确定工资收入，实现收入"能增能减"的市场化改革目标。部门管理人员"以编定薪"，根据定员编制及业绩考核结果确定部门工资总额；加油站员工实行升油工资制，客户经理执行提成工资制度，根据销量效益指标完成情况核定工资额度；油库员工根据吞吐量等核定工资额度。坚持以量定薪，综合量效取酬，基层员工主动为提量创效出谋划策，各类群体的工作积极主动性被充分调动。各类员工的收入差距进一步拉开，客户经理收入差距最高达9.5倍，站经理工资收入差距最高达4.2倍，部门同级别管理人员工资收入差距最高达2倍，薪酬激励驱动效应显著。

作者：赵兴永、张瑞青、李珊珊、徐敏锐

科学管理　深化改革
扎实推进三项制度改革走深走实

浙江销售分公司

浙江销售分公司聚焦中国石油三项制度改革工作部署，围绕"科学管理、深化改革"主题，扎实推进三项制度改革走深走实，为企业提质增效和高质量发展提供人力资源保障。

一、大力实施组织体系优化，提升劳动效率

坚持以提升劳动效率为中心，以优化人力资源配置为主线，前瞻性做好组织体系及队伍结构调整优化工作，切实提升人力资源配置效率效能。

（一）坚持规模控制与优化结构并重

充分认识组织体系优化工作的重要意义，落实责任分工，强化工作协同，集聚改革合力，全力推进两级本部大部制改革，确保组织体系优化有序推进、有效落地。制定《大部制改革实施方案》《关于两级本部人力资源优化的指导意见》，按照"先挖渠、后放水、保稳定"的工作思路，完成两级本部"三定"工作，管理人员总量控制在中国石油批复范围内，实现改革后管理人员能力素质与岗位需求相匹配，组织运行效率持续优化提升。2021年以来，浙江销售分公司二级机构累计压减5个，减幅20%；两级本部人员编制压减242人，减幅38%；中层领导人员职数压减22个，减幅21%；基层领导人员职数压减67个，减幅43%。

（二）坚持优化配置与提升效率同步

全面梳理业务流程，明晰主营业务关键岗位，按照"核心业务合理补充、非核心业务只退不补"的原则，新增用工向主营业务核心关键岗位倾斜，辅助业务逐步采取业务外包或劳务派遣方式，坚定不移控制员工总量。区分地市公司结构特点和管理现状，统筹考虑业务结构调整、数字化建设、生产组织模式创新及自然减员、队伍结构调整等实际，以目标劳效和目标定员为依据，差异化核定员工总量计划，不断完善总量调控机制。全面规范用工管理，逐步完善岗约相符、责权明确、管理规范、进出顺畅的用工制度体系，及时发现和纠正全局性、系统性用工风险隐患，增强依法用工意识和管理水平。加强工时制度管理，完善加油现场效率提升、优化排班倒班方式，强化基层减负措施落实，提升劳动效率，2023年平均用工较2020年减少850人，人均纯枪量提高14%。

（三）坚持盘活资源与提升素质并举

优化业务结构，将结构性富余人员显性化，稳妥实施冗员盘活分流工作，释放低销低效、长期亏损等业务占用的人力资源，有效缓解总量冗余和结构性缺员并存的矛盾；持续深化小型加油站运营模式创新，推进"阿米巴"经营、内部承包、整站外包、委托经营、并站管理、自助加油等运营模式，不断完善契约化管理、市场化运作，逐步实现由"管人"向"管事"转变，由"用工"向"用服务"转变。实施全员素质能力提升工程，按照"缺什么、补什么"的原则，组织开展系统性转岗培训，补齐转岗人员能力短板，提升"管理+技术"复合型人员数量和能力，做好人才接替储备。

二、大力实施考核分配改革，激发活力动力

发挥考核"指挥棒"作用，不断完善市场化、差异化薪酬体系和

考核机制，突出薪酬分配与效率效益同向联动，优化工效挂钩分配机制，提高激励的精准性。

（一）推进加油站升油工资改革精进版

持续优化加油站薪酬分配制度，健全"加油站分级分类管理、升油工资方案设计、用工核定、基层减负、加油站岗位优化、科学排班、站经理选人用人、人员统一调配和小站承包经营"等措施在内的升油工资体系，加大薪酬向一线倾斜力度。按照"阿米巴"经营管理模式，建立单站核算机制，构建加油站"量、效、薪"模型，为加油站人员配备、量效平衡、营销决策等提供支撑；动态分析升油工资对加油站提效、增量、控员方面的影响，完善考核机制，强化员工"挣工资"的分配理念，提高加油站的效益意识，实现企业盈利和员工增资的双赢目标。升油工资改革精进版全面推广实施以来，改革成效初步显现，纯枪销量增长2.3%，人均纯枪增长8.8%；非油收入增加13.9%，人均非油收入增加21.1%；人均收入提高11.6%。

（二）强化地市公司分级分类结果应用

促进地市公司提高经营质量、提升发展进步能力，修订完善《地市公司发展能力评价方案》，设置地市公司先进性和进步性系数，先进性系数与地市公司发展能力排名挂钩，进步性系数与地市公司发展能力排名变动情况挂钩。根据评价结果排名及变动情况，动态挂钩领导人员绩效薪酬，对领导人员岗位类别及薪酬实行动态管理，合理拉开不同类别间收入差距；同步完成两级本部岗位价值评价，科学评价不同岗位员工的贡献、劳动效率，以岗位价值的大小确定薪酬标准的高低，完善与岗位价值相匹配的宽幅薪酬体系，突出薪酬的激励导向，实现员工收入能升能降。

（三）完善全员绩效考核及兑现机制

按照"多维度、全覆盖、全过程"的差异化考核体系要求，修订完善《全员绩效考核管理办法》，通过信息平台化管理，实现目标设定、绩效评价及绩效改进闭环管理，在业绩合同的基础上，结合个人工作完成情况、工作综合评价及督查督办完成情况，开展对中层管理人员、一般管理人员的多维度考核。坚持严考核、硬兑现，持续强化考核结果与薪酬的强挂钩联动，拉开同岗级不同类别间收入差距，激发员工扩销创效的活力动力。

三、大力实施考核调整退出，实现"能上能下"

刚性推进领导干部末等调整和不胜任退出，科学合理设计干部"下"的标尺，完善考核评价机制，使"下"更具针对性和可操作性。

（一）完善"下"的情形

修订制定《任期制管理实施细则》《管理人员考核调整和不胜任退出实施办法》，严格落实"双50""双70""双80"[①]及岗位职责差异化、业绩指标挑战性、计分规则明细化等要求，完善干部队伍任期制契约化管理责任体系，同步细化完善15种不胜任和9种考核调整情形，让干部可对照、组织易判断、普遍能执行。

（二）细化"下"的标准

坚持定性与定量评价相结合，首先在制度层面，对能定量的评价尽量定量，对不能定量的情形进一步细化，确保干部"下"的情形更加具体，考核标准更加好衡量、易操作，让干部"下"之有据、"下"

[①] 年度业绩考核指标设置体现不同岗位考核指标的差异化，且差异化业绩指标权重一般不低于50%；任期业绩考核指标设置也体现不同岗位考核指标的差异化，差异化业绩指标权重一般不低于50%。年度业绩考核结果未达到完成底线（按百分制低于70分）的，或业绩考核任一主要指标未达到完成底线（完成率低于70%）的应当终止任期或解聘退出。连续两个年度业绩考核结果为"不合格"（按百分制低于80分），任期业绩考核或任期综合考核结果为"不合格"（按百分制低于80分）的应当终止任期或解聘退出。

的心服。2020年以来，10人因竞争性岗位聘任中未留任等原因降职，5人因业绩不佳、履职不力等原因从高类别单位调整至低类别单位，2人因考核结果不佳而提前退出领导岗位。

（三）把好"下"的关口

综合运用业绩考核、民主测评、日常考核、任期考核、党建责任制考评等手段，建立干部履职档案，细化负面清单。量化考核标准，制订完善科学实际的具体考评办法，采取设置"硬杠杠"，减少主观判断，确保"一把尺子量到底"。同时注重把功夫下在平时，实现干部考核日常化、制度化、多维度，对干部进行精准画像，同时充分发挥分析研判的作用，确保"下"得有理有据。

作者：阳琪、吕家忻、傅阳中、陈源、李海波

聚焦"四优一提" 深化改革攻坚
赋能钻探企业高质量发展

西部钻探工程有限公司

西部钻探工程有限公司坚持市场化方向，全面优化业务发展布局、劳动组织模式、人力资源配置、人才发展机制，切实提升薪酬激励效能，推动公司各类资源配置效益效率连年提升，人才发展活力竞相迸发，为公司实现高质量发展，奋进世界一流企业持续赋能加油。

一、坚持归核发展，优化业务结构布局

（一）明确业务归核发展方向

西部钻探工程有限公司坚持整体设计、分类施策的原则，充分发挥市场在资源配置中的决定作用，对现存业务多次评估，先后编制用工方式转型方案，按照油气主营、生产保障、后勤与社会服务、管理与运行等四类业务，制定业务清单并明确业务归核化目标和业务转型实施计划，加大对8个确定的主营业务及高端高效业务的支持投入。

（二）实施内部专业重组整合

突出做优做强主业，集中整合优势资源，组织实施南疆及海外业务整合，做实巴州分公司、国际工程公司，理顺责权利关系，管理业绩连年大幅提升；成立玉门钻井公司（工程技术服务总承包公司），提高了总承包能力。突出发展高端高效业务，逐年推进完成固井、钻井液业务，录井重组整合，成立管具与井控技术服务分公司，建设"两院四中

心"[①]科技研发及创新平台，业务竞争能力持续增强。

（三）萎缩退出低效无效业务

立足企业发展定位和目标，坚持以效益为中心，以市场为导向，把物资仓储、管具、机修、车辆运输等辅助生产业务作为控制压缩重点，把生活服务、绿化、安保等后勤服务业务作为坚决退出的重点，靶向施策，持续精准发力。通过外包合作、业务退出，累计减少直接用工4500余人，按人随业务走原则，分流输出近500人，其中通过转岗培训和能力评价实现270人向主营高端业务转移；推进搬迁运输、设备检维修、后勤综合服务业务外包，外输分流350余人。

二、坚持精干高效，优化劳动组织模式

（一）深化两级本部机构改革

按照4人以下不设科的原则，率先实施本部大部制改革，公司本部及直附属单位部门总数由原来的86个减少至46个，净减少部门40个，降幅高达47%；部门平均人数由原来的2.3人上升到4.4人，有效解决了内设部门及岗位分工过细，人力资源综合利用率不高等问题。2022年以来深入实施部门职能综合化配置，强化工作流程梳理再造，本部部门由14个精简至12个，直属机构全部撤销，附属机构压减2个，人员编制压减15%以上，实现了精简高效管理运行。在总结本部"大科室"改革实践成果的基础上，积极推进二级单位本部改革，累计净压减本部部门29个，管理人员近160人，降幅15%。

（二）推进三级机构精简撤并

紧盯机构大、人员多、效率低的三级机构，差异化分解精简目标，

[①] 两院指工程技术研究院、地质研究院，四中心指井下作业公司、试油公司、固井公司、钻井液分公司分别加挂"储层改造研究中心、中油技服试油测试分中心、固井技术研究中心、钻井液研究中心"牌子。

下达机构精简计划，强力推进落实，累计压减三级机构72个，超额完成改革任务。其中：吐哈井下作业公司划转以后进行专项"瘦身"，减少三级机构15个，降幅超42%；以业务结构调整带动组织机构优化，坚持"养人不养机构"的原则，对吐哈钻井公司、玉门钻井公司等单位推进生活服务、物资管理、钻前机修等业务优化，压减三级机构近30个。

（三）深化项目制工程服务模式

在新疆玛湖、吉木萨尔油田集中建产区域，持续深化"专业化＋项目制"管理模式，按照"区域专管、钻井主导、联合办公"思路，优选2名二级正、4名二级副干部和关键业务骨干组成项目管理团队，成立以钻井为主体，各专业技术服务单位为辅的区域联合项目部，有效解决了过去专业化单位各自为政、机构职能重复、人员臃肿问题，区域内减少管理人员20～30人，实现队伍、技术、物资、后勤、工作量衔接等统一管理和协调配置，切实提升了运行效率、降低了管理成本。2020年以来"项目制＋专业化"管理模式进一步推广至新疆南缘、长庆陇东、青海风西等重点勘探开发区域，均实现"快提速""零事故"服务。

（四）创新基层生产组织模式

组建精干高效管理团队，自由调配钻井队人员，实施一体化考核兑现，彻底打破传统"人机绑定"模式，54支钻井队开展"精干高效管理团队共享"，减少用工300余人，实现人员精干、资源共享、效率提升。在同区域内，电气、机械、顶驱等急缺的专业技术人员实施共享，提高人力资源效率。在克拉玛依区域组建4支钻机拆搬安一体化队伍，推行24小时连续钻机搬安作业，平均口井搬安动迁效率提高32%；组建"15+2"支压裂备压专业化服务队伍，口井转场效率提高30%以上。

三、坚持共享盘活，优化人力资源配置

（一）盘活调剂人力资源存量

坚持"一盘棋、一张网"意识，深入开展内部单位间余缺调剂，积极融入中国石油人力资源统筹共享网络。开发完善公司级人力资源共享平台，建立技术专家、技能专家、海外人员等各类人才库，实现人力资源精准调剂；对开展劳务输入输出内部单位间进行工资总额激励，实施海外业务、2家亏损企业人力资源专项盘活，实现国内国外人力资源管理一盘棋，累计盘活人力资源存量700余人。坚持"内内外"原则，在充分开展内部单位挖潜后，结合一线用工紧缺的实际，与大庆钻探工程公司、玉门油田分公司进行了人力资源共享合作，累计共享调剂100余人上岗。

（二）对标精简辅助业务人员

积极探索建立内部对标定员机制，通过对同类单位同类业务人员配置情况对标分析，以同类业务用人最少为最优标准，核定其他单位相应人员优化调整目标。配套开展"五定"工作，完善竞争上岗机制及人员分流措施，大力压缩辅助生产人员。实施钻前、管具、机修等业务内部对标，优化配置1000余人。

（三）深入实施用工方式转型

坚持"管理+技术+关键技能"用工方式转型，深化第三方用工管理，提升保障能力和创效能力。实施人力资源公司考核评价，优选4家实力强、管理规范的人力资源公司开展战略合作，逐步构建了用工一线区域集中保障格局。持续加强全日制大专及以上学历第三方用工补充，全年引进大专及以上学历人才及成熟专业技术人才350人，加大淘汰置换力度，社会化用工素质和结构不断改善。配套《关于加强社会成熟人才引进的意见》，明确了通过市场化引进人才的条件、标准

及福利待遇，累计精准转录紧缺科研人才，一线高素质、高水平全日制大专学历以上的社会化用工近 220 人。

四、坚持引领提升，优化人才发展机制

（一）强化"三强"干部锻造培养

优选 50 余名年轻干部参加中青班，推荐 2 名中层管理人员挂职锻炼交流，推动 32 名本部基层、国内国外、党务行政领导人员双向交流培养，助力各级干部全流程领域历练成长。建立领导干部基层驻点调研及两级本部人员基层轮岗锻炼机制，引领各级干部贴近基层、服务基层，增长本领。加强年轻干部选拔培养。刚性执行年轻干部选拔比例要求，形成了年轻干部常态化配备、有序接替的良性循环。新提拔 40 岁以下二级副职占 58%、35 岁以下三级副职占 61%、30 岁以下三级副职占 12%。制定《西部钻探工程有限公司基层队负责人职级聘任办法（试行）》，探索将 7 名 70、80、90 型钻机[①]负责人聘任为三级副职，持续拓宽一线优秀年轻干部成长空间。

（二）完善各类人才发展机制

编制人才强企行动方案，明确 5 项人才专项工程，配套完善人才发展政策，制订施工图及推进计划。出台专业技术岗位序列相关制度 6 项，持续完善专家考核管理办法，实行考核结果强制分布和末位淘汰制，促进专家履行职责和发挥作用。配套《培养科技高端领军人才实施意见》等高端人才培养制度 3 项，明确了高端领军人才培养的措施和组织保障。分类建立各有侧重的技术人才职称评价体系，完善技能人才积分制技能等级晋升机制，持续加大选聘指标、薪酬待遇向一线倾斜。制定《技能人才创新创效管理实施办法》，建立成果评奖和推广

---

① 7000 米钻机、8000 米钻机、9000 米钻机。

效益分成奖励机制，实现技能创新成果的变现，激发技能人才创新创效的热情。

（三）强化专家人才选拔培养

累计聘任230余人进入技术岗位序列队伍，加强专家精准管理与考核兑现，差异化下达专家年度任务，强化过程管控，末位淘汰专家5名，专家年度考核兑现最大相差20%。根据专家的专业和特长，采取"定区域、定项目、定井位"的方式，为专家提供展现专业技术才能的平台，多名专家贴近现场、4名专家进驻EISC中心，为公司技术把关、科技研发、技术创新等提供了有力支持。建成国家级技能大师工作室1个、中国石油技能专家工作室3个、公司级技能专家工作室5个，优化技能专家工作室的难题收集模式、技能攻关模式和成果推广模式，充分发挥技能专家工作室平台和"智库"作用。

五、坚持精准分配，提升薪酬激励效能

（一）完善业绩考核分配政策

健全完善全员业绩考核制度机制，突出利润、收入关键指标（合计权重60%），区分盈利单位和亏损单位，增加全员劳动生产率指标考核，考核分配持续向经营效益好、投入产出效率高的单位倾斜；对一线技术人员、基层队站长设置2.0岗位兑现系数，科技研发人员和现场技术支撑人员分别设置3.0、2.5岗位兑现系数，考核分配向一线骨干和科研核心人才倾斜；综合考虑经营管理、区域作业和引人留人难度，设置差异化的经营难度系数和地区兑现系数，考核分配持续向市场竞争压力大、作业环境艰苦的单位倾斜；将考核结果与领导班子兑现和任免使用挂钩，部分年份6个单位领导班子未兑现业绩奖金。坚持效益效率及市场开发导向，推行海外项目部分类分级，将项目部班子成员的业绩兑现与项目部等级联动挂钩，项目领导班子奖金分配最大拉开2.4倍。

（二）深化单井安全提速创效工程

借鉴承包责任制思想，出台"1+1"单井考核制度体系（即单井安全提速创工程指导意见、考核细则），实施以"两挂钩一否决"[①]为核心的单井考核兑现新模式，将员工收入与单井安全、效率、效益直接挂钩，授权下放基层作业队用工选择、生产组织、成本确认、选商建议、内部考核5项自主权，变打井为经营井，与单井业绩挂钩的薪酬"能增能减"充分体现，单井周期考核累计奖惩基础工资分别约为500万元、1300万元，单井兑现比例90%以上，钻井队奖金最大差距8倍以上，激励一线队伍创纪录指标120余项。

（三）实施差异化精准考核激励

强化考核的差异化、个性化，对管理部门，充分结合上级考核导向及部门职能，针对性设置1～2项个性化指标，单项指标最高权重达60%，同时增设部门管理难度系数和考核工作加分奖励，充分体现部门间管理差异。对基层单位突出单机工效、市场占有率、工效提升等指标，一企一策、严考核硬兑现，进一步激发了单位能动性、主动性。强化专项奖励精准使用，近年来累计设置一线队"四提三比"劳动竞赛奖励1.8亿元，提质增效奖励6000万元，单井安全提速奖励5500万元，激发一线队伍刷新指标300余项。

作者：刘勇、陈勇、张志福、孙一锋、廖世俊

[①] 钻井过程的考核兑现方式，单井兑现与单井周期、单井成本管控挂钩，发生安全质量环保事故一票否决，不兑现单井奖金。

深化改革增活力　破解难题促发展
为世界一流企业建设提供有力支撑

东方地球物理勘探有限责任公司

东方地球物理勘探有限责任公司坚持把三项制度改革作为破解深层次矛盾的有效举措，围绕"控减压降"和"强优转提"，聚焦改革重点难点任务，靶向推进各项工作取得新成效，助推公司成功入选国务院国资委专精特新示范企业，营业收入连续8年保持全球物探行业第一，为建设世界一流地球物理技术服务公司提供重要保障。

一、聚焦精干精简，在组织体系优化提升上取得新成效

始终坚持把优化调整机构编制作为三项制度改革的突破点，突出机构有保有压，减机构、缩编制、促发展，组织运行效率大幅提升。

（一）促进本部组织机构优化

按照中国石油部署安排，结合东方地球物理勘探有限责任公司机构编制管理实际，制定印发《组织体系优化提升实施方案》，公司本部及直附属机构全面实行岗位管理，近2年来，撤销全部106个公司本部部门内设科室和120个科室长岗位，打破科室壁垒、强化人才横向交流、促进干部队伍年轻化，加快实现人力资源有效共享；撤并整合3个附属机构，划转3个直属机构，优化职能配置、厘清管理界面，以职责归位促进履职到位。

（二）促进业务归核聚焦

围绕油气勘探、聚焦主责主业，将有限的机构编制资源向主营业

务、核心业务、发展业务倾斜，整合地震仪器研发资源，促进地震仪器研发、制造、应用全产业链一体化发展，整合石油工程建设业务，划转非主营业务机构，成为公司业务发展"增长极"。

（三）促进所属单位精干高效

实施以定机构、定编制、定岗位、定职责、定岗位工作说明书为主要内容的"五定"工作，近两年来公司二级机构减幅12%，三级机构减幅24%，二级领导职数减幅10%，三级领导职数减幅20%，两级本部部门人员编制压减11%，初步建成主业突出、精干高效、运转协调、充满活力的适应公司高质量发展的新型高效组织体系。

二、聚焦赋能赋新，在干部队伍结构优化上取得新成效

始终坚持把强化干部队伍建设作为三项制度改革的关键点，突出干部"能上能下"，优班子、促年轻、强管理，干部队伍结构素质持续优化。

（一）优化领导班子配备

注重选拔政治过硬、本领高强、作风优良的优秀干部担任党政正职；坚持老中青相结合的梯次配备，用好各年龄段干部，按照专业配套、优势互补、搭配合理的原则选优配强领导班子，改善专业结构；强化领导干部赋能提升，推动交叉任职、岗位交流，促进领导干部赋能赋智，持续激发领导班子队伍动力活力。

（二）优化干部队伍年龄结构

制定选拔培养优秀年轻干部十五条举措，持续强化年轻干部培养选拔力度，40岁左右中层领导人员占比由2019年的9.8%提升到2023年的20.8%；坚持上下联动，把年轻干部选拔标准延伸到基层，动态建立463人的"预备队"和"战略预备队"，将年轻的二级工程师及以上专业技术岗位人员纳入后备干部培养，夯实干部接替基础；强化干部交流锻炼，制定印发《加强员工交流锻炼实施办法》，选拔42名管

理技术骨干进行岗位交流，通过本部与基层、经营管理与党务、技术研发与应用、专业化服务与生产采集、国际与国内等岗位间的双向交流锻炼，拓展干部培养路径，提升干部综合素质和能力。

（三）优化干部退出举措

承担经理层成员任期制和契约化管理软科学课题研究，建立健全短期目标与长远发展有机统一的激励约束机制，推动干部"能上能下"落地见效；修订完善《中层以下管理人员管理办法》，细化明确管理人员退出情形，2022年管理人员考核退出率为10.71%；深化专业技术序列改革，畅通序列转换通道，鼓励符合条件的经营管理领导人员转聘专业技术岗位，2022年以来，7名二级正职、3名二级副职转聘为高级专家。

三、聚焦盘活盘优，在劳动用工转型升级上取得新成效

始终坚持把优化人力资源配置作为三项制度改革的落脚点，突出员工"能进能出"，压总量、盘存量、调余量，人力资源价值得到有效彰显。

（一）着力压减用工总量

完善效率效益双挂钩的用工总量核定机制，减少对低效无效业务的人力资源投入；畅通岗位退出渠道，清理长期在册不在岗人员，引导符合提前退休条件员工有序退出，加强依法合规和劳动纪律管理，对经考核评价不能胜任工作的员工，进行岗位调整、降职降薪，甚至解除劳动合同；推动特殊工种提前退休有利政策。预计到"十四五"末，员工总量控制在2.2万人以内，"十四五"期间减员7000人以上，减幅24%。

（二）着力盘活人力资源

紧密结合机构编制优化调整、企业办社会职能剥离等举措，显性化富余人员5000余人，实施"四个一批""八项措施"[①]，建立"一帮一"

---

① 四个一批指转岗盘活一批、托底安置一批、放假与协保一批、依法退出一批。八项措施指内部调剂盘活、外部转移分流、提前退休、内部退养、离岗歇业、息工放假、协议保留劳动关系、依法依规终止和解除劳动合同。

机制，调剂因工作量不均衡造成的闲置人员及人员短缺业务，内部盘活 1700 余人；拓展中国石油内部劳务市场，积极向大庆油田有限责任公司、长庆油田分公司、中石油昆仑燃气有限公司等单位输出人员，开展劳务输出盘活富余人员 198 人。

（三）着力推动用工转型

印发《加快推进用工方式转型及进一步完善第三方用工模式实施方案》，明确用工转型目标方向和实施路径，发布 7 类业务和 27 个核心技能岗位；畅通干部人才转换通道，健全层级对应、经历互认、转换顺畅的管理机制，员工转岗 120 余人；强化转岗培训，形成储备一批、选拔一批、派出一批的常态化员工配置机制。

四、聚焦效率效益，在发挥考核激励约束作用上取得新成效

始终坚持把薪酬考核分配作为三项制度改革的切入点，突出收入"能增能减"，建机制、优考核、调分配，人力资源活动动力持续迸发。

（一）构建常态化工效挂钩机制

发挥效率效益导向作用，加大净利润和人均营业收入挂钩力度，按照"1234"[①] 比例结构细化净利润指标，搭建不同效益指标下的工资增减平台，考核指标靠前单位给予 1%～3% 的总额奖励；在境外业务单位实行工资总额预算试点制，建立与市场相适应的工资总额管理模式。

（二）构建差异化考核机制

科学设置考核指标，区分业务类型，创新提取关键指标，量化指标设置，构建科学公平的考核评价体系；严考核硬兑现，考核结果强

---

① 1234 指净利润指标增幅占比 10%、净利润指标占比 20%、净利润增幅占比 30%、人均营业收入增幅占比 40%。

制分布，绩效奖金分配与单位效益、岗位责任、个人业绩挂钩联动，对未完成指标的单位领导班子扣减 20% 以上的奖金；对推动公司战略实施、解决科研生产重点难题的单位和个人予以专项奖励，"十四五"前 3 年累计发放专项奖励 8000 余万元，充分发挥精准激励作用；2022 年人均年收入最高差距 2.7 倍，二级正职最高差距 2.2 倍，有效拉开薪酬分配差距。

（三）构建市场化分配机制

全面落实经理层成员任期制和契约化管理，建立突出经营业绩、突出刚性奖惩的"新型经营责任制"；高端紧缺人才试行与市场价位相匹配的协议薪酬，推行"一人一策"的清单式管理模式；在二级单位试点实行绩效奖金分配自主管理，通过二次分配激发活力动力；加大中长期激励力度，在专精特新企业开展岗位分工，积极探索实施股权激励。

五、聚焦创新创效，在技术技能人才队伍建设上取得新成效

始终坚持把高层次人才队伍建设作为三项制度改革的发力点，突出人才提素提效，引得进、留得住、用得好，高层次人才队伍持续壮大。

（一）围绕"引"字广开门路

强化顶层设计，创新人才引用机制，发挥引才引智示范基地、国家创新中心、博士后科研工作站引才作用，利用"四国七中心"[①]优势，聚焦物探前沿技术和短板领域，实行"一人一策"精准引才，针对性

[①] 四国指中国、美国、加拿大、英国，七中心指涿州总部研发制造中心、北京研究中心、成都研究中心、西安生产制造中心、休斯敦研发中心、卡尔加里研发中心、爱丁堡研发制造中心。

研究制订引才方案，发挥科研平台、校企合作、学术交流等引才作用，先后聚集了50余名海外高层次人才，其中2023年引进2名海外人才、1名出站博士后加盟。

（二）围绕"留"字厚植土壤

坚持以人为本，完善事业、待遇留人机制，建立领军型人才担纲国家和中国石油重大科技专项负责机制，在科研攻关中提升关键核心人才能力素质，承担实施15个国家、中国石油、公司级重大科研项目，累计投入科研经费5.3亿元，持续突破核心技术；组织高层次人才参加国际学术论坛，提升行业知名度；突出创新成果和价值创造，与高层次人才签订考核任务书，建立利益共同体；增补2名公司首席专家，开展新一届公司高级专家、一级工程师选聘，一大批能力业绩突出的青年才俊得到晋升；构建与国际接轨的薪酬标准，实行协议薪酬、项目薪酬制，激发高层次人才活力动力。

（三）围绕"用"字彰显价值

坚持人尽其才、才尽其用，创新研发组织模式，按照人才特长和单位需求，首创战略攻关、雁列攻关、卡脖子攻关和市场应用攻关四种研发模式，最大限度激发高端人才创新潜能，实现多出成果、快出成果；2023年推荐两名海外人才参评国家人才评选；大力实施青年人才接替计划，实行"双导师"培育模式。强化技能人才培养，构建"红工衣+白大褂"的成长模式，中青年科技人才担当副项目长以上占比54%，加速培育青年英才脱颖而出。

作者：李刚、谢专、尹浩然、田征、梁越

坚持"四突出"持续深化内部改革
全力保障世界一流企业建设

测井有限公司

测井有限公司坚持以战略为导向谋改革方向，以业务为引领优组织体系，以效益为起点盘活人力资源，以效率为原则抓精益管理，持续深化内部改革，营业收入年均增长14.91%，利润总额年均增长6.08%，发展成为集研发、制造、服务、应用为一体的国际化公司，为加快推进世界一流企业建设提供坚强保障。

一、突出顶层设计，强化组织保障

积极践行"创新测井、服务油气"使命，深入谋划自身改革顶层设计，建立起各司其职、各负其责、协调运转、有效制衡的公司治理机制。

（一）强化战略引领

坚持"世界眼光、国际标准、测井特色、高点定位"经营方略，从"六大战略"、测井"十大工程"、党建"十项任务""五项机制"[①]入手，部署改革深化年等主题活动，成立以主要领导为组长的深化改革

---

① 六大战略：市场导向、创新驱动、精益管理、人才强企、数字转型、国际发展。十大工程：市场开发、生产组织、技术研发、装备制造、解释评价、信息建设、安全环保、企业管理、品牌打造、支持保障。十项任务：政治建设、思想建设、队伍建设、组织建设、廉政建设、文化建设、工会工作、青年工作、综治维稳、本部建设。五项机制：责任分工机制、统筹协调机制、人才交流机制、督查落实机制、激励奖惩机制。

领导小组,积极稳妥推进改革。

(二)强化职责定位

完善以三级管理为主的组织架构,实行"公司本部管总、研发制造主建、服务公司主战"的扁平化管理模式,按年度发布授权管理清单,明晰职能定位和管理界面。

(三)强化指标体系

制定对标世界一流管理提升实施方案和工作清单,纳入提质增效升级版方案中加以落实,选树 2 个标杆单位,建立 5 个层面对标指标库,完成 138 项制度的制定和修订、328 项制度上线,完成重组单位 87 个流程梳理再造,推进流程管理标准化。

二、突出重组整合,强化资源保障

聚焦组织体系优化,大力推动研发、制造、物装、物采、监督、国际、纪检、培训后勤等资源整合改革任务。

(一)整合科研力量,做优研发业务

整合 9 个单位研发资源成立新的测井技术研究院,形成测井技术研究院、地质研究院、射孔技术中心、"两院一中心"研发格局;打造"平台+项目"研发模式,实现技术全面共享、知识快速迭代;设立十大科研项目,突破关键技术瓶颈。建成院士工作站等产学研平台,加速科研成果转化。

(二)整合制造资源,做精制造业务

整合 9 家单位制造业务成立制造公司,在西安、任丘、重庆、天津等地建设 4 个智能制造工厂,建成测井装备智能化加工生产线,CPLog 成套装备进入尼日尔、乍得等海外市场。

(三)整合海外资源,做大国际业务

整合 4 个单位海外业务成立国际公司,运行"公司本部统筹管理

+国际公司全面管理+海外作业区组织实施"海外业务管理模式,建立 14 个海外作业区分类动态管理机制,全力打造 CNLC 测井国际品牌。

(四)整合解释资源,做强应用业务

整合 5 家单位岩石物理实验资源,为复杂储层解释评价提供方法支撑;与油田共建 12 个测井联合研究中心,强化测井解释评价核心技术"内脑"和油田勘探开发"外脑"定位及作用发挥;成立重点井新技术处理解释中心,助力中国石油国内外重点领域勘探突破。

(五)整合保障资源,做专支持服务

整合 16 家二级单位物资、装备、工艺等业务,成立物资装备公司,统一工艺、技术、物装标准,提升 CPLog 装备服务保障能力;整合质量计量监督业务,成立质量安全监督中心,搭建中部、东部、西部大区监督架构,实施全产业链"异体监督";深化纪检体制改革,依托属地单位成立 5 个纪检监督组,履行对联系单位综合监督专责,各单位不再设置纪委;整合培训和后勤业务,构建"大支持、大保障"格局,管理效率和管控能力显著提升;上收各单位物资采购权限,设立采购中心,统一负责公司招标、物资采购具体实施,实现"管办分离、采办分离"。

三、突出优化盘活,强化人力保障

积极推进组织体系优化提升专项工程,形成公司《组织机构设置规范》,开展"三定"和中长期目标定员,完成"十四五"前 2 年机构和职数压减任务。

(一)推进干部"能上能下"

大力推进经理层成员任期制和契约化管理,完善管理人员退出比例长效机制;建立优秀年轻干部储备体系,储备接替、战略接替、预备、战略预备队近 500 人;首次开展干部人才挂职,组织 20 名年轻干部人才双向挂职锻炼；选聘 3 批次、42 名退出岗位中层管理人员担任课题长，专职研究生产组织、解释评价、生产服务、企业管理等项目；通过常态化内部推选、竞争上岗、公开遴选、公开招聘等方式，干部的年龄结构、专业结构得到优化，整体素质和管理水平得到提升。

（二）推进员工"能进能出"

严格劳动合同管理，及时修订岗位说明书，强化岗位责任制考核，稳妥推进员工市场化退出，搭建 5 个区域人力资源中心，建立"公司统筹协调、区域集中管理、使用单位培养考核、培训中心培训赋能"的人力资源管理新模式，完善"管、用、考、培"分离的人力资源共享机制，统筹协调区域内和区域间的人力资源，年均盘活各类用工1600 人左右。

（三）推进薪酬"能增能减"

完善生产经营绩效考核办法，将以收入（产值）、利润为主的考核方式转变为考核增量和质量，明确 5 大类 56 项绩效考核评价指标，持续提升考核精细化程度；升级一线作业队单井包干，将作业队单井资源投入产出、工作安全、质量、效率、工作量完成情况测算的单井基本费转换为单井积分，实现量化考核作业队单井报酬，真正体现多劳多得；围绕十大科技项目设置 3000 万元年度奖励基金，到"十四五"末计划 1 亿元奖励额度。

四、突出精益管理，强化运行保障

围绕资源整合优化，创新配套机制，深化精益管理，厚植高质量发展新动能。

（一）精益市场开发

试行大客户经理制，分级分类管理客户，选聘客户经理 123 名，建立"一对一"客户关系；开拓地热井、干热岩、天然碱、矿藏资源勘查、CCUS 等新能源新领域，开发新兴业务市场 28 个，加快新能源新业务转型发展；由公司领导牵头，成立智能测导等 8 个工作专班，全力拓展市场。

（二）精益生产组织

试点经营型项目部改革，配套 7 项管理机制和 10 项管理标准，建立"以井为中心"的资源配置机制，单队创效能力大幅提升；建立三级维保体系和共享机制，装备协调及时率、完好率、满意度均超 96%，优化提速提效模板 30 个，桥射联作时效缩短至 2.39 小时/段，仪器装备利用率大幅提升；建立 EISC 三级智能支持体系，EISS 作业信息自动流转 9.8 万井次，信息赋能生产大幅提升；完成 CIFLog 软件换装，统一测井成果图件标准，找油找气能力大幅提升。

（三）精益经营管理

落实中国石油"市场化"治企准则，成立定额造价中心，发布定额造价体系 2.0 并全面推广应用，2022 年年办理内部结算 35.23 亿元，推进内部市场化建设向纵深发展；深化业财融合，坚持事前算赢，突出市场增量、效益增量与工效挂钩，实现开源增收 10.71 亿元、节支降耗 9.24 亿元，财税资金运营创效 2.73 亿元，竞争能力显著增强。

作者：张宪、王佳凡、李廷园、王安立

深化三项制度改革　推动企业高质量发展

技术开发有限公司

技术开发有限公司锚定建设世界一流企业目标，将三项制度改革作为改革攻坚的关键环节，作为推进现代化企业建设和高质量发展的"牛鼻子"工程，扎实推动各项改革重点任务取得重要进展，为推进企业高质量发展和业务转型升级注入了强劲动能。

一、突破"旧框架"，推动机构精简高效

2022年按照"专业化管理＋区域化经营"的思路优化调整经营业务组织体系，按照业务主线划分成立3个专业事业部，建立起与技术开发有限公司转型发展相适应的"横向切块＋纵向分层"矩阵式组织体系。坚持职能综合化的大部制改革，撤销全部直属机构，大幅压减本部部门数量，梳理归并相似相近相关职能，形成"宽职能、少机构"的高效组织体系，控减优化人员编制和领导职数，提高编制资源利用效率。调整后，二级机构数量由23个压减至19个，压减比例为17.4%，中层干部职数由85个压减至76个，压减比例为11%，本部部门人数压减15%。通过一系列优化调整，技术开发有限公司组织体系更加精简高效，治理主体权责界面更加清晰有序，全球资源整合、专业化运作能力和市场竞争优势得到进一步凸显，为打造世界一流能源装备与能源产品综合服务商奠定了坚实组织基础。

二、打破"铁板凳",推动干部"能上能下"

修订《推行领导人员任期制和契约化管理实施办法》,按照"双50""双70""双80"原则制定考核目标,组织领导人员签订任期岗位聘任协议和经营业绩责任书实现全覆盖,明确薪酬兑现、岗位聘任等刚性要求,树立以经营业绩为中心、以创造价值为目标的导向。制修订《所属领导班子和领导人员综合考核办法》《管理人员考核退出工作实施细则》等系列配套制度,推行考核结果强制分布、末位淘汰等管理措施,将领导人员考核退出的各类情形和管理程序予以明确和固化,干部"终身制"被彻底打破,"下"的通道进一步畅通。坚持从严管理动真碰硬,对于符合考核退出、到龄退出等条件的领导人员,"一人一策"安排调整退出,2020年以来22名中层干部调整退出领导岗位,占干部总数的三分之一。针对干部队伍严重老化的实际问题,不拘一格拓宽选人视野渠道,按照三个"三分之一"原则大力提拔年轻干部,一大批经过海外一线、艰苦地区、关键岗位摔打历练的优秀年轻骨干走上领导岗位,2020年以来新提拔中层干部42人,其中"80后"21人,占比达到50%,中层干部平均年龄由50岁下降至45岁,干部队伍"盖层厚、断层深"的问题有效解决,形成了有序接替的良好态势。

三、砸破"铁饭碗",推动员工"能进能出"

严把人才招聘入口,修订印发《招聘管理办法》,分类设立人才引入标准,建立"6筛选1调查"的多层级、多维度人才引进评价机制。紧跟业务转型发展方向,优化招聘主体专业范围,确保"好钢用在刀刃上",坚持人才长期培养和当前使用并重,近年来招聘优质毕业生和引进成熟专业人才总体各占50%。按照"内内外"人才引进原则,通过内部招聘、有偿借用等形式推动人员轮岗交流,累计岗位交流员工

170余人，占在岗员工总数三分之一，有效盘活人力资源存量，形成人员有序流动内循环。大刀阔斧推动劳动用工改革，研究制定《员工岗位退出管理办法》，针对年龄大健康状况差、家庭存在特殊困难、考核不胜任、待岗富余员工"四类人员"，实行内部退养、临时退出、待岗歇业、刚性退出等差异化调整策略，建立公司"人才储备中心"，明确规定储备期满后未能成功上岗的依法依规解除劳动合同，彻底敞开员工"出口"，累计压减用工29人，压减比例达5.5%。

四、破除"大锅饭"，推动收入"能增能减"

坚持市场化分配导向，突出效益效率提升，持续优化精准激励机制。牢固树立"考核导向决定分配导向"理念，聚焦项目全成本口径核算后的利润、现金流等体现发展质量效益的指标，不断完善高质量发展指标体系和业绩考核评价方法，形成关键业绩指标KPI+个性化指标X±奖励约束指标Y的业绩考核体系，根据业务需要持续完善涵盖12大类业绩指标的配套考核细则。聚焦薪酬差异化调控和精准化激励，创新搭建覆盖定期考核与专项奖励相结合的薪酬分配体系，实行大项目管理、"两金"压降等专项奖励。针对近年来外资市场份额萎缩的难点问题，建立与国际贸易业务特点相适应、具有高度市场化特色的外资市场开发提成奖励机制，累计对4个外资项目进行提成奖励，全额奖励450万元，有效激发全员开拓外资市场的积极性。

五、开辟"新赛道"，推动人才各尽其能

围绕发展战略和转型目标，持续深化人才管理制度改革，加快造就一支能够支撑和引领世界一流企业建设的高水平专业化人才队伍。深入实施专业技术岗位序列改革，在顶层设计、人才选用、管理机制等方面精准发力，研究制定《专业技术岗位序列改革工作方案》，出

台《专业技术人才管理办法》，系统谋划不同层级和专业岗位设置，搭建覆盖专业技术人才选聘、考核、退出与日常管理的规范化管理体系，持续建强专业人才队伍，2022年以来聘任公司首席专家2名、其余各级专家27名。完善专家发挥作用机制，统筹考虑所属单位业务需要和人才专业经历特长等因素，将公司高级专家全部下沉到所属单位对口开展指导支持工作，推动专家深入业务一线、紧贴项目前沿，充分发挥在市场开发、项目把关、人才培养等方面的专业作用。针对长期经营亏损、市场萎靡的5个境外机构，通过"揭榜挂帅"方式，选聘5名契约化经营团队负责人，探索实施境外机构任期契约化经营试点改革。围绕业务需要和人才储备薄弱环节，大力开展国际贸易、项目管理、法律法规、安全环保、财务管理等专题培训，强化专业思维，填补专业知识，持续提升人才推动技术开发有限公司高质量发展的本领能力。

作者：曹立新、罗健

深化三项制度改革　激发创新创效活力

宝鸡石油机械有限责任公司

宝鸡石油机械有限责任公司全面贯彻落实中国石油三项制度改革工作部署，着眼提效率、增活力、强动力目标，突出市场化方向和效益导向，系统推进组织体系优化、管理人员"能上能下"、员工"能进能出"、收入"能增能减"、人才队伍建设等关键环节改革，为推动公司治理体系和治理能力现代化，促进公司高质量发展提供了有力保证。

一、聚焦主责主业，持续优化组织机构

坚持专业化、归核化方向，聚焦具有市场规模和竞争优势的长线产品，通过资源配置和业务重组优化组织设置，全面完成"总部+分（子）公司"的组织架构改革，配套实施本部职能转变和机构改革，推进本部相关业务系统整合，着力打造资源共享、优势互补、相互支持高效组织。理顺机构层级，优化三级机构设置，明确新整合分（子）公司最多内设4个职能部门，持续规范机构管理设置。加大业务同质、职责分散、任务不饱满机构的撤并整合力度，2020年以来，先后压减二级机构5个（压减比例14.7%）、三级机构27个（压减比例18.36%），实现机构精干高效运行。抓实机构分级分类管理，将二级单位综合情况进行量化评分，并实行强制分配，把单位分级分类系数与领导班子绩效挂钩，2020年以来，先后调整8家二级单位机构类别，以动态评价管理提升组织和队伍活力。

二、盘活用工存量，推动员工"能进能出"

严把员工入口关，做好用工需求分析，做细员工新增计划，及时补充调整配备相关人员，多措并举开展大学生招聘，依规做好社会招聘和技能人才招聘工作。加强员工考核，建立覆盖全员的绩效管理体系，及时调整优化考核指标，突出关键业绩权重占比，强化结果运用，近3年员工年度考核中，优秀员工占比保持在20%左右，强制分布需改进员工占比2.0%，进一步激发了员工竞争意识、促进了绩效提升。加强内部调剂盘活，遵循"内内外"原则，开展年度劳动力需求摸底，对公司内部所属各单位的用工需求，优先从内部挖潜，加大内部岗位竞聘，近3年公司内部人员盘活调剂220人。促进员工价值提升，鼓励员工立足本职岗位"一专多能"，积极向创效业务流动，有序退出低效无效业务，通过多种措施努力推动全员劳动生产效率提升，优化减员因素促进劳动生产率提升4%以上。

三、统筹选育管用，推动干部"能上能下"

有序优化干部队伍年龄结构和专业结构，制定《大力发现培养选拔优秀年轻干部实施方案》，明确"两个1/5"和"两个1/8"[①]的结构优化目标及系统工作举措，在年龄自然增长情况下，公司党委管理的干部平均年龄与2020年初相比下降2.5岁，"80后"二级干部占比33%。印发《关于加强三级管理人员管理工作的通知》，实行三级管理人员提

---

① 所属二级单位领导班子中40岁左右的领导人员，总体上达到相应层级领导班子成员总数的1/5，40岁左右的二级单位正职，达到相应二级正职总数的1/8；公司所属单位中35岁左右（一般不超过38岁）的三级管理干部，总体上达到相应层级总数的1/5，35岁左右的三级正职干部，达到相应层级干部总数的1/8，实现班子梯次配备、有序接替。

级报批，联动提升干部选育质量，系统性加强干部队伍建设。三级管理人员职数压减10.42%以上，整体年龄结构、专业素质等显著改善。推动实施干部砺剑工程，加强年轻干部培养，创新干部培养选拔方式，加大年轻干部的培养选拔使用力度，突出基层实践磨练和岗位交流锻炼，实行党务与行政干部、本部与基层干部交流，近3年先后实施二级岗位交流106人次，安排30余名三级正副职年轻干部挂职交流锻炼。制定《青年干部领导力提升培训方案》，组织140余名三级管理干部进行多种形式能力素质培训，持续提升干部政治能力和专业能力。积极推进领导人员契约化和任期制改革，指导中层领导干部签订任期岗位聘任协议、任期经营业绩责任书、年度经营业绩责任书和权责清单。加强干部管理考核和监督，严格做好所属单位领导班子和领导人员年度考核，强化考核结果运用，对排名靠前的进行奖励，对排名靠后进行提醒谈话，2022年公司管理人员考核退出或调整比例达13.3%。

四、强化薪酬激励，推动收入能高能低

完善工资效益效率联动机制，实行差异化工资总额挂钩管理，突出绩效工资发放进度与经营绩效考核结果匹配联动，近年来工效挂钩单位间员工收入差最高达1.85倍。搞活内部分配，进一步加大月度薪酬与关键业绩指标考核挂钩力度，健全中层领导人员考核兑现激励机制，坚持激励约束并重，中层领导人员薪酬绩效高低差达2.18倍。所属单位间人均绩效激励差异最大的超过3倍。规范专项奖励管理，修订印发《专项奖励管理暂行办法》，坚持差异化、可量化、少而精的原则，健全专项奖励跟踪评价和动态调整机制，切实发挥好定向激励和重点激励的作用。持续提升重点群体精准激励。加快推进研发部门收入分配制度改革，建立协议制工资、项目制工资等多样分配机制，为高层次专业技术人才提供更具竞争力的薪酬水平。推行"揭榜挂帅"

科研新模式，建立完全项目制管理机制，实施科技项目绩效奖励，激发科技人员的创新动力。

五、抓好人才队伍建设，激发创新创效活力

持续深化"双序列"改革，加快推进二级单位专业技术岗位序列选聘，加强专家考核，强化考核结果应用，不断促进专家发挥作用。抓好高层次人才队伍建设，实施重点领域人才盘点，分层分类做好青年科技人才培养；加强博士后工作站建设，先后引进3名博士入站；抓好国家工程硕博士联合培养试点工作，积极推荐相关人员参加深造。加强技能人才培养开发，打造技能人才培育新通道，制定公司《技师协会管理办法》，成立技师协会，积极开展技能大讲堂、一线技术技能交流活动，实施积分制选聘高技能人才，广泛搭建技艺传承平台、展示平台、成果汇聚平台。实施新员工基础培养新模式，组织做好入职员工阶段培养，以网络课件比赛、岗位实践等加强阶段考核，为宝鸡石油机械有限责任公司可持续发展做好人才保障。

作者：高守直、杨波、杨广柱、任泽泉、马晶

坚持问题导向 突出"三能"建设深入推进人事劳动分配制度改革

宝鸡石油钢管有限责任公司

宝鸡石油钢管有限责任公司坚决落实中国石油三项制度改革、人才强企工程有关工作部署，牢固树立"人才是第一资源"的人才理念，坚持问题导向，以干部"能上能下"、员工"能进能出"、收入"能增能减"的"三能"机制建设为抓手，在深化组织体系优化提升、干部人才队伍建设、劳动用工方式转型和收入分配制度改革上下硬功夫，挖掘潜力、增强活力、提升效率。

一、优化重塑组织体系，着力在完善治理提升效能上取得新突破

（一）推行职能综合化的大部制改革

2020年以来，通过撤销矿区服务中心、企管法规处，调整合并公司办公室（党委办公室）、党委宣传部（党群工作部、企业文化部）、发展和企管法规处、行政服务中心，在市场管理处加挂"制造+服务"办公室牌子、科技质量处加挂新能源业务办公室牌子等举措，在持续压减机构设置的同时，有效推动了"双碳""三新"业务的发展，宝鸡石油钢管有限责任公司是中国石油唯一一家国家级服务型制造示范企业。

（二）压层级、减机构，要有刀尖向内的勇气

2020年以来，通过压管理层级、减机构编制、调结构布局、降运

行成本、提效率效能，累计压减二三级机构17个，压减比例10%，领导干部职数得到明显优化。本部部门由11个压减为10个，直属机构由3个压减为2个；二级单位本部部门由原来的9个，全面压减到5个以内；三级机构通过撤并整合产能利用率低和相关业务单元，加强生产作业区域联合化、公共辅助单元共享化改革，持续推动机构数量压减。

（三）深挖潜能、优化配置，管理也能出效益

2020年以来，面对员工总体年龄偏大、人员严重不足等问题，深挖企业内部潜能，优化人力资源配置，生产经营形势持续向好。积极推动生产线工段化改革，通过撤销调度层级，实现"分厂管理+作业段"两级管理，用工总量压减15%、班组长压减50%；开启"2+2+1""2+1.5+1""1+1+1"[①]和单班双机组运行、双班交叉融合等动态班次、柔性班组设置，将业务相近的钳工、电工班组合并，实现业务共享；开展油管生产短流程探索，削减工序2个，生产效率提升6%，耗电量减少50%。

二、树立市场化选人用人导向，着力在激发干部队伍活力上取得新突破

（一）系统推进领导人员任期制和契约化改革

2020年以来，宝鸡石油钢管有限责任公司通过牢牢扭住管理层任期制和契约化改革这个牛鼻子，以改革人事制度为抓手，建立公平与效率相统一、激励与监督相结合、竞争与创新相促进的管理机制。严格落实"双50""双70""双80"原则，以及岗位职责差异化、业绩指标挑战性的要求，在所属9家二级子企业、5家二级单位以及所有职能

---

① 焊管生产线、精整生产线和防腐生产线的班次配置。

部门和直属机构全面开展任期制改革，积极与现行干部管理制度、业绩考核制度相衔接，常态化开展任期内全过程跟踪监督与管控。

（二）持续加强年轻干部选拔培养

以推进青年人才接续工程为抓手，建立完善上下联动源头培养、跟踪培养机制，明确到2025年40岁左右二级领导要达到"1/5"、二级正职领导要达到"1/8"；制定优秀年轻干部培养三年规划，分类建立优秀年轻干部库，将优秀年轻干部培养作为各级党组织的年度重点考核项目；通过实施"青干""青马""青优""青素"四大"青"字头专项工程，加速青年干部"提素赋能"。2020年以来，分批选拔任用优秀领导干部50余人，30多位中层领导干部退出领导岗位。

三、突出人员控减优化，着力在完善市场化长效机制上取得新突破

（一）严格进出两条线管理，抓好员工控减优化

紧紧围绕"十四五"总量控制目标，严控人员进出两条线，把用工总量管理与提质增效、亏损企业治理等工作相结合。精心组织校园招聘，连续3年在科技研发、新能源等重点核心领域发力，招聘毕业生110多人，硕士研究生占比接近30%。通过市场化退出、员工内部退养等内外部人员分流手段，相比2020年初，目前在岗员工减少375人，降幅8.2%，劳务派遣用工减少66人，降幅16%。

（二）加快用工方式转型，大力盘活用工存量

持续深化人力资源统筹配置机制，推进人力资源共享利用，在用工总量持续压减的同时，保障了生产经营平稳运行。深入推进"人随订单走、人随机组转"两级用工模式改革，2021—2022年实现二级单位间人力资源优化盘活200多人次；持续推动"核心骨干＋业务外包"用工思路转变，在二级单位间推行内部订单承揽方式，引进整建

制生产班组的"业务外包",实现用人单位、人员派出单位和员工三方共赢。

四、强化激励约束,着力在完善精准高效分配机制上取得新突破

（一）强化精准激励,增加员工的获得感

以优化合同化、市场化用工工资制度为抓手,加大工资总额工效挂钩力度,持续加大向倒班作业人员、班组长等一线生产人员和公司技术技能专家等中高层次核心骨干倾斜力度。2020年以来,宝鸡石油钢管有限责任公司生产、研发、销售岗位收入差距持续拉大,领导人员月度预兑现奖金差最高达2.8倍。2022年,效益效率好的单位工资总额增幅达22%,效益差的单位工资总额下降2%。

（二）将人工成本峰值管理做好做实

按照"保工资收入、控其他支出"的思路,把控总量与提水平有机结合起来,结合"十四五"及中长期规划,做好人工成本峰值目标和达峰时间预测,制定切实可行的峰值管理措施,通过实施减员增效、搞活内部分配和强化人工成本计划管理及考核评价等手段,持之以恒抓好贯彻落实,确保峰值管理落到实处。

五、实施人才强企工程,着力在提素赋能创新创效上取得新突破

（一）建机制,搭平台,人才就是要用起来

推行"项目长"新体制,通过领衔组织项目研发,1人获得中国石油青年岗位能手,1人获中国石油优秀科技工作者,6人入选中国石油"青年科技人才培养计划"。成立技师（班组长）协会,吸纳凝聚400余名技术技能骨干人才,开展一线生产难题攻关48个、跨企业技

术服务3次、专家大讲堂3场。创建技能专家工作室和一线创新团队，现有中国石油技能专家工作室2个，公司技能专家工作室8个，近3年有79项难题被认领，3项难题获得中国石油一线创新基金支持，累计实现生产创效2000余万元。

（二）聘用结合，深化专业技术岗位序列改革

全面推行专业技术人员"双序列"改革，突出重点专业、创新选聘方式、推行新体制，逐级实施精准培养，形成首席带专家、专家带工程师的"传帮带""一对一""结对子"培养新模式，选聘首席技术专家1人，技术专家4人，一级工程师10人，制定考核实施细则，建立客观、科学、有效的考核评价和动态管理机制。创造性地在营销领域探索"双序列"改革试点，评聘高级营销专家3人、营销专家14人，以订单论英雄，靠业绩拿薪酬，激活了营销队伍动力活力。

（三）多点开花，将技能人才培养评价走深走实

跨单位、跨专业、跨区域开展"名师带高徒"活动，22名技能领军人才与42名年轻后备人才结对子，搭建人才成长平台，加速后备人才成长。改"精英赛"为"全员赛"，以岗位练兵为起点、层层选拔为过程，近2年组织开展8个工种的技术技能竞赛，近一半操作人员参与其中。建立健全企业技能等级认定资源，积极推动职业技能等级制度改革，基本实现主体工种的全覆盖，2023年公司技师通过率达到60%。

作者：刘军、华小刚、张震、张颖娜、郑晓哲

全面深化三项制度改革　助推企业高质量发展

济柴动力有限公司

济柴动力有限公司将深化三项制度改革，紧密融入企业中长期发展规划和总体经营目标中，在组织机构优化、人力资源配置及完善薪酬分配等方面积极探索，勇于实践，助推企业高质量可持续发展。

一、推进产业结构调整，优化组织管控模式

持续优化组织体系建设，深化业务专业化管理，精简优化低效无效机构，进一步规范组织机构设置。

（一）推进实施归核化发展

加快产业结构调整，实施业务归核化发展战略，坚持有所为有所不为，集中资源发展主营业务，有序关停退出发展前途小、无竞争能力的非主营产品和业务，毛坯铸造、配送拆运、包装调运等辅助性生产业务转为劳务外包，着力提高各类资源要素的使用效率和配置效能，逐步形成以发动机、压缩机、智能加油机、新能源"三机一新"为主，关键部件加工、装配配套集成、检验试验和专业化服务为辅的业务格局。

（二）构建新型高效组织体系

围绕业务发展和改革定位，加大对长期亏损且扭亏无望单位和低效无效机构的重组力度，整合业务相近、职能重叠、生产能力薄弱的业务单元，先后撤销、重组重型发动机厂、西瓦克电气控制公司等实体单位，二级机构数量从2018年的33个压缩至目前的25个，三级机

构序列由69个削减至20个，总体压减比例71%，组织机构更加精干高效。在加强组织弹性管理方面，按照"固定+机动"的柔性模式，以独立核算、费用总包的利润中心模式运行，持续构建面向市场、面向竞争的新型高效组织体系，有效提升油气田市场售后服务业务的保障能力。

（三）持续深化本部改革

根据"优机构、转职能、激活力、提效率"12字方针的总体要求，明确总部综合管理、党群管理、专业管理、组织协调、监督检查的功能定位，按照协同高效和职能综合化的改革要求，进一步优化职能配置，理顺决策层、管理层、执行层职责界面，推进做实扁平化管理，综合档案、公务用车、工艺监督等非核心管理职能从本部剥离，本部部门岗位数量压减21%；人员编制从159人减少至113人，进一步提升运行效率和服务水平。

二、推进用工方式转型，优化人力资源配置

以提升效益效率为根本，以调整队伍结构为主线，严格控制用工总量，充分优化盘活存量，持续健全用工机制。

（一）从严从紧控制员工总量

结合装备制造行业特点、企业发展规划和组织运营管理模式等实际情况，在业务归核化发展的基础上，以目标定员为牵引，对标制造行业先进，组织开展减编控员、分流安置、定岗定员等专项工作，应显尽显富余人员，从严从紧控制员工总量，建立健全自我管控、自我约束的用工长效管理机制，实现用工总量与企业生产经营规模相适应。通过业务外包、退岗安置、解除合同等措施，累计清退岗位性、结构性、生产性富余人员700余人，从业人员数量压减23%，精干在岗用工。

（二）持续推进市场化用工机制

聚焦发动机、压缩机、智能加油机、新能源"三机一新"核心业务，推进用工方式转换，探索"管理＋技术＋核心技能岗位"直接用工、其他操作服务岗位第三方用工模式。通过第三方用工和业务外包等方式，累计减少辅助性、临时性、替代性直接用工300余人。稳步推进专业化队伍差别化发展，技术含量低、市场化程度高、用工规模大的专业化队伍，逐步由市场化队伍替代。同时将油泵、强力螺栓等零部件的加工、生产及组装业务进行外包，以劳务输出的方式，就近安置相关辅助后勤人员100余人，有效促进劳动效率提升和用工方式转型。

（三）聚焦主业源头优化队伍结构

严格落实中国石油新增用工指标计划，在内部充分盘活调剂的基础上，完善校园招聘渠道，利用中国石油整体资源优势，在重点院校、石油校园招聘区域内，精准补充具有发动机、电气自动化、机械设计制造等专业教育背景的大学本科及以上学历高校毕业生，从源头上保证员工队伍结构的不断完善和优化。2020年至今，累计招聘研发设计、工艺施工等核心技术岗位专业技术人才71人，占新增员工总数的85%，公开招聘比例达到100%。

（四）建立健全员工市场化退出机制

研究制定员工市场化退出机制政策办法，进一步完善员工"能进能出"的岗位动态运行管理机制，明确员工市场化退出调整依据和程序，有效疏通员工因不胜任岗位履职要求、长期在册不在岗、劳动合同到期、年度考核结果不称职、严重违反劳动纪律等退出渠道。2020年至今，员工市场化退出人数累计78人，有效打破了"岗位固化、退出困难"的用工理念，增强了广大员工的上进心和危机感，进一步提升员工岗位履职意识和能力。

三、持续改进考核管理机制，完善内部薪酬分配关系

坚持问题导向和市场化方向，以增强企业活力、提升效益效率为中心，以差异化调控和精准化激励为突破口，科学谋划、系统推进，持续深化薪酬分配制度改革，取得明显成效。

（一）持续完善工效挂钩机制

根据年度生产经营目标，综合考虑各单位业务性质和近2年员工收入水平，合理确定工资总额基数，按工资总额基数的90%~100%下达预发计划。在完善工效挂钩机制方面，建立以利润为核心的考核机制，工资总额增幅与当年效益和效率指标完成情况挂钩，对未完成考核期内任务指标的单位加大惩处力度，月度工资总额保底比例压减至75%，鼓励考核单位自我加压、主动提升，实现由"发工资"向"挣工资"转变。

（二）强化重点群体激励

以差异化调控和精准化激励为突破口，健全完善重点群体激励机制，激发动力活力。一是差异调控奖金系数。按照各单位专业队伍类型，分类确定绩效奖金的核定标准，研发（营销）队伍月度奖金核定标准达到后勤保障岗位的2.5倍。二是完善津贴补贴标准。按照核心技术技能人才的聘任层级，执行500~4000元的津贴补贴标准。三是调整优化专项奖励。严格界定专项奖励范围，精简奖励数量，重点在科技成果和转化创效、挖潜增效、新产品推广应用等领域设置奖励项目，明确专项奖励立项、审批、公示、发放等管理程序，专项奖励项目从10项压减至6项，进一步规范了内部分配秩序。

（三）健全完善内部分配秩序

研究制定绩效奖金二次分配实施意见，指导各单位搞活内部分配，破除平均主义，确保"多劳多得、按业绩取酬"。一是抓"关键少数"。

健全完善领导人员年度考核管理体系，考核结果按照3∶4∶2∶1比例强制划分 A、B、C、D 4 个管理等级，绩效奖金差距拉大至 50%。二是抓"考核力度"。营销人员在收入、回款与薪酬挂钩考核的基础上，设定增量考核奖励政策，同时提高未完成营销指标绩效奖金的扣减标准。三是抓"重点项目"。强化科研人员研发过程激励和成果奖励力度，构建"岗位工资、津贴补贴、绩效奖金、项目奖励、成果转换奖励"五位一体激励机制，通过绩效奖金分配有效激发公司营销、生产科研人员的动力活力。四是抓"质量效益"。操作技能人员奖金分配打破传统的计件和工时单一核算模式，引入安全环保、质量控制、降本增效、精益管理等考核项，形成生产一线以效率效益为导向的考核分配机制。

作者：吴予涵、曹晓静、林嫒萌、李洁、杨斯涵

奋楫笃行履践致远　持续深化三项制度改革

规划总院

规划总院深入落实中国石油三项制度改革工作部署，主动迎变、积极求变，系统谋划改革工作，从机构设置、干部管理、市场化用工、薪酬分配等四方面，构建创新适配的体制机制，全力推动三项制度改革各项措施落地见效，管理效能持续激发，改革成效不断彰显释放。

一、聚焦主业，组织体系优化升级

（一）以战略思维引领业务发展新布局

一是统筹推进业务布局优化，编制规划总院"十四五"发展规划，系统制定创新驱动、人才强院、精品致胜、服务至上、智慧发展五大发展战略。二是强化转型发展理念，动态优化业务布局，编制《规划总院关于加强"双碳三新"研究工作的指导意见》，聚焦研究体系、支撑能力、队伍建设、经营业绩四方面夯实高质量发展基础，进一步明确新能源研究工作组织模式。三是强化组织机构顶层设计，编制形成《"三定"工作方案》，进一步明晰各部门管理边界、压实工作职责，促进组织体系优化升级。

（二）以优化整合赋予组织机构新动能

一是为适应世界一流研究院功能定位，加大产业链优化等核心业务支撑力度，将生产经营优化研究业务并入油气业务链优化研究中心，中心更名为"产业链优化研究中心"，调整后，优化中心职责更加清晰规范，干部员工干劲十足，赋能作用初步见效。二是加强资源合理配置，将咨询部与后评价中心整合，成立咨询与评价中心。强化节能与标准研究中心职能，将中国石油环境工程评估中心、油气田研究所部分标准化管理业务划入。调整后业务实现相对集中，资源调配使用效率更加高效。三是实施职能部门机构改革，将横纵业务进行整合，企管、审计、内控、风险管理、综合服务等管理模块通过跨部门流程构建，重新划分了部门管理界面，使职能更加优化、权责更加协同。

二、健全机制，干部队伍选优育强

（一）深入探索细研究，全面推进两级班子任期制改革

一是积极推进经理层成员任期制和契约化改革，提前完成全覆盖要求，组织编制并签订院两级领导干部任期岗位聘任协议和任期经营业绩责任书，为切实发挥激励约束和监督导向作用奠定基础。二是落实"双50""双70""双80"等要求，全面修订《中层管理人员任期综合考核管理办法》《二级领导班子及中层管理人员年度履职考核管理办法》，设计高质量持续发展类考核指标，体现长期价值，做细做实绩效考核、刚性兑现等关键环节，实现"强激励、硬约束"。

（二）突出选优育强，为年轻优秀干部注入"强心针"

一是健全促进优秀年轻干部脱颖而出的制度措施。发布《规划总院党委大力发现培养选拔优秀年轻干部行动计划》，明确"四个坚持"[①]总体指导思想，设计评价培养考核的"五个标准"[②]模型，制定

---

① 坚持以统一思想为先导，压实责任、严格管理；坚持以选准用好为根本，梯队建设、有序储备；坚持以系统培养为要务，加速提升、丰富历练；坚持以退赔效为准绳，健全机制、完备制度。
② 讲政治明方向、重事业善作为、勤学习勇创新、懂管理优绩效、正人品严修身。

2025 年干部梯队建设目标，蓄好人才队伍"源头活水"。二是优化干部队伍年龄结构。针对二级正职平均年龄相对偏大的现实问题，通过内部推选与竞争性选拔相结合的方式，选拔使用了一批德才兼备、年富力强、业绩优秀、群众认可的年轻干部，2022 年新提拔的 7 名二级正职干部中，43 岁以下的占 5 名。三是健全三级正副职干部梯队。修订《研究室负责人管理办法》，将研究室负责人作为二级副职的重要培养对象，立足实践练兵、推动基层锻炼、常态跟踪辅导、严格聘期管理，建立交流退出机制，形成年轻干部动态储备库，保持干部队伍良性循环。

（三）严格规范管理，打翻躺平干部的"舒适床"

一是建立"选、用、考、退"联动闭环制度，制定《中层管理人员考核退出实施细则》，为发挥干部任期制和年度考核的监督导向作用奠定基础，调整不适宜担任现职干部共 8 人，有力促进干部自我约束、从严要求、奋发有为。二是优化修订《中层管理人员退出领导岗位管理办法》，明确退出领导岗位后的干部管理权限、考核分配方式、各项福利待遇等，让干部退出有理有据，为年轻干部的培养和使用提供空间。

（四）实践序列联动设计，推动队伍有序流动

一是强力推动中层干部岗位交流。重点实施职能部门与研究单位交流任职、党务干部和经营干部轮岗，跨部门岗位交流干部 14 人次、涉及 7 个部门，二级领导班子的专业结构得到进一步优化，复合型干部培养工作成效凸显。二是进一步优化岗位序列转换政策，鼓励中层干部结合自身情况更早、更合理地提出序列转换申请。经过严格评选，6 名中层干部竞聘到技术专家岗位，进一步促进业务能力强、专业素质高的干部发挥作用，推动干部队伍和专家队伍的有序流动。

三、强化管控，市场化用工机制进一步健全

（一）严格管控用工总量，有序开展调剂优化

一是严格落实总量管控和进出两条线分类管控，员工规模适度从紧，人才结构不断优化。将市场化退出纳入人才强院工程的组织体系优化专项工程中，逐步形成优上劣下的用工竞争机制、流动机制。二是积极实行内部调剂优先政策，进行5个部门间的人员调配，调岗配置3名科研助理，有效解决业务所需。三是畅通企业交流渠道。持续向中国石油内部企业输送优质技术人员10余名，通过向中国石油内部企业调动、借调优秀成熟人才，有效促进了人力资源内部流动。

（二）精心筹划保质量，持续强化招聘管理

一是持续加大招聘力度，努力提高招聘质量。精准确定高层次科研人才引进需求，多渠道寻访、高标准选拔人才，成功引进高层次专家型人才2人。充分利用社会招聘、骨干调入补充优秀成熟骨干人才，高效高质完成毕业生招聘工作。二是持续提升市场化选人用人机制。坚持"五湖四海"的选人视野，系统科学设置遴选程序，引入MAP职业性格测验、心理成熟度测验等工具，深入剖析人才匹配度，把好员工"入口关"。三是坚持"阳光招聘"原则，校园招聘、社会招聘等所有招聘均通过公开招聘方式完成，严控招聘过程管理。

四、精准激励，持续提供改革"薪"动力

（一）坚持创新创效为先，持续推进绩效考核体系改革

一是打破常规，将各部门按照机构职能和业务性质分为创新创效、决策支持、职能管理三类考核主体，搭建全新考核主框架，形成一企一策、导向鲜明、兼顾公平的绩效考核体系。二是进一步优化评价方式，围绕自主创新引入菜单式考核，设置个性化考核清单，充分体现

差异，考核评价工作更加科学合理。

（二）高质量深化薪酬分配改革，不断提升薪酬激励约束效能

一是建立健全与考核结果直接挂钩的奖金分配机制，引入奖金分配基数和分类系数，建立收入结构化分析模型，开展员工奖金分配专项研究，进一步提升奖金分配精细化、合理化水平，确保工资与工效的有效联动。2021年改革后院两级专家奖金差距约1.6倍，其他岗级均在2.5倍左右，激励效能不断加强。二是持续加大对关键人才的分配倾斜力度，大幅提升绩优专家激励力度，改革后院首席专家和高级专家收入最高涨幅达48.41%和55.46%，对引进的高层次人才试点实施市场化薪酬策略，有力提升科研岗位的吸引力。

作者：陈理言、杜国敏、杨洪伟、王梦嫒、谭禹

强化"三能"机制建设　激发企业内生动力

昆仑制造北京石油机械有限公司

昆仑制造北京石油机械有限公司自 2020 年 3 月入选国资委首批"科改企业"以来，积极构建完善"三能"市场化机制，持续强化员工队伍建设，推动企业高质量发展，取得了良好成效。2022 年，实现营业收入 10.04 亿元，同比增长 11.33%；实现利润总额 8633 万元，同比增长 80.8%，经营业绩连续 3 年大幅增涨。

一、动"帽子"，促进干部"能上能下"

全面推行岗位竞聘和岗位动态管理，牢固树立"重实干、重实绩"的鲜明导向，大胆启用年轻有为干部。2021 年 9 月，将 63 个中层管理岗位，面向全员公开竞聘，实现 100% 竞聘上岗，其中 30 人履职新岗位，5 名"90 后"走上管理岗位。在经理层实施任期制和契约化基础上，在中层管理岗位推行契约化，签订《经营业绩责任书》，明确业绩考核指标，强化责任担当，用好契约化考核结果，做到刚性兑现。开展中层岗位价值评估，明确岗位职责、权限及价值贡献，科学建立评估标准及程序。完善退出机制、畅通退出渠道，细化明确不胜任岗位、业绩考核不合格等调岗、退岗的形式，年度业绩考核不合格、连续 2 年基本胜任等退出岗位的相关规定，落实专业技术与经营管理岗位序列双向转换和末等调整不胜任退出机制。2020 年至今，先后退出管理岗位 21 人，退出比率由 2020 年的"零退出"增至 2022 年的 17.5%，形成"能下"的常态化。

二、动"位子",推动员工"能进能出"

探索建立"三层五序"全员职业发展通道,在现有企业管理、集团科研、操作服务序列基础上,丰富完善企业技术应用和营销序列,各序列设置高、中、低岗位层级及相应薪酬梯度,明确各岗位序列晋升转换条件,改变千军万马挤独木桥去争当"长"的局面,实现努力就能成长、就能加薪,促使员工安心长期扎根一线岗位、干好本职工作。畅通人才引进渠道,制定《高层次人才引进管理办法》,通过中国石油招聘平台、中介机构、高校就业平台进行市场化招聘,引进科研人员、技能工匠等急需的高层次人才,对标外部市场,赋予匹配的市场化薪酬水平。采用"劳动合同解决身份,岗位协议解决进出"措施。构建全员岗位管理体系,健全员工引进与退出机制,在企业内部配套设置人力资源中心,建立"人才池",推动员工再培训再上岗,3年累计调整岗位244人次(员工总数497人),年均调整比例占员工总数14%以上,基本建成了人岗相适的快速调整机制。

三、动"票子",实现收入"能增能减"

构建更加灵活高效的工资总额管理方式,实施工资总额备案制管理,参照同行业市场薪酬水平和中国石油内部薪酬体系,优化工资总额构成,建立由保障性工资、效益性工资、单列项目等三部分组成,并与年度生产经营目标和经济效益强关联的工资总额决定机制,工资总额增长率与利润总额增长率、营业收入增长率等指标同向变动,"一适应、两挂钩"的工资总额决定机制基本形成。搭建并优化"分类+精准"全员绩效考核模型,实施全员考核。以"岗位绩效+业绩绩效"为基础,对管理人员、研发人员等实施分类考核,实行精准激励,关注绩效全过程管理。2022年绩效奖金占工资总额比重达71%,经理层薪酬差距倍数达到2.06倍。对技术人员实施当期专家制和项目制考核，推行以企业内部专家制为基础的科研人员专项激励政策，选拔企业技术人才，绩效奖对标中层及以上岗位人员，有效激发了科研人员的积极性。积极探索多种中长期激励工具，制定《员工股权管理办法》和《员工股权激励实施方案》，积极探索和推动项目收益分红、超额利润分享、模拟股权激励、项目风险抵押等中长期激励措施。目前正筹备科创板上市，在有效实施项目分红、虚拟股权激励等中长期激励方式基础上，探索核心员工的持股激励。2022年中长期激励对象人数占比超过30%，员工整体收入与经营业绩同步增长，充分激发改革内生动力和员工活力。

作者：白宏硕、郭彪、曲弯弯、孙艳辉、陈梦静

坚定不移全面深化三项制度改革

石油工业出版社

石油工业出版社紧紧围绕现代企业制度体系，制定人事劳动分配制度改革"路线图"和"时间表"，坚定不移推动改革重点任务落实落地，呈现全面发力、多点突破的良好局面，取得了较为显著的成效。

一、优化干部队伍结构，提升中层领导班子整体功能

（一）持之以恒抓好领导班子和中层领导人员队伍建设

统筹谋划领导班子和中层领导人员队伍建设，坚持党管干部原则，聚焦增强"八大本领"、提高"七种能力"，健全完善选人用人制度体系，修订出版社《中层领导人员管理办法》，配套制订出版社《中层领导人员选拔任用工作规范》，着力打造一支政治坚强、本领高强、意志顽强的中层干部队伍。对领导班子开展综合分析研判，提出针对性、前瞻性措施，进一步选优配强"一把手"，建设坚强有力的领导班子。

（二）全面提升选人用人工作水平

高度重视选人用人专项检查反馈问题整改工作，以问题整改为契机，推行二级副职领导人员竞争性选拔，实现选拔方式的新突破；进一步优化中层领导人员队伍年龄结构，严格落实中国石油新选拔任用干部三个"三分之一"要求，夯实干部年轻化工作基础，7名"80后"干部走上领导岗位，中层领导人员平均年龄较整改前下降1.3岁；疏通"下"的通道，加大中层领导人员考核退出力度，6名中层领导人员先后退出管理岗位，营造干事创业良好风气。

（三）从严从实抓好领导干部日常监督管理

按照党中央、中国石油党组关于全面从严治党、从严管理干部有关要求，加强和规范领导人员因私出国（境）管理监督，强化集中管理，严格审核把关；严格落实中国石油关于组织人事部门对领导人员进行提醒、函询和诫勉以及加强对"一把手"和领导班子监督有关规定，坚持从严要求，坚持关心爱护帮助，对年度排名靠后的中层领导人员进行提醒谈话，促进履职能力不断提升。

二、完善绩效考核和薪酬分配体系，充分发挥目标引领和激励约束作用

（一）健全完善薪酬管理体系

为有效破解发展瓶颈，更大程度激发干部员工工作热情，启动实施岗位薪酬绩效考核体系优化项目，统一各类员工基本工资体系，建立以岗位价值为基础、以绩效考核为依据的差异化薪酬分配体系，建立14级17档绩效奖金薪级薪档管理制度，构建以岗位贡献为核心的薪酬激励约束机制，薪酬分配重点向以社会效益和经济效益为主的"双效益"贡献大、投入产出率高的单位倾斜，向基层一线和劳动生产率高的员工倾斜。

（二）优化完善绩效考核管理体系

突出岗位业绩管理，开展全员绩效考核，层层分解战略目标和经营业绩指标，统一各类员工绩效考核管理体系，绩效奖金与岗位层级和绩效考核结果挂钩，强化与出版行业对标，优化"双效益"考核评价办法，完善以"双效益"为导向的绩效考核评价机制，加强考核结果应用，实现考核结果与薪酬兑现、职务任免、岗位层级调整硬挂钩，不断提升员工工作能力，改进工作业绩，持续提升出版社整体效益。

（三）规范建立专项奖励管理体系

全面梳理专项奖励管理现状，配套制定出版社《专项奖励管理办法》《荣誉表彰管理办法》《党内表彰管理办法》等一系列管理制度，严格界定专项奖励范围，规范设置专项奖励项目，明确工作程序，充分发挥好专项奖励重点激励、精准激励、补充激励作用。

三、优化调整主营业务结构，激发组织创新创效活力

（一）创新组织机构管理模式

围绕改革发展战略目标，开展"五自"经营改革试点，探索建立以市场为导向的自主经营模式，充分发挥生产经营主体作用，制定出版社《关于扩大经营自主权试点的指导意见》，先后实施童书、广告、炼油化工图书等业务扩大经营自主权试点改革工作，有效带动总收入、经营利润快速增长。

（二）规范组织机构设置标准

差异化明确各业务发展方向和预期规模，以不亏损为底线，按照业务规模、经营成效、效益效率等指标，明确组织机构设置标准，完成对原组织机构的合并、划转和撤销，实行动态管理。推进业务归核发展，以高质量出版和融合转型为主线，做优做强图书出版和融合发展主营业务，做精做专展览、数码印刷和文创广告等创意服务业务。

（三）优化改进劳动组织形式

实行技术管理创新，跟进数字化、智能化建设，实施出版流程数字化改造项目，提高人员使用效率。推行图书协同编纂生产管理系统、数字化生产系统与ERP系统互通互联，为图书编辑加工、排版、校对、印刷、管理等各环节提供协同工作环境，全面可视化管理图书出版进度，提升图书编纂质量和出版效率。

四、完善人才发展机制，提升员工队伍能力

（一）壮大专业技术人员队伍

按照中国石油用工方式转型工作要求，系统推行主营业务"管理+技术"直接用工，其他业务有序退出或第三方用工模式，压减一般性岗位直接用工数量，将有限编制集中向主营业务投放，调整管理人员、专业技术人员和技能操作人员队伍比例结构，持续提高专业技术人员比重，实现出版社员工总量硬下降，专业技术人员队伍同比增长15%。

（二）打造石油出版人才高地

聚焦编辑出版、市场营销、创意发展三大业务领域，推进领军人才队伍建设，分批次组织开展高级技术人才选聘工作，形成由技术首席、技术资深、技术高级三个层级组成的19名高级技术人才队伍，完善以创新能力、质量、贡献、绩效为导向的综合考评体系，引领高级技术人才充分发挥专业和经验优势，潜心在技术把关、创新引领、智囊参谋、人才培养等方面发挥重要作用。

（三）精准实施人才培训

持续加强中层领导人员领导本领和业务能力提升培训、出版专业技术人员培训、青年骨干培训、新接收高校毕业生基础培养等，大力推进全员能力素质双提升；扎实开展核心骨干人才培训，落实全员培训，年度组织员工参加培训人次、中油e学平台累计学习时长实现逐年增长；加强培训资源建设，做实"石油出版学苑"平台，鼓励领军人才和经验丰富的资深员工，结合专业领域发展的形势任务要求和生产实践需求，开发编辑出版、数字出版、融合转型等方面具有出版社特色的精品培训课程。

作者：魏鹏瞩

做精做细做实三项制度改革
激发新闻人才队伍活力

中国石油报社

中国石油报社坚持做精做细做实三项制度改革文章，按照顶层设计、分步实施、稳妥推进的原则，优化调整组织架构，开展"三定"工作，完善配套制度体系，推进人才强社工程，更好地履行了"喉舌、阵地、窗口、平台、智囊、监督"职责，充分发挥了党组机关报的职能作用，为打造行业顶尖、国内一流、具有一定国际影响力的现代石油传媒提供了坚强的组织保障。

一、做精"三个优化"，构建适应全媒体传播体系的组织架构

认真落实厚良董事长到报社调研时强调的"要聚焦专业化发展，加快构建全媒体传播体系，持续提高新闻舆论的传播力、引导力、影响力、公信力，支持服务中国石油高质量发展"批示精神，加快构建适应中国石油业务结构新模式、媒体融合发展新要求的组织架构。

（一）优化本部职能机构设置

坚持优化协同高效，构建"宽职能、大部门"机构职能体系。清理调整现有职能，补充完善弱化和缺失职能，归并组合相近相似职能，职能相近、联系紧密的部门合并设立或合署办公，撤销企业管理办公室，计划财务部加挂企管法规部牌子，新设立纪委办公室（党委巡察办公室），打造人员精干、高效履职、工作协同的本部职能部门。

（二）优化调整采编业务机构

着眼媒体深度融合发展，实行技术管理创新，按照"做强策划、做好采访、做精编辑、做特发布、做优评价、做专技术"的思路，以高效运行5G智慧融媒体平台为核心，围绕"策采编审发评"业务链和专业线，优化采编组织架构，将原有的9个采编单位减少为7个，形成"一室六中心"架构，实现内容生产、平台呈现、技术支撑的专业化分工和深度融合运行，提高了新闻生产运营快速反应能力和人员配置使用效率。

（三）优化重组经营业务

以服务中国石油文化引领战略举措为方向，坚持市场化发展，以利润总额和人均利润率为主要评价指标，建立起资源集中、品牌突出、富有活力的经营体制机制。将原有的4个经营单位重组减少为2个，由新成立的文化传媒中心（对外合作部）归口管理和运行媒体经营业务，集中统一开展新闻文化服务；逐步减少独立法人实体，已完成一个公司的更名，启动2个法人实体的注销工作。重组后，经营部门提升了整体服务能力，逐步走上市场化、产业化的发展道路。

二、做细"三个严格"，通过"三定"全面从严控制编制职数

组织开展"三定"工作，严格职能部门、二级单位编制定员和中层领导人员职数配置，二级单位内部不设置三级部门，按业务单元进行岗位管理。报社人员编制在中国石油下达的年度员工总量计划内进行分解，中层领导人员职数在中国石油核定职数内进行配置，一般岗位各层级人员数量的调控按照报社《关于机构设置、职能配置和人员编制有关事项的通知》等有关规定执行，逐步形成科学合理、动态调整的职数管理机制。

（一）严格中层领导人员职数配置标准，加强二级单位领导班子建设

本部职能部门中层领导人员职数一般控制在2人，按"一正一副"配置；10个二级单位的中层领导人员职数一般控制在2人，重要采编部门和整合后的经营部门的中层领导人员职数控制在3~4人；组织机构优化调整后，同步调整基层党支部设置，坚持"双向进入、交叉任职"的原则，推行全部行政班子成员进入党支部委员会，改变了以往部分部门党支部委员会只有一名领导人员的局面，健全了部门领导班子。

（二）严格控制本部职能部门和后勤部门编制

严格管控本部职能部门编制和人员配置，严格控制后勤部门人员增量，推进后勤非主营业务购买服务，在自然减员的基础上实行"只出不进"，在减少非主业直接用工的同时，提高运行效率和服务能力。

（三）严格规范人员流动，引导人员向主营业务集中

加强劳动用工管理，盘活资源存量，在人员编制范围内，有效保障人力资源在内部合理有序流动。鼓励引导经营部门人员向采编主业流动，7人从经营部门交流到采编主业部门，近几年新引进的高校毕业生配置在采编主业部门的人员占95%以上，逐步化解主业结构性缺员的矛盾，壮大主业人才队伍力量。

三、做实"五个完善"，推进人才强社工程落实落地

牢固树立"媒体竞争关键是人才竞争，媒体优势核心是人才优势"理念，加快完善组织机构改革配套制度体系建设，大力推进人才强社工程，健全完善"生聚理用"人才机制，打造政治坚定、业务精湛、作风优良、党组放心的新闻人才队伍。

（一）完善中层干部队伍结构

修订《中层领导人员管理办法》《中层领导人员选拔任用工作规范》，坚持正确选人用人导向，加快培养选拔优秀年轻干部，持续优化调整中层干部队伍结构。2022年至今，新选拔40岁以下中层领导人员9名，推动中层干部队伍架构持续优化。与2021年相比，中层干部平均年龄由50岁降为47.9岁，其中45岁以下占比由22.2%提升至37.8%，40岁以下占比由7.4%提升至24.3%。硕士以上学历占比由22.2%提升至32.4%，实现了干部队伍梯次配备、有序接替。

（二）完善人才成长发展通道

制定《人才成长通道建设管理办法》《一般岗位晋升管理实施细则》，建立充分体现经营管理、专业技术队伍特点，层次清晰、特色鲜明的专业化、差异化、梯次化的岗位序列，健全完善整体协调、晋升有序、转换顺畅的人才成长通道体系，全面实现岗位管理。制定《专家型新闻人才实施细则》，健全专家型新闻人才管理体系，发挥专家型新闻人才队伍引领作用，加快建设新闻宣传领域重要人才中心和创新高地。

（三）完善考核评价体系

健全完善人才评价机制，建立与新闻文化单位相适应的全员绩效考核评价体系，修订《业绩考核管理办法》《中层领导人员综合考核评价办法》，制定《专家型新闻人才考核办法》，推行领导人员任期制和契约化管理，考核结果作为薪酬调整、评先选优、岗位聘任和退出、选拔任用、管理监督、培养锻炼的重要依据，有效发挥业绩考核的导向与激励约束作用。

（四）完善青年人才培养规划

落实人才培训培养与职业生涯规划、人才成长通道建设相协同的育人机制，组织新入职毕业生到油气产业链的相关重点企业基层实习锻炼，开展师带徒，培育部门"托举"文化，加快青年后备人才培养。选聘优秀专业技术干部担任业务项目负责人，在7个采编部门和1个经营部门建立38个专项业务执行团队，40岁以下的业务负责人占比64%。加强干部轮岗交流，有计划地安排优秀年轻干部在不同专业部门或职能部门间交流锻炼，逐步打造适应报社未来发展的优秀年轻干部预备队。

（五）完善薪酬分配制度

组织开展岗位价值评估，优化薪酬结构，制定《薪酬分配管理办法》，建立个人收入与部门绩效和岗位贡献紧密挂钩、多劳多得、优绩优酬的薪酬分配体系。绩效奖金向工作贡献大、工作任务重、劳动效率高的部门和核心骨干人才倾斜；同时按照"责权利"统一的原则，扩大部门领导班子绩效考核薪酬分配权，强化部门绩效薪酬总额靠效益、个人收入凭贡献的分配理念，极大地激发了人才活力。

作者：杨卫青、李平、范思遥

第二部分　组织体系优化篇

持续深化三项制度改革
以新担当新作为激发企业改革发展活力

油田技术服务有限公司

油田技术服务有限公司面对困难挑战和短板弱项，坚持刀刃向内，敢于直面问题，以推进落实三项制度改革任务为主线，积极探索、勇于实践，取得了一些新进展新成效。业务结构不断优化调整，组织体系不断优化提升，人力资源不断优化配置，数字化转型稳步推进。

一、优化业务结构，提高工程技术主营业务集中度

以业务结构调整为驱动，坚持有所为有所不为，调整"大而全、小而全"的业务结构，实施专业化、集约化发展，集中资源发展主责主营业务，有序关停退出非主营和低端低效业务，从源头上减少低效无效资源投入，保证服务保障能力的持续提升。

（一）深入推进专业化改革，提升整体资源配置效能

研究制定工程技术业务专业化、差异化发展的指导意见，配套出台相关保障措施和考核细则。组织完成中国石油内部物探、测井业务"大一统"，有效提升核心业务品牌影响力和市场竞争力。推动完成钻探企业内部钻井液、固井、录井、定向井、管具等同质化业务专业化整合，有力提升了专业化服务水平和管理能力，促进了规模优势转变为低成本优势、市场竞争优势、创新优势，为中油技服打造原创技术"策源地"和工程技术产业链"链长"打下了坚实基础。

（二）持续优化主营业务结构，提升业务价值创造力

聚焦物探、钻井、测井、井下作业、油气开发等主干业务，持续强化智能导向、连续油管、带压作业等高附加值业务发展。结合国内外勘探开发要求，持续优化调整投资结构，稳步加大电驱压裂车组、高端测井设备和地震勘探设备等投资支持力度，严格控制非生产项目投资。结合企业的技术优势和地域特点，遵循"各有所长、各具特色、扶优扶强、特色突出"的原则，先后设立固井材料与外加剂质量控制、压裂酸化、试油测试、大修侧钻、连续油管作业、带压作业等技术中心，加快打造原创技术"策源地"，培育业务发展新动力。

（三）全面压减低端低效业务，提升主营业务服务水平

结合法人压减与亏损治理工作，组织实施生产一线生活服务、供水供油等前线配套支持业务社会化，全面退出办公区绿化、保洁、保安等后勤服务业务，显著压减了低效辅助业务规模。企业稳步推进业务归核化，顺利完成"三供一业"移交和医疗服务业务改制。坚持"一户一策"和"双周"跟踪督导，加大法人压减力度，全级次法人子企业户数压减19%，超额完成考核指标。纳入国资委"两非"专项治理范围的8户子企业全部完成压减，提前完成中国石油下达的任务目标。

二、优化组织体系，提高工程技术组织运行效率

以组织体系优化作为深化改革的发力点，通过完善机构设置规范、开展"三定"、优化机构设置、提高效率效能，构建结构合理、协调运转、动态优化的新型高效组织体系，以高效的机构运行体系，促进服务保障能力提升。

（一）完善组织机构设置规范，提高标准化管理水平

结合工程技术企业生产经营和管理实际，组织成员企业通过调研

分析、专题讨论、专项汇报，修订完善工程技术企业组织机构设置规范。在机构设置方面，突出精干高效、先进务实的原则；在定员编制方面，既考虑人员规模，又强调人力资源共享和降低人工成本的未来发展方向。新规范对成员企业组织机构设置提出了更高的标准和要求，修订后机构整体压减15%，管理人员减幅5%，为更好发挥一体化统筹作用、推进高质量发展、建设世界一流示范企业奠定了坚实的组织基础。

（二）推进本部"三定"工作，充分发挥示范引领作用

以做精做优本部为目标，系统谋划统筹联动，研究制定本部"三定"工作实施方案，推进组织机构优化、优化机构职能、精简编制定员。按照有利于工作协同、提高效率原则，归并整合企管法规和规划计划，油藏技术和井下作业，钻井技术和井控管理，物资装备和市场生产等职能部门，实施综合化配置，减少管理界面，增进协同配合。按照有利于资源整合和力量整合、发挥综合效能原则，统筹配置党群管理职能，同职能相近、联系紧密的纪委部门合署办公。推进大部制模式，建立专家岗位序列，部门数量减少28%，人员编制、中层领导职数均减少10%，组织机构更加精简高效，为更好地发挥一体化统筹作用、推进高质量发展做好了示范引领。

（三）推动企业组织体系优化，提高组织运行整体效率

按照组织体系优化提升工程要求，组织成员企业研究编制完成组织体系优化方案和"三定"规定，系统推进组织体系优化，精简优化机构职能，强化协同协调，降低运行成本，提升组织效能。近3年，积极推进"大部室、大岗位"改革，撤销、合并同类或相近相似业务，二三级机构压减26%，中层和基层领导人员职数压减10%以上，不断提高组织运行效率。

三、优化人力资源配置，提高工程技术劳动用工效能

工程技术属于技术密集和劳动密集型业务，人力资源的优化配置是提升工程技术服务保障能力最重要的基础工作。近年来，在控制员工总量、盘活内部存量、优化队伍结构、用工方式转型等方面持续发力，为高效配置人力资源，激发队伍动力活力，提升企业竞争实力，促进高质量发展和高水平工程技术自立自强提供坚强有力的人力资源保障。

（一）严格控制员工总量，员工规模实现连续下降

从严从紧分解下达各成员企业员工总量、劳务用工总量及新增员工计划，重点在用工管理、调剂盘活、分流安置、用工方式转型等方面持续发力，通过及时申办退休手续，积极办理提前退休，加大清理在册不在岗人员，强化劳动合同管理，推动厂办大集体改革等措施，多措并举减少直接用工数量。近3年，员工总量降幅14%，劳务用工总量降幅30%，员工规模得到有效控制。

（二）积极盘活用工存量，人力资源潜能充分挖掘

积极推动落实结构调整中人力资源优化盘活，充分利用中国石油和油田技术服务有限公司两级人力资源统筹配置平台，逐步打破专业、业务、区域、企业间人员流动壁垒。严格遵循"内内外"原则，牢固树立"一家人、一盘棋、算大账"理念，坚持市场机制、内部优先，新增工作量的用工需求，首先在公司内部充分调剂，内部调剂有困难的，再通过中国石油平台优化配置，充分挖掘内部劳动力资源潜能。近3年，优化调剂盘活3.6万人次，不断提高了人力资源综合利用效能。

（三）加快用工方式转型，全员劳动生产率不断提高

研究出台加快推进用工方式转型及建立完善第三方用工模式的指

导意见,在主营业务全面推行"管理+技术+核心技能"岗位直接用工、其他操作服务岗位第三方用工;在生产保障业务、后勤与社会服务业务,以及主营业务中低端低效业务深入推行第三方用工,加大海外当地雇员业务外包力度,持续规范第三方用工管理。通过业务外包,有效减少了劳务派遣用工、非全日制用工和境外雇员数量,2022年全员劳动生产率同比大幅提高17.9%。

四、推进数字化转型,提高工程技术智能化发展水平

按照"依托业务发展、管理变革、技术赋能三条主线,构建钻井工程全生命周期智能支持平台"的思路,坚持业务主导,强化顶层设计,组织建设工程作业智能支持中心,着力打造"智能技服"。通过数据监控、风险提示、数据治理、远程支持等举措,加快工程技术与信息化融合,在工程技术全产业链实现数据互联、资源共享、业务协同,全面提升工程作业风险管控水平、工程质量、运行效率,更好的服务保障高效勘探和效益开发。

(一)创新工程作业监管模式,提升一线安全防控水平

2022年以来,EISC全天候远程监控国内外重点井2365口,实时溢、漏、卡报警发现390次,事故复杂时率同比降低25%;创新井控管理模式,每周通过EISC远程抽查井控高风险井,井控意识和现场井控管理基础不断夯实,近3年未发生井控险情;持续加大远程检查和线上培训深入推进,作业现场不安全行为从"事后处罚"转向"主动提醒"。

(二)推进地质工程一体化模式,加速技术支持转型

EISC全力推进地质、工程、流体等多专业一体化研究模式,地质工程一体化远程支持井"四提"效果显著。2022年以来,川渝页岩气优质储层钻遇率达到98.4%、事故复杂时率下降21.2%、压裂效率提

高 16%、套变风险下降 50%，在四川盆地支持打成了亚洲最深井蓬深 6 井，在塔里木盆地支持打成了亚洲最深水平井果勒 3C 井。

（三）打造工程作业智能支持系统，助推数字化基层队伍建设

打造基于中国石油统一云平台的 EISC 系统，实现总体运营、远程支持、井控应急等 10 大模块 527 项功能，已推广到各工程技术服务企业和部分油田近 3 万名用户，覆盖了生产、技术、井控、安全等部门和现场作业队伍。数字化基层队发展势头迅猛，建成国内首支数字化钻井队，实现井场岗位智能巡检和司钻精准领航；建成首支数字化压裂队，实现压裂施工全过程、全要素智能化分析和自动化作业，压裂效率提高 15%；打造了全球首支智能化地震队，实现采集全流程数字化管理和部分工序智能作业，推广至全球 210 余个项目，测量和视频质控用工分别减少 85% 和 70%，采集时效提高 47%。

作者：王景洲、张晓林、余本善、杨培福、彭磊

聚焦"四化"管理
构建油气生产单位新型组织体系

长庆油田分公司

长庆油田分公司结合自身实际，大胆探索、勇于实践，构建了与率先实现高质量发展、建设基业长青的百年长庆目标愿景相匹配，与数字化转型智能化发展相匹配，与缓解用工刚需、队伍结构性矛盾相匹配的标准化新型组织体系，在有效解决所面临瓶颈问题同时，打开了推进高质量发展的新局面，阶段性实现了业务结构布局更加合理、资源利用更加集约、效益效率有效提升的良好效果，为保障国家能源安全交出"长庆答卷"、贡献"长庆力量"。

一、提升"数字化"智慧管理水平

依托科技创新理念，持续推进信息化与新型工业化深度融合，持续优化油气生产管控方式，加快生产现场数字化智能化条件下生产组织方式转型，使现场作业由分散转向集中，全面推广中小型场站无人值守运行模式，有效降低生产现场管理难度强度，提升系统运行效率，保障安全风险受控，为油气生产单位组织体系改革奠定了坚实基础。

（一）加快数智转型发展

贯彻落实"六统一"原则（统一规划、统一标准、统一设计、统一投资、统一建设、统一管理），按照"六个是"定位（数字化转型、智能化发展是长庆油田的"企之大者"，是油田勘探开发的主体技术，是"油公司"模式的核心，是高质量发展的重要手段，是最大的民生，是"一把手"工程),推动数智技术为主业赋能,油气生产现场数字化覆盖率达到97%,建成了国内最大规模油气生产物联网系统,推动施工作业、生产指挥、巡检巡护、应急处置、安全管理等向可视化、智能化转变。持续推进中小型站点无人值守改造,形成站场"无人值守、集中监控、定期巡检、应急联动"的智能化生产组织方式,实现生产作业现场的自动化、智能化、可控化。

(二)加快现场升级改造

按照"集约产建、精准布局"思路,推广"大井丛、一级半/二级布站、井站共建、多站合建"新模式,严控井站数量。优化地面工艺技术设计,加快区域功能整合、场站数字化改造、一线设备升级改造。持续简化工艺流程,加快开展老站点、老系统"关、停、并、转、降"工艺流程改造再造,油田新建井场数字化建设一次到位,新建站点推行橇装化建设,着力提升系统整体运行效率和管控水平。

二、打造"归核化"业务发展布局

锚定"134"发展方略[①],围绕资源勘探、油气开发、新能源三大主业,突出采注储输净化处理一体化管理,做大做强油气开发业务,做精做专生产辅助业务,大幅压缩后勤保障业务,打造专业化业务布局。

(一)全面突出油气主营业务

加快传统油气生产与新能源开发深度融合,构建多元互补的现代能源体系,组建新能源事业部、水电厂转型清洁电力开发项目部,油气生产单位规划计划部增挂新能源发展办公室牌子,全面建立健全了新能源业务组织体系。合理控制油气单位矿权面积、管理幅度和生产

---

① 突出加强党的领导一条主线,集中精力做强做优"资源勘探、油气开发、新能源"三大主业,统筹高效写实写好四篇文章。

规模，将边探试采井、油气集输库、储气库、净化处理厂等相关业务就近整合至油气一线基层，实现"采注储输净化处理"全链条、一体化、集约型业务布局。

（二）优化整合生产辅助业务

对油气生产单位内部生产辅助业务机构进行整合，为下步推行市场化、专业化技术服务奠定基础。将油气生产单位井下作业、数字化技术服务、治安巡护等生产辅助业务内部整合，将工程质量监督、产品质量监测、环境监测、仪器仪表、计量等监督监测业务内部整合，增强生产保障能力和提质创效能力。

（三）精简压缩后勤保障业务

全面整合撤并油气生产单位后勤服务、车辆服务、保安门岗、宾馆等后勤保障业务，探索市场化外包合作，构建市场化合作运行机制。全面推行档案、审计、纪检等业务共享建设模式，加快油气生产单位负责的食堂、公寓等工业服务业务向区域工业服务处剥离移交。

三、搭建"标准化"组织机构框架

加强顶层统筹设计规划，根据业务结构优化调整情况，持续优化完善组织机构设置框架，推进组织机构瘦身健体，结合采油气厂生产运行实际，全力打造结构合理、协调运转、精干高效、活力迸发的新型高效组织架构。

（一）构建"油公司"模式新型采油气厂

采油气厂推行"1+2+2+N"新型组织架构，即1个大部制本部+2个科研单位（地质研究所、工艺研究所）+2个生产保障单位［生产保障大队、质量安全环保监督站（技术监测站）］+N个采油气作业区/净化处理厂。采油气厂本部打破职能部门壁垒、全面撤销附属机构，采油气厂本部部门由24～26个整合压减为12～14个，输油单位本部部门由 11 个统一整合压减为 6 个，机构减幅 40% 以上。基层单位按照生产、科研、保障三大类业务分类推进组织机构优化整合，实现机构、职数、人员的综合统筹利用。油气生产单位三级机构压减 194 个，基层领导人员职数压减 230 个，减幅分别为 25%、8%。构建起"油公司"模式新型采油气作业区。

（二）持续优化完善数字化条件下"中心站"模式的采油气作业区组织架构

建立"3+1+N"新型作业区组织架构，即 3 个业务组室 +1 个生产保障队 +N 个中心站 / 联合站 / 巡检维护队。采油气作业区设"两室一中心"（综合管理室、生产技术室、调控中心），结合生产规模、地域条件、管理难度、智能化程度等因素，优化精简中心站设置数量，差异化实施生产作业单元机构改革，建立"作业区—中心站（维护队）—班组"和"作业区—班组"两种新型组织机构设置模式。

（三）积极构建"油公司"模式新型采油气管理区

新型采油气管理区推行"4 办 +4 中心 +N 个生产作业单元"的机构设置框架，向上受长庆油田分公司管理考核，向下直接管理生产作业单元，中间不设管理层级，管理区既是方案的制订者，也是执行者、实施者，基层单位既是信息的收集反馈者，也是执行者、验证者，实现"压缩一个管理层级"的实质性变革。

四、构建"扁平化"劳动组织模式

积极推进新型管理区、作业区试点建设，促进管理层级有序压减，生产组织快速反应能力和劳动力配置使用效率有效提升，基层创新创效活力动力有效激发。

（一）压缩层级缩短链条

依托数字化、智能化成果应用和无人场站建设基础，撤销井区，分级推行"作业区—中心站（运行维护队）—无人值守井站"及"作业区直管无人值守井站"两种劳动组织模式，实现"无人值守、区域巡护、集中运维、应急联动"的集约化生产管理方式，将现场生产组织模式由井站驻守看护变革为片区巡检维护，促使人力资源由分散向集约转换。生产决策指令直达班组，缩短应急响应时间，保障生产安全。一线员工生产生活环境有效改善，幸福指数直线攀升。

（二）构建集中监控运行模式

按照"大集中、大监控、大调度"思路，运行监控化散为整，原"作业区—中心站—场站"三级监控整合为"作业区级"集中监控，同步探索"作业区级"向"厂部级"大监控转型，除运行监控、作业监控、车辆监控、管道监控及指令下达、生产调度等传统运行监控业务外，增加生产技术分析、安全风险管控、生产决策部署等管理职能，形成"集中监控、协同分析、一体决策、统一调度"的智能化生产运行模式，显著提升生产组织效率。

作者：毛金辉、戴永辉、陈丰刚、高鹏、付志文

构建"油公司"组织体系
赋能世界一流大油气田建设

塔里木油田分公司

塔里木油田分公司持续深化"两新两高"工作方针，坚持走少人高效发展之路，不断构建完善适应现代化"油公司"模式的新型组织体系，推动公司治理能力、人才竞争力和科技实力持续增强，组织效能和运行效率稳步提升，有力支撑勘探开发和新能源主责主业高质量发展。

一、突出精干高效，增强"油公司"的治理能力

坚持优化协同高效，强化组织体系顶层设计，调结构布局、压管理层级、精机构编制、优管控模式，构建"管理区独立作战、井站自主管理、甲乙方协同配合"的"小本部、大基层"组织结构，增强治理能力。

（一）突出专业化发展，优化产业布局

锚定世界一流战略目标，集中专业优势做强做大勘探开发业务，博孜、富满新区产能建设高效推进，2022年油气产量分别达到原油260万吨、天然气32.6亿立方米；新能源业务高速发展，2023年力争完成200万千瓦发电任务指标；积极支撑中国石油炼化业务转型升级，在乙烯工程高效建设的基础上顺利完成化工业务775人划转；按照"强化一批、转型一批、退出一批"的思路，推进生产辅助和后勤业务发展转型，大力整合矿区管理、行政事务等同质同类业务，全面剥离企业办社会职能，生产辅助及后勤服务单位从17个减少到9个，主营

业务人员比重提高到近 70%。

（二）突出一体化统筹，精简机构编制

坚持同类业务由一名领导统筹、同类业务各项工作由一个单位（部门）负责，深化事业部制改革，成立新能源事业部、油气运销事业部（油气营销管理部）、油气数智技术中心（数字和信息化管理部）、应急中心（应急管理部）、公用事业部，发挥管办一体的优势，集中力量办大事。系统推进两级本部大部制改革，油田本部撤销内设科室，按照管理要素（职责）设置岗位，二级单位本部实行大部制，主要单位本部部门控制在 3～5 个，基层按照工艺流程设置机构，3 年来压减二三级机构 151 个。

（三）突出扁平化管理，压缩管理层级

公司本部全面实行岗位管理，中层领导直管到岗位，减少上传下达中间环节，把工作定到岗位上、把责任压到人头上，避免击鼓传花、层层衰减。全面深化 9 个新型采油气管理区改革，采用"五部+两所+联合站（油气运维中心）"的组织架构，积极推广"井站无人值守+区域集中控制+调控中心远程支持"的智能运营模式，强化井站自主管理，实现公司直接管理到采油气管理区，采油气管理区直接管理到井站，管理层级由 3 级压减为 2 级。深化监督业务改革，推行总监区域负责制，由业务领导直接管理总监，总监直接管理区域监督。

（四）突出"放管服"改革，优化管控模式

建立完善业务统管、区域主战的管理体制，二级单位作为生产经营执行中心，增强独立作战能力，明确基层部门是安全生产的责任主体。坚持一切围绕基层转、一切围绕工作转，强化两级本部服务协调职能，管住事前主要方案、关键指标和事后考核兑现"两头"，放开中间过程环节，想方设法调动基层积极性、主动性、创造性，鼓励基层敢想敢干敢拼，主动帮助甲乙各方解决问题。建立"我为基层（员工）

办实事"常态化工作机制，2023年至目前共办理大小民生事项9364项。

二、突出少人高效，增强"油公司"的人才竞争力

牢牢抓住少人高效的核心，通过组织机构、编制定员指导人力资源优化配置，调整队伍结构，加快培育锻造高素质专业化人才队伍，推动勘探开发和新能源新事业加快发展，不断提高全员劳动生产率和人力资源产出效率，增强人才竞争力。

（一）优化编制资源配置

积极适应两级管理要求，结合油田各层级功能定位，统筹配置机构编制资源。两级本部突出统筹协调、资源调配职能，重在提升服务价值。完成18个本部部门和20个二级单位大部制改革，员工总量控制在9500人以内，本部人员控制在员工总量的5%以内，二级单位本部人员精简至员工总量的15%以内，基层单位员工达到80%以上。二级单位是生产经营、利润创造和成本控制主体，重在提升独立作战能力。在油气生产单位推行"一线工作法"，推动本部下沉基层、领导干部驻守一线，将生产、安全和技术等359个岗位设置在生产一线，本部与基层员工比例由5∶5优化为2∶8，靠前决策、指挥、管理，靠前保障支撑。推行"24+12"轮休制度[①]，加强了一线管控，保障了员工合理倒休。

（二）优化生产组织方式

发挥组织体系对数智化转型的引领推动作用，让员工少跑腿，削减安全风险、降低劳动强度、提升管理效率效益。油田生产作业现场数字化覆盖率逐年提升，中小站场无人值守率从76.5%提高到99.3%。持续改进基层劳动组织方式，围绕联合站（油气运维中心），依托数字

---

① 主要生产单位的生产一线岗位员工上24天休息12天。

化、智能化，全面推行井站一体化、运维检一体化、产品+服务一体化，大力整合同质同类承包商用工队伍，推动长期运维类第三方用工总体精简10%。推进甲乙方共建共享，促进双方共同技术创新、管理提升、深化改革，巩固油田"少人高效"优势。

（三）优化员工队伍结构

积极适应现代"油公司"组织体系发展要求，打造精干高效的管理队伍，做强做大关键技术队伍。全面打通"三支队伍"岗位序列转换和晋升通道，建立向上流动有位、向下退出有序、跨序列流动畅通无阻的人才培养使用机制。加快"三支队伍"结构调整，科研和生产单位改革中持续精简管理岗位、充实专业技术岗位，逐步实现油田管理人员占比不超过三分之一，专业技术人员占比提升至三分之二以上，操作技能岗位主要通过市场化方式解决。2023年以来，勘探开发研究院专业技术人员占比从66%提高到90%，采油气管理区专业技术人员占比从40%提高到60%。

三、突出创新创效，增强"油公司"的科技实力

坚持"五湖四海"搞科研、集智攻关解难题，在科研平台、体制机制、人才队伍等方面同向发力、大胆探索，对外筑巢引凤，对内深化改革，充分调动科研人员积极性、主动性、创造性，奋力打造深地领域原创技术"策源地"，增强科技实力。

（一）建立完善开放合作的科研体系

依托中国石油超深层研发中心，对内发挥油田"三院一中心"科研主体地位作用，对外与世界一流的优质资源组建科研分中心、产业联盟等创新联合体，将研发中心打造成开放合作的新型研发平台。在研发中心建立公司党工委（领导小组）统一领导、技术委员会指导、专家委员会管理、项目长负责、研发中心办公室支撑保障、完全开放

的科技创新组织体系。突出开放共享，大力引才引智，建立重大项目"揭榜挂帅"机制，4个项目成功揭榜；建立超深技术常态化交流机制，邀请158家科研单位的院士、专家建言献策。2023年5月成功创建新疆维吾尔自治区工程研究中心。

（二）建立新型高效的科研组织

稳步推进勘探开发研究院改革，鼓励引导科研人员钻技术、搞科研、当专家。创新科研组织形态，在勘探开发研究院建立专家主导的科研组织体系，成立9个研究部（科研团队）以及相应的科研项目组，由专家领衔科研团队，撤销所、室行政机构，核减三级及以上机构43个、三级副职及以上职数135个。创新岗位设置，坚持因事设岗、以岗定能、以能择人、以绩定薪，科研团队岗位无固定职级，岗位竞聘不唯年龄、学历和资历，实行公开竞聘、动态管理，岗位奖金根据项目大小、价值贡献等因素确定，在什么岗、干什么活、拿什么钱。

（三）建立灵活多样的攻关团队

面向深地勘探开发主战场，加强工程技术难题攻关，油气工程研究院结合生产实际需要组建钻井提速、井筒提质、储层提采、地面工程标准化4个攻关团队和9个攻关小组，完善科研攻关组织方式，促进工程科研更加有力有效有针对性支撑现场生产。以重大项目、重点工程为依托，针对生产一线重点难点问题，成立迪那2气田控水稳产项目组、迪北侏罗系难动用储量开发项目部、老油气田稳产"压舱石工程"技术专家组等生产技术组织，让专业技术人员在项目和实干中成才。在采油气管理区和勘探开发研究院建立油气藏协同研究工作机制，推进联合办公、交流培养，开展形式多样的联合攻关，促进科研生产有机融合。

作者：李林、王建、吴俊锋

以新型管理区模式赋能组织体系转型升级

新疆油田分公司

新疆油田分公司紧紧围绕质量效益发展，立足组织体系转型升级，率先探索推进新型采油管理区生产组织模式，打造形成以"新区新建、传统采油厂转型、集输站库转型、整装沙漠油田转型"的多类型示范样板，努力构建与现代化"油公司"模式相匹配的生产组织模式，为企业高质量发展注入新动能。

一、持续完善顶层设计，确保方案可实施、可复制、可推广

明确功能定位，新型采油管理区作为油气田企业的利润分中心，是安全、生产、成本控制的责任主体，实行"油气田企业—新型采油管理区"的两级管理模式。精干组织架构，构建"四办四中心"模式，"四办"围绕安全生产、经营财务和党群管理开展工作，侧重对上联系、对内组织、对外协调；"四中心"围绕生产、研究、监督、运维等业务开展工作，侧重于现场生产运行组织。同时结合新的生产组织模式和业务流程，创新性建立"无人值守、集中监控、故障检修"的生产组织模式和"管理+技术+业务外包"用工方式。

二、加快推进试点建设，打造多类型示范样板

坚持"业务引领、数字化驱动、稳中求进"原则，着眼建立适用于不同油藏类型、不同生产阶段的新型管理区样板，稳步推进管理区建设。深化大数据、人工智能等新技术应用、重构业务流程、压缩管

理层级，基本实现"集中远程监控指挥、现场采油故障检修、大型集输站库少人值守、小型转输站库无人值守"的生产组织模式，初步建立"多维度"新型采油（气）管理区试点，并加快推进样板复制。打破原行政隶属关系和科室壁垒，积极推行大科室、大班组、复合岗设置和内部模拟市场化运行。改革试点单位组织机构和用工需求控减一半以上，组织运行效率、生产管控能力和本质安全水平大幅提升。百口泉采油厂玛湖第三采油作业区百万吨用工97人，建成新疆油田玛湖地区首个"百人百万吨"新型采油气作业区。采油二厂作为传统采油厂转型样板，将第四、第六采油作业区整合，强化中控室功能作用，工程技术人员前移至一线，初步建立"生产指挥中心+运行维护中心"新型生产组织模式，一线巡检班减少60%，减少现场用工180余人，人员减幅50%以上，实物劳动生产率提升46%。风城油田作业区作为集输站库转型样板，将传统"驻点值守、定时巡检"分散管理模式转变为"无人值守、故障巡检"集中管控模式，一号稠油处理站和稀油注输联合站人员整体减幅45%以上，实物劳动生产率提升16.6%。陆梁、石西油田作业区作为整装沙漠油田转型样板，积极探索分区域、分系统的不同转型路径，初步建立"四+三+三"新型组织架构。吉庆油田作业区作为新区新建示范样板，成立之初即按照"四办四中心"运行，页岩油新区已实现"无人巡检+故障检修"，站库实现"自动控制、少人值守"，百万吨用工470人。

三、细化配套措施，全面支撑改革顺利推进

推进业务归核化发展，做优做强油气开发生产、地质工艺研究、经营管理等主营业务，有序推进人事、财务、物资等业务实行资源共享。加大二级单位和地区公司层级同质业务的专业化重组整合力度，对于技能岗位，员工数量实行只减不增，用工缺口由第三方队伍适度

补充。加快数字化建设，深化云计算、物联网、5G、大数据、人工智能等数字化技术与工业技术融合，推动生产组织模式转变为"无人值守、集中监控、故障巡检"，基础物联网覆盖率由30%提升至87%。分类转变生产组织模式，老区加快向"油气田企业—采油厂—新型采油作业区"管理模式转型。结合业务主辅分离、自动化建设，最终向"油气田企业—新型采油管理区"两级管理模式转型。新建油田直接实行"油气田企业—新型采油管理区"两级管理模式，"四办四中心"的组织机构和"集中监控、无人值守、故障巡维"生产模式与信息化建设同步推进、相互支撑，实现新区少人高效、安全平稳、运行顺畅。稳步推进用工方式转型。加快配强核心骨干队伍，建立核心关键岗位体系，配强核心骨干力量，强化员工素质能力提升。结合周边地区社会环境和市场化成熟度，初期实现"管理＋技术＋核心技能"用工模式，最终向"管理＋技术＋业务外包"模式转型。稳妥分流富余人员，坚持"自己能干的活自己干"，盘活内部存量；剥离和退出业务的现有员工，引导和鼓励向外部承接企业分流安置。

新型管理区改革推进以来，5家试点单位生产经营、安全管理水平等各项业绩指标持续向好。2019年至今，吉庆油田作业区油气当量增幅16%，企业利润增加8亿元；采油二厂油气当量于2022年首次突破300万吨、增幅19%，企业利润增幅16%；风城油田作业区油气当量增幅20%，企业利润增长5.3倍；石西油田作业区油气当量增幅22%，企业利润增长5.35倍；陆梁油田作业区企业利润增幅19%。管理区建设起到典型示范引领作用，创新理念已初步得到各采油生产单位的认同，以生产组织模式创新推动企业管理效益效率的改革红利进一步释放。

作者：孙鹏、樊顺、蒲德军、许明阳、刘凯东

井工程专业化管理实践探索

西南油气田分公司

西南油气田分公司坚持将推进井工程专业化管理作为全面贯彻落实中国石油"油公司"模式改革重大部署，有效破解快速上产与降本增效矛盾的关键举措。

一、实施背景

2020年以前，西南油气田分公司井工程业务实行属地管理的传统模式，是由各油气生产单位负责属地内的井工程项目组织实施工作。随着近年来西南油气田分公司快速上产，井工程工作量呈现爆发式增长，传统的管理模式已难以适应跨越式发展的新形势，主要表现在以下方面：

（一）传统模式难以适应降本提速新要求

传统管理模式下，甲方管理机构和人员规模小、力量分散，主要采用乙方"一体化总承包"模式，随着页岩气开发逐渐向更难、更深发展，这种模式的弊端进一步凸显：一是"一体化总承包"模式下"权""责""利"不统一，钻井设计由建设单位制定，方案调整需要甲乙双方共同讨论确定，工程价款则基本与工程设计和方案脱钩，实施效率较为低下；二是技术措施主要由各钻井施工队伍制定，施工队伍流动性大，对于不同区块的地质情况和施工大数据背景认识不足，难以适应降本提速的新形势。

（二）组织壁垒难以实现资源的优化配置

一是资源要素难整合，公司勘探开发多点发力，主要上产单位对井工程资源要素需求持续增长，为了完成目标任务，各上产单位相互竞争钻井队伍、设备等，影响管理效能，不利于内部市场及资源保障要素的充分整合。二是工作经验难以固化和推广，机构壁垒的存在导致信息沟通不畅，成功的管理经验难以及时推广，相同的错误在不同的地方重复出现，管理水平和管理效率难以提高。三是软硬件重复建设，各生产单位在地质导向中心、信息化系统、专业软件等方面重复建设，资源难以及时共享，造成投资的极大浪费。

（三）人员分散难以建立人才培养长效机制

一是人力资源利用不充分，由于各区域油气藏开发阶段不同，各单位井工程工作量差异较大，上产单位工作量过饱和、老区单位工作量较少，人员忙闲不均现象普遍存在，同时近年来公司员工总量急剧减少，井工程业务人员接替困难，人力资源供需矛盾进一步凸显。二是人才培养机制难以建立，井工程专业性强、人才培养周期长，传统模式下，井工程业务人员分散在不同单位，由于缺乏资源共享机制，人员业务知识局限性较大，素质参差不齐，人才培养机制难以建立，专家型、领军型人才匮乏。

二、主要做法

（一）突出架构重构，优化项目管理模式

一是调整业务管理方式，西南油气田分公司各油气矿、致密油气勘探开发项目部等单位的井工程项目组织实施职能及相关岗位人员调整到开发事业部统一管理，长宁公司、重庆页岩气公司、四川页岩气公司等控参股公司的井工程项目委托开发事业部实施，各单位与开发事业部为内部甲乙方关系。二是优化组织机构设置，开发事业部建立

"生产指挥中心+联合项目部+作业现场"井工程管理组织架构,生产指挥中心定位为监控指挥层,负责远程监控、实时优化,向项目部下达优化措施;联合项目部定位为监督落实层,负责落实设计、模板、措施,督促现场实施;作业现场定位为操作执行层,负责现场执行设计、措施,反馈作业情况。通过中心决策、技术支撑和现场实施的有机整合,建立了协同高效的组织体系。

(二)突出流程重塑,厘清各方权责界面

一是规范业务委托关系。各油气矿等内部主体单位,与开发事业部签订井工程实施委托一揽子内部责任书,跨业务主体结算。西南油气田分公司分别与各页岩气公司签订战略合作协议,为各页岩气公司提供支撑保障;开发事业部与各页岩气公司分别成立联合管理委员会,负责井工程项目重大事项的协调和决策;在签订战略合作协议、建立联管会的基础上,各页岩气公司通过董事会决策,将井工程项目委托开发事业部管理,确保合规运行。二是明确职责界面。各油气矿、页岩气公司等单位为油气生产管理单位,履行甲方职责,委托开发事业部完成井工程项目的组织实施,双方共同完成当年新井产量考核指标;开发事业部为公司井工程项目专业化实施机构,履行乙方职责;联合管理委员会为井工程项目管理的最高决策机构,定期召开会议,负责重大事项的决策和沟通协调。

(三)突出效率效益,探索日费制新模式

以"日费制+精准激励"为抓手,实现井工程向甲方主导转变,充分发挥技术、经营、管理三位一体的统筹协调优势,实行"统一决策、统一指挥、统一协调、统一考核"的新模式。一是构建三方联动管理模式。公司成立项目组,负责技术、质量、安全、成本管控及参战队伍组织协调,钻探企业负责施工及设备维护,第三方"日费制"监督负责指挥现场施工,三方联动各司其责,切实增强钻井管理的主动性和组织协调的实效性。二是配套完善精准激励政策。以"安全、质量、周期"为核心，突出效益效率导向，科学设置阶段目标和总体目标，强化突出贡献人员专项激励，综合应用津贴补贴、绩效奖金、专项奖励等方式，对钻探企业、专业化队伍和日费制监督三方分别制定差异化的精准激励政策，构建考核奖惩管理体系，提升队伍积极性和创造力。

（四）突出科技引领，打造智能指挥体系

以数字化转型、智能化发展为依托，着力搭建全新井工程数字化管理平台，从"依靠经验打井"转变为"依靠科学打井"，从"重点环节把关"转变为"全时段全过程管控"。一是建设智能辅助决策平台。集成人工智能引擎，结合多专业大数据训练，实现各类复杂实时数据自动化计算、单井及区域提速的自学习，利用多种力学模型，实时跟踪模拟分析，为各层位风险识别、技术方案决策、作业程序优化等关键环节提供决策依据。二是建设数字化指挥平台。将生产指挥中心打造为全新的数字化指挥平台，集信息汇总及技术分析、模拟计算及措施优化、远程跟踪及故障预警、专家决策指令下达等功能于一体，可同时远程跟踪120口井、模拟分析200口井、召开5场远程分析会，钻井周期进一步缩短，提质增效成效显著。

（五）突出团队建设，构建专家决策机制

以"地质工程一体化"为目标，配齐配强各专业技术力量，打造专家领衔的决策分析团队，实现井控风险全流程跟踪，实时动态管控。一是组建一体化技术团队。划转各单位地质、井工程技术人员，同时充分利用退出岗位技术专家力量，组建由资深技术专家、技术优化工程师组成的地质工程一体化技术团队，可实现同时对百余口井进行跟踪优化。二是构建专家决策机制。创新建立"实时动态跟踪＋精准数据分析＋专家远程指挥"的井工程风控防控专家决策机制，井工程风险防控从"单队个体决策"转变为"专家团体决策"。全年完成6个区块38口井优化施工方案；发出优化措施49239条，执行率96.61%；预警异常1398井次，符合率100%。

三、工作成效

（一）工程提速再上台阶

2022年，实现年度进尺163.7万米。常规气平均钻井周期较2021年缩短42.73%；致密气平均钻井周期较2021年缩短47.24%；页岩气平均钻井周期较2021年缩短13.53%。

（二）经济效益显著提高

2022年，常规气井均测试获气较2021年提高28.44%；致密气井均测试获气提高34.3%、页岩气井井均测试获气提高20.8%。事业部实现节约投资近2.8亿元，降低成本528万元，完成全年提质增效目标的160%。

（三）人才培养效应凸显

2022年，开发事业部培养基层领导人员15人，已聘任企业技术专家3人、一级工程师9人。形成钻完井、试油工程、地质等多专业技术团队130余人，占员工总数的66%；高级及以上技术职称80人，占员工总数的40%。

作者：王远鸿、赵小森、岳韬

聚焦"三效"提升 锚定"三新"目标 优化组织体系 助力公司转型升级

大港油田分公司

大港油田分公司牢固树立"编制就是资源"的管理理念，认真落实组织体系优化提升工作部署，结合经营发展战略，以改革精神、系统思维，持续深化"油公司"模式改革，不断调整业务结构、精干机构编制、创新生产组织模式，为企业转型升级高质量发展提供组织保障。

一、聚焦效率提升，以系统思维高质量构建管理运行新格局

坚持效率导向，围绕"一体两翼、协同发展"的发展思路，不断优化调整业务结构、厘清职责界面、强化各部门单位间的统筹联动，围绕"三立足三优化"，以系统思维高质量构建管理运行新格局。

（一）立足于"优"，调整优化业务结构

坚持业务驱动是机构编制调整的重要原则，根据"油公司"模式改革要求，不断优化业务结构，调整编制资源投放方向，提升编制资源使用效益。在主营业务板块，做优做强常规油气生产业务，将维修、物业、餐饮、绿化等后勤辅助业务从油气生产单位剥离，采油厂后勤辅助业务由28项减少至10项，作业区后勤辅助业务由13项减少至9项。加大对储气库、新能源、海上油气开发等新兴业务保障力度，精准投放编制资源；在生产保障业务板块，做精做专电力运维、物资

保障等业务，撤销整合主营业务单位内相关业务机构编制，推动构建"一对多"内部市场服务体系；在后勤业务板块，坚持"应退尽退"的原则，以社会化为导向，大幅精简撤并二、三级机构，开展业务外包。

（二）立足于"清"，优化完善职能分工

坚持分工合理、精干高效，在本部，牵头组织梳理本部部门职责，清晰职能定位、厘清职责界面、明确责任分工，转变"管控"观念，以高水平价值创造为导向，转型建设"价值型＋大部制"本部；组织二级单位梳理业务范围、职责分工，构建"利润型＋扁平化"二级单位，引导二级单位本部部门同步开展梳理工作，助推"服务型＋大科室"的二级单位本部建设。形成"左右同呼应、上下共梳理"的工作格局，为管理运行效率有效提升奠定基础。

（三）立足于"统"，优化统筹协同联动

坚持协同高效，突出本部战略引领、一体化统筹地位，强化部门间的沟通协同。面对改革等重大工作，建立协同工作小组，制定长效沟通协调机制，保障部门间的统筹联动，政策一致、步调一致，提升管理效率，减少基层负担。建立上下结合，以上率下的沟通联动机制，本部深入调研指导、基层及时反馈沟通，既深化了基层对上级政策方向的理解认识，又让本部及时发现优化政策制度的不足，提供不同业务单位之间关系的协调支持与服务，实现对公司资源的优化配置，高效推进各项工作。

二、聚焦效益提升，以工程思维高质量构建编制投放新模型

坚持效益导向，围绕"改革＋市场＋政策"的战略部署，不断创新机构评估模型、构建核心技能岗位体系、实行职数下达使用与干部选聘联动机制，以工程思维高质量构建编制投放新模型，围绕"三注

重三构建",最大化提升编制资源的使用效益。

(一)注重组织效益,构建机构价值评估模型

面对机构设置种类多、数量多、业务多的问题,撤并低效无效机构,构建以"人、财、物"为一级指标,"用工规模、队伍素质、业务对象、成本支出、工艺水平"等10个因素二级指标的组织机构价值评估模型。对低于60分的机构予以整合撤并,低于70分的机构限期整改,提出机构编制调整前自行评估,调整后低于85分的不予批复,让机构编制精简有理有据有力。注重引导二级单位自行评估、自行提出优化方案,激发二级单位机构编制管理人员的能动性,不断释放编制资源,将其精准投放到效益更高的业务领域。2018年以来,共精简二三级机构462个,各级本部部门设置较中国石油规范减少20.6%。

(二)注重岗位效益,构建核心技能岗位体系

面对生产组织模式不断创新的新形势,传统的岗位体系难以适应,结合组织体系优化要求与业务发展规划,充分考虑数智化发展前景,构建核心技能岗位体系。采取"三分一定"方法分主营业务与非主营业务、分核心岗位与非核心岗位、分核心技能与非核心技能,建立"班组写实工作—作业区审核把关—采油厂岗位设计—公司本部优化指导"的"四位一体"工作格局,采取试点先行、逐步推广,对标新型采油作业区定员标准,在试点单位编制确定了新型采油作业区核心技能岗位7个,作业区操作技能岗位精简57%,剥离核心岗位非核心技能工作313项,大幅撤销低效无效岗位,岗位的作业内容更趋合理,充分提升每一个岗位的岗位效益。

(三)注重编制效益,构建职数聘任联动机制

面对干部职数存量大,与推进企业治理体系治理能力现代化要求存在差距的情况,综合考虑单位业务定位、工作范围、队伍体量、生产效益、历史沿革等因素,采取"一企一策"的方式,下达"常设+

专项"的编制职数。专项职数只退不补，常设岗位的补充选配充分与专项职数的清理挂钩，采取年度专项职数清理计划无法完成的常设岗位不予补充、清理"同级别、同数量"专项职数后可补充选聘空缺常设职数岗位。通过严格挂钩，在精干编制职数的同时，促使单位谨慎考虑、严格筛选，确保职数使用效益最大。2018年以来，中层及以下领导人员职数减幅达22%。

三、聚焦效能提升，以创新思维高质量构建劳动组织新模式

坚持效能导向，围绕中国石油着力破解"两个突出问题"的工作要求，不断创新劳动组织模式，探索尝试职能部门服务矩阵化、基层组织"阿米巴"化、生产运行数智化等新模式，以创新思维高质量构建劳动组织新模式，最大化提升组织的管理、生产、运行效能，实现"三化三提升"。

（一）职能部门服务矩阵化，提升管理效能

面对员工队伍"出多进少"、机构冗杂等问题，着力构建"服务型＋大科室"模式。将职能部门转型服务、下沉基层，形成服务矩阵，在试点二级单位将基层业务人员整合精简，职能部门业务人员采取"项目组制"，分片区负责相关三级单位的行政事务管理服务，如取消三级单位劳资员岗位，由人事科直接负责考勤、工资发放等事务，在有效提升管理效能的同时，充分解放基层人力资源、减少管理压力、专心生产经营，促进生产效能提升。

（二）基层组织"阿米巴"化，提升生产效能

面对基层单位经营思想理念不足、效率效能偏低、积极性不高等问题，着力构建"阿米巴"组织模式，划小核算单元、建立内部运行市场化机制，充分给基层授权赋能，让"听见炮火的人指挥炮火"，实

现人人参与经营，达到权责利相统一，充分激发基层的活力动力。在作业区层面强化技术力量支撑与决策权，倾斜投放编制资源，形成"技术员懂现场—地质所会设计—研究院理论高"的三位一体技术支撑模式与"地质所预研—研究院优化—作业区决策考核"的决策制度；在班组层面实行片区承包，实现人人都是经营者；强化内部甲乙方考核关系，服务方要接受考核、挣工资，促进服务质量提升。

（三）生产运行数智化，提升运行效能

面对人员老龄化、队伍断层化、岗位编制冗余化的问题，充分结合数智化发展建设水平，创新生产组织模式，大胆试行"有人站+无人机""无人站+机器人""360监控+无人值守"模式。在日常巡检、联合站运行、变电站值守等岗位上大幅精简压缩"低技术、低技能、高可替代性"岗位，释放编制资源与人力资源，向"高技能、高技术、低可替代性"岗位倾斜，在优化盘活人力资源的同时，切实提升运行效能。

作者：陈卫兵、薛飞、孙涛、翟泽宇

推进新型作业区建设
释放老油田一线生产组织活力

华北油田分公司

华北油田分公司针对工艺流程老化、管理模式僵化、一线员工年龄结构老化、人力资源接替捉襟见肘等突出问题，积极推行新型作业区建设，结合地面工艺流程简化优化和数字化项目投入，精简作业区数量、压缩人员编制、优化运行流程，极大地释放了一线的生产组织活力。

一、背景介绍

2021年以来，华北油田分公司坚定改革方向，按照对标对表、问题导向、整体规划、一区一策、分步实施、先易后难、质效提升、持续优化的工作思路，先后调研了中海油、中石化等行业推行"油公司"模式较早单位的做法和成效，借鉴塔里木油田分公司、新疆油田分公司等兄弟油田的先进做法，在此基础上，结合各油气生产单位作业区产量、油气水井规模及人员数量、管理幅度、综合治理环境等情况，细化新型作业区建设实施方案。2021年，完成新型作业区框架搭建；2022年，通过试点运行、全面推进，将8个油气生产单位的46个采油气作业区整合新建为19个新型采油气作业区。

二、主要做法

针对各油气生产单位生产规模、工艺流程、管理模式、综治环境、队伍结构、数字化建设水平等均存在较大差异的情况，按照"一企一策"的原则，细化过渡期实施方案，指导推进落实。

（一）领导班子实行"5+N"模式过渡安置

为发挥基层领导干部的积极导向作用，按照"三个一批"[①]原则，对基层领导进行分流，其他剩余领导在新型作业区进行安置消化。过渡期间，新型作业区领导班子按照"5+N"模式配置，其中：经理1人、党总支部书记1人、副经理3人（生产、安全、技术副经理各1人）；N为专项实名制管理职数，设置常务副经理、常务副书记、副经理、副书记若干（其中常务副经理、常务副书记用于安置原作业区党政正职，副经理、副书记用于安置原作业区党政副职），保证改革期间队伍稳定的情况下，实现职数精简。

（二）本部按照"两室一中心"规范设置

按照精干高效的原则，对拟整合作业区本部，按照先整合、后融合的原则，对原6个室组及岗位进行优化合并。将综合组、经营组整合为综合管理室；地工组、基层班站技术员整合设立技术信息室，其中地工组资料录取岗位与基层联合站化验岗整合组建资料化验班；生产、安全及保卫组整合为生产运行中心。

（三）基层班组根据数字化场景实行单监控中心、多监控中心不同建设模式

按照"无人值守、区域监控、远程协助"的建设理念，结合公司油气生产单位数字化水平不平衡的实际，分别设置区域单一监控中心和区域多监控中心两种基层班组优化模式。全面推行单井、计量站无人（少人）值守；大型联合站及较大转油站优化岗位设置，实行井站

---

① 具备专业技术经历、符合条件的向专业技术序列转一批；根据新能源业务需要分流一批；距离退岗年龄较近不足1年，且因身体等原因需要的，提前退岗一批。

一体化管理。其中，对油气水井分布区域相对集中，完成地面工艺简化优化，具备较好的数字化条件，实现注采输业务归核化的作业区，生产运行整体转为数据自动采集、区域视频监控、故障及闯入自动报警模式，生产指挥、中控、巡检维护实现协调联动。将原作业区调度职能与联合站监控职能整合，因地制宜设置1个中控班（区域监控中心），主要负责监控作业区所有单井、站场的生产运行；将原联合站脱水、污水、油气分离、注水、抽气、计量、维修等岗位，与周边采油站、转油站采油、输油岗位整合优化，实行大岗位设置。针对油气水井分布跨度较大，完成地面工艺简化优化，具备基础数字化建设条件，注采输业务未完全归核化的作业区，基层班组依托联合站、较大中转站设置2个以上中控巡检班组，实行中控巡检一体化。

三、工作成效

通过推进新型采油气作业区建设，华北油田分公司实现油气生产单位的机构编制大幅精简，业务结构总体优化，较大程度上缓解了传统管理模式下人员缺员的情况。通过机构整合编制精简，倒逼生产运行模式优化，引导数字化建设项目投入向生产急需、效益最好的区域优先投资。

（一）实现"油公司"模式阶段性建设目标

建成总体规范、各有特色的19个新型采油气作业区。作业区本部均实现"两室一中心"规范设置，其中第一采油厂将8个采油作业区整合为2个，构建起"一区域、一监控中心"的数字化模式；第二采油厂在数字化水平较低的情况下，推进新型采油气作业区建设，将5个采油作业区整合为2个，实现了采油作业区注采输业务归核化；第五采油厂在完成新型作业区本部优化整合的基础上，同步规范作业区本部人员配置，达到规范要求用工标准；其他油气生产单位均结合自身生产建设和管理实际，对照集团规范和公司指导意见，按照区域单中心、多中心模式完成机构调整、编制规范，完成新型作业区改革任务。

（二）实现机构编制精简和人力资源布局优化

通过新型作业区建设，各油气生产单位采油作业区机构由46个压减至19个，减少三级机构27个，压减率58.7%；作业区本部部门由155个压减至59个，减少96个，压减率61.9%；基层采油班站由277个减少至169个，压减率39%。作业区管理层级由"作业区—班站—单元"三级管理压缩至"作业区—班组"两级管理。通过推行大专业、大工种、大岗位设置，优化调整减少岗位100余个，显性富余基层员工4000余人，一定程度上缓解了结构性缺员的压力，同时实现部分员工向兄弟油田和内部上产单位的劳务输出。

（三）实现机构改革牵引业务发展及生产建设

新型作业区建设改革完成后，为实现整合后作业区管理顺畅、运行平稳，各单位结合"十四五"地面建设规划，积极优化整合后的作业区地面工艺流程，加大重点区域油水井产能建设力度，提升新型作业区规模产量。同时，结合组织机构优化精简及用工减少现状，优化投资方案，加快重点区域数字化设备设施投入力度，实现新型作业区机构改革对生产建设的牵引推动。

四、工作启示

（一）坚定改革，在率先突破中实现转型

在新型作业区建设过程中，体现了早改革、早受益的特点。其中，第二采油厂作为较早实施作业区改革的采油厂，撤并部分作业区以及部分大队级单位，调整为"作业区—班组"的扁平化管理架构，将全厂部分大队级组织机构、工作职能和运行管理方式进行大幅度压缩和调整，对工作流程和管理模式进行系统变革和功能再造，实现压缩管理层级、精简机构编制、提高运行效率、提升人工效能的目标，新型作业区口井综合用工达到了 0.32 人/井。

（二）问题导向，注重在实践中完善改进

在推进改革过程中，先后开展多次全面调研工作，收集各单位在实施过程中存在的问题，针对相关问题，研讨解决方案，实际跟踪指导。油气生产单位面对新问题，专人蹲点调研，不断改进完善新模式，将专业化管理与市场化运行逐步结合，健全完善考核激励，达到了机构整合、队伍融合、编制精减"1+1＞2"的效果。

（三）创新管理，强化激励机制作用发挥

在深入推进机构改革的同时，各单位积极探索管理创新。结合"三基"工作和"两册"建设（管理手册、操作手册），对采油、集输等生产一线基层班组统一制定岗位工作内容和标准，严格工作质量考核；对新型作业区本部部门建立月度工作责任清单、个人岗位工作清单，以及安全工作责任清单，配套相应成本、管理、检查、考核、奖惩等办法，有效促进工作标准和效率提升。

作者：王海涛、江福超、杜宏达、李怡佩、董树琪

以问题目标为导向系统推进组织体系优化

大庆石化分公司

大庆石化分公司坚持以业务归核化为方向、以组织机构精简为抓手、以组织结构扁平高效为目标，统筹谋划，系统推进组织体系优化提升，机构数量持续减少，人员配置日益精干，组织效率效能持续提升。

一、归核化推动资源向炼化主营业务集中

针对"大而全、小而全"的问题，按照专业化发展、做强做优炼化主营业务的方向，紧跟中国石油统一改革部署安排，聚焦主责主业，加快推进业务归核化进程。

（一）轻装上阵，剥离企业办社会职能

紧跟国家和中国石油战略部署，积极协同地方政府和相关企业推进职能移交工作。先后与地方政府和承接企业签订协议，完成了"三供一业"、市政设施移交，彻底结束办社会职能的历史使命。共移交物业管理建筑面积249万平方米，涉及住宅小区34个；市政设施移交13处文体场馆、120条道路、19处广场林带、5个托幼园所；医疗卫生业务及701名职工整体移交地方政府；完成离退休人员社会化管理，一次性移交退休员工及家属共23600余人。多项企业办社会职能移交的退出，使炼化主营业务更加突出。

（二）突出专业，实施服务保障业务同质化整合

针对服务保障资源和力量分散管理、各自为战的问题，着力提升

高质量专业化服务能力，2021年至2022年，先后完成了七项服务保障业务专业化重组整合。一是完成设备检维修、供电发电、仪表运维三项生产保障业务专业化整合，实现了技术力量统筹优化和工器具综合利用，生产保障能力和工作效率效能显著提升。二是完成物资购储供业务一体化整合，实现全公司物资深度共享、仓储供应集中管理，管理流程更加优化，周转库减少90%，库存降低50%。三是重组整合内部食堂餐饮、公务用车两项业务，17个内部食堂实施食材集中采购、统一管理，在就餐人数同比提高50%的情况下，成本费用与同期持平，报废车辆300余台，汽柴油消耗量同比降低56.3%。四是完成保卫业务的同质化整合，将分散的办公楼宇、场馆门卫值守职责划归专业保卫机构集中管理，减小了生产单位管理幅度。服务保障业务同质化整合后，资源使用效率和专业服务标准大幅提升，形成了一家保障单位支撑多家生产单位的服务格局，充分发挥了技术保障和服务的整体合力，并为未来用工方式转型奠定了组织基础。

（三）深化改革，提升经营性企业活力

针对经营性企业活力不足的问题，积极深化改革，2021年完成所属改制大集体企业大庆五龙实业有限公司股权改革，吸引地方企业注资，拉开经营性企业混合所有制改革序幕。大庆石化建设有限公司、大庆石油化工机械厂有限公司、大庆石油化工工程检测技术有限公司强化薪酬收入与产值效益挂钩，激发员工创效动力，同时积极深入市场寻找商业合作伙伴，提升市场竞争力。深化改革后，业务结构持续优化、机构编制持续精简，"奖金是挣出来的"理念深入人心，干部员工创业创效积极性大幅提升。经营性企业自我革命和市场竞争意识明显增强，经营形势的持续向好，也拓宽了富余人员分流安置渠道，与450余名员工签订劳动合同中止协议，保留在改制企业工作。

二、扁平化优化生产组织模式

针对生产指挥流程长、管理层级多、用工需求大的问题，坚持以信息化、数字化、智能化为手段，积极打破炼化主营业务二级厂建制，探索实施集约精简的扁平化管理模式。

（一）试点引领，稳步推进联合运行部建设

坚持先试点后铺开的分步走策略，以装置数量较少、员工规模较小的化肥、液体化工、化纤生产单位为试点，打破二级厂建制，压缩管理层级，组建联合运行部。通过试点明确了改革路径：一是运行部定位为以安全生产为主的生产执行中心和利润分中心，取消原二级厂本部部门，公共管理职能上移到本部，由本部统一围绕生产经营提供支持服务功能，减少职能管理人员数量；二是撤销车间设置，打破车间之间的组织壁垒，整合原二级厂各车间生产技术力量，实施生产装置联合管理，精干技术人员数量；三是拓宽生产运行班组的管理幅度，实施区域化系统化操作，生产操作人员从只负责一套装置运行调整到负责多套装置，减少操作岗位用工总量；四是重塑人才成长通道，科学设计适应扁平管理的岗位梯次，运行部内设置值班长和运行工程师岗位，以培养技术过硬、管理经验丰富的后备人才。

（二）数智先行，持续优化生产组织模式

信息化、数字化、智能化是推动企业改革、改变劳动协作方式、不断提升生产效率的关键因素。2023 年大检修期间，实施自控系统迁移、整合与优化升级项目，对 72 套装置操作系统及火灾报警、视频监控、语音通信等在内控制系统进行了迁移、集中整合和升级改造，形成了炼油区、化工区、化肥区三大相对集中的现代炼化生产指挥中心，各套系统从独立运行到集约管控，实现了管理决策和生产指挥"一站化"，生产指挥链条从 4 个环节缩减至 2 个，生产指令直达装置运行班组。数字化视频监控技术、智能化控制系统和监测系统应用于生产过程中，减少了装置现场巡检点和频次，提升了生产过程控制效率，推动基层劳动协作方式改进，促进炼化生产区域化系统化操作，生产操作用工持续减少。

三、精简化系统优化企业组织机构

针对管理效能不高的问题，坚持以机构编制精简、人员精干配置为抓手，深入推进本部部门大部制改革，持续整合规模较小、业务关联强的机构，撤并低效无效机构，机构编制大幅精简。

（一）价值提升，实施本部部门大部制改革

为打破"部门墙"阻碍，精干管理人员，改善效率效能，提升本部价值，全面实施两级本部部门大部制改革。本部部门和附属机构实行一体化管理，取消附属机构设置。推行二级单位职能管理综合化，部分二级单位本部仅保留2~3个部门，扁平化管理单位直接撤销本部部门，实行岗位管理。全面核定管理岗位定员，显化富余人员，本部部门通过按定员计奖、不胜任考核退出岗位等政策，激励管理人员向一线创效岗位流动，减少管理人员数量。出台本部部门选人用人办法，规范选人程序和用人标准，保证人选质量过硬，保障本部决策指挥和支持服务的价值充分发挥。2020年深化大部制改革以来，各级本部部门减少51%，管理人员数量减少28%。

（二）规模缩减，大力精简机构编制数量

按照"宁养人不养机构"的原则，持续撤并低效无效机构。企业办社会职能移交后，相应机构全部撤销，减少二、三级机构108个，剩余人员多种安置渠道进行分流。服务保障业务专业化同质化重组后，逐步向业务中心管理模式转型，截至目前压减三级机构23个。通过组建炼化生产联合车间，实施联合运行部扁平化管理模式，减少三级机构24个。2020年以来,通过持续精简机构编制,大庆石化分公司二、三级机构减幅48%,二、三级职数减幅21%,组织运行效率不断提升。

作者:盛开、孙强、李永军、孙祺、王保旭

压减层级提效率　瘦身机构促管理
为全力助推企业高质量发展奠定坚实基础

大连石化分公司

大连石化分公司聚焦组织体系优化提升工程，从强化顶层设计、压减管理层级、精简机构编制、优化生产组织模式等四方面同向发力，构建完善新型高效组织体系，推动组织机构更加精简高效，扁平化管理全面成型成熟，生产运行管理更加顺畅高效，为建设一流炼化企业奠定了更加坚实的组织基础。

一、着力强化顶层设计，科学谋划高效组织体系

聚焦"现在状态"、着眼"未来态势"，按照"归核化、专业化、扁平化"原则不断优化组织架构设计；聚焦主营业务，推行专业化重组，瘦身后勤服务业务，率先实施"公司—联合车间"扁平化管理模式，不断精简优化整合机构、持续压缩编制职数，打造机构高效、流程简洁、人员精干、运行顺畅、具有鲜明炼化业务特色的生产组织模式，充分释放企业组织体系的运行活力。

二、持续压减管理层级，有效提高运行管理效能

以组织机构扁平化改革为突破口和工作抓手，积极探索推行生产装置集中管控，持续压减管理层级，一是按照地域相近、生产工艺流程优化原则，整合炼油及化工生产装置，深化联合车间建设，组建第一到第五大型联合生产车间。按照"专业强化、规模适中、重心下移"

思路,实施辅助生产业务专业化重组,整合公用工程、油品储运和产品调运业务,成立5个辅助生产联合车间,构建了生产和辅助"5+5"联合车间管控模式。二是同步建立与扁平化组织架构相适应的管理运行体系,全面推行联合车间、职能部门和直属单位业务整合,划分业务单元、厘清管理界面,撤销三级机构。加强扁平化运行管控,生产运行实行"公司—联合车间"两级管理,生产组织管理效率和应对市场的反应能力大幅提升。三是强化职能部门服务基层"三及时"机制,即职能部门对基层要做到"业务指导及时跟进、过程监督及时纠偏、结果验证及时反馈",两级机构协同运行,实现了"上下一体动畅顺联、业务协同高效有序"。

三、坚持精简机构编制,着力提高生产组织效率

按照"宽职能、大部门"改革方向,持续优化职能部门设置,坚持"优化职能、控制机构、精干高效"原则,实施同质化业务整合。一是精简压缩组织机构。完善职能部门功能定位和职责分工,整合同质相近业务,推进部门职能综合化管理。二是推动各类业务归核化。主营业务升级提质、辅助业务结构优化,后勤服务业务萎缩整合,低端非核心业务坚决退出。清理"双非"企业;积极推进"三供一业"分离和离退休管理业务社会化进程,实施矿区机构改革,延伸区域化管理思路,合并矿区内设三级机构,由"六部一室十中心"压减为"两组两区"。改革后,机构压减幅度达到16%,超额完成集团机构压减10%的目标任务。三是开展组织机构分级分类导向鲜明。本着"先优化、再分类"原则,加大业务整合力度,推进机构分级分类工作。同步完善企业内部分类管理办法,科学设定评价指标,对生产经营情况进行评价。坚持业绩导向,激发下级单位的内生动力,为实施差异化管理、精准激励奠定基础。

四、优化生产组织模式，推动用工方式转型升级

坚持"系统化操作、区域化管理"，持续优化联合车间生产组织模式。一是实行同类装置大工种大岗位管理，实施同类装置系统化操作。为了有效应对即将到来的退休减员高峰，大连石化分公司超前谋划、改变原有分散型岗位设置，整合优化核心操作岗位，实施同类装置系统化操作。如三套催化装置整合后的操作岗位类别由8个减少到4个。二是实行联合车间内部装置优化组合，实施区域内跨装置扁平化管理，实现"一个团队管理多套装置"。撤销联合车间的值班长，生产指挥权上收至调度中心，由调度中心统一指挥调度，进一步优化了扁平化管理模式。三是推行辅助生产及保运维修业务外包，有效压缩人工成本。按照"先易后难、先小后大"原则，在非主营业务领域推行第三方用工或业务外包。在油品转运、成品油储备、质检计量、供水循环水、消防等辅助业务中，按合同化员工退出比例，分区域、分工段、分班组稳步引进业务外包；持续将食堂餐饮、保安、绿化保洁等社会化程度较高的业务外包，按劳动力市场价位核算，做好劳动合同风险预估，达到了压减用工总量、提高人均劳动效率的预期。

作者：任佳、张竞豪、杨洪源、韩政

紧扣业务运行 聚焦职能优化
全面推进实施大部制改革

西北销售分公司

西北销售分公司坚持以全面建立决策科学、制衡有效、运作规范、监督有力的现代化销售企业体制机制为目标，坚持"业务驱动、资源整合、界面清晰、协同高效"的原则，按照"统一规划、统筹推进、平稳过渡"的总体思路，全力推进实施大部制改革，构建职责清晰、协同高效、监督有力的运行机制，实现职能更加清晰、责任更加明确、流程更加优化、运转更加协调、队伍更加精干的组织机构体系。

一、紧扣生产组织和业务运行，精简优化组织机构

结合业务运行实际，通过划分管理层次、确定组织系统、选择合理的组织结构形式，精简组织机构，突出业务联动，推行大部制，提升组织敏捷性。

一是强化资源配置和调度运输的统筹协同。为减少协调界面，提高沟通运行效率，将资源配置部和调度运行部进行整合，成立业务营运部，进一步提升资源配置、调度运输、市场销售等三个主要环节的耦合性，实现成品油业务运行的一体化管理，基本解决了部门分立导致的各环节信息不畅、跨部门管理效率低下的问题。

二是深化风险综合防控体系一体化管理。在多体系融合的基础上，持续深化公司基于业务流程的风险综合防控体系建设，将安全环保部（保卫部）、企管法规部、质量计量管理部整合，成立风险防控部（质量健康安全环保部），原HSE体系、内控体系和质量管理体系的管理

职能统一归口至风险防控部管理，增强本部管理职能完整性和统一性，真正实现风险防控一体化管理，应对化解各类风险的能力进一步提升。

三是加强全方位业务支撑保障能力。围绕主营业务核心，整合优化业务支撑保障部门职责，将投资建设管理部、信息化管理部、油库管理部、自备车管理部相关职能进行整合，成立营运保障部，将业务支撑保障功能归集到同一平台，优化完善以主业为核心的管理机制和工作流程，强化专业保障能力，为主营业务提供一体化、全方位的支撑保障。

二、突出统筹管理和协调联动，调整完善部门职能

重新梳理本部各部门职责，厘清各部门权责界面。针对关键职能弱化、主责部门不突出等问题，对关键职能的职责体系进行优化，强化履职效能。

一是实施专业化集中采购。将分散在投资建设管理部、综合服务部、企管法规部，以及所属单位的物资采购、服务采购、工程采购、招标管理及实施职能进行统一，由综合服务部归口管理，建立"集中采购+分散采购"的采购管理模式，实行目录管理，完善采购管理的分类分级权限，进一步加强采购工作专业化管理，严格把控物资采购关键环节。

二是理顺党群业务日常管理。将办公室（党委办公室）信访管理职能调整至综合服务部，强化信访、维稳两项工作相互补充和相互促进的作用，避免跨部门的沟通与协调。将党委组织部党建日常管理工作及党委相关工作调整至党群工作部，进一步加强和统筹党建工作，实现对上级部门职能协调一致。

三是集中土地管理职能。将土地归口管理职能由综合服务部调整到营运保障部，统筹土地规划与计划、新增用地与临时用地、土地利

用与保护、土地处置等管理工作。

三、坚持因事定岗和以量定编，合理确定部门编制

明确职能系统、梳理业务、分解职能、核定工作量、对比现状调整的流程，系统分析岗位工作内容、工作结果、能力支持，进一步优化岗位设置，明确岗位工作职责。

一是开展工作量饱和度调查分析。采用工作量调查法，对各部门内设岗位工作量饱和度进行分析，组织工作人员到岗位工作现场实地观察和一对一面谈，开展岗位测试写实，对岗位任职者的行为进行详细记录，通过岗位职责分析和深度访谈，确定各岗位工作中的关键事件，估算、统计各岗位核心工作内容消耗工时，量化各岗位的工作负荷度，为定岗定编工作提供关键数据。

经分析，本部部门和所属单位最大工作量饱和度为80%，最小工作量饱和度为45%。根据通用工作量评判准则：大于90%为超饱和，80%～90%为饱和，70%～80%为基本饱和，综合考虑阶段性和突发性工作开展情况，选取70%为标准值。本部部门平均工作量饱和度为66%，低于标准值70%，存在优化空间；直属单位平均工作量饱和度52%，优化空间较大。

二是优化调整岗位设置和人员编制。运用行业标准法，对部分名称设置不规范的岗位予以规范。运用标杆对比法，重点对内部其他销售企业以及中石化、德邦物流等外部同类型企业定岗定编案例进行研究，总结吸收其相关经验做法，结合西北销售分公司业务实际进行岗位设置调整。按照工作量饱和度调查分析结果，当核心工作量饱满度低于70%时，认为岗位工作量不饱满，需增加工作职责；当核心工作量饱满度处于70%～85%时，岗位定编1人；当核心工作量饱满度超过90%时，对岗位职责进行相应的调减，如岗位职责专业性较强，则

应定编 2 人。综合运用以上方式，科学确定各部门岗位设置及编制，同步编写岗位说明书。

四、取得成效

西北销售分公司紧紧围绕"发展、改革、调整、管理、创新、党建"总体工作布局，于 2021 年 8 月底完成大部制改革，管理职能、组织架构进一步明晰，人员编制进一步精简，管理效能提升显著。

一是组织体系精干高效。组织架构由"12+3+1"调整优化为"7+2"，机构减幅 44%。实现业务营运、风险防控、营运保障、监督检查一体化协同，进一步提升组织体系敏捷性和高效性。

二是编制职能更加清晰。优化调整关键职能，推动职责归位、履职到位，进一步加强与本部各部门及与外部单位的顺畅协调。本部部门及所属单位编制从 195 人调整到 130 人，减幅 33%；中层领导人员职数从 51 个调整为 35 个，减幅 31%；累计优化人员配置 71 人次，各岗位工作量饱和度平均提升 25%。职能更加清晰、责任更加明确、流程更加优化、运转更加协调、队伍更加精干。

三是人力资源配置合理。2022 年以来，按照分步推进、择优竞争、规范操作、全程公开、双向选择、依规实施的要求，落实本部部门及直属单位一般管理岗位竞聘及调整分流工作。在全公司范围内分步开展一般管理岗位竞聘，分层级完成高级主管 41 人、主管 30 人、主办 15 人的竞聘工作，基层单位 13 人竞聘至公司本部工作。同时加大人员调整分流力度，自大部制改革正式实施以来，累计调整分流 58 人。有效实现公司本部及直属单位人力资源合理配置，大部制改革全面落实落地。

作者：谢建林、王慈刚、赵丰年

坚持改革创新　持续放权赋能
以组织体系升级助推公司高质量稳健发展

云南销售分公司

云南销售分公司坚持以三项制度改革为突破口，聚焦体制改革、创新管理机制、坚持多维赋能，构建起扁平高效、上下联动、充满活力的组织运行体系和管理运行机制，人力资源创新创效潜力充分发挥，有力助推企业高质量稳健发展。三项制度改革以来，销量稳居销售企业第一阵营，非油业务收入、利润年均增长率30.6%、53.8%。

一、聚焦体制改革，提升组织运行效率

（一）聚焦大部制改革，构建公司本部"153"组织新模式

公司层面围绕"业务运营中心＋利润中心"职能定位，以经营管理一体化运作、人力资源集约化配置为重心，以信息化、数字化、智能化建设为支撑，全面推进以机构职能调整、运行机制创新、业务流程再造、岗位设置优化为主要内容的大部制改革，构建了1个主营业务部门、5个服务支撑部门、3个监督保障部门的"153"大营销、大支撑、大监督组织运行新模式，省公司本部部门从13个压减至9个，压减率30.8%，有效解决了职能交叉、协同不畅、界面不清等问题。

（二）聚焦一体化改革，实行分公司本部"3+1"管理新模式

分公司本部围绕"生产经营执行中心＋成本控制中心＋销售利润中心"功能定位，重点推进"油卡非润气+N"一体化运营、直批零售一体化营销、购销调储一体化运作、支撑保障一体化协同等"四个一

体化",构建了以市场为导向、以零售为核心、以效益为中心的1个核心部门、3个保障部门的一体化"3+1"管理新模式。分公司本部部门从96个压减至69个,压减率28.1%,有效解决了职能分散、多头管理、效率偏低等老大难问题。

(三)聚焦市场化改革,推行加油站"阿米巴"经营新模式

加油站围绕"阿米巴"经营效能定位,公司先后实施加油站团队管理、发布《企业文化手册》、重构加油站分类体系、开发加油站模拟核算系统。在文化、制度、技术三个层面实现迭代,创造性构建具有"魅力云销"特点的"阿米巴"团队经营模式。通过文化引领、制度创新、算法支撑,持续多维赋能基层一线,通过市场化改革,有效解决管理过度、经营意识不强、全员参与度不高等加油站经营难题。截至2023年8月,量效指标完成较好,其中自营销量同比增加17.92万吨,增幅5.7%;纯枪量同比增加21.69万吨,增幅12.8%;非油收入、毛利同比分别增加1.58亿元、0.3亿元,增幅分别达到17.1%、19.2%;净利润8348万元,完成预算进度178.9%。

二、创新管理机制,激发干事创业激情

(一)创新激励机制,激活人才内生动力

创新干部锻炼机制,累计选派58名二级正副职人员到政府部门挂职,锻炼干部队伍、推进网建生命线工程;改革选人用人制度,建立退出领导岗位、年轻干部培养选拔、人才战略五年行动计划等制度方案,开展领导人员全员换届竞聘、开通油站经理竞选分公司管理层"直通车",40岁左右二级正副职占比达到23.8%,干部队伍结构持续优化。拓宽技能人才成长空间,创建张本荷劳模创新工作室、"1+15+N"创新营销工作室、金孔雀文化营销创意工作室,先后从"阿米巴"团队培养中国石油技能专家1名,选拔地市公司经理助理6名,

选聘市场营销专员 27 名，培养各类技术能手 200 余名，培育创新营销人才 928 名，激活了各类人才内生动力。

（二）构建分类评价体系，激发干事创业激情

建立发展能力评价机制，采用规模、质量、成长性三个维度 58 项指标对二级单位发展能力实施综合评价，结果实行强制分布、每年动态调整，与二级单位领导班子调整、效益年薪兑现直接挂钩。重构加油站分类管理制度，采用销量、效益、效率三大类 5 项指标将加油站分为三类，配套建立岗位互联互通机制，有效破解加油站经理"重量轻效"以及纵向流动难等问题。创建客户经理晋升机制，建立见习、初级、中级、高级、资深客户经理等级晋升机制，直销、非油客户经理人队伍稳定在 130 人左右，遍布云南省 129 个县市区。

（三）改革考核分配制度，发挥薪酬激励作用

考核聚焦主责主业，减少过程性、一般性指标考核，关键绩效指标数量不超过 10 个，"规模、效益、效率"指标考核权重 80% 以上，体现业绩考核的导向性和精准性。多维评价业绩成果，针对 KPI 仅考核当年计划完成率问题，增设经营管理难度系数，由同比、同行比、贡献比三部分构成，客观真实反映二级单位业绩改善程度、市场竞争能力强弱和贡献大小等。

三、坚持放权赋能，夯实高质量发展根基

（一）坚持"放管服"赋能，提升自主营销水平

坚持基层视角、问题导向与"放管服"相结合。将选人用人、薪酬分配、绩效考核、营销支出等权限下放到基层团队。两级本部部门管方向、管流程、管标准，基层团队侧重生产经营和客户服务，倒逼职能部门从经营决策转向服务支撑，促使基层团队从"要我干"到"我要干"的转变。坚持案例推广、实战培训与技术赋能相结合。总结

经典案例，编制"阿米巴"经营《导读材料》《指导手册》《案例汇编》，固化"阿米巴"学研成果。加强实战培训，依托"1+15+N"创新营销工作室等实训基地建立"传帮带"长效机制，实现成果有效转化。研发模拟核算系统，从销量、效益、效率三个维度持续优化算法，解决想算账、不会算账问题，实现自主经营、智能销售、数字运营。

（二）坚持精准激励赋能，激发一线活力动力

创建工资总额"团队化"管控模式，根据销量、效益、效率完成情况将工资总额切分到基层团队，由团队自行确定内部薪酬分配、业绩考核方案，实行自主管理。构建量效率薪联动考核机制，将加油站原绩效薪酬一分为三，保留升油提成，增加效益提成和效率提成，量效贡献大、收入就高，反之就低。工资总额"团队化"分配机制与量效率薪联动考核机制的确立，实现了员工、加油站、团队收益与公司整体量效的同向联动，唤醒了一线员工自主经营和自我管理意识。

作者：任家永、余红美、张阳、吴汪平

大力实施组织机构优化
深入推进岗位赋能工程

宁夏销售分公司

宁夏销售分公司主动融入改革大潮,积极探索勇于实践,持续精简机构设置、优化人力资源配置、提升岗位效能,探索构建两级本部岗位化赋能工程,取得了实效。二、三级机构累计缩减29.23%,打造形成职责清晰、精干高效的服务型本部。

一、聚焦"做强、做精、做实",实施两级本部大部制改革

按照优化协同高效和职能综合化的大部制改革方向,结合巩固市场主体地位的经营需求,优化业务重合机构、裁撤运营低效机构,先后撤销了润滑油分公司、滨河新区分公司、招标办公室、网络开发建设项目部机构设置,优化了加油站管理部、信息化管理部及数据库站运行中心;按照"三部一室"模式设置地市公司组织机构,撤销党建工作部、非油业务部,整合业务经营部、投资质量安全部;编制形成本部、附属单位岗位说明书,有效解决职能交叉、岗位不清、职责混淆、岗责不符等问题。通过重塑组织机构,实施两级本部大部制改革,有效推动部门职能管理由条块转向集约化,部门职能职责更加明确,业务流程更加高效,为岗位赋能奠定了基础。

二、聚焦"融合、协同、提升",明晰职责职能定位

深入推动基层党建与生产经营一体有机融合,全面推行"企业—

地市公司"两级偏平化管理，压缩管理层级，片区党支部不再按三级机构设置，作为地市公司本部派驻到基层片区的管理团队，由支部一套管理团队指导监督加油站日常运行，同时接受宁夏销售分公司职能部门的监督和指导。以岗位责任制为中心，优化基层（片区）与地市公司本部部门的职能定位，进一步明确基层（片区）党支部党建工作、经营销售、客户服务、现场管理、加油卡风险管控、队伍建设的功能定位，既把基层（片区）党支部抓经营、创效益、带队伍等主责主业压紧压实，突出生产经营功能，又切实为基层松绑减负，利用信息化平台资源共享，精简各类台账档案，杜绝向基层（片区）党支部收集各类报表材料，将支部从低效重复的事务性工作中彻底解放出来，有效提高基层（片区）党支部的客户服务能力、市场竞争能力和综合创效能力。

三、聚焦"科学、整合、提效"，调优岗位设置效能

坚持系统化改革思维，按照"组织精干、责权清晰、运行高效"的目标，调优岗位设置效能。按照"最小岗位数"原则，通过采取组织分析、核心工作量分析、业务数据定编、标杆对照等科学方式进行岗位设置，对管理职能和资源进行统筹优化，对岗位职能相近的加油（气）站现场及服务管理、党建日常管理进行有机整合，对业务重叠的股权管理、库站设备管理等职能进行剥离再合并，对管理分散的"阿米巴"经营管理职能进行统一再集中，有效实现"一专多能、一岗多责"的"大岗位"设置；进一步简化业务流程，实现业务管理下沉和经营运作、人力资源等多项管理权限下放，为二级单位"松了绑、添了力"，有效激发基层工作的积极性和主动性。

四、聚焦"公正、客观、分析"，探索实施岗位价值评价

在工作分析基础上，充分收集岗位信息，开展岗位评价，形成岗

位相对价值体系,反映各岗位对企业贡献的相对比率。对岗位影响、工作责任、监督管理、任职资格、问题解决、沟通协调及工作情景等7个要素进行分析,同步设置16个维度的评价梯次和80~250分的岗位价值分值区间,由专家组对两级本部岗位进行评分。分别对两级本部158个岗位开展评价,得分最高与最低的岗位相差198分,充分体现高价值高分值的原则,为管理岗位级别划分提供了可参考的科学依据。

五、聚焦"优化、盘活、提效",岗位评价结果助力岗位赋能提效

按照"去行政化"改革要求,逐步将两级本部三级正职、副职行政职级按一定条件对应到资深高级主管、高级主管、主管等一般管理人员范畴管理使用。搭建岗位化管理晋升体系,出台《两级本部一般管理人员岗位化管理办法》,配套搭建"纵向分级、横向分类"的五类层级和四级四档矩阵式岗位类别动态管理机制,按照岗位价值评估结果,纵向上对岗位进行分类,体现岗位价值差异,横向上对个人层级进行分类,体现员工的能力和水平差异,综合考虑各个层级对能力、学历、经历和工作表现等要求,聚焦学历、工作年限、一线岗位工作经历等5个维度,分别设立各岗位层级的聘任条件,不断改善人员结构和素质。实现人岗匹配显性化管理,增强岗位竞争意识,实行双向选择、竞争上岗方式,将所有本部管理人员身份"归零";按照逐级公布岗位价值、逐级申报、逐级双选、逐级公布定岗结果的程序,完成本部1至4级岗位的人岗匹配工作,同步匹配不同岗位的岗位绩效价值,激励两级本部员工以实力争岗位、以实效挣收入、以实绩挣晋升的奋斗动力,岗位化管理取得初步成效。建立岗位管理考核评价机制,所有通过双选的管理人员均实行年度岗位考核评价机制,考核结果作

为岗位薪酬调档晋级或岗位退出的依据。坚持业绩导向,全面推进以岗位价值贡献为基础、以部门月度考核为标准、以落实经营目标实现和总体定员达标为导向的两级本部"薪酬包"考核管理制度,同步实行岗位化管理后的待遇衔接等配套制度,员工最大收入差距达 1.5 倍,树立"凭贡献论绩效、收入能增能减"鲜明导向,两级本部岗位赋能工程取得明显成效。

作者:张萌、江守月、董世贤

创新生产组织模式　激发队伍服务效能

海洋工程有限公司天津分公司

海洋工程有限公司天津分公司持续推进组织体系优化提升，探索推行"人机分离"的生产组织模式，实现作业平台集中运行管理，打造形成人才培育"新高地"和技术创新"新引擎"，促进技术服务水平和增收创效能力的"双提升"。

一、以市场为导向，创新生产组织模式

以市场需求为导向，通过探索实践"人机分离"的生产组织模式，优化配置完井修井专业技术人才资源，提升技术服务质量和组织运行效率。

（一）创新生产组织模式

受海上工程技术服务形势影响，作业平台修井工作量锐减，2018年，三座作业平台动用率仅为56%，平台修井作业服务优势发挥不足，修井专业技术人才缺乏项目实践锻炼。同时，随着渤海湾采修一体导管架平台的逐步增加，传统人机绑定的作业模式已经与市场有所脱节。为进一步整合现有人力资源，提升作业效率，采取将平台修井作业人员整体剥离，以成建制队伍提供修井技术服务，实现修井业务人机分离。既满足平台作业支持和修井技术服务的市场需求，同时大大提高市场竞争力。2019年以来，累计完成修井完井作业78井次，平台作业支持1240天。

（二）建立专业化技术服务队伍

为适应分公司技术服务转型发展的需求，着力培育新的经济创收点，打造优势主营业务，组建修井作业中心，下设3支修井队伍，采取专业化队伍+工具的形式，提供海上完井修井、投产等技术服务，作业机动灵活、点多面广，实现自有员工+第三方用工人员队伍结构的转变。针对渤海湾海上修井业务复杂井情况多，现场安全、技术管理难度大等问题，技术骨干开拓创新、主动作为，创新应用"保径钻塞""海底井口探测回接""桥塞注水泥一体化工具"等多项新技术、新工艺，有效降低井控风险，提高作业时效，先后获得业主书面表彰和嘉奖20余次。自成立以来，累计创造生产总值2.02亿元，口井时效相较设计平均提高12%。

二、整合机构同类项，实现作业平台集中管理

推进相同业务机构整合，完成三级机构精简任务，实现作业平台集中管理，形成人力资源充分利用、物资装备统筹管理、安全环保严格管控的新格局。

（一）打破平台之间管理壁垒

将作业平台三级机构变更为基层作业单元，合并组建作业平台运营中心，三级机构数量从3个精简为1个。通过作业平台运营中心副经理兼任作业平台经理，建立领导班子例会制度，促进平台领导层之间安全、装备管理经验交流，打破平台管理壁垒，大大提高沟通协作效率。

（二）实现人力资源共享

因各作业平台工作量不均衡，机电工程师、压载工程师等关键岗位出现人员富余和紧缺并存的问题。基于作业平台岗位配置基本相同的条件，加大对不同平台相同岗位人员间的调剂力度，建立关键岗位

人员和第三方用工人员的"储备池",打破其与平台的归属关系,根据各平台工作量灵活调配,有效解决岗位配置不均衡的问题。

(三)强化物资装备统筹管理

因作业平台投产时间均已超过10年,主要装备老化现象日益突出,维修成本不断提高。随着平台业务职能转变为钻完井、试油试采、海工建设的作业支持,柴油发电机、泥浆泵等设备运转负荷增加,装备管理难度日益加大。为进一步应对管理难题,选聘机电及压载二级、三级工程师,纳入平台领导班子,牵头负责平台所有机电装备管理和平台拖航压载就位作业等急难险重任务,驻守平台指导开展设备维修、维保工作,激励干部担当作为,培养平台机电后备人才,提升平台设备管理水平。

三、集中技术优质资源,激发人才创新创效活力

立足主营业务发展定位,将各专业路技术骨干集中到一起,成立技术中心,赋予技术攻关和新业务孵化的职能,积极推行"人才+项目"的培育模式,推动形成技术攻关、成果转化、创新创效、人才培养的工作合力。

(一)优化资源配置,激发技术发展新动能

成立技术难题攻关小组,组建科研攻关团队,建立头脑风暴、技术交流、桌面推演、校企合作的技术工作机制,鼓励专业技术人才大胆创新、实践应用。技术中心共承担科技项目42个,申请专利11项,形成技术利器2项,形成无井口隐患井治理技术、滩浅海储层砾石充填防砂工艺、磨料射流切割技术、桥塞注水泥一体化技术、高温高压测试技术等11项关键工艺技术,锻炼了技术研究和成果转化能力,打造人才培育"新高地"和技术创新"新引擎"。

（二）立足生产实际，构建人才培育新模式

聚焦项目制、多专业协同作业的特点，采取"人才+项目"的培育模式，把重大工程、重点项目作为人才练兵场，推动技术岗位人员在项目实施的过程中接受历练、磨练技术、积累经验，实现以项目带动人才成长、以人才提升项目成效。通过两轮水合物试采工程项目，培养一批深水完井试采技术人才。通过南堡1-29井组弃置作业、葵探1井高温高压试油测试、埕海1-1开发井等重点项目，各专业技术骨干联合研发多个新工艺、新工具，积累了丰富的技术工作经验，促进技术能力全面提升。

作者：王玉阳、郝云海、杨力、王雅宜、杨迪

第三部分　干部"能上能下"篇

推行职业经理人试点　激活企业改革新动能

天然气销售分公司（昆仑能源有限公司）

天然气销售分公司（昆仑能源有限公司）始终坚持以市场为导向，推动建立以人员公开选聘为基础、岗位"能上能下"为路径、收入"能增能减"为手段的职业经理人制度，切实激发广大基层管理人员干事创业的热情，增强企业活力和市场竞争力，实现高质量发展。

一、谋篇布局，制定"规划图"

（一）选准选好试点单位

试点单位是改革的"试验田"。合适的试点单位是确保试点成功的基础。2020年底，经慎重研究，选取刚刚完成城燃终端项目收购的所属二级单位湖南分公司作为职业经理人首个试点省公司，选定项目并组织开展试点工作。湖南分公司党委综合考虑项目规模、管理基础、运行状况等方面因素，并进行实地调研后，确定将所属二级单位茶陵中石油昆仑燃气有限公司作为试点单位。

（二）科学制定试点方案

试点方案是否科学合理，是确保试点成功的关键。坚持"市场化选聘、契约化管理、差异化薪酬、市场化退出"原则，扎实开展政策研究、案例分析，对系统外实行职业经理人制度的企业进行经验调研，制定《职业经理人试点方案（试行）》，明确了职业经理人的选聘管理、管理权限、责任义务、薪酬与福利待遇、考核与监督和职业经理人退出等内容及具体措施，并同步制定聘用协议、任期目标责任书，保证

"权责明晰、流动有序、考核有据"。

（三）建立健全考核机制

考核机制是否完善，是确保试点成功的保障措施。湖南分公司强化激励导向作用，打造"五位一体"激励机制，将党建、经营业绩、客户开发、安全环保、依法合规五个方面的关键指标与职业经理人薪酬挂钩，建立了市场化薪酬的强激励机制：即职业经理人薪酬水平与市场同类型企业对标，年薪标准比所属同类企业领导人员薪酬标准高1.7倍；任期目标责任书突出业绩导向，约定业绩目标及考核标准；任期目标分解到年度；与职业经理人签订年度绩效合约，作为过程考核的依据，严格业绩考核和结果应用，强化业绩合同刚性约束，确保业绩指标的实现。

二、稳健推进，打造"硬实力"

（一）坚持党管干部，严把"一管一放"标准

湖南分公司坚持党管干部原则，明确了党"管方向、管政策、管制度、管人选""在机制上放活、工作上放手"的工作标准。职业经理人的选聘标准、程序和确认，均由湖南分公司党委会研究决定。作为具体实施单位的茶陵中石油昆仑燃气有限公司健全了党组织，任命执行董事兼党支部书记，成立党支部委员会，对"三重一大"事项进行前置，其他事项由职业经理人自行决定。既确保党组织发挥领导作用，又赋予职业经理人充分的自主权，为进一步健全公司法人治理结构，完善现代企业制度奠定坚实基础。

（二）引入竞争机制，公平公正选聘职业经理人

在选聘职业经理人过程中，坚持正确的选人用人导向，不唯学历资历，只唯品德能力，摒弃了关系网、权力网。选聘过程主要包括发布公告、组织报名、资格审查、能力测试、确定意向人选、组织考察、

与意向人选面谈、形成选聘建议、党委会研究决定、办理聘用手续。在《招聘公告》中明确要求：报名参加竞聘的人员须签订承诺书，如果竞聘成功，需与原单位解除劳动合同，解除中国石油员工身份，与茶陵中石油昆仑燃气有限公司签订劳动合同，任期3年，任期结束或提前解聘，按普通员工管理。在保证公平自愿的基础上，选聘职业经理人破除了干部身份禁锢，构建起"能上能下、能进能退"的选人用人机制。

（三）明确管理责任，下发授权清单和负面清单

湖南分公司专门下发授权清单，授予职业经理人在人、财、物等方面充分自主权，主要内容包括：管理团队由职业经理人自行"组阁"，经理层副职由总经理提名，执行董事聘任，薪酬标准由总经理与其协商确定；机构设置及人员编制由职业经理人自行决定，报上级备案；工资总额实行预算制管理，具体分配由职业经理人自行决定等。制定负面清单，将不符合相关法律法规政策、公司制度规定的项目列入其中，约束职业经理人行为。省公司作为属地管理机构，负责对试点单位授权项目进行实时服务、定期检查，推行"四不两直"工作法，减少检查频次，提高服务质量和监督质效，做到"放、管、服"相结合，定期评估授权放权执行情况和实施效果，采取扩大、调整或收回等措施动态调整授权事项，对发现问题进行及时纠偏，保障运行顺畅，风险可控。

三、聚焦发展，创出"新业绩"

（一）竞争选聘化激活干事创业澎湃动力

实行职业经理人制度引入竞争机制，使优秀人才脱颖而出；同时破除干部身份禁锢，解决了干部"能上不能下"问题。在日常管理和工作中，职业经理人开拓创新、攻坚啃硬的作风得以充分发挥。以茶

陵中石油昆仑燃气有限公司为例，职业经理人还多方奔走，保障其投资建设的高压天然气管道和门站提前 2 个月竣工，协调当地政府解决了约 400 万元的门站"三通一平"工程费用，为公司节约了投资成本。

（二）管理简约化提高企业工作效率

通过认真研究授权清单，简政放权，让职业经理人放开手脚，大胆工作。职业经理人在授权范围内，根据项目公司实际，大刀阔斧进行改革，精减机构和人员编制，实行扁平化管理，打造高效团队。与实行职业经理人制度之前相比，茶陵中石油昆仑燃气有限公司年节约人工成本约 410 万元，企业在当地的市场竞争力显著增强。

（三）薪酬差异化增强企业生机活力

职业经理人制度建立了以业绩为核心的薪酬激励约束机制，打破员工收入与企业经济效益挂钩不紧密的瓶颈，构建了为岗位付薪、为业绩付薪、为能力付薪的差异化薪酬体系，增强了职业经理人和全体员工干事创业的内生动力。

作者：张再跃、黄远斌、万金、曹绪纲

突出"能上能下" 锤炼"硬核"干部 以实干笃行担当尽责助推油田高质量发展

长庆油田分公司

长庆油田分公司始终坚持把推进干部"能上能下"作为贯彻全面从严治党、从严管理干部的重要抓手,作为深化三项制度改革的关键一步,积极构建"能者上、庸者下、劣者汰"的干部管理机制,充分激发调动干部活力动力。

一、深化机制体制改革,找准干部"能上能下""突破口"

推进干部"能上能下",做好顶层设计、健全制度机制是根本。通过建章立制、畅通渠道等方式,进一步转观念、促执行,让干部"能上能下"成为新常态。

(一)整章建制打破能上不能下旧观念

健全干部管理制度,先后印发《中级管理人员管理办法》《专职巡察员和咨询专家聘任办法》《关于进一步激励干部担当作为的若干措施》等10余项制度办法,把好干部"上"的关口、畅通干部"下"的通道,建立了"政治不坚定者下、能力不胜任者下、作风不务实者下、状态不适宜者下、考核不称职者下、廉政不干净者下"的退出制度设计,细化思想、工作、作风等方面正负清单,明确不适宜担任现职的10种情形,让干部下得有理、下之有据。近3年,共提拔和进一步使用二级管理人员309人,退出管理岗位157人,形成了干部队伍新老更替、领导班子有序衔接的良好局面。

（二）改革创新打通"能上能下"新通道

以推进"油公司"模式改革和任期制为契机，实施两级本部部门大部制改革，全面推行"扁平短精"组织架构，精简二级机构12%、三级机构25%。在机构改革中，通过公开竞聘、组织调配，对能力偏弱、劲头不足、履职不力的二三级干部，免去现职或退出管理岗位。制定《二级管理人员任期制管理暂行办法》《二级管理人员任期制和契约化管理契约文本操作要点的通知》，明确任期届满采取"业绩考核＋履职测评＋领导评价"相结合的方式开展任期考核，任期考核结果为"优秀"的予以重用，"称职"的直接续任，"基本称职"的通过竞争上岗决定去留，"不称职"的予以免职。

二、明确用人标准和导向，刻画干部"能上能下""度量尺"

坚持重实干重实绩，从基层、从一线、从急难险重任务中选拔优秀干部，树立有为者有位、无为者无位、失职者失位的良好风向标。

（一）坚持重视基层、崇尚实干鲜明导向

注重从生产前线、科研一线、改革前沿发现和使用干部，对业绩突出单位的干部优先考虑、侧重使用，近3年从超产单位提拔的干部占比近50%，从生产科研一线提拔的干部占比80%以上。

（二）坚持敢于冲锋、勇于担当鲜明导向

既关注干部一贯表现，又注重干部在关键时刻是否"顶得上、靠得住"，面对新冠疫情和低油价带来的严峻挑战，公司党委及时制定印发《关于在疫情防控期间考察识别使用干部的意见》等系列文件，引导党员干部冲锋在前、战斗在前，真正把最优秀的干部选拔到最需要的岗位上，把敢担当的干部派到最关键的战场上，近年来提拔在勘探开发、提质增效、疫情防控等急难险重任务中表现突出的干部百余名。

（三）坚持人岗相适、人尽其才鲜明导向

大力推进"双序列"改革，畅通经营管理和专业技术行列转换通道，对专业水平高、管理能力偏弱的二级管理人员，引导其退出管理岗位从事专业技术工作，其中 46 名技术精湛、勇于创新、成果突出的干部成长为公司首席技术专家或技术专家，充分发挥专业专长。同时，注重从专业技术人员中发现具有一定管理才能的人员，择优提拔 10 名一级工程师担任所属单位总工程师或总地质师，培养复合型领导干部。

三、坚持全方位识别干部，擦亮干部"能上能下""透视镜"

推进干部"能上能下"，全面深入地知事识人是基础、是依据。通过严考核、深调研，近距离识别干部，全方位描绘出干部的精准画像，让"三强"干部上得去，不称职干部下得来。

（一）多维度考核奖优罚劣

用好考核指挥棒，采取"例行考核+重点考核、正反测评+多方印证、定量考绩+定性考德"方式，将业绩与党建考核及党风廉政评价相结合，实施 360 度分级分类差异化考核。强制考核结果分布，建立"黑白灰"名单，将考核结果与"位子""面子""票子"挂钩，做到"抓两头、带中间"。对年度综合考评为优秀和排名前 10% 的给予奖金奖励，特别是对连续 3 年被评为优秀的纳入"白名单"，推荐参评公司劳模并在干部选任中优先考虑提拔重用；对年度综合考评为基本称职和排名后 5% 的列入"灰名单"，扣减业绩奖金；对连续 3 年考核在本单位班子排名末位或连续 2 年在公司中级管理人员考评中排名后 10 名的列入"黑名单"，在扣减业绩奖金的同时给予提醒或诫勉谈话，经综合研判确属不称职的给予降职、免职。近 3 年来，对考核较差的 100 余名中级管理人员扣减奖金或调整岗位。

（二）多渠道了解"把脉开方"

坚持把功夫下在平时，利用干部考察、专题调研、重点考核、列席会议、调查问卷等措施，近距离掌握干部在德、能、勤、绩、廉等方面的表现，为识准干部、用好干部提供依据。对品行好、业绩好、口碑好的干部，特别是有发展潜力的年轻干部，安排参加中央党校、青干班等培训，选派参与页岩油、致密气开发等重大项目、重点工程历练培养，为他们成长成才搭建"快车道"。每年组织班子建设情况调研，特别是对业绩完成较差、考核连续排名靠后、班子合力发挥不好、员工群众反映多意见大的单位进行重点考核，对班子和干部的工作实绩、现实表现、群众评价开展"解剖式"调研了解。同时，充分运用巡察、审计等监督成果进行比对印证，对不适宜担任现职的果断调整。

近3年，18名干部经组织调配退出管理岗位，4名干部从油气生产单位"一把手"调整到辅助及后勤单位，打破干部"上得去""下不来"的梗阻。

四、合理用好"下"的干部，研制干部"能上能下""定心丸"

注重在思想引导、合理使用、督促提高等方面下功夫，有效破解干部"下"后的管理难题。

（一）注重干部思想引导

通过会议、文件、宣传媒介等方式多场合、多途径引导干部摒弃"下必有错"的传统思想，形成"无论上下都是正常干部调整"的共识。针对"下"的干部思想负担和心理压力大，容易自暴自弃、放任自流的情况，建立全覆盖谈心谈话制度，由组织部门或所在单位主要领导定期与"下"的干部交流谈心，了解其思想工作状况，帮助其卸下心理包袱、解决实际困难，最大限度调动干事创业的积极性，防止简单一"下"了之。

（二）搭建干部再上平台

坚持"三个区分开来"，健全容错纠错机制，对问责调整的干部不"贴标签"、不"一棍子打死"。近3年对处分期满或举报不实的干部予以提拔使用；将因能力不强、动力不足下来的干部列为教育培训重点对象，着力加强能力建设和信心重塑，帮助其改正不足、提升本领、转变作风，重新赢得组织和群众的认可。近年来，有4名降职、免职的干部，经组织培养、个人努力，获得提拔重用，实现了"下后再上"。

（三）充分发挥退出干部作用

对退出岗位的二级管理人员，结合其工作经历和专业特长分别聘任为党委专职巡察员、质量安全环保巡察员。制定《进一步发挥专职巡察员作用的意见》，在政策研究制定、项目论证、党委巡察、安全环保督查等方面为退出管理岗干部提供新的平台，引导他们力戒"二线"思维，站好最后一班岗。2023年，对表现优秀的5名原二级管理人员及78名原三级管理人员进行了表彰奖励，实现"奖励一批、带动一片"的效果。

作者：任振华、车鹏、张勇、俱小丹、王晶晶

坚持"五步法" 推进干部"能上能下"

吐哈油田分公司

吐哈油田分公司认真贯彻国资委和中国石油党组战略部署，按照上接天线与下接地气相统一、重点突破和全面推进相结合、集中攻坚和久久为功相促进的原则，坚持"五步法"推动干部"能上能下"，选人用人满意度逐年提升，干部队伍干事创业动力活力得到全面激发。

一、亮标尺，鲜明选人用人导向

选人用人导向是对干部最有效、最直接的激励和鞭策，始终坚持鲜明用人导向引领干事创业导向，推动干部上得去、下得来。

（一）树好"上"的导向

坚持能量化的量化，不能量化的尽量细化，研究制定《关于激励干部担当作为的若干措施》，明确大胆使用6类敢担当善作为的干部，坚决调整6类不担当不作为的干部，切实让选人用人导向看得见、可对照。大力选拔在困难单位、艰苦岗位和基层一线工作中敢于负责、勇于担当、善于作为、实绩突出的干部，2021年以来新选拔的干部中，超过90%的干部具有基层一线或吃劲岗位的锻炼经历，进一步牢固树立重基层、重实干、重实绩的鲜明导向，让更多的干部看到只要想干事、能干事、干成事，就能被组织发现出来、使用起来。

（二）明确"下"的准绳

突出务实管用、直接有效，研究制定《管理人员考核退出实施办法》，坚持"绝对值"和"相对值"相结合，"刚性"和"弹性"相统一，重点围绕履职表现、年度考核、任期考核、党建责任制考核、基层领导人员选拔任用"一报告两评议"等结果，针对调离、降级、免职、降职4类退出方式，分别细化明确64种适用情形，建立起纵向到底、横向到边的适用情形矩阵，从制度层面明确了可衡量、可比较、可操作的标准。

二、搭平台，畅通"能上能下"渠道

统筹事业发展需要和干部资源配备，坚持用人所长、人尽其才，畅通各层级干部"上"与"下"的通道。

（一）扶好"上"的梯子

进一步优化主要生产单位和技术密集型单位的领导班子专业结构，增设技术总师岗位，为更多具有专业特长、管理能力强的干部提供成长空间。着眼预备队和战略预备队建设，充分考虑近年来机构改革力度大、干部成长空间受限等实际，多措并举促进更多优秀年轻干部早压担子、早受历练，加快梯队建设。明确对于表现突出、特别优秀的干部，在严格落实任前事项报告、上级批复同意的基础上，深入细致考察干部德才素质、现实表现和群众评价意见后可以破格和越级提拔。党的十九大以来，2名优秀干部得到破格提拔，走上中层领导岗位。

（二）铺好"下"的台阶

聚焦"人岗相适、人事相宜"，常态化调整交流激发干部活力，促进更好履职尽责。畅通专业技术序列和经营管理序列转换通道，12名具有专业技术特长、工作经验丰富的中层领导人员转入专业技术序列，更好发挥个人技术特长。健全中层领导人员专项工作管理机制，安排部分中层领导人员退出领导岗位，从事勘探开发、合规管理、经营财务等方面专项监督管理工作。完善基层领导人员退转机制，在油气主营业务和技术密集型单位设置高级监督或技术顾问岗位，进一步发挥好部分基层领导人员专业技术特长和经验优势，做好"传帮带"工作。

三、建机制，构建系统工作体系

强化体系建设，进一步完善制度链条和工作机制，为推动干部"能上能下"提供有力抓手。

（一）健全精准化考核评价机制

修订《所属领导班子和领导人员综合考核评价办法》等制度，进一步优化考核指标设置，加大业绩考核权重，形成用事实说话、靠业绩度量的鲜明导向。坚持日常监督考核全覆盖，年均面对面访谈干部员工500余人，近距离、全方位、多角度考核评价干部，综合巡视巡察、审计、专项检查等结果，强化分析研判，为推进干部"能上能下"提供准确依据。

（二）健全市场化考核退出机制

制定《推行经理层成员任期制和契约化管理实施办法》，全覆盖推行中层领导人员任期制和契约化管理，完善"一单＋四书"任期契约体系，在明确年度业绩考核结果未达到"70分"底线、任期综合考核结果为"不称职"等"绝对值"的基础上，实行任期考核结果强制分布，按比例确定"下"的人员数量，强化考核结果刚性应用。

（三）健全常态化竞争选拔机制

完善"赛场相马"机制，持续扩大选人用人视野，2022年二级副职岗位竞争性选拔占比达95%，2023年进一步推进全层级管理人员竞争性选拔，一批干部走进了组织视野。不拘一格选贤任能，积极探索公司组织部门与基层用人单位上下联动的方式，在公司层面公开竞聘5个所属单位助理副总师，为更多优秀干部脱颖而出搭建舞台、提供机会。

四、抓落实，形成强大工作合力

狠抓制度执行和措施落实，动真格、见真章，切实推动干部"能上能下"落地见效。

（一）强化思想引领

专题学习习近平总书记关于干部队伍建设、干部"能上能下"方面的重要论述，国资委和中国石油相关会议精神和工作要求，深入领会干部"能上能下"的深刻内涵和重要意义，及时把思想和认识统一到中国石油党组决策部署上来，全面掌握上级要求和目标方向，增强各级党组织和领导人员推动干部"能上能下"的政治自觉、思想自觉和行动自觉。

（二）强化规范落实

先后围绕干部选拔任用、管理人员考核退出等制度开展2次专题培训，重点围绕背景意义、上级要求、整体考虑、政策标准、工作要求做到"五个明确"，进一步统一工作标准。在"上"的方面，针对不同类型单位干部队伍建设实际，分别明确工作方向，细化工作程序，找准工作切入点和发力点；在"下"的方面，建立两级审核把关机制，确保干部现实表现掌握精准、退出理由掌握精准、退出情形应用精准。

（三）强化考核推进

严格对照中国石油要求的工作目标，聚焦制约干部"能上能下"的关键环节和难点问题，倒排工作周期，集中精力攻关，迅速打开工作局面。把推进干部"能上能下"作为两级"一把手"工程，由主要领导亲自部署、亲自过问、亲自督导，将工作成效作为党建责任制考核和人才强企考核评价重要内容，严肃考核兑现，压实工作责任。

五、强保障，创造良好工作环境

注重严管与厚爱结合，激励与约束并重，既激励干部担当作为，又形成良好舆论氛围。

（一）坚持正向引导

近 2 年先后举办干部管理政策及形势任务宣贯会 41 场次，通过深入基层一线向干部员工讲清楚干部队伍建设和选人用人工作面临的形势任务，讲清楚推动干部"能上能下"的主要任务和工作措施，引导干部员工端正态度、摆正位置，理性对待干部进退流转，凝聚起广泛思想共识。

（二）坚持长管长严

将干部"能上能下"作为常项工作长抓不懈，健全完善配套措施，建立工作月报制度，确保标准不降、力度不减，做到常态化推进、长效化落实。将干部"能上能下"作为干部队伍建设和选人用人工作的重要内容，结合选人用人专项检查、基层领导人员"一报告两评议"等工作加大跟踪督导力度，努力形成上下联动、整体推进的良好局面。

（三）坚持关心关爱

落实谈心谈话制度，加强干部退出后的思想疏导和后续管理，最大程度激励保护好干部积极性，切实体现以人为本的管理理念和组织对干部的关心关怀。健全完善"下"的干部再使用机制，让干部有奔头、有希望，2 名曾经"下"的中层领导人员勇于纠错、实绩突出，在严格履行工作程序的基础上得到提拔或进一步使用。

作者：彭洲、周晓东、王宇鹏、赵凯、郑婕

完善全过程管理长效机制
持续优化干部队伍结构

独山子石化分公司

独山子石化分公司始终把如何实现干部队伍有序接替作为事业发展的关键性根本性问题来抓,针对干部人才队伍梯次结构不合理、"断层"和"盖层"较为突出等问题,坚持倾心润才、悉心育才、精心用才、细心管才、真心留才,建立健全"文化浸润、发现培育、选拔使用、管理监督、拴心留人"五位一体的优秀年轻干部人才培养选拔长效机制,推动形成优秀年轻干部人才不断涌现、"老中青三结合"梯次配备的良好局面。

一、坚持倾心润才,建立健全优秀年轻干部文化浸润机制

(一)强化顶层设计

坚持把培养选拔优秀年轻干部放在推动高质量发展战略目标和干部队伍建设工作全局中进行谋篇布局。全面盘点分析各层级干部现状,着眼领导班子近期接替与长远储备,摸清底数基数,找准接替矛盾点,整体谋划,上下贯通,持续系统推进实施。把优秀年轻干部选拔使用纳入领导班子年度调整配备计划,每年拿出三分之一左右的岗位选拔配备优秀年轻干部,持续优化年龄结构。

(二)明确用人导向

牢固树立"重实干、重实绩、重担当"的用人导向,坚持将公平公正体现在年轻干部选拔任用全过程,注重提拔经过生产技术一线实

践锻炼和在急难险重任务中经受住考验的干部，切实做到让优秀者优先、有为者有位，充分激发年轻干部人才干事创业的积极性。评先选优要突出"干出来、赛出来、比出来"的导向，最大化保证公平公正。连续多年选人用人民主评议得分持续向好。

（三）提升政治素质

坚持把习近平新时代中国特色社会主义思想作为年轻干部培训教育的首要任务。充分利用"中油e学""铁人先锋"等平台和"三会一课""主题党日""主题团日"等形式，统筹开展党的十九届六中全会精神学习和党的二十大精神宣贯。积极选派年轻干部人才参加党性教育专题培训，坚持选派四批次共166名经营骨干和优秀年轻干部到中国井冈山干部学院、上海复旦大学、华东理工大学进行专题培训，让年轻干部在革命圣地汲取红色养分、树牢理想信念之基。

二、坚持悉心育才，建立健全优秀年轻干部发现培育机制

（一）积极拓宽"选苗"视野

坚持实践和基层导向，注重在生产经营、改革发展、科研创新一线，以及在完成重大项目建设、重要装置开工等急难险重任务中，发现识别本领高、素质好、潜力大的优秀年轻干部。近2年新提拔使用的"80后"二级正副职领导人员中，从主营业务单元和生产技术部门提拔的占比89.4%。强化对新招录的优秀毕业生开展职业发展规划指导和跟踪考核，对表现突出、有发展潜力的青年骨干及时纳入优秀年轻干部人才库跟踪培养。2023年在主体二级单位范围内遴选了以二级正副职、三级正职为主的152名优秀年轻干部及青年骨干，纳入优秀年轻干部人才库，重点关注跟踪培养。

（二）加强专业能力培养

按照"缺什么补什么、干什么学什么"的原则，突出问题导向，

创新培训方式。完善专业培训项目体系，强化全链条、多岗位历练，鼓励年轻干部人才参加国内外行业发展论坛、到行业标杆企业和现代创新企业学习交流，及时跟踪行业发展前沿，促进个人迅速掌握专业知识、提升技术水平。积极与科研院所、高校等合作开展课题研究、特色产品应用攻关，2022年选拔数名技术骨干参与中国石油"分子管理创新联合体"项目实践锻炼，有效提升了科研骨干的技术攻关和创新能力。

（三）突出基层实践锻炼

把基层一线作为主阵地，对缺少复杂环境历练的，及时安排到工作任务重、管理难度大、困难矛盾多的基层单位培养锻炼，提高综合管理和解决实际问题的能力。塔里木乙烷制乙烯项目建设开工期间，从本部共选派了423名人员参与建设开工，其中40岁以下年轻干部人才占比达21.5%。有计划地推动优秀年轻干部跨单位、跨专业岗位交流锻炼，特别是生产经营与党务岗位双向交流任职，培养既懂生产经营、又善抓党建工作的复合型干部。近2年交流调整的干部中"80后"中层干部占总数的38.14%。

（四）坚持递进式培养

坚持把助理副总师岗位作为培养锻炼优秀年轻干部的重要平台，在炼化单元扁平化改革中，及时将综合素质好、培养潜力大的年轻干部安排到助理副总师岗位上进行锤炼，练就过硬本领和扎实作风，提高实战化管理水平。近2年共选拔22名40岁以下优秀年轻干部到联合运行部助理副总师岗位进行锻炼培养。

三、坚持精心用才，建立健全优秀年轻干部选拔使用机制

（一）强化制度建设

研究印发《大力发现培养选拔优秀年轻干部实施方案》，明确年轻

干部工作任务目标和具体措施。结合改革实际，修订《领导人员管理规定》，明确公司本部部门和联合运行部二级副职可从二级工程师、高级主管中选拔产生，特别优秀的一级工程师经过考察也可担任二级副职领导职务，进一步拓宽选人用人视野。

（二）注重"老中青"统筹使用

在炼化单元扁平化改革和塔里木化工业务重组等重点工作中，坚持三个"三分之一"原则配备班子，按照"一部一策""新老搭配"的思路，同步考虑年龄结构和专业搭配，形成了梯次合理、优势互补的专业结构，既保护了年龄偏大的领导人员的工作积极性，又促进了优秀年轻干部的锻炼成长。

（三）突出"一把手"配备

践行"使用就是最好的培养"理念，及时将经过实践磨练、能力素质比较全面的优秀年轻干部选拔到"一把手"岗位上，让他们在学中干、在干中学，着力提升抓班子带队伍和驾驭复杂局面的能力。近2年公司提拔使用了一批"80后"干部担任联合运行部党政正职，占联合运行部负责人总数的50%。

（四）坚持用当其时、不拘一格

在本部部门大部制和炼化业务专业技术岗位序列改革中，免去本部和联合运行部原三级正副职领导人员行政职务，打破"行政铁饭碗"。通过开展公开竞聘，一大批学专业干专业、有培养潜力的优秀年轻干部走上了联合运行部一级、二级工程师等关键岗位，其中"85后"占比46.8%，"90后"占比达14.7%。

（五）持续优化成长空间

严格执行领导人员阶梯式退出岗位政策，近2年有22名二级正副职和65名三级正副职先后退出领导岗位，为年轻干部成长提供了成长空间。

四、坚持细心管才，建立健全优秀年轻干部管理监督机制

（一）强化过程管理

分层次建立完善优秀年轻干部人才库，打造预备队和战略预备队的"蓄水池"。加强人才库动态管理，建立健全年轻干部人才档案，加强对年轻干部的考察和了解，坚持优进绌退，始终保持"一池活水。"

（二）加强日常监督

坚持将从严要求、从严监管贯穿优秀年轻干部培养选拔全过程。注重强化纪律和制度约束，严格落实提醒函询诫勉等制度，坚持把纪律规矩挺在前面，对年轻干部发现苗头性、倾向性问题，早提醒、早纠正，防止小毛病演变成大问题。

（三）强化考核结果运用

完善干部考核评价机制，借助网络测评工具开展年度考核360度评价，提高多维度评价的科学性和精准度。对年度考核结果好的进行通报表扬，对考核结果比较差、履职能力、精神状态、担当作为等方面存在明显问题的优秀年轻干部坚决进行组织调整，近3年对因考核不胜任的5名中层干部进行了降免职等组织处理，也为年轻干部敲响了警钟。

（四）注重关心关爱

健全容错纠错机制，鼓励干部敢闯敢试、敢抓敢管，做到政治上激励，工作上支持。落实干部关心关爱措施，加强思想沟通和感情交流，妥善解决好年轻干部的后顾之忧，充分调动年轻干部工作的积极性和主动性。

五、坚持真心留才，建立健全优秀年轻干部拴心留人机制

（一）积极"架梯搭台"

大力推进炼化主营业务单元扁平化、去行政化和专业技术岗位序列改革，撤销分厂、联合车间机构和三级正副职岗位设置，锚定"技术管理专业化、生产运行现场化"，科学设置专业技术岗位，拓宽了优秀年轻干部的成长渠道，构建了"纵向发展顺畅、横向转换有序"的人才培养使用体系。

（二）完善薪酬分配体系

完善绩效考核办法，奖金分配向关键领域、关键岗位倾斜，对标沿海发达地区薪酬水平，采取"领先型薪酬策略＋分步实施"等差异化调整手段，逐步建立起具有竞争力的岗位薪酬目标体系，让优"薪"成为青年骨干人才的"稳定剂"。

（三）加强人文关怀

实施"青年安心·筑梦"工程，通过关注青年所思、化解青年所忧、实现青年所盼，将青年人才凝聚在党组织周围，持续增强青年员工对企业的归属感和忠诚度。2022年进一步优化青年公寓住宿环境，全面实施标准化物业管理服务，青年员工幸福指数大幅提升。独山子石化分公司团委定期组织单身青年员工举办联谊交友活动，进一步拓宽交友渠道，丰富业余生活。青年骨干人才流失的不利局面得到大幅扭转，近3年企业35岁以下青年离职率同比下降39.2%。

（四）加大引才力度

研究制定《高层次人才引进办法》等政策文件，对不同专业领域、人才层次、引进方式等进行差异化设计，从一次性安家费、薪酬待遇、住房福利、考核评价和机制保障等方面突破创新，筑巢引凤招揽英才。

近年来新招聘的大中专毕业生全部都是炼化主体专业,其中毕业于985、211重点院校的毕业生占毕业生总数的75%以上,为青年骨干人才队伍补充了新生力量。

作者:肖帮禹、于宝军、高明江、李坤、王薇

加强年轻干部"选育管用"
持续优化干部队伍结构

西北销售分公司

西北销售分公司坚持把发现培养选拔优秀年轻干部作为事关石油销售事业薪火相传的战略性工程，着力健全完善年轻干部"选育管用"长效机制，打造一支活力强、效率高、素质好的年轻干部队伍，为世界一流物流企业建设提供了坚实人才保障。

一、谋篇布局，注重系统谋划

聚焦世界一流物流企业建设，坚持目标引领、问题导向，加强顶层设计和系统谋划，将年轻干部队伍建设纳入中长期战略发展规划，明确任务目标和推进措施，深化责任传递和考核督导。每年召开会议专题研究部署、每半年开展梳理推进、每季度组织督促落实，持续优化优秀年轻干部队伍建设工作，形成优秀年轻干部近期使用、中期培养、远期储备3个名单，确保近期有人用、远期有人接。深入落实《人才强企工程行动方案》任务措施，专题推进领导班子功能强化工程，紧扣年轻干部工作的全局性和长期性实践，先后5次修订《领导人员管理程序》，制定实施《加强和改进优秀年轻干部培养选拔工作实施方案》《推行二级领导人员任期制和契约化管理实施方案》等配套方案，持续健全完善年轻干部"1+N"管理体系；采取干部储备库、资源库和调配库"三库"联动，健全考察识别、交流轮岗等5个工作机制，完善岗位管理、薪酬激励等5项配套制度，建立落实年轻干部选拔使用"355"工作模式[①]，有力促进年轻干部成长成才、不断涌现。

二、立足长远，注重引才聚才

突出高素质专业化，制定青年人才优选计划，面向全国招聘全日制博士研究生6名；近5年招聘高校优秀毕业生70余名，其中硕士研究生占30%；先后与西南石油大学、西安石油大学签订校企合作协议，开展订单式培养，共引进油气储运等主干专业优秀本科生53名。根据人才专业特长量身定制职业发展规划，进行本部与基层、主营业务与党务工作双重历练，博士研究生在完成基层锻炼后及时安排到调度运行、油库管理、安全环保、企管法规等部门担任主要领导职务，确保优秀人才引得来、留得住、有甜头、有奔头。经过接续培养，这些优选人才已成为推进公司改革发展的骨干力量。2021年以来，3名博士成长为中国石油党组管理干部，34名订单班员工成长为基层领导人员。注重培训师资创新，推进领导干部上讲台，不断培养打造内训师队伍，广泛开展高技能人才"传帮带"活动，常态化制度化组织内部师资分专业、分批次开展送培训到基层活动；强化共青团组织育才荐才，实施青年马克思主义者培养行动，优选12名青年员工为第一期"青马工程"培养对象，并以青工"五新五小"创新活动为载体，激励青年岗位建功和创新实践。近5年来，优秀青年人才获得上级表彰奖励500余人次。

[①] 355工作模式是指"3个方面""5个环节""5种管理方式"。其中，"3个方面"包括教育、管理和监督；"5个环节"包括培训前期准备、培养实施、后期跟踪、考核评价和总结反馈；"5种管理方式"：理论学习、实践锻炼、案例分析、经验交流和业务考核。

三、抓在日常，注重精准识别

培养选拔优秀年轻干部不是权宜之计，应不断改进方式方法，建立健全优进绌退、动态管理、备用结合的优秀年轻干部储备库。在每年开展后备干部集中推荐的基础上，注重在基层一线、吃劲岗位和重点工作、重大项目中发现识别年轻干部，注重通过工作调研、检查评比等时机，考察了解年轻干部的一贯表现和群众口碑，坚持用多双眼睛看人，努力把年轻干部考准考实，把那些政治素质好、工作能力强、发展潜力大的优秀年轻干部及时纳入储备库，形成以博士生为龙头、以硕士生为中坚、以本科生为骨干的优秀年轻干部梯队，做到长流水、不断线。搭建形成以量化指标为核心、以运行机制为保障、以管理平台为支撑的"三位一体"人才评价体系，精心选拔40名管理人才、20名技术人才、40名技能人才，建成"424"百名青年人才库，对其中学历层次较高、专业能力较强的优秀年轻人才，根据专业特长、工作履历和工作业绩，纳入年轻干部培养选拔视野，其中22人走上二级领导岗位，占近5年提拔干部总数的20%。

四、唯才是举，注重大胆使用

搭建年轻干部竞争上岗"擂台"，变"伯乐相马"为"阳光赛马"，激励更多优秀年轻干部"走出来、跑起来"。近年来共开展8次二级副职干部公开招聘，提拔49人，其中40岁以下年轻干部26名，让优秀年轻干部用当其时、才尽其用。为进一步拓展年轻干部职业发展通道，制定《人才成长通道建设实施方案》，建立高级专家团队，结合工作需要和个人专长，17名二级干部先后转至专业技术岗位，从事管理咨询、技术支持、课题研究、人才培养、学研交流等专项工作，在发挥好优秀人才技术特长、专业优势的同时，也为年轻干部提供了充足的成长空间。

五、突出实干，注重担当激励

注重教育引导年轻干部不断强政治、优品格、扩格局、提境界，对不同类型的年轻干部有针对性地进行实践锻炼，变"大水漫灌"为"精准滴灌"。建立双向交流干部信息库，搭建年轻干部"练兵场"，深入实施年轻干部"一线工程"，通过思想上帮、工作中带、业务上传等方式，有计划、分批次选派35名年轻干部到基层一线、项目现场任职锻炼；优选百名年轻干部在保障新建炼厂开工、特殊时期保供、疫情防控、脱贫攻坚等重点工作中接"烫手山芋"，59名干部走上新一级领导岗位。安排年轻干部承担重要课题研究任务，10余项创新成果获得中国石油和行业协会表彰，其中管理体系融合获得国家级管理现代化创新成果二等奖、综合营运指挥平台项目建设获中国石油和化学工业联合会科技进步三等奖，年轻干部能干事、会干事、干成事的本领不断增强。加强分析判别，深度掌握每名年轻干部的专业特长、性格气质、家庭状况等，通过空缺岗位公开招聘和自主申报相结合的方式，57名年轻干部实现跨地区交流任职；加强考核激励，对年轻干部各方面表现情况进行量化，年度考核结果按照排序强制分布为A、B、C、D四类兑现绩效奖金，高低差达到30%，累计兑现300余万元专项奖励实绩突出的优秀干部；完善年轻干部思想调研、解难纾困工作机制，落实党委委员基层调研时谈心交流、集中办会时专题座谈的要求，鼓励和支持年轻干部沉下心来干工作，肯干、苦干、实干的氛围更加浓厚。

作者：谢建林、董麒山、王慈刚、韦甲、王金丹

以点带面打好干部管理监督"组合拳"

测井有限公司

测井有限公司认真贯彻落实全面从严治党、从严管理监督干部要求，以考核工作为抓手，有效构建集"经营业绩、履职能力、质量安全、纪检监督"等内容于一体的干部日常管理监督体系，系统完善"问题导向、基层调研、落实制度、跟踪评估"管理闭环和联动运行机制，下好考核退出"先手棋"，以点带面打好管理监督"组合拳"，为高质量有序推进考核退出工作探索出一条新路。

一、问题导向，把准工作之"要"

始终将考核工作作为落实决策部署、检验政治站位的重要标尺，作为深化人才强企、推动干部"能上能下"的重要举措，2021年以来先后修订印发《中层领导班子和领导人员综合考核评价办法》《党建工作责任制考核评价实施细则》《加强对"一把手"和领导班子监督的任务清单》《测井有限公司管理人员考核退出实施细则》等系列制度文件，加强对年度考核情况的系统分析研判，在考核数据的细微变化中寻找"蛛丝马迹"，以小见大，推动班子建设深层次问题"追根溯源"。通过分析年度绩效考核结果情况，一家所属单位成为组织重点关注"帮扶"对象：该单位2021年度领导班子考核94.33分，各项指标低于公司平均水平，年度考核被评价为"一般"等次，其党群正职和一名班子副职年度综合考核被评为"基本称职"等次。通过考核，集中暴露该单位领导班子在管理方面存在职能严重缺位现象，干部员工不满意情绪通过履职测评工作集中反映和表现出来。通过联系该单位管理运行实际，3年来，该单位安全生产工作情况不佳，问题隐患发生率较同类型单位偏多。为进一步深挖成因，对该单位开展班子建设专项调研，帮助查找在领导班子及干部队伍建设等方面存在的突出问题。

二、基层调研，摸清班子之"情"

党委组织部成立工作专班，对重点关注帮扶单位开展班子建设专项调研。召开会议沟通对接，向领导班子通报调研目的，提出相关要求，听取班子成员表态，为高质量有序开展调研夯实工作基础；与干部员工逐一谈话，重点听取三级正副职、一二级工程师等对改革发展、班子建设和作风建设等方面的意见建议；组织形势宣贯座谈，与各级员工代表进行座谈交流，集中听取基层意见建议及诉求；组织专题问卷调查，对领导班子满意度、班子成员满意度、班子调整态度、班子功能补充进行调查；形成调研工作报告，通过深入分析研判，精准定位该单位5个方面突出问题。针对顽疾，开出良方，提出5项具体工作措施。抓住领导干部这一"关键少数"，研究提出加强班子建设工作方案，为后期开展队伍建设工作提供精准参考。强化调研成果运用，将该单位领导班子建设作为二季度干部调整工作重要内容，持续加大班子正职调整补充力度。

三、落实制度，把稳改革之"舵"

聚焦中国石油考核退出制度要求，不断强化管理人员末等调整、不胜任退出。及时通报提醒，以专题会议形式组织召开考核谈话会议，测井有限公司主要领导出席，宣贯中国石油管理人员考核退出制度，对综合考核所暴露出的苗头性倾向性问题和其他需要引起重视的情况及时提醒，通报班子建设专项调研发现问题，讲目的、明形势、指问题、提要求，亮"黄牌"，打"预防针"。严格管理监督，对该单位领导班子和2名年度考核评价为"基本称职"等次的班子成员开展诫勉谈话，限期整改。严格考核退出，经研究，对行政正职作出调离处理决定，平级交流至同类规模较小单位任职；对党群正职作出免职处理，同时，注重发挥个人专长，安排参与公司管理专题项目。鲜明用人导向，针对该单位班子现状，坚持德才兼备、好中选优、优中选强，把既懂生产经营又懂党务工作、具有较强治企兴企本领的复合型优秀干部配备到"一把手"岗位上，坚持以上率下，激励担当作为，持续树立重实干、重实绩、重担当的鲜明用人导向。

四、跟踪评估，夯实发展之"基"

强化定期跟踪，结合工作调研、专项检查，以半年为周期，对该单位领导班子建设成效进行全面系统评估，听取干部员工对班子建设工作的反馈评价；坚持上下联动，针对新班子在深化内部改革过程中遇到的各类矛盾问题，本部职能部门强化业务协调，在政策机制层面提供指导帮助，推进一揽子改革举措落细落实，为该单位高质量健康发展营造良好氛围。调整一年来，该单位经营业绩持续向好、改革成效不断显著、员工面貌焕然一新。2022年，该单位生产经营各项指标全面超额完成；领导班子综合考核评价为"好"，班子考核排名由上一年度的板块第12名跃升至板块第7名；班子主要负责人综合考核评价为"优秀"，两名正职考核排名由上一年度的板块第22、23名跃升至板块第11、12名。通过干部考核带动班子建设，该单位各级干部员工干事创业精气神得到有效提振，全面汇聚起目标同向、思想同心、行动同步、标准同度、意志同力"五统一"发展合力。

作者：张宪、方抒睿、张晗

探索创新完善市场化选人用人机制 打造高素质干部队伍

昆仑数智科技有限责任公司

昆仑数智科技有限责任公司积极探索建立选人用人导向鲜明、识人察人准确、考核激励精准、流程运行高效的"12345+8N"（图1）干部管理体系，完善干部"能上能下"机制，打破"铁交椅"，打造政治坚强、本领高强、意志顽强的高素质专业化干部队伍，进一步激励干部新时代新担当新作为。

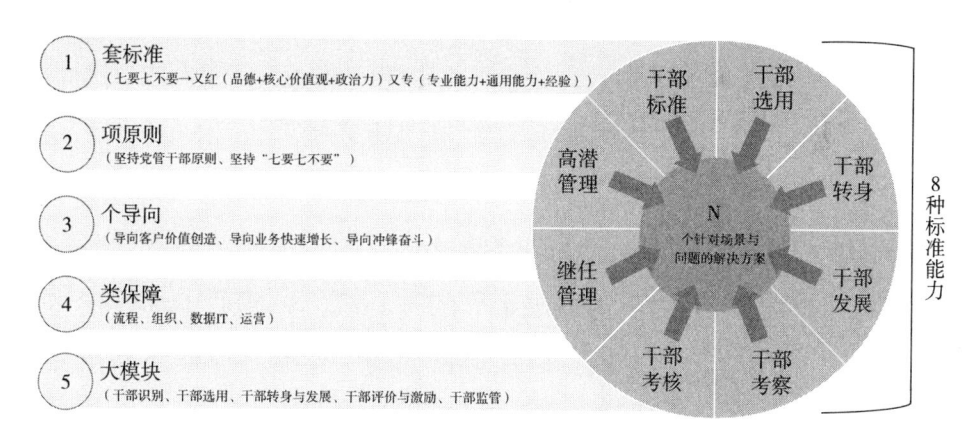

图1 "12345+8N"干部管理体系

一、以业务导向为核心，打造市场化干部管理体系

（一）对齐行业标杆，聚焦顶层设计

坚持党管干部原则，干部队伍建设做到"七要七不要"（图2）。借鉴行业标杆企业商业化运行成功实践，对齐"数智中国石油"发展

战略，明确导向客户价值创造、导向公司业务快速增长、导向干部员工冲锋奋斗的核心理念，明确公司长远发展中干部队伍的核心价值，以岗位管理为核心，切实做好未来 3～5 年公司干部队伍发展规划。

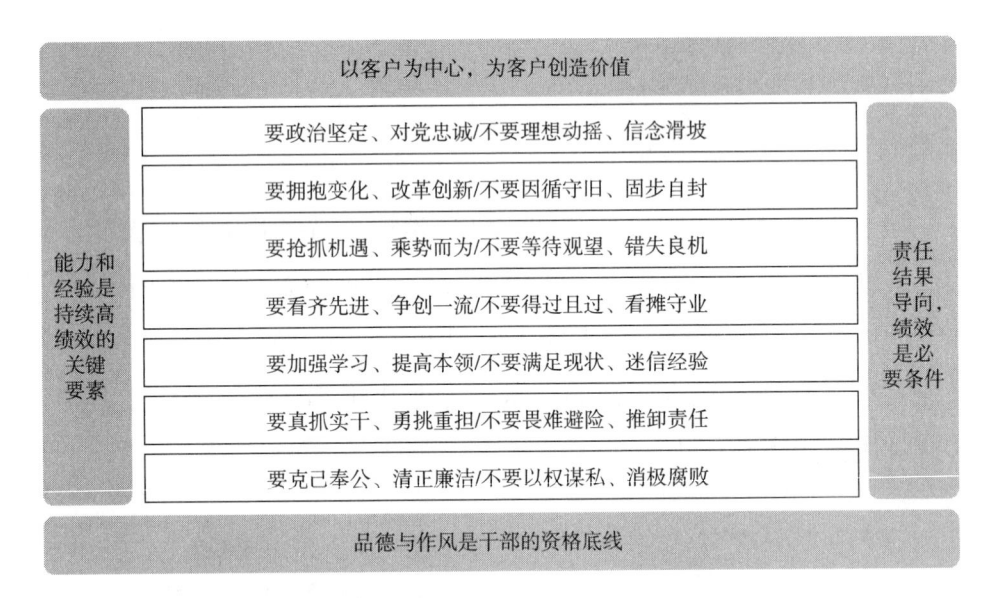

	以客户为中心，为客户创造价值	
能力和经验是持续高绩效的关键要素	要政治坚定、对党忠诚/不要理想动摇、信念滑坡	责任结果导向，绩效是必要条件
	要拥抱变化、改革创新/不要因循守旧、固步自封	
	要抢抓机遇、乘势而为/不要等待观望、错失良机	
	要看齐先进、争创一流/不要得过且过、看摊守业	
	要加强学习、提高本领/不要满足现状、迷信经验	
	要真抓实干、勇挑重担/不要畏难避险、推卸责任	
	要克己奉公、清正廉洁/不要以权谋私、消极腐败	
	品德与作风是干部的资格底线	

图 2　干部职责与"七要七不要"

（二）完善干部体系，突出业务导向

以《干部管理纲要》为顶层指导的核心载体，阐明干部管理体系框架，支撑公司中长期发展。以顶层指导的"不变"应业务高速变化产生的"万变"，实现公司全面发展大局中统一指挥，下沉业务精准施策的良好运作。以市场化商业理念为核心，结合打造云应用生态，实现油气业务"上云、用数、赋智"的业务模式、商业模式变革要求，明确公司当前发展阶段干部管理的理念和导向，强化战略引领，灵活高效支撑业务发展。发布《干部管理纲要》《干部管理办法》《管理岗位配置管理办法》等制度（图3），提升干部管理科学化规范化水平。

探索创新完善市场化选人用人机制　打造高素质干部队伍

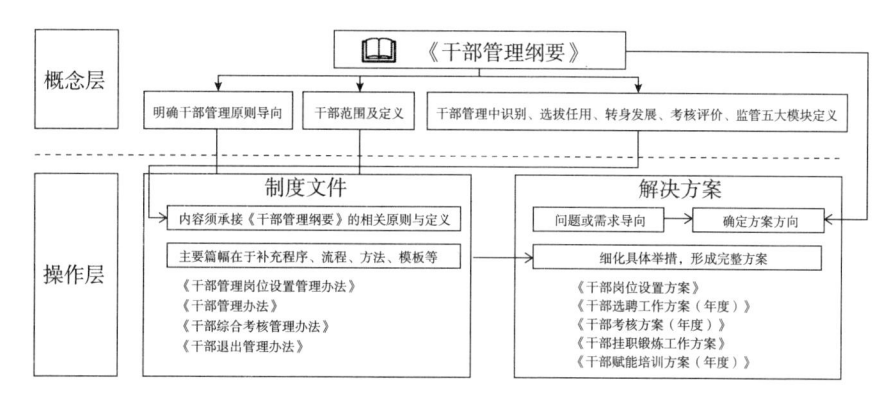

图3　干部管理制度体系

（三）规范能力建设标准，强化专业支撑

贯穿干部管理"选、用、育、留、管"全生命周期，划分识别、选拔任用、转身发展、考核激励、监管五大模块，提炼干部标准、选拔任用、干部转身、干部发展、干部考察、考核评价、继任管理、高潜管理八项能力，明确流程、组织、数据IT、运营四类保障，规划两层组织（图4）。以能力为核心开展标准化建设，用好干部标准和差异化岗位要求这把"标尺"，借鉴标杆企业先进实践，将干部管理标准化能力建设在组织、流程上，为市场化、专业化的干部管理提供坚实的理论和行动基础。

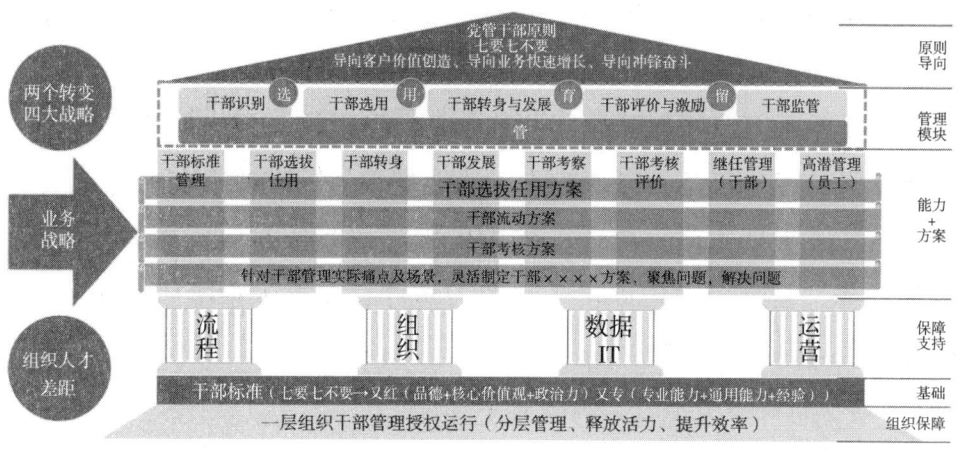

图4　干部管理体系框架

253

（四）两不一倾斜，从严职数管理

聚焦主责，明确一层组织副职兼任二层组织主要负责人，不虚设岗位；聚焦能力，以干部标准和差异化岗位要求为标尺，突出人岗相适、人事相宜，不因人设岗；干部职数向区域、海外和公司发展关键领域倾斜。聚焦价值创造与业务增长，遵循"按需设岗、权责清晰、动态调整、依规管理"的基本原则，匹配组织变革，规范一层组织、二层组织党政领导干部岗位和职数设置规则，明确价值创造是衡量岗位价值的唯一标准（图5）。对管理岗位实施层级化、标准化、商务化的统一管理。

图5 岗位设置原则

二、以竞争驱动为原则，贯通干部发展上下通道

（一）提高站位认识，选用导向鲜明

始终坚持党管干部原则和市场化改革方向，聚焦客户价值创造和业务快速增长，着力锻造支撑当前、引领未来的"三强"干部队伍，以高素质的干部队伍保障公司改革创新转型发展。树立鲜明选人用人导向，坚持德才兼备、以德为先，始终把政治标准放在首位，注重从日常工作、大战大考、具体事例中识别干部德才素质；在关键时刻、急难任务、复杂局面中评价干部能力素养，在大事难事中选担当者、在实践实战中选实干家。

（二）积极稳妥推进，加强班子建设

总体统筹、分步推进干部选聘工作，以业务平稳推进、有序开展

为前提，横向按照组织类型分步开展，保障干部有序流向发展关键领域；纵向按照组织层级先后开展，层层压实责任。按照"宜专则专、宜兼则兼"原则，选配一层党组织书记、副书记，在治理体系中切实加强党的领导。构建一层组织领导班子，压实领导责任，提高管理效率，强化集体决策、民主决策，充分发挥领导班子整体领导力，推动业务发展和队伍建设，打破干部盖层。

（三）岗位差异要求，精准选人识人

推动干部管理变革实践应用，为每一个岗位定制差异化岗位要求，以业务为核心，明确业务特性与挑战、岗位职责、关键领导力、关键经验及个人特质等要求，为人岗适配提供科学依据。对不同层次、不同类型岗位基本任职条件与人选范围精心商榷，从组织实际需要着眼，差异化基本任职资格要求，具体标准见图6。以责任结果为导向，明确破格条件，为高绩优骨干员工搭建展示自我的舞台。

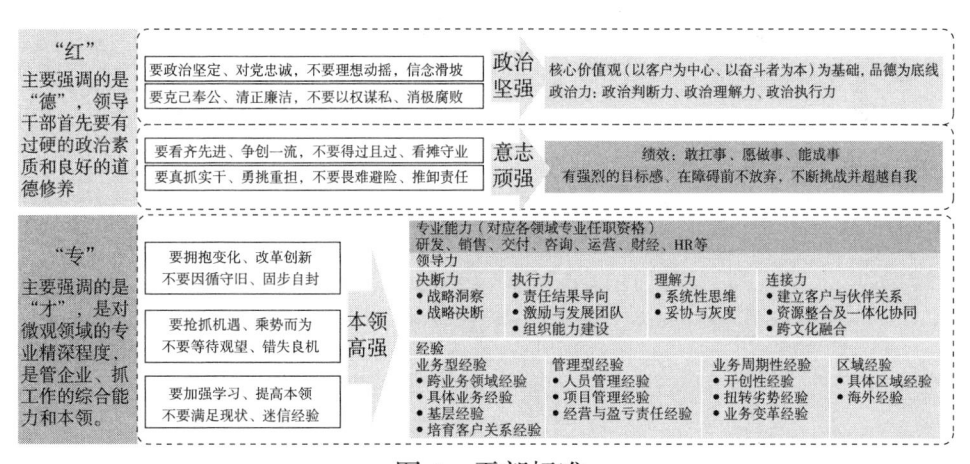

图 6 干部标准

（四）大力推行竞聘，结构持续优化

进一步扩大选人用人视野，为高质量推进转型变革选优配强干部。结合组织变革工作推进，通过"全体起立、公开竞聘、择优坐下"的方式积极稳妥推进干部选聘，竞争性选拔比例达77%。以干部标准和差异化岗位要求为核心，突出人岗匹配。全年选聘干部135人，其中43名骨干员工走上干部岗位。40岁及以下干部占比52%，其中35岁及以下17人；41~45岁占比31%，46岁及以上17%，高标准落实三个"三分之一"要求。发布《干部退出岗位管理办法》，常态化制度化落实干部末等调整和不胜任退出，全年干部退出34人，按照公司岗位管理办法，转为技术族群，易岗易薪，畅通"下"的渠道。

（五）严格选用审核，强化任职资格

严把"资格关、考试关、能力测评关、竞聘答辩关、考察关、培训考核关、试用期考核关"七关审核（图7），全面考察人选综合情况，从主观判断到客观依据，实现"以能力论高低，以标准定上下"的市场化干部选配机制。灵活开展人事信息与档案审核；管理与专业考试考察企业文化与价值观传承及专业实力；充分引入市场先进测评工具，客观评价管理素质与潜力；对齐干部标准与组织绩效述职答辩，推行竞聘考评分层定制，突出业务导向；全面考察、充分应用，7人经过组织考察未获得提名；加强培训考核，提升干部学习意识与本领意识；常态化试用期考核，增强干部危机意识，聚焦价值创造。

图7 严把"七关"审核

作者：杨剑锋、胡长乐、王朝辉、陈勋、刘玺

第四部分 员工"能进能出"篇

积极探索 以点带面
打造员工市场化退出新机制

国际勘探开发有限公司

国际勘探开发有限公司针对员工出口不畅、员工队伍缺乏危机意识和竞争意识等问题，完善制度、创新机制、强化管理，打通员工退出机制与人才管理机制的壁垒，积极探索内部"去行政化"和外部市场化管理，逐步构建完善以合同管理为核心、岗位管理为基础、与市场薪酬相匹配的市场化用工体系。

一、统筹谋划，构建"1+X"员工市场化退出机制

（一）搭建"1+X"机制架构

国际勘探开发有限公司多年来持续探索和优化员工退出机制，坚持市场化改革方向不动摇，将员工市场化退出机制的构建作为推进三项制度改革实施的重要抓手，撬动困扰公司多年的员工出口通道不畅通问题，加快建立市场化选人用人方式，推动市场化人才管理体系的完善。结合海外项目及国内工作的现状，总结北京锐思公司员工安置专项工作经验[1]，创新设计了"1+X"的员工市场化退出机制，其中"1"即《中方员工退出管理办法》，"X"即各项退出情形配套 SOP（Standard Operating Procedure）流程。通过建章立制，明确员工退出各类情形及

---

[1] 北京中油锐思公司充分利用内部人力资源统筹配置平台，强化系统内挖潜盘活，通过市场化用工体制，近 2 年妥善分流安置员工 42 人。

管理要点,通过标准化员工退出流程,细化各操作环节及操作要求,双管齐下,使员工退出管理工作成体系、有规矩、增效率、防风险。

(二)以"1"办法为管理核心

《中方员工退出管理办法》的设计以《中华人民共和国劳动法》《中华人民共和国劳动合同法》等国家法律法规要求为基础,结合海外项目及国内用工实际情况,充分参考公司过往员工退出工作经验,针对目前公司员工退出管理工作存在的员工出口不清晰、现有制度较零散陈旧、表单标准化程度低、操作流程不明确、系统配合差等现实问题,经梳理整合过往制度文件后对员工退出管理办法进行编制。

(三)以"X"个SOP配套流程为支撑

为配合《中方员工退出管理办法》的有效落地执行,共设计包括待岗、辞退、辞职、退休、离岗退养、工作关系调出、借聘返回原单位等在内的7个SOP配套管理流程。每个流程均由"流程图+流程说明"两个文件组成,流程图以职能带的方式对流程中的各相关部门、岗位职能界面进行合理划分,清晰地展示了业务流动的每一步骤,对须进行审批事项进行说明,并附可能涉及的表单及信息系统,便于配套使用。

二、积极探索,推进员工市场化退出工作

在控制员工总量、盘活内部存量、优化队伍结构等方面,通过试点先行,逐步推广,取得了一定成效。

(一)建立市场化用工机制

以岗位价值评估体系建设为前提,夯实市场化人才基础;以"去行政化"为引领、岗位管理为突破,探索实践市场化干部管理;以多元调配为手段、职业经理人为试点,全面激活市场化用工;以岗位价值为核心、绩效考核为调控,配套实施市场化收入分配制度;以市场

化退出方式为依托，合理妥善安置退出员工。

（二）打通分流安置"五通道"

根据实际用人需求与个人意愿，采用"分类管理、逐步推进"的工作方法，通过5个出口通道实现员工有序退出。一是公开招聘。满足招聘条件的，优先推荐到海外项目工作，同等条件优先录用，员工直接与国际勘探开发有限公司建立市场化劳动关系，薪酬遵循市场价位重新确定。二是原地划转。未成功应聘岗位的，市场化薪酬标准按照相关岗位的入阶级别设定，控制协议年薪总额。三是自然减员。除退休等自然减员方式外，鼓励员工应聘至勘探院或其他集团成员企业岗位，实现调出减员。四是协商解除。对于不同意划转条件的或不愿继续存续劳动关系的，协商解除或终止，依法支付经济补偿，鼓励员工自主择业，实现人才向社会合理流动。五是第三方划转。对外语成绩不达标或放弃外语考试的，通过友好协商方式与员工解除劳动关系后，转为业务外包派驻北京锐思公司工作。

（三）多元评估保证薪酬待遇

在制定人员安置方案时，充分考虑员工的历史贡献，尽可能将员工历年绩效考核情况、曾任职务和岗位、专业技术职称、工龄等因素纳入评估范围，通过协商方式确定薪酬待遇，与国际勘探开发有限公司直接建立劳动关系，满足了员工职业发展诉求，体现了公司以人为本的管理理念。市场化机制的充分利用，激发了员工活力，增强了企业凝聚力，实现了组织和个人的双赢发展。

三、考核评估畅通人才发展和退出通道

建立健全涵盖品德、知识、能力、业绩和贡献的人才考核评价标准体系，分级分类分专业开展人才考核评价，确保考核公平、公正、公开。定期或不定期组织开展人岗匹配度评估，结合人力资源战略、

规划，评估当前岗位人员是否为最佳匹配人选，对不适合岗位要求的人员进行岗位调整。通过搭建"两横两纵"多维人才发展职业化通道，构建岗位"能上能下"、人才"能进能出"的纵向市场化通道和"管理与专家并行""内外平台交流"的横向国际化通道，实现人才发展国际化、市场化、制度化，为推动员工岗位调整提供有效途径。

国际勘探开发有限公司持续健全完善员工梯次化推出机制，确立各类退出标准，通过契约形式固化退出渠道，形成人员良性流动，员工退出机制进一步建立健全，员工出的通道进一步打通。在保证员工队伍稳定的基础上，2020年至2022年，通过待岗、离岗退养、协商解除、合同终止等方式，累计办理员工退出123人。

作者：鲁燕、韩琛

控总量 盘存量 提活力
持续优化人力资源配置

大庆油田有限责任公司

大庆油田有限责任公司持续加强劳动用工管理，全力优化人力资源结构，控总量、盘存量、提活力，有效解决老龄化严重、冗缺员并存、自然减员达到高峰等诸多矛盾。近3年，在油水井新投产12030口以上、未上市营业收入同比增加27.49亿元的情况下，员工总量由21.26万人降至目前的17.4万人，降幅18.16%，为大庆油田有限责任公司高质量发展提供了坚实的人力资源保障。

一、持续优化队伍结构，科学调控用工总量

坚持员工"进出两条线"管理，着力创新改革举措，推进员工总量控制，有效激发企业创新创效活力。

（一）严把人员新增入口

立足人才布局优化，精准人才引进，做精"加法"。精选毕业生，针对专业化人才需求，由广泛撒网变为重点捕鱼，优选高校主体专业毕业生700余人。精招骨干员工，结合国家政策，优选素质优、能力强退伍军人补充油田亟需岗位。精聘技术人才，突出重视高科技人才引进，以靶向招聘、专兼特聘等方式大力招揽外部技术、技能专家到油田工作。3年来累计招聘820余人，年均招聘人数与"十三五"期间相比下降60.8%，实现了由规模增员到精品选员的转变。

（二）大力畅通减员出口

强化用工管理，提升用工效率，做大减员"减法"。严管理清退减员，研究制定劳动合同管理、员工奖惩等制度，持续开展长期不在岗人员清理清退工作，通过 ERP 系统筛查、群众举报、随机抽查等方式，清理清退各类人员 242 人。用政策划转移交，准确把握国家剥离企业办社会职能政策，与政府协商移交企办院校、医院员工 7382 人。强整合整体划转，积极推进大庆钻探工程公司所属物探和测井业务移交中国石油专业公司，整体划转员工 6491 人。

（三）积极稳妥分流安置

针对通过其他方式难以安置的富余人员，积极开展劳动能力鉴定，对符合条件的因病或非因工负伤人员，采取内部退养、离岗歇业等方式妥善安置，累计办理内部退养与离岗歇业 2000 余人。同时，在大庆钻探工程公司开展短期离岗试点，积极拓宽人员分流安置渠道，累计办理短期离岗 300 余人。

二、大力开展调剂优化，多措并举盘活存量

健全完善多元高效的用工机制，持续优化人力资源配置，打造一支与大庆油田有限责任公司发展战略及发展阶段相适应、素质优良、富有活力的员工队伍。

（一）加速"内循环"进度

牢固树立"一家人、一条心、一盘棋、算大账"理念，所有新增用工需求，优先使用油田内部富余人员。打破上市与未上市壁垒，充分挖掘未上市企业人力资源潜力。2021 年以来，通过业务承揽等方式在上市生产单位安置未上市富余人员 5800 余人。结合亏损企业治理，大力开展上市单位和未上市亏损单位"一对一"结对帮扶，矿区服务单位向上市单位劳务输出 700 余人。"十三五"以来，累计在上市单位

安置未上市富余人员1.1万余人，推动了上市、未上市协同发展。

（二）加快"走出去"步伐

探索不同方式，在油田外部市场寻求新突破。充分利用人力资源统筹配置平台等途径，大力协调用工单位，在中国石油内部安置富余人员1300余人。在外部拓宽渠道，利用"三供一业"剥离改革契机，积极向企业办社会职能接收单位申请业务承揽，充分利用大庆钻探工程公司、大庆油田建设集团等单位专业优势，积极推动向相关服务企业劳务输出，2020年以来，累计以业务承揽、劳务输出等方式，向油城公交公司、北控集团、中海油等单位劳务输出近1000人。

（三）加大"调结构"力度

结合油田深化改革，大力优化人员布局，实现人力资源与业务结构优化、组织体系提升同步调整、同步到位。油田层面统筹优化，抓住井下作业、电力运维、档案管理等业务专业化整合契机，优化划转人员7560人，有力保障辅助业务专业化开展"一对多"服务。二级单位内部系统调整，结合"油公司"模式改革，全面优化内部人员结构，三级领导职数压缩15%，本部管理人员压缩13%，全面取消小队层级，减少管理人员7000余人，人员结构更加合理，用工效率大幅提升。

三、配套薪酬分配改革，持续激发活力动力

着眼激发动力活力，持续完善工资总额决定机制和正常增长机制，充分发挥薪酬分配的杠杆导向和激励约束作用，有效调动员工的积极性、主动性和创造性。

（一）突出效益效率导向

完善差异化的工资总额决定机制。构建由工资效益效率联动、效能对标调节和工资水平调控等共同组成、协调运转的工效挂钩办法，重点向指标完成好、效益贡献大、劳动效率高的单位倾斜，2022年油

气生产型、市场经营型、行政事业型、科研型单位人均挂钩增量最高最低分别相差21760元、12120元、3200元、1560元，实现薪酬分配与企业效益和劳动效率精准挂钩。建立外部市场开发奖励机制，区分不同市场类型，按外部市场收入的一定比例计提工资总额，助力各单位加快"走出去"步伐。实行优化人力资源配置奖励，对主动开展劳务输出、业务承揽的单位，每新增输出1人奖励0.5万~2万元，鼓励各单位盘活用工、提高效率。建立工资总额单列机制，对科研单位在坚持工效挂钩考核兑现基础上，每年另行核增一部分工资总额，2022年人均核增2.47万元，专项用于科研人员激励，确保科研单位人均工资增幅高于公司整体增幅。

（二）完善精准化的激励机制

强化引进人才激励，对优秀毕业生设立最高25万元的优才津贴和2万元的优秀生津贴，并依托勘探开发研究院成都分院，实行"人才飞地"引才模式；对选聘的高层次人才建立市场化分配机制，收入直接与劳动力市场价位接轨。构建核心技术、技能人才收入与相应层级管理岗位对应机制，深化专业技术岗位序列薪酬改革，提高技术技能津贴标准，出台多项科研人员、技能人才专项奖励办法，提升核心人才薪酬竞争力。坚持薪酬分配向基层一线和关键艰苦岗位倾斜，差异化提高岗位工资、上岗津贴、夜班津贴标准，加大奖金分配倾斜力度，充分拉开前线与后线员工的收入差距，井下作业工、钻井工、采油工人均收入分别为后勤服务岗位员工的1.9倍、1.8倍、1.5倍。建立边远地区员工倾斜奖金，每人每月400~1800元，引导员工扎根边远地区、安心本职工作。

作者：李钟磬、梁国军、谢诤、范周、马长青

盘活人力资源　提升价值贡献
激发老油田发展"新活力"

辽河油田分公司

辽河油田分公司聚焦"控减压降""强优转提"总目标，持续优化盘活人力资源，变"包袱"为"财富"，变"资源"为"资本"，让一个"老油田"焕发了"新生机"。2020年以来，实现了"三个万人以上"，即：员工总量下降1.5万人，外闯市场从业人员1万人以上，分流安置1万人以上。全员劳动生产率由21.03万元/人提升至40.27万元/人，提高92%，人力资源挖潜创效7.1亿元。

一、坚持从严从紧，员工总量"减下去"

坚持员工"进出两条线"管理，严把入口、敞开出口，多措并举压减员工总量。

（一）完善考核机制

健全员工总量与企业效益、人均劳效双挂钩的差异化核定机制，将员工总量、措施减员指标刚性分解到各单位，与领导班子和单位工资总额考核挂钩，超额完成的奖励工资总额，未完成的按比例扣减。

（二）严把员工入口

除政策性安置外，新增员工全部推行严格的公开招聘，加大重点院校与主干专业优质毕业生引进力度，探索建立成熟性人才引进机制。将有限的新增员工向新兴业务、重点项目、艰苦岗位倾斜，压减人均劳效低、亏损严重单位用工，辅助业务及其他非主营业务直接用工

"只减不增、只出不进"。

（三）畅通员工出口

逐人逐岗清理长期不在岗人员，严肃劳动纪律，严格劳动合同管理，对违反劳动合同的依法依规解除；鼓励特殊工种提前退休、女干部转操作岗位提前退休、因病提前退休，推进厂办大集体、混合所有制、企业办社会业务剥离退出等改革举措落实落地，持续压减员工总量。3年来，累计市场化退出6000余人。

二、坚持"三定"先行，富余人员"显出来"

坚持拆庙并灶、瘦身健体，优业务、压机构、减冗员。

（一）优化业务"归核化"

打破"大而全""小而全"业务结构，形成"5+7"业务归核化发展格局。一次性完成修井作业、物资供应、车辆运输、公建物业及注水等"5+N"项业务的主辅分离、专业化重组，先后完成工程技术、工程建设、石油化工技术服务、外部市场、社保离退等业务重组整合，以业务的优化调整，带动人力资源优化配置。

（二）压减机构"精干化"

持续优化提升组织体系，三次推进公司本部大部制改革与二级单位"三定"工作，优化职能配置，精简机构编制，压缩管理层级，压减二级机构12个、三级机构254个、基层领导人员职数1068个。

（三）推动富余人员"显性化"

按照中国石油"富余人员显化比例不低于10%，亏损单位不低于20%"要求，区分盈利与亏损单位，按人均产量、人均利润，实施差异化定员，精干主营业务用工，大幅压缩低端低效业务人员，按需设岗、按岗选人，倒逼富余人员显性化，富余人员显化比例最高达到了15.5%。

三、坚持调剂盘活，搭建平台"动起来"

坚持眼睛向内、深度挖潜，充分发挥人力资源调剂平台的"蓄水池"与"调节器"作用，盘活存量，提升价值。

（一）搭建调剂平台

建立内部人力资源市场，组建人力资源调剂中心，打造人力资源调剂实体平台，引导富余人员"上平台、动起来"，对内顶替外雇岗位"出劳务"，对外开疆扩土"走出去"，实现自己的活自己干、外部的活抢着干。搭建42个人才资源池，7100名优秀人才率先进池、赋能、调剂、盘活、共享，有效提升人力资源价值。

（二）完善专项政策

制定出台《关于完善人力资源调剂平台推动人力资源优化配置的意见》，赋予调剂平台"吸纳冗员、强化培训、挖掘岗位、人员调剂"四大功能，配套冗员考核、转岗培训薪酬待遇、外闯市场奖励、离岗分流工资总额奖励、个人原因待岗待遇等政策，倒逼各单位抓培训、抓转型、抓分流、抓安置。

（三）挖掘内部岗位

全面清理内部劳务市场，深挖内部潜力，将人工成本占合同额80%以上的业务外包项目，纳入劳务外包项目管理范畴，从严审查审批程序。按照"先识别、后清理、再顶替"的流程，清理顶替消防电话员、监理人员、巡线员等业务外包劳务用工与外雇工4893人。

四、坚持价值提升，外闯市场"走出去"

坚持以价值增值为导向，切实让人员动起来、走出去，让潜能释放出来。

（一）赋能培训提素质

聚焦新能源、储气库、天然气等业务，超前开展专项培训，为中长期发展储备人才。紧盯燃气终端、炼化等外部市场需求，加强转型培训，重点培养 LNG 处理、站场运维等业务骨干 500 余人。强化采油采气、油气储运等主体工种接续补充，从后勤与社会服务等低端低效业务转岗培训 5700 余人次，提前做好"转岗能上岗"技能储备。

（二）外闯市场拓增量

瞄准长庆油田分公司、新疆油田分公司、西南油气田分公司、煤层气有限责任公司等，积极培育油气藏勘探开发、采油采气管理、油气集输站场运维等技术服务能力，实施"项目化+专业化"模式，组织优秀人才承揽项目、创收创效，输出人员 1800 余人。紧盯新能源、炼化销售等外部市场需求，结合"三供一业"分离移交及低端低效业务退出，冗员多、分流难等实际，强化"三定"倒逼与政策激励，破除"守家带地"思想，向广东石化分公司、辽河石化分公司、盘锦水务公司、宝石花物业管理有限公司等企事业单位，劳务输出 2000 余人。与昆仑能源有限公司主动对接，签订人力资源战略合作协议，承揽天然气站场运维等项目，劳务输出 150 余人。

（三）政策激励增活力

出台《辽河油田公司外部市场管理办法》，将外部市场分为外部创效、外部增收、对外创收和产品销售四类，分别按照利润、收支结余额、创收额、增量利润额指标考核奖励。对外闯市场员工，按照现场工作天数执行地区补贴政策，基础业绩奖励基数再上浮 10%，通过政策激励确保外闯市场单位得效益、员工得实惠。

五、坚持激励引导，员工队伍"活起来"

坚持效益导向，充分发挥绩效考核"指挥棒"作用，调动人、激发人、鼓励人，充分激活企业内生动力。

（一）工效挂钩"看效益"

推行工效挂钩、工编挂钩，持续完善工效挂钩办法，突出"效益升薪酬升，效益降薪酬降"，根据利润规模及盈利亏损，按97%～100%比例差异化下达基数，并将超编人员50%的基础业绩奖励全部扣除。根据挂钩指标完成情况确定工资总额增幅，最高15%，最低12%。持续完善增储上产、提质增效、重点工程项目组、解困扭亏、外闯市场、人员分流等奖励政策，奖励更加精准，激励更加有效。

（二）内部分配"凭贡献"

不同群体按贡献拉开收入差距，提高基层一线、关键艰苦岗位、专业技术和外闯市场人员收入水平，加大科技创新奖励标准，让做出突出贡献的人员先富起来；非主营、二、三线以及萎缩退出业务人员，降低兑现系数，贡献低、劳效低的"减"收入。同一群体按业绩拉开差距，中层领导人员实行年度考核与任期考核相结合，最高奖励水平是最低的1.6倍；公司本部建立综合评价、业绩考核、党建考核的"三位一体"考核体系，部门之间、部门内部员工之间奖金差异5%；基层岗位员工通过"现场写实""作业标准井"等考核方式拉开分配差距，业绩奖励水平最高是最低的3.5倍。

（三）工作岗位"靠竞争"

全面推行岗位管理，以市场化用工为导向，以"三定"工作为基础，以劳动合同管理为核心，打破身份界限，优化资源配置，建立"竞聘上岗、签约定岗、以岗定薪、岗变薪变"的动态运行机制，实现"三支队伍"由身份管理向岗位管理的历史性转变。

作者：赵万辉、李红伟、赵相文、杨江涛、谢雨桐

"三聚焦"优化人力资源配置 "能进能出"激活价值创造动能

长庆油田分公司

长庆油田分公司锚定建设世界一流大油气田奋斗目标，系统推进人才强企工程，协同推进三项制度改革，以员工"能进能出"机制建设为主线，围绕主责主业、员工队伍、人员结构，精准引才聚才，优化人员配置，强化员工市场化退出，推动人力资源保值增值，改革成效持续凸显。"十四五"以来，长庆油田自有用工始终控制在6.5万人以内，引进各类人才1400人，优化盘活2万余人，依规退出4500余人，实现人力资源价值向最大化迈进。

一、聚焦三大主业，精准引才广开"进贤门路"

（一）突出质量校招引才

围绕地质勘探、油气开发、新能源三大主业，绘制人才需求地图，强化人才队伍现状盘点，精准设置专业范围，加大数理化基础学科、新能源、数智化等专业招聘力度，加大985、211大学和世界名校毕业生招生比例，实现毕业生规模、质量、结构三提升。近3年，共录用毕业生1276人，985、211及"双一流"高校毕业生占比达56%，硕士研究生及以上毕业生占比69%。构建用人单位宣讲、毕业生比对接洽、双方相互选择的配置机制，实现毕业生、用人单位双向满意。坚持把合适的人选到合适的岗位，择优将知名院校硕博士毕业生直接配置到科研单位，将特色专业毕业生配置到紧缺岗位，将其他毕业生配置到技术岗位，确保人岗相适、人事相宜。

（二）拓展渠道外部引才

坚持引才"不拘一格"，加速补齐人才短板。聚焦物探、钻井、测井、录井、固井等专业领域技术人才储备少、年龄结构偏大、人才"断层"等问题，进一步拓宽人才引进渠道，2022年首次面向中国石油系统内部招聘专业技术人员14人，全部精准补充到气田开发、工程技术、勘探开发等急需紧缺和关键岗位，助力突破技术难题。依据能源转型"三步走"战略，采取"高端引"的方式，大力集聚勘探开发、新能源、数智化等关键领域和核心技术岗位"高精尖缺"人才，持续面向社会招聘高层次科技创新人才，以人才"智高点"抢占科研"制高点"。

（三）创新机制市场引才

坚持市场机制和"内内外"原则，统筹引入中国石油内部和社会企业第三方用工，让更多技术技能人才"为我所用"。利用中国石油人力资源配置平台，引入中国石油内部7家企业从业人员6000余人，全部从事采油、采气等主营业务；依托社会优质资源，引进属地社会业务外包企业40余家16000余人，主要从事部分低端业务、辅助性业务和非主营业务；以技术服务方式引进宝石花用工900余人，全部安排到采气、轻烃、消防、井下作业等一线非核心操作岗位，实现控制自有用工总量、缓解兄弟企业经营困局、解决当地群众就业难题三重目标。持续深化第三方用工改革，试点中国石油内部企业、社会企业两种一体化运行模式，全面推进第三方用工从站外向"站外＋站内"扩展，由单一业务运行向多业务一体化转变，推动用工方式转型升级。

二、聚焦员工队伍，优化配置盘活"人力资本"

（一）内部流动"提效力"

建立符合油田高质量发展所需的人力资源流动机制，制定《人力资源流动管理办法》，建立人力资源流动标准，明确解决夫妻两地分居、劳效低向劳效高、二三线向一线等流动导向，突破油气生产单位人员流动限制，推动人力资源合理有序流动。2023年，采取个人申请的方式，调动1000余人；采取通过公开选聘的方式，跨单位调剂操作技能人员125人；采取组织划转的方式，妥善安置退出企业人员125人，内部人才流动效率大幅提升。

（二）公开竞聘"增活力"

全面推行西安区域单位公开竞聘补充机制，制定《关于适度控制公司西安区域单位年度人员补充数量的实施意见》，统筹考虑年度公开竞聘计划，适度控制基层单位人员输出规模和频次，推动公司本部、科研单位及其他西安区域单位有序补充，减轻基层人才流失压力，强化重点部门人才梯队建设。持续规范公开竞聘流程，明确单位申请、个人报名、试聘考察等9项流程，完善理论考试、面试考核、岗位试用3项竞聘程序，形成岗位靠竞争、凭能力的良好局面。

（三）混改派出"添动力"

大力支持集体企业混合所有制改革，将混改企业作为承载辅助业务剥离的有效通道，通过公开竞聘方式，面向油田公司遴选管理和专业技术人员149人，派出到混改企业，补充急需紧缺人才，激活集体企业发展活力和内生动力。加强混改企业人才储备，鼓励集体企业面向社会自主招聘，按需引进专家，探索建立专家库，以高素质人才支撑高质量发展。

三、聚焦人员结构，依规退出激发"企业活力"

（一）建立"出"的机制

针对员工能进不能出弊病，找准退出标准不够明晰、渠道不够畅通的"病灶"，建章立制，精准发力，2016年制订《员工手册》，纳入《员工违纪违规行为处分管理办法》《盗卖油气产品行为处理办法》等10项制度，2022年定制《员工违规行为处理规定》口袋书，明确员工在廉洁从业、经营管理和投资、质量健康安全环保等8个方面违规行为及违法行为的处理方式，规范员工违规违法退出认定标准和工作程序，上紧员工退出"紧箍咒"。近3年，因辞职、违纪违规等依法与员工解除（终止）劳动合同540人。

（二）明确"出"的导向

充分发挥考核管理的"指挥棒"作用和正向激励导向。在第一采气厂试行员工星级管理，聚焦专业技术人员和操作技能人员，全面推行综合考评、动态管理，按照员工自愿申报、组织考核、评定星级流程，依据考核成绩，对照划分依据，将员工确定为六星、五星、四星、三星、二星、一星6个星级，形成"金字塔"形分布，精准识别"塔底"低效绩员工，为推动员工市场化退出提供有力支撑。

（三）强化"出"的举措

持续开展在册不在岗人员清理，逐人逐岗清理不在岗人员，严肃劳动纪律，严查严处擅自离岗、逾期不上班、编造提供虚假请假资料、"泡病假"、挂名吃空饷等人员。加强人力资源数字化管理，开发长庆油田员工智能服务系统，实现全员考勤和请销假信息化管理，实时在线识别不在岗员工。积极适应队伍结构调整需要，鼓励从事特殊工种、因病或非因工致残等达到规定工作年限的操作员工内部退养，退出工作岗位。近 3 年，长庆油田分公司市场化退出 360 人，内部退养 1300 余人，队伍结构持续优化。

作者：常旭鼎、张生永、郭妮妮、李鹏、户晓茹

紧抓改革机遇期 持续提升人力资源价值创造

新疆油田分公司

新疆油田分公司坚持精准补充增量、多渠道盘活存量、稳妥退出余量，持续优化人力资源配置，引导人力资源向创效、创造价值岗位流动。近3年，整体盘活7000余人，油气当量增长11.5%，全员劳动生产率提升246.3%。

一、多举措控减用工总量

面对员工老龄化严重、冗缺并存等矛盾，打破惯性思维，坚持目标引领、问题导向，优化生产组织模式和工时制度，畅通退出渠道、以"提质"补"缺量"，人力资源价值创造能力不断提升。

（一）着力提升组织体系运行效率

积极推进新型采油管理区作业区建设，精简优化组织体系。一是在加大推进物联网建设及新技术应用基础上，整合优化组织机构和岗位，初步建立"生产指挥中心＋运维中心"新型生产组织模式，现场用工需求减幅达53%，实物劳动生产率提升11%。二是进一步强化主营业务组织保障，强化经营管理、油气田开发、新能源、数智化等管理和专业技术岗位定员，合理设置现场运维、应急抢险、电力保驾、计量化验等核心技能操作岗位定员，整合撤并易被数字化替代、低效无效和工作量不饱满的岗位定员，区分盈利与亏损单位，按人均产量、人均利润，实施差异化定员，为科学合理配置人力资源提供了坚实支撑。三是完善排班倒班方式，有效提升员工在岗工作时间，整合撤并工作量不饱和、工作时间不达标的岗位，挖潜盘活 300 余人，在确保各岗位工作量及工作时间均衡的同时，有效提升人均劳效水平。

（二）严格落实人员退出渠道

结合"油公司"业务发展定位，积极稳妥做好富余人员分流安置。一是落实中国石油优化人力资源配置各项举措，在措施减员奖励政策上予以硬兑现，对内部退养、离岗歇业措施减员按 3 万元 / 人奖励，第二年起按 1.5 万元 / 人奖励直至退休。鼓励、引导符合条件的人员办理提前退休、内部退养、协议保留劳动关系、离岗歇业，及时将因年龄、身体、能力等原因不适应岗位人员退下来，共计安置 1600 人。二是持续加强劳动合同管理，严格执行中国石油、新疆油田分公司员工管理各项制度，加大市场化退出力度，严格上岗标准、加强岗位考核，近三年，依法解除劳动合同 800 余人。

二、多途径强化人才选育

坚持把好钢用在刀刃上，加大"高精尖缺"人才引进力度，向主营核心业务、核心关键岗位、新建产能精准补充，实现人力资源优化配置。

（一）严把"增量"入口关，用活用好新增用工指标

坚持"优化配置、调整结构、提高质量、精准投放"，扎实做好校招工作。985、211 及"双一流"大学毕业生生源占比 60%，每年硕士以上生源比例保持在 30% 左右，高质量高素质人才生源率逐年提升。建立人均劳效挂钩的差异化补员机制，重点向新能源业务、油气主营业务、盈利能力强、人均劳效高的单位倾斜，优先满足增储上产主阵地人才需求。

（二）锚定提质，加大高层次人才引进力度

面向战略重点、关键核心、急需紧缺领域，利用中国石油高层次

人才引进平台、内部招聘平台、院士专家工作站、博士后科研工作站等引才引智平台，加大高层次人才引进力度。积极推进第三方战略合作伙伴、社会成熟人才以业务承揽、技术支持等方式参与公司科研、勘探开发等重点工程，通过市场化机制引智聚智，不为所有，但为所用。

（三）精准投放，强化核心关键岗位人才补充

根据主营核心关键岗位需求，指导所属单位在本单位内部培养选拔年轻、高素质、有潜力的操作人员，不断向核心关键岗位输送，强化骨干人才培养。在所属单位内部培养补充的基础上，新疆油田分公司层面每年组织开展公开选聘，打破单位间人才壁垒，引导人力资源向核心关键岗位有序流动。

（四）补足短板，强化紧缺专业人才专项培养

聚焦天然气加快发展、数字化转型、新能源、海外业务布局等需要，发挥各专业技术委员会作用，通过源头培养、实践锻炼、培训转型、外部引进等方式，着力"补短板、强弱项"，加快培养勘探开发、生产运行、新能源、天然气、钻试测录、数智化等紧缺专业人才。按照中国石油"联合培养、一线实践、项目依托、成果导向"的要求，与国内知名院校合作，在石油地质、石油工程等紧缺专业领域联合开展工程硕士、博士人才培养工作，实现人才内部培养、内部挖潜、持续增值的良性循环。

三、多渠道盘活人力资源

坚持用好用活人力资源存量，推动富余人员赋能转型、岗位人员潜力再释放，加大外部市场人力资源投放，推动人力资源存量转再创效。

（一）多策并举显化富余人员

深入推进"五定"，精准补充核心关键岗位人员，定员以外人员全部纳入优化调剂范畴。将转岗培训列入所属单位年度培训计划，建立上岗、转岗、培训、再上岗机制，聚焦智能油田转型，积极开展物联网仪器仪表实操、自动化设备设施维修、现场安全监督、电力运维、新型管理区新技术应用等系统性转岗培训和能力提升培训；对不胜任岗位工作或未能竞争上岗的人员，及时进行岗位调整或再培训，进一步推动员工队伍能力素质转型升级。

（二）做实内部挖潜盘活

借鉴"阿米巴"经营模式，制定《新疆油田分公司内部市场化实施方案》，有序从未上市调剂补充1800余人。坚持"自己能干的活自己干"，新疆油田分公司内部跨单位劳务输出500余人，满足自营业务需求；依法合规、稳妥合理清退化验检测、工程造价、工程监督、电力维护、设备维修等13项外包业务，节约成本5900余万元。

（三）推进外部市场人员输出

立足国际国内两个市场，围绕高端高效项目，坚持"走出去"发展战略，充分发挥油田技术服务公司外部市场平台功能，用好超额利润奖励"三七分成"政策，组织有能力的单位员工参与拓展外部市场。选派394名员工，参与拓展塔里木、尼日尔、哈萨克斯坦等外部市场项目。探索搭建实用型、储备型、战略型三个层次的外拓市场人才评估模型，逐步培养组建一支"精通外语、擅长管理、掌握技术"的高端复合型外拓市场人才队伍。

作者：赵彬、周星呈、马宁、崔跃、陈琪兵

盘活富余用工　释放创效潜能
助力老油田扭亏脱困

吉林油田分公司

吉林油田分公司面对用工总量偏大、基层机构较多、劳动组织僵化、人员流动不畅等突出问题，聚焦员工总量控制目标，以薪酬分配改革为着力点，刚性推行工编挂钩机制，系统实施人员外输、内部盘活、政策减员三大工程，促进了人力资源优化盘活，全员劳动生产率稳步提升，如期实现上市未上市业务"双盈利"。

一、聚焦优化人力资源，推动用工总量"硬下降"

（一）从严从紧控制员工总量

刚性执行"进出两条线"管理要求，严把员工入口关，新增用工全部投向油气生产、科研和外部市场创效单位。牢牢抓住退休高峰"窗口期"，亏损单位和后勤辅助单位只出不进、只退不补、只减不增；按照"人随业务资产走"的原则，向改制单位整体划转240人，实现了员工总量稳步压减。3年来，员工总量净减5627人以上，总体减幅达到15.6%。

（二）深挖劳动组织改革潜力

统筹推进集输系统大工种大岗位改革，节约岗位用工460人；试点推行"人歇机不停"修井连班作业制度，单机生产效率提高35%以上，节约投资5000万元；探索推进承包经营改革，新增采油井组承包240个，减少直接用工700人以上；逐步推行井组夜巡制，节省采油夜班人员360人，促进了主营业务进攻创效型岗位用工的高效配置。

（三）系统优化员工队伍结构

坚持面向生产、按需施教，全面启动员工提素工程，超前培养大工种大岗位复合型人才2450人，按需开展二、三线岗位和特种作业转岗储备880人，采油、集输、消防劳务储备培训520人。采取多种形式加强急需紧缺人才培养，实施主体专业青年人才培训900人，累计从管理向专业技术和操作岗位补充390人，缓解了一线队伍接续不足的难题。

（四）坚决清理清退社会化用工

坚持"自己能干的活自己干"，主动清退新建产能、地面工程外委外雇队伍，组建油土回收、抽油机修复等自营队伍，成立群众创新创效工作站，消化转移富余人员650余人。坚守外部用工"只减不增"底线，压缩保洁、厨师等后勤辅助岗位社会用工350人左右，岗位空缺全部由单位内部优化补充，年减少业务外包成本1800万元以上。

二、聚力拓宽分流渠道，助推富余人员"动起来"

（一）探索实施内部劳务输出

针对单位间人员流动不畅、利用效率不高等历史难题，研究制定内部劳务承包管理办法，建立人力资源共享平台，通过单位间业务承包等方式盘活富余人力资源，新增边远采油厂向川南天然气配置区、矿区物业向油气生产和新能源及重要生产保障单位输出工业物业劳务560人，解决了内部人员流动难题，更为扩大外部市场规模奠定了思想和机制基础。

（二）加快拓展对外劳务输出

坚定实施"走出去"战略，发挥主营业务核心技术与人力资源优势，全面启动外输劳务创效工程，外输劳务规模接连跨越"3""4"字头，3年来向长庆油田分公司、塔里木油田分公司、大庆油田有限责任公司、哈尔滨石化分公司等企业增派采油、采气、消防等劳务480人，累计外输4200人，其中向长庆油田分公司输出达3300人，为支持西部油气上产贡献了"吉林力量"。截至目前，公司劳务外输规模占员工总量达到13.7%，年均创收3亿元，创效1.6亿元左右。

（三）刚性管控高成本岗位用工

坚持"高成本岗位不养一个闲人"原则，严格按照编制精准配置一线用工，富余人员全部转移到低成本岗位，从源头上压减主营业务用工规模和人工成本。同时，构建后勤辅助岗位富余人员"蓄水池"，按需开展转岗技能储备培训，主营业务新增用工或外部市场急需时，再从后线岗位择优补充，累计从一线向二、三线岗位转移1380人左右。

（四）多措并举压减富余用工

重新修订员工退出岗位政策，鼓励富余人员主动离职自主创业，减轻人工成本压力，3年来提前退休78人，办理退养歇业、短期离岗、协议保留劳动关系774人。严格劳动纪律和绩效管理，从严从速惩处员工违法违纪行为，集中清理长期在册不在岗人员210人，对因盗油、盗公、长期旷工等达到解除条件的一律除名，员工市场化退出率有所提升。

（五）拓宽干部分流安置渠道

刚性实施中层和基层领导人员到龄退出机制，针对干部超编问题，出台超编干部向缺员操作岗位转移保留身份待遇、优先竞聘上岗等疏导方式和激励政策，拓宽劳务输出、外部市场等分流渠道，引导超编干部主动分流，实现了干部总量与操作员工队伍同比例压减，累计转移260人，退出领导岗位450人，压减两级本部人员1270人。

三、构建精准倒逼机制，促进人力价值"提上来"

（一）对标先进全面定员定编

打破"有业务就配置人员、有岗位就设编制"的陈旧观念，结合

"油公司"模式改革、物联网应用实际，充分吸收大工种大岗位、修井连班作业、井站少人或无人值守等创新成果，修订提高油气生产岗位劳动定额30%，高效精简采油、采气和工程技术服务业务用工，大幅压缩两级本部、后勤等岗位用工，提高了定员定编科学性，2020年以来，共核减编制7910人，显现富余人员8870人，构建了控编减员目标导向。

（二）运用工编挂钩控员提效

针对改革措施落地难、缺乏刚性倒逼机制的实际，修订完善工编挂钩政策，2021年起实施新一轮工编挂钩，推行工资总额与所属单位编制总量、干部及高成本岗位编制"三个挂钩"，全面构建"超编单位增人不增资、减人全额减资，缺员单位增人增资、减人保留50%奖金"倒逼机制，用经济杠杆替代行政手段调节和消化用工矛盾。2020年以来，通过严考核、硬兑现，核减超编工资总额3500万元以上，奖励缺员和改革创效单位1000万元，基层控编减员积极性显著提升。

（三）构建导向清晰的分配机制

发挥绩效考核"指挥棒"作用，建立以工效联动为主、专项激励和边远补助为辅的"一体两翼""挣奖金"机制，将员工收入与单位超额效益、提质增效、外闯市场等指标紧密挂钩，引导基层凭经营业绩挣奖金，分好工资总额"蛋糕"，激发了改革创效的主观能动性。3年来，逐步打破薪酬分配"大锅饭"，合理拉开了单位之间和员工之间的收入差距，同一单位奖金最多相差5倍左右，前后线单位奖金最高相差2.2倍，效益好与效益差的单位同类岗位收入相差5万元左右。

作者：林森、宋青松、宁继鹏、张博林

控总量　优增量　盘存量　转方式
充分激发人力资源活力助推企业高质量发展

华北油田分公司

华北油田分公司着眼于整体效益增长、劳动效率提升和队伍结构优化，多措并举盘活人力资源存量，多渠道分流安置富余人员，加大人力资源优化配置力度，有效激发了人力资源潜力。

一、严格控制用工总量，有序压减用工规模

（一）全面盘点人力资源现状，制定人力资源规划方案

针对不同业务、不同用工队伍，分别开展用工需求预测，按照中国石油业务归核化和推动用工方式转型的要求，对标长庆油田分公司、新疆油田分公司等油气田企业，明确未来不同时期各业务用工需求，为下一步人力资源优化配置提供遵循。

（二）规范劳动合同管理，加强劳动用工管理

持续清理在册不在岗人员，严肃查处违规违纪人员，强化日常监督管理，加大考核不合格、不胜任岗位等员工退出岗位工作力度，依法依规解除劳动合同。2020年以来，通过上述方式减员1050余人。

（三）多措并举控总量，有序实施压减计划

结合员工队伍自然减员和各业务用工情况，对用工配置人数变化情况提前进行分析研判，预先做好控减员工总量计划，分期分批实施压减计划。2020年以来减员7568人，连续3年完成中国石油下达总量控制目标。

二、优化新增用工招录，精准补充紧缺人才

（一）优化招聘流程，完善考核标准

按照中国石油高校毕业生招聘工作安排，细化高校毕业生招聘方案，完善量化测评标准，引入第三方面试考核机制，为更好择优选拔人才减少其他因素干扰，同时增加心理健康、职业稳定度等测试环节，多维度、多层次考察毕业生综合素质，促进提升毕业生招聘质量，降低入职后的人才流失率。

（二）制定招聘政策，加大优才招聘

为增强对重点院校、优势学科毕业生的吸引力，进一步优化人才队伍结构，推出优秀高校毕业生人才补助政策，拓宽渠道宣传招聘政策，提升招聘竞争力。2022年，招录高校毕业生中"双一流"院校毕业生占29%，硕士生及以上占41.9%；2023年，招录高校毕业生中"双一流"院校毕业生占36%，硕士生及以上占70%，学历、院校层次大幅提升。

（三）开展社会招聘，精准引入成熟人才

用好年度新增用工指标，拓展社会招聘渠道，对于主营业务高级技术、技能人才，无法通过内部调剂满足岗位用工需求的，面向社会单位进行公开招聘，2022年从外部引入主体专业人才7人，为专业技术领域的新方法新技术研究拓宽视野、丰富经验、创新方式，不断注入新的活力。

三、持续盘活内部用工，做好人员挖潜调剂

坚持问题导向，针对员工总量偏大、结构性矛盾突出等问题，盘活存量，调余补缺，畅通渠道分流冗员，精确补充用工需求，推动建立员工"能进能出"、有序流动的劳动用工机制。

（一）完善内部员工流动机制

为充分开发现有人力资源，打破人员流动壁垒，推动人力资源有序流动和优化共享配置，制定《内部招聘和公司外招聘实施细则》，修订《员工流动管理办法》，进一步完善人员选拔流动机制，盘活内部用工，截至目前，内部员工流动100余人。

（二）加大内部岗位腾挪力度

结合公司人力资源管理信息系统，及时掌控各单位用工情况，整体把握员工流向。坚持"自己能干的活自己干"，督导各单位清退低端业务使用的社会化用工，优先通过调剂满足用工需求。

（三）加强内部员工流动

结合各业务新增用工需求，立足新能源业务市场开拓以及巴彦河套、山西长治等区域油气增储上产的任务需要，组织各单位以交流、借聘、劳务输出、业务承揽等方式盘活调剂人员，近3年累计调剂人员1500余人。

四、拓展内外部市场，加大人员分流安置

（一）加大内外部市场拓展力度

坚持内内外原则，通过内部单位结对子满足内部单位用工需求，同时结合人力资源现状，加强与中国石油兄弟单位的合作，积极实施"走出去"战略，多渠道搭建人员输出平台，持续挖潜存量人力资源。截至目前，以劳务输出、技术服务等方式输出到国际勘探开发有限公司、昆仑燃气有限责任公司、长庆油田分公司等单位700余人。

（二）推动二级单位间转岗盘活

针对二、三线和后勤服务岗位富余人员，经过培训后转岗安排到油气生产核心业务、新能源业务技能操作岗位，有效缓解基层生产单位缺员问题；根据不同业务用工配置情况，在考核制度中设置相应员

工调整指标，纳入二级单位年度业绩合同，严考核硬兑现，鼓励各单位积极盘活用工，提高优化人力资源配置的主动性。

（三）加大员工退出岗位力度

完善人员分流安置办法，进一步细化退出岗位的措施及相关待遇，有效促进了不适宜在岗工作员工、富余人员的有序退出。2020年以来，以内部退养、离岗歇业、协议保留劳动关系等方式退出岗位1000余人。

五、推进用工方式转型，拓展第三方用工渠道

针对员工队伍自然减员增多，新增直接用工不足的现状，为保障主营业务的用工需求，同时降低人工成本，积极调整内部用工结构，对具备条件的业务有序推动第三方用工模式。

（一）制定用工方式转型方案

按照中国石油推动用工方式转型的要求，学习借鉴兄弟油田经验及相关单位试点工作经验，制定用工方式转型实施方案，梳理、细化阶段性推进目标，探索部分业务第三方用工模式。

（二）稳步推进用工方式转型

按照先易后难，由点及面有序推进各业务第三方用工，分步分类实施用工方式转型。结合各业务领域员工队伍结构变化情况，优先在低端易替代操作服务岗位推行第三方用工模式，在积极盘活现有人力资源和总结成功经验基础上逐步扩大用工方式转型。

（三）拓展第三方用工补充渠道

利用第三方公司自主用工优势及市场化用工机制，通过在雄安设立的新公司引进油气主营业务人才，招录油气田勘探开发、新能源等专业领域技术、技能人才，以技术服务形式为油田公司油、气、新能源等业务提供人才支撑。

作者：王海涛、江福超、杨军、王紫豪、王甘霖

聚焦效率效益　优化资源配置
为高质量发展提供坚实人力资源保障

吐哈油田分公司

吐哈油田分公司深入贯彻落实中国石油人才强企工程行动方案，深化"油公司"模式改革，逐步推动用工方式转型，调整改善人才队伍结构，大力激发员工活力，推动公司人力资源管理再上新台阶。

一、坚持顶层设计与基础分析并重，构建科学合理组织机构/模式布局

一是聚焦"油公司"发展模式，科学开展"三定"工作。深化"油公司"模式改革，逐步推动用工方式转型，科学合理配置精干定员，规范岗位设置，优化岗位结构，明晰岗位职责，在各单位设置关键管理、专业技术和核心操作岗位，持续调整优化关键岗位设置。明确核心岗位定员标准，科学编制目标定员，优先保障主营主业科研人员和新能源业务用工。精干采油、采气、集输等主营业务用工，重点调整撤并工作量不饱满、低产低效岗位，压减二、三线及低端低效业务人员。

二是聚焦员工信息数据库，强化用工现状分析。依托 ERP 系统健全完善人才数据库，从吐哈油田分公司层面整体掌握二级单位用工现状，强化对二级单位用工基础数据分析，系统分析吐哈油田分公司与二级单位队伍结构、梯队建设、人才引进与培养、退出退休的整体趋势，夯实人力资源管理规划基础，科学分析预测人力资源变化趋势，为吐哈油田分公司和二级单位优化盘活人力资源提供数据基础。

二、坚持主业归核与辅业转型并重，构建精干高效业务布局

一是持续做强油气主营业务，保障主营业务用工。多渠道做强充实主营业务用工。一是将吐哈油田分公司90%以上的新增用工全部用于主营业务岗位，补充年轻用工，优化主营业务年龄结构。二是选拔生产和后勤业务中成绩优秀、综合素质高的年轻员工到石油院校全脱产参加主体专业培训，根据所学专业转岗到主营业务岗位，提高主营业务用工质量。三是通过公开竞聘的方式遴选专业程度较高，与岗位契合度高的员工转岗到相应缺员岗位，充实主营业务岗位用工。四是对新建产能实行"管理＋技术岗位＋第三方用工"模式，2022年，准东项目部新区建设直接用工规模仅为老区的1/5，劳效水平得到了显著提升。

二是持续做精生产保障业务，优化业务人员结构。持续深化未上市业务改革，在退出工程建设、装备制造等低端低效业务基础上，进一步退出其他低效亏损业务，加快同质业务整合。"十三五"以来整合撤并无效低效机构，充分发挥协同效应，实现资源共享和优势互补。在形成"内部专业化队伍＋外部市场化服务"格局的同时，减少二、三级机构133个，减幅59.4%。关键核心岗位或高层次人才缺员通过选培优秀年轻操作人员补充，技术含量低、社会化程度高的业务人员只退不补，技能操作岗位人员逐步退出岗位，生产保障业务持续做精做优。

三是持续退出后勤服务业务，做好人员分流安置。坚持社会化方向，物业与公用事业服务、绿化、餐饮公寓、文体等后勤与社会服务业务通过外包和购买服务等方式全部退出。通过将后勤业务整合、分离移交等方式成功转型，将医疗卫生业务与宝石花医疗重组稳妥改制，

累计压减退出 400 余人次，减少二、三级机构 90 个，减幅 66.7%，将其余富余人员转岗补充到主营业务或以劳务输出方式创收创效，将有限的人力资源向主营业务靠拢。

三、坚持人才引进和分类培养并重 构建高端优质人才布局

一是优化人才引进结构，充实人才队伍。针对目前勘探开发形势、"双新"业务发展需求和高层次人才断层的现状，重点在地质勘探、油气田开发、油气井工程等重点专业领域和新能源、新材料、新一代信息技术等战略新兴领域遴选高层次社会化人才。近年来，累计引进重点专业领域社会化人才 13 人次，逐步形成年龄上梯次搭配、能力上各有所长、不同用工方式优势互补的队伍结构。

二是加强科技领军人才培养，充实科技领军人才队伍。以吐哈油田分公司高层次技术人才为重点，强化中国石油级专家和石油科学家后备人员培养。根据公司勘探、开发、新能源业务发展，不断优化专家岗位设置，以二级工程师、三级工程师为重点，分专业领域培养具备成长潜力的技术专家，集中优质资源重点支持领衔开展关键核心技术攻关，优先选派到国内外知名大学、企业和科研院所等开展研修访学、技术交流、联合攻关、培训学习等。

三是实施"石油名匠"培育计划，加强高技能人才队伍建设。以两级技能专家为核心、技师高级技师为重点，成立技师协会，认定 5 个公司级技能专家工作室，搭建创新创效、技术交流、技能攻关和技艺传承 4 个平台，组织 437 人完成 48 项难题攻关，开展技术技能交流共 19 期，在全国油气开发专业采油工职业技能竞赛和中国石油首届技术技能竞赛，取得"两金两银六铜"的优异成绩。深入实施"石油名匠"和"天山工匠"培育计划，不断壮大特级技师、公司级技能专家队伍规模。

四、坚持内部盘活与人员转型并重 构建健康积极流动格局

一是着力拓宽减员渠道，完善市场退出机制。持续推进结构调整人员分流安置，加大竞争上岗、末等调整和不胜任退出的力度，畅通员工到龄退出、改革退出、考核退出和违纪违法问责退出等多种市场化退出渠道，促进管理人员科学配置和有序流动，形成"能者上、优者奖、庸者下、劣者汰"良性机制。

二是着力畅通发展通道，推进队伍有序转换。健全完善整体协调、竞争有序、转换顺畅的人才成长通道体系，鼓励人才立足岗位发挥自身特长，以三支队伍内部岗位序列为基础，促进各队伍间科学有序转换，实现队伍结构有发展支撑，人才纵向发展畅通，横向发展有序。进一步加大优秀技能操作岗位人员向管理和专业技术岗位流动，使管理、技术、技能三支队伍比例更加合理，为"油公司"模式改革提供队伍人才保障。

三是着力盘活用工存量，积极开拓外部市场。加强富余人员转岗培训，内部转岗安置一批，走出去盘活安置一批，逐步将后勤业务人员转换为主营业务人员。对因机构改革和业务退出后出现的富余人员，通过油田主体工种转岗培训，以实际能力为标准，兼顾工作经历和专业特长进行转岗分流。积极开拓外部市场创收创效，多渠道多元化盘活现有人员。充分发挥油田现有工程监理、管道及无损检测、工程监督等方面的人力资源优势，积极扩大外部劳务市场。

四是着力优化退养机制，充分发挥人才作用。根据吐哈油田分公司发展战略，适时调整优化人才退养政策，延长专业技术人员和高技能人员服务年限，充分发挥"传、帮、带"作用，稳定人才队伍，形成人才队伍有序接替的局面，充分调动公司专业技术人才和技能操作人才的积极性，有效发挥核心骨干人才和紧缺人才的作用。

五是着力完善奖惩政策，推动单位主动盘活。对于外闯市场的个人通过提高待遇、给予奖励等多种措施，鼓励外闯市场。不断完善配套考核激励机制，制定《关于进一步规范专项奖励管理的通知》，建立富余人员优化盘活专项奖励，从严从紧控制专项奖励总额，制定实施细则，明确奖励对象、奖励标准、评定条件、评定程序、奖金分配等具体内容。将人力资源优化盘活工作纳入年度考核指标，同时纳入中层领导年度绩效合同，刚性考核兑现。

五、坚持制度建设与人才规划并重 构建年轻有序梯队布局

一是立足人才引进制度建设，吸引优秀年轻人才。引才聚才，政策为先，在全面落实中国石油招聘政策的同时，健全完善配套措施。一是在薪酬待遇上给予支持，向新招聘的高校毕业生发放安家补助。二是在配套政策上予以倾斜，对招聘引进的博士毕业生和主体专业硕士毕业生的配偶，符合毕业生招聘条件的，同等条件下优先录用。三是帮助解决当地落户和子女就近入学入托。四是深入和扩大校企合作，积极吸纳在校生到油田开展实习，在提高大学生创新和实践能力同时，促进企业与学生互相了解，实现校企双赢。

二是立足人才培育规划，促进人才快速成长。健全源头培养、跟踪培养、全程培养的培养体系，落实新员工三年基础培养计划，做实全员职业生涯规划，配备业务师傅和职业发展导师，使每一名员工迅速找到成长的方向。大力选拔优秀年轻干部，用识才眼光挖掘"好苗子"。激活青年创新活力，制定"青马工程"等青年科技人才专项计划，促进新入职大学生更快成长。

三是立足人才用当其位，实现人才企业双赢。在工作上尊重人才成长规律，大力营造有利于青年成长成才的良好环境。拓宽人才成长通道，对进入管理通道的大学生，重点培养其政策执行能力、业务管

理能力和管理创新能力；对进入技术通道的大学生，重点培养其科研攻关能力、技术创新能力、技术应用能力和技术管理能力；对有技能操作特长的，重点培养其现场技术攻关、解决实际问题、提升核心技能水平的技术应用能力。

四是立足人才四留机制，强化服务精心留才。一方面着力提升"硬环境"，全面释放留才温度。为新入职大学生提供配套完善的青年公寓，在生活和生产场所逐步配套完善各类基础设施。另一方面着力优化"软环境"，解决大学生后顾之忧。关注员工身心健康，组织新老员工开展座谈交流、团建联谊等集体活动。同时，开展各类人才评选表彰活动，加大先进典型宣传报道力度，以全方位关心关爱和服务保障增强人才"黏性"。

作者：邓坤红、王宇鹏、张伟军、刘蕊

聚焦人力资源优化 提升全员劳动效率 三项制度改革落地见效

中油国际管道有限公司

中油国际管道有限公司针对股权结构复杂、队伍组成多元和海外员工占比高管理难度大等问题，聚焦发展提效益，持续优化人力资源配置，推动劳动生产效率稳步提升，2022年全员劳动生产率达到556.43万元/人，三项制度改革落地见效。

一、优化组织结构，推动海外业务归核化发展

根据中国石油"三定"批复，牢牢把握改革机遇期，以"三定"为抓手，提出"三个深刻认识、三个坚决贯彻、三个走在前列"的工作思路，以"强高层，突出做强；优中层，突出做优做精；实基层，突出做实做稳"的工作策略，打造"战略型公司本部＋经营型项目本部＋生产型项目基层"的组织机构，重构公司管理模式、优化组织体系、提升效率效益，实现瘦身、强骨、健体，巩固"建世先"成效，加快"创一流"进程。

按照"小机构＋大职能＋优项目＋实基层"的工作思路，搭建适应公司"创一流"发展需要的组织架构。做强本部战略型功能，实施大部制改革、宽岗位管理；做专四大附属中心技术型功能，由中油国际管道有限公司班子成员直接管理；做精国别公司区域化管理功能，理顺海外业务的管理界面和链条，加强区域化统筹管理；建立企业分级分类管理体系，成立3个B级国别公司和5个C级或参照C级管理

的所属二级单位。公司本部职能部室由 16 个压减至 12 个，所属二级单位由 13 个压减至 8 个。二、三级机构压减 20%，二、三级干部职数分别压减 20%，员工编制压减 10%，提前完成"十四五"机构编制压减任务。

二、聚焦主营业务，不断优化人力资源配置

公司现有全口径用工 4060 人，其中中方员工 1074 人，外方员工 2986 人，属地化率 85.2%；中方员工平均年龄 42 岁，硕博比例 40.4%，外语达标率 100%；熟练掌握 2 门外语的中方国际化人才 112 人（其中英俄双语 101 人，英缅双语 11 人），占同年龄段中方员工比例的 32.5%。中油国际管道有限公司坚持强化员工总量管控，优化人力资源配置，通过借聘、对口支持、企业间借用、技术支持等多种形式输入了大量系统内用工。落实中国石油全系统"一盘棋"部署，与国内多家管道企业建立形成人才"蓄水池"的长期合作模式，在管道运行人才支持与培养、管道运行技术支持与服务等方面开展了广泛深入的合作。

（一）规范用工总量管理

结合业务需要和项目所在国实际生产情况，提前谋划布局，合理制定用工需求，加强总量管控。鉴于中油国际管道有限公司各项目分布于中亚 4 国及缅甸，社会治安、工业依托、项目运行情况各不相同，属地化员工素质参差不齐，综合统筹以上情况，合理分配自有关键人才和劳务用工需求。在自有关键人才上，通过毕业生招聘、系统内优秀人才调入、市场化招聘等方式建立人才队伍。劳务用工上，通过加大系统内单位间劳务合作，提前同兄弟单位调研协商，开展用工成本测算和用工方式谈判等方式引入。

（二）多渠道盘活人才

统筹考虑国内外人员配置，注重内部挖潜、提质增效。制定"三年可轮换，六年应轮换，九年必轮换"的人员交流政策，组织所属单位及本部之间进行人员良性调整。在配置人力资源时，优先考虑自有员工和中国石油内部员工，并创新采用多种用工形式满足需要，以"不求所有，但求所用""聚天下英才而用之"的用人理念广纳贤才，并将合适人员安排在合适的岗位上，取得了良好效果。同时，同合作单位在双方互惠的基础上积极沟通协商费用，签订合作协议，借助原管道分公司、管道局工程有限公司等大单位人员多的优势协商建立优秀人选"蓄水池"，在有用工需求或更替人员时及时进行递补，充分盘活中国石油系统内人才。目前，中油国际管道有限公司现有系统内借聘人员60人，技术支持人员93人。与此同时，不断培养并为中国石油系统内外单位输出人才。2021年末至今，已向中国石油总部、国际事业公司、勘探开发研究院、国家电投集团、最高人民法院等多家系统内外单位输出人才。

（三）严控用工成本，强化薪酬绩效管理

完善全员业绩考核机制，结合国际化管道公司发展需要，构建"本部部门考核＋所属单位KPI考核＋经理层任期制和契约化考核＋员工PPAD绩效考核"的全面绩效管理体系，将中油国际管道有限公司企业战略、企业目标、企业文化、企业价值观在全面绩效管理体系中予以凝结，实现全员、全组织、全过程的战略聚焦、目标锁定和价值导向，让整个组织同心同德、同向同力、同舟共济。

严控用工成本，认真落实中国石油精益管理和峰值管理部署，深入践行"四精"理念，加大"控减压降"力度，靠实"强优转提"措施，持续提升人工成本投入产出效率。在海外各合资公司对标劳动力市场，实现市场化薪酬体系全覆盖。一是加强跟踪监测分析，与全面

预算管理体系相衔接，对人工成本预算、监控、评价进行全方位精益管理。建立从本部到各单位的人工成本"月跟踪、季分析、年评价"工作机制，将人工成本跟踪监测分析内容纳入月度、季度和年度生产经营活动分析，及时诊断发现问题；二是细化峰值管理举措，结合公司和相应合资公司的中长期发展规划，做好人工成本峰值目标和达峰时间预测，根据预测分析情况，研究制定切实可行的峰值管理措施，持之以恒抓好贯彻落实，确保峰值管理落到实处；三是强化计划管理和考核评价，建立人工成本与效益效率指标联动的调控机制，从严从紧差异化核定各单位人工成本计划，强化人工成本管理考核评价，建立人工成本管理激励约束机制，发挥好计划引导、考核评价和激励约束作用。

作者：徐宁、艾唐敏、孔林、徐若语

"三六五"工作法赋能人力资源盘活新价值

兰州石化分公司

兰州石化分公司坚持以人为本、依法合规、人随业务、保障利益、稳妥实施的原则，探索实施"三六五"工作法，用好"三种手段"，用活"六种渠道"，用实"五种方式"，挖掘富余人员新价值，赋能人力资源盘活新动能。

一、用好"三种手段"，持续显化富余人员

（一）突出业务归核化发展，推进富余人员显性化

积极推进"僵尸特困企业"处置及亏损企业治理；陆续退出低端低效及扭亏无望业务，停工停产技术装备落后、经济效益差的生产装置；持续优化业务相近辅助型、资源配置重复型、管理职能交叉型的机构，大力推进"四供一业"社会化改革，先后退出生活区通信网络、南山林场、幼教、餐饮等10余项业务。2020年以来，二、三级机构累计减幅达49.7%。

（二）突出对标先进企业，推进富余人员显性化

按照不同业务特点，持续开展定员优化工作，评估技术差异及人员使用效率，与同行业先进企业对标，精准划分一、二、三线操作技能队伍分类，成为中国石油炼化企业中首个操作技能人员按岗位划分一、二、三线的单位，累计压减定员4949人。

（三）突出创新生产组织模式，推进富余人员显性化

坚持多措并举，加快装置自动化及信息化升级改造，推进实施

操作室整合优化、系统化区域化操作、大工种大岗位设置，同时改变作业形式，改进倒班模式，稳步推行"四班两运转"倒班，推进扁平化机构设置，开展大部制改革，积极推进富余人员显性化。101个基层车间实施四班两运转，组建联合运行部11家，显性富余人员1600余人。

二、用活"六种渠道"，挖潜盘活富余人员

（一）生产一线安置一批

坚持"保一线、控二线、压三线"的原则，广泛开展调查研究，梳理各领域、各专业、各序列、各层级，以及各单位员工存量和结构比例，聚焦主营业务发展和新建项目用工需求，将242名富余人员分流安置到炼油、乙烯、催化剂、油品储运、污水处理、质检等一线生产单位，有效缓解部分单位结构性缺员问题。

（二）人才市场选择一批

自主开发内部人力资源市场化交流信息系统，动态发布人力资源供求信息，实现人力资源共有共享。系统建立以来，发布194次663个岗位招聘需求信息，通过平台成功交流1165人。同时借助平台优势，为长汀催化剂、榆林乙烷制乙烯、24万吨/年乙烯产能恢复改造等项目配备人员850人。

（三）外部市场转移一批

设置海外业务支持专项奖励，采取招聘二、三线人员转岗培训替换熟练炼化操作工的方式，组建专业开工队伍，对口支持项目常年输出260余人，承揽开车业务输出300余人。同时发挥检维修专业一体化优势，积极承揽广东石化分公司、庆阳石化分公司等5个单位维护保运业务，承接长庆油田分公司、北京正邦公司等9个企业检修项目。近3年来，平均每年输出500余人次。借助中国石油人力资源统筹配

置平台，通过调动、借聘等方式，调入广东石化分公司61人，另有51人应聘到广西石化分公司。

（四）腾退岗位解决一批

注重业务外包与人力资源优化的统筹，坚持把"员工自己能干"的外包岗位腾退出来，用于安置富余人员。2020年以来，收回聚丙烯厂产品包装、物资采购管理部起重和叉车、油品储运厂罐区脱水和酸碱接卸、油品储运厂铁路运行、原油采购部综合计量、治安保卫部视频监控、特种设备检验检测、物业照明维修、清理建筑安装市场化用工等10项业务，安置员工800余人。

（五）借助改革输出一批

制定《物业服务人力资源合作协议》《转岗培训人员选择意向方案》等配套政策，最大限度维护和保障员工利益，妥善安置原物业服务公司627人。同时推进"僵尸特困企业""瘦身健体"，从建设公司、原维修公司、原维达公司向长汀催化剂、榆林乙烯等项目转移安置179人，向质检部等4家单位分流安置三叶建安集体工188人。

（六）落实政策退出一批

出台内部退养、离岗歇业、息工放假、协议保留劳动关系等员工退出岗位政策，成立劳动能力鉴定委员会，开展内部劳动能力鉴定，打通了办理员工退出岗位的全流程。加强在册不在岗人员清理，重点对长期病假人员摸排，对达到解除劳动合同条件的予以解除。加强与公检法机构联系，掌握违法员工情况，及时依法解除违法员工劳动合同。3年来，通过协议保留劳动关系、特殊工种提前退休、离岗歇业、内部退养等方式，退出岗位860多人，强制解除劳动合同11人，协商解除劳动合同236人。

三、用实"五种方式",精准帮扶富余人员

(一)"夜校培训"提升素质

建立夜校培训机制,组建学院领导负责、教务科牵头、专业骨干教师为主的培训项目组,编写《炼油化工基础知识夜校转岗辅导培训教材》,形成以化工单元操作、化工工艺、炼油工艺等基础知识为主要内容的课程体系,定期开办夜校辅导培训班,并通过实施"考培分离",为批量富余人员提供了交流渠道。2020年以来,共举办夜校培训班11期,培训人数1516人,培训人员达标率60%以上,面向一线成功交流培训达标人员比例达76.5%。

(二)"星级工"培养提升素质

以"星级工"培训作为提升素质的有力抓手,在富余人员中大力推行"精一岗、会两岗、懂多岗"的"星级工"系统化操作培养,通过将"星级工"考核等级与员工个人薪酬待遇挂钩、与班组长选拔任用挂钩、与评先选优挂钩、与参加职业技能鉴定挂钩等措施,积极培养富余人员成为多专多能、大岗位操作的"星级工",不断提高富余人员整体素质。

(三)"岗位攀登"提升素质

积极为员工成长发展"建平台、搭梯子",鼓励富余人员积极参加"岗位梯次攀登"计划,通过富余人员从三线向二线、二线向一线、辅助向生产、内操外操向"内操+外操"梯次攀登,提升富余人员专业技能水平。同时,利用技术领衔工作室、技能专家工作室等平台资源,通过导师带徒、跟踪辅导、送外培训、参加项目攻关、参与难题破解等方式,加快富余人员的培养。

(四)"五跨交流"提升素质

持续加大跨界流动培训力度,在富余人员中推行跨单位、跨装置、

跨专业、跨工种、跨岗位的"五跨"人才交流培养机制，扎实推进富余人员滚动培养，打破单位、装置、工种、专业、岗位之间的壁垒，拓宽了人才培养渠道，为人才成长、施展才华才能搭建了平台，促进人力资源优化管理机制更加系统化、专业化、区域化。

（五）"业务大赛"提升素质

坚持竞赛活动，让富余人员参加业务大赛以赛促学、以赛促训，着力提升能力素质。近年来，在国家级催化重整装置操作工职业技能竞赛中，夺得1枚铜牌；在甘肃省举办的"振兴杯"暨全省青年技能大赛中，电工专业选手获全省第一、第三、第五名；在中国石油举办的环境监测专业竞赛中，获得银牌、铜牌各1枚；在中国石油首届培训项目设计大赛中，获一等奖、二等奖和优胜奖；在中国石油一线创新成果评选中，获得一等奖1项、二等奖2项、三等奖3项。

随着三项制度改革的纵深推进，兰州石化分公司将围绕生产经营主营业务，加大人员优化整合力度，多措并举盘活内部人力资源，不断提高富余人员归属感获得感幸福感安全感，让富余人员有岗位、稳得住、能发展，在工作中体现贡献、展示价值，为企业高质量发展提供坚强的人力保障。

作者：丁华、王锁祥、李映忠、陈德昌、李兴发

着力深化机制改革　持续优化人力资源配置

新疆销售有限公司

新疆销售有限公司深入贯彻落实三项制度改革工作部署，围绕优化人力资源配置主要任务，改机制、建体系、优模式、强队伍，持续推动改革落地见效，着力破解制约人力资源控减优化的瓶颈问题，为公司发展提供强有力的人力资源保障。

一、优化完善机制，畅通人员转换通道

（一）完善岗位序列转换机制

增设市场营销专家岗位序列，加快构建一支"政治强、懂营销、能打仗、打胜仗"的专家队伍；进一步明确经营管理人员、专家和专业技术人员、加油站经理、操作技能人员等4个序列25个岗位层级间的对应关系，确保各序列员工能够在序列间顺畅的实现资历互认、等级互转、岗位交流、待遇对等；首批70人专业技术职务转认技能操作等级，全部为两级本部分流人员。

（二）建立统一的岗位技能津贴制度

向取得中级工及以上技能等级，并聘任在岗的各类用工发放200～4000元的技能津贴。第三方用工津贴按月单独支付给外包方，不纳入按量结算的外包费用总额，为第三方用工队伍素质和技能提升提供最有力的激励政策。首批已聘任并享受津贴的高技能人才达1773名，其中第三方用工374人。

（三）建立更加市场化的人才选用机制

针对不同用工形式，将加油站经理的选拔条件统一由14个整合为6个，选拔程序由14步压减至11步。形成了更加统一、规范、易操作的市场化选拔机制，既满足了直接用工站经理选拔要求，又适应了市场化的外包用工站经理选聘需要，为更多年轻优秀人才提供上升机会，为企业在更广阔的外部市场吸引高素质人才拓展空间。通过市场化选聘，加油站经理队伍平均年龄较改革前下降2.5岁。

二、科学建立外包管理体系，控减费用提升效益

（一）强化费用总额挂钩

以既定的全口径人工成本预算为基础，据实将地市公司全部销量分割为直接用工销量和外包销量，分别挂钩核定工资总额和外包费总额，在严格确保全口径人工成本预算总额受控的同时，坚持效益效率导向，引导各类用工共同提质增效。2年来，直接用工人均销量和全口径人均销售分别增长26%和27%。

（二）严格外包定价管理

坚持与市场对标的同时，统筹考虑企业预算及利润实现，确保外包定价与劳动力市场价位相适应、与企业创效能力相匹配。新疆销售有限公司现行外包费单价控制在市场劳动力价位的93%，2022年全口径吨油人工成本较上年同期压减11%，利润排名销售板块第2。

（三）严格外包结算管理

严格按照销售量和质量考核支付外包费用，坚持外包站点"服务规范、安全管理、文化认同、目标任务、考核验收"五统一，促进外包方与我方共同提服务、拓市场、增份额、降成本，通过费用管控推动业务外包规范运营，实现双方共赢。

三、优化业务流程，管理效率再提升

（一）做实绩效考核

协调指导各基层站点按照"一站一策"的原则，以升油含量工资制为基础，编制站点绩效考核和薪酬分配细则，严格规范实施考核和二次分配，确保考核到站、到班、到人，薪酬直接与个人量效和考核挂钩，薪酬发放站站不同、班班不同、人人不同，真正打破"大锅饭"，杜绝平均主义。

（二）优化业务流程及组织机构

在推行大部制改革的同时，全面梳理两级本部管理职责及流程，将现行的94条管理职责，细化分类为80条核心职责和14条辅助职责，建立针对性的标准流程、管理要求和协议模板，逐步对14条管理辅助职责进行外包，既促进两级本部人员控减，又不断提升企业的管理运营效率。2022年控减二、三级机构25个，压减管理人员366名，完成86%的分流任务，超目标进度36%。

四、强化队伍提素，让有为者有位

（一）公开引进成熟人才

按照"一坚持""两符合""三有"的管理原则，聚焦主责主业，围绕人才队伍建设目标，按照学历、技能等级等9个条件，通过制定方案、报集团总部批准、测评等8个环节，自第三方用工中公开选拔44名优秀加油站职业经理人，平均年龄36.9岁，100%取得大专学历。全部签订《岗位聘任协议》，明确考核指标，考核不合格的，解除合同。让有干劲、有能力、有实力的各类用工脱颖而出，大力营造"优者上、平者下"的良好风气，极大的提升了各类用工干事创业热情，持续完善"能进能出"的市场化用工机制。

（二）加强职业技能鉴定及业务培训

全力提升人才培养覆盖面，2023年统筹安排各类用工专业培训100余期。预计8000余人次集中参培，其中第三方用工3500余人次；职业技能鉴定2500人次，其中第三方用工1500人次。鉴定数、覆盖面均创新疆销售有限公司历年之最，切实强化人才培训培养，持续提升技术技能人才岗位创效能力。

作者：余熊

推进"控员分流十二项措施"
有效优化人力资源配置

山东销售分公司

山东销售分公司积极贯彻落实中国石油三项制度改革总体部署，在畅通员工"能进能出"渠道方面找准切入点，形成"控员分流十二项措施"，持续优化人力资源配置，取得了显著成效。2019年以来，全口径用工减少2973人，控员比例达到35%，2023年上半年人均纯枪同比增长51%。

一、推进"十二项措施"落地落实，控员分流有渠道

（一）严格控制用工总量，优化队伍结构

以下达分公司全口径用工总量控制计划为基准，实行在册用工总量和外包人员数量"双控"，超出用工计划的分公司原则上"只出不进"。确因改善队伍年龄、区域分布等结构的，超员20%以内的执行"出二进一"，超员20%以上的执行"出三进一"。2019年以来新增用工指标只用于引进高学历、高技能人才，在保证员工总数持续下降的基础上，进一步优化了队伍年龄结构和学历结构。

（二）持续盘活用工存量，增效不增人

针对部分单位区域性用工矛盾突出的问题，结合实际制定富余人员跨区域排班的配套措施，适当调整绩效提成，合理确定倒班的时间频次，加快解决区域性用工矛盾问题。鼓励富余岗位人员主动承揽内部新增工作量，在新开业加油站、新开业便利店业务中，通过内部人

力资源再配置，有效降低用工成本。近3年在新增油电气氢站36座、工作量大幅增加的基础上，保证了增效不增人。

（三）加快推进"夫妻站"承包经营，节约人工成本

将年销量低于1000吨且汽油销量低于500吨的加油站，全部推行"夫妻站"承包经营，细化"量费联动"，提升人力资源配置效率。目前已全面推行"夫妻站"288座，减少用工453人，每年节约人工成本387万元。

（四）探索加油站委托管理模式，形成示范效应

在现有人员转变身份的基础上，由受托人按照公司法有关规定，注册成立有限责任公司，受托管理分公司低销低效加油站，并鼓励拓展经营范围，提升盈利能力。目前已在两个分公司开启试点工作，在总结试点成效的基础，将持续推广复制。

（五）加快资产处置方式转移分流，减少直接用工

运用资产（股权）转让、租赁、关停等方式处置低效、负效资产，按照"人随业务走"的原则，由合作方在接受资产的同时，同步洽谈承接用工人员，承担人工成本，减少直接用工。目前采取"解聘"形式由合作方发放工资的员工达到163人。

（六）运作合资公司转移分流，实现人工成本减负

在推进合资合作项目开发的基础上，推荐合适人员到合资公司任职，由合资公司承担人工成本，实现人工成本的有效转移，鼓励由新单位承接劳动关系。目前到合资公司任职的两级本部管理人员达到57人。

（七）建立动态调整机制，推行"不胜任"考核

在精简优化岗位设置的基础上，实施竞争上岗、"能上能下"的岗位动态运行机制。强化履职考核和业绩排名结果运用，重点关注本部管理岗位、油库管理岗位、片区党支部等岗位多次未完成重点

工作的人员，加油站经理、客户经理岗位业绩多次未完成的人员。每年、每半年、每季度拿出一定数量、比例（原则上不低于5%）的岗位落实该项工作，实行量化评价，将不胜任的员工调整岗位，加快队伍更新。

（八）严格压减非经营单元用工，用好有限存量

持续重点压减非一线直接用工，推进富余人员显性化。两级本部、非油分公司、片区党支部实行工资总额部门化，按照编制定员确定业务单元工资总额，通过调资手段，充实到一线队伍，降低库站外用工比例，站外人员保持在10%。

（九）增人不增资，减人不减资

统筹人工成本与薪酬总额支出，以年初下发工资基数总额为基础，合理预测劳动量与实际用工的配比，力争人均薪酬同比不降。

（十）清理在册不在岗用工，实现应减尽减

认真梳理包括但不限于长期旷工、长期请事假、请假期满无正当理由逾期不归、长期病伤假、无审批长期学习、长期借调至山东销售分公司以外的单位，以及其他无理由不上班人员，严肃落实相关人事制度，依法依规，应减尽减。目前在册不在岗用工已实现清零。

（十一）鼓励办理提前退休

引导各单位积极主动与属地相关部门沟通，了解当地社保政策，对男年满50周岁、女年满45周岁因病或非因工致残完全丧失劳动能力的人员，经员工本人申请后，协助为其办理因病退休（职）手续。

（十二）依法依规终止、解除劳动合同

依照《劳动合同法》规定的条件、程序，做好劳动合同解除工作。终止或解除劳动合同，依法支付经济补偿金，出具终止或解除劳动合同证明，协助办理社会保险关系转移、人事档案移交等手续。

二、强化保障措施，员工利益有保证

（一）妥善处理各项政策衔接工作

做好员工分流安置，关键要处理好岗位退出人员与在岗人员、现有和新增岗位退出人员的收入水平关系，保证员工的切实利益不受损。在做好政策宣贯的基础上，对岗位退出人员适当调减生活费发放比例，扣缴社会保险等个人缴费和个人所得税后，低于当地城市居民最低生活保障标准的，按最低生活保障标准发放。

（二）依法依规办理社会保险等事宜

解除、终止、中止履行劳动合同（含协议保留劳动关系）人员，自办理手续次月起，停止缴纳社会保险、企业年金、住房公积金。积极向地方有关部门申领失业保险稳岗补贴，减轻分流安置的经济负担。

（三）做好劳动合同变更等工作

及时组织相关人员办理劳动合同变更事宜，签订相关专项协议，明确双方的权利和义务，减少不必要的纠纷矛盾。

（四）加强员工日常管理考核

严格规章制度执行，严肃劳动纪律，设置员工退出红线。实施全员绩效考核，建立符合生产经营目标和管理需要、可评价性强的考核指标体系，科学评价员工岗位工作情况。强化考核结果运用，加大绩效考核结果在员工岗位聘任、薪酬激励约束、劳动合同履行等方面的应用力度。

三、经验启示

打通员工"能进能出"的有效渠道，是深化三项制度改革的痛点和难点，在推进过程中，要敢于碰硬敢于克难。一是必须坚持依法合规。严格遵守国家法律法规和公司规章制度，依法处理劳动关系，维护公司和员工合法权益。二是加强成本核算。在研究制定各类控员分流措施中,建立成本意识,所发生的一切费用,纳入全成本核算。三是注重效益效率。强化人力资源投入产出意识,优化人力资源配置,提升全员劳动生产率,有效降低人工成本,减少人力资源的低效无效投入。四是统筹协调推进。紧密配合结构调整工作,与加强岗位动态管理、完善绩效考核制度、建立人员"能进能出"机制有机结合,协调推进。五是积极稳妥实施。正确处理改革发展稳定的关系,充分考虑公司、员工的承受能力,妥善制定方案,尊重员工选择,稳定骨干队伍,平稳有序实施。

作者:张春明、郑元一、李春霞、葛小波

深化用工制度改革
持续提升人力资源利用效率

渤海钻探工程有限公司

渤海钻探工程有限公司不断探索人事工作创新驱动机制，积极推进用工制度改革，取得了较好成效，用工转型率达到70%以上，人力资源利用效率持续提高，为渤海钻探工程有限公司高质量发展提供了有力支撑。

一、转换思维，建立"精准用工"管控新机制

面对严峻的市场竞争形势，在生产成本不断攀升和施工价格持续走低的双重压力下，大力推进精准用工，努力实现人尽其才、才尽其用。

（一）强化顶层设计

将精准用工作为提升人均劳动生产率、降低用工成本的重要举措，建立"公司党委决策部署、顶层设计；人事处整体谋划，全面推动；工作专班深度督导，多维协调；各单位主要领导挂帅、主管领导负责、相关专业路协同配合"的上下联动协调机制，通过实地走访、现场座谈、问卷调查、电话访谈、分析探讨等方式，形成1个整体方案和20个各单位分方案，确保各项工作有序推进。

（二）扎实开展"六定"工作

结合业务发展和队伍现状，在情况调研、数据分析基础上，综合测定各单位用工总量目标和压减目标，组织全面开展定机构、定岗位、

定编制、定职责、定工作量、定考核标准的"六定"工作，编制实施方案，制定运行计划，完善考核政策，通过对现有人力资源的进一步分析，精简组织机构，梳理岗位职责，对工作量不够饱满的岗位进行兼岗并岗，严格按岗位设置匹配人员，促进冗员显现。

（三）持续强化用工配置

坚持"保一线、控二线"的用工总基调，坚持"自己能干的活自己干"原则，加大内部退养、离岗歇业等办理力度，进一步畅通员工出口。对一线厨师、采集工等值守型、辅助型的第三方用工，优选通过调剂本单位富余员工进行替换。对二线辅助型第三方用工，由各单位逐人逐岗进行分析，对具备兼岗并岗条件的，实行兼岗并岗，减少相关岗位用工；对不具备兼岗并岗条件的，由"老、弱、病、妇"员工替代，促进人力资源利用效率不断提升，最大限度地实现人岗相宜。

二、实行两个"双控"，持续控减用工总量

针对制约员工"出"的难点问题，采取"压总量、控二三线、规范岗位流动"等措施，将用工管理与队伍建设、岗位管理、薪酬管理等有机结合，坚持"激励一线、扎根一线"政策导向，以"能留"促"能出"，实现总量控制、岗位优化。

（一）严格用工总量"双控"

一是控制用工总量。严格执行进出两条线用工控制政策，严把入口、畅通出口，每年年初给所属各单位下达员工总量控制计划，每减1人调增单位当期收益1万元，每超出1人调减单位当期收益2万元。二是控制二、三线用工总量。每年按单位业务性质，给各单位下达二、三线员工定员计划，并纳入年度领导人员绩效考核。政策实施以来，二、三线员工总量压缩了30.2%。

（二）严格工资总额"双控"

一是控制工资总额。坚持"增人不增资、减人留半资"原则，每年给各单位下达工资总额控制计划，增加人员不增工资指标，控减人员按人均工资的50%奖励工资指标，鼓励各单位主动减员。二是控制二、三线工资总额。年初按各单位二、三线员工定员计划和上年二、三线员工平均工资的一定比例，核定下达二、三线工资总额发放最高限额，年底核查超限额的，按超额数的3倍扣减下一年度工资指标。既控制了一线人员回流，又促进了二、三线人员向一线流动。

三、推进"两个调剂"，有效盘活用工存量

以"盘活存量、提升效率"为突破口，通过搭建一个平台、创新四种方式、强化两个保障，打破单位间壁垒，建立人事关系与工作关系相分离的新型的用工模式，充分挖掘人力资源潜力，既适应了生产需求，又控制了用工总量和经营成本。

（一）推进二级单位间的人力资源调剂

制订内部人力资源调剂管理办法，坚持"内部调剂优先"的用工补充原则，从宏观协调、盘活渠道、配套政策等方面系统推进，有效地盘活了用工存量。搭建渤海钻探工程有限公司层面调剂平台。以录井、测试等技术服务单位作为用工输入方，超前发布用工需求信息，以钻井、井下单位作为用工输出方，定期将结构性富余人员信息传输到渤海钻探工程有限公司调剂平台，构建渤海钻探工程有限公司劳动力市场调剂互动平台。创新资源盘活方式。一是协议调剂，由输入输出双方通过平台交流，自愿达成资源调剂协议；二是指令调剂，当输入单位用工需求量过大时，渤海钻探工程有限公司对钻井和井下单位指令性下达劳务输出指标；三是项目承包，由钻井（井下）单位分片承包油气合作各区块的采气业务；四是队伍租赁，建立跨区域、跨单

位钻井队租赁机制，保持钻井队人员、资产、人事关系的相对稳定，在租赁期间整建制纳入承租方管理。制定配套的激励政策。按照"有偿服务、全成本核算、差价补贴、三方有利"的原则，一是对输出单位，输出人员的费用由输入单位全部承担，渤海钻探工程有限公司再进行奖励：每输出1人，奖励工资指标2万～3万元，年度考核时剔除2万～3万元考核利润指标；二是对输入单位，按照市场化员工与劳务工平均收入差价，渤海钻探工程有限公司给予"补贴"，每接收1人，年度考核时剔除3万元考核利润指标；三是对输出人员，按输入单位岗位对应的岗位（技）工资标准发放，考核奖执行输入单位奖金政策，平均每年调剂1000人以上。

（二）推进二级单位内部人力资源调剂

改进劳动生产组织方式，打破传统的"一队一机"模式，探索推行"人机松绑""人岗松绑"的生产组织方式。一是实施"一队多机"模式，在工作量不连续时，各区域市场实行"一队双机""两队三机"生产组织模式，队伍整编制在多部钻机间流动作业，机歇人不歇，减少搬家、减少用人。二是实施"生产骨干固定"模式，在工作量严重不足时，一线作业队只固定队长、副队长、技术员等少数生产骨干，其他人员集中管理，有生产任务时，采取项目负责制的形式，由作业队生产骨干择优选聘岗位所需人员进行施工作业。三是实施二、三线员工支援一线应急补充机制，在工作量饱满、人员紧缺时，通过二、三线人员应急轮班制、基层单位定向支援补充等方式，满足生产高峰期一线生产用人需求近几年，平均每年调剂2500人次以上，有效提升人力资源利用效率。

四、强化考核精准激励，推动用工改革落实落地

为进一步加强精细化管理、精准化考核，有效推进精准用工、人

力资源调剂等工作开展,持续完善考核精准激励政策,不断增强队伍内生活力。

(一)设置专项奖励

安排1亿元工资总额对推进精准用工和提升劳动效率进行奖励,其中4000万元作为效率效能工资,与全员劳动生产率和人均营业收入挂钩考核,平均人数采用全口径统计,引导和激励各单位精准用工、减少用人;4000万元作为单队单机提效工资,与钻井单位钻井进尺、成本、进尺和井下单位压裂段数增长情况等挂钩考核,强化过程激励。2000万元作为人力资源调剂奖励,鼓励单位和富余员工进行输入输出。

(二)与单位年度绩效考核挂钩

将员工压减、员工调剂、第三方用工控减等指标分解到各所属单位,对指标完成情况进行严考核硬兑现,考核权重为加(扣)10分,将考核结果列入所属单位领导班子绩效考核中,通过考核促进各单位完成指标任务。

(三)细化考核激励举措

各单位围绕劳动用工改革,积极拓思路、想办法、定措施、出政策,通过采取"单队定额"考核、"一岗多能型"激励、"轮流轮岗"输出等多种方式,强化内部激励考核,调动员工的主动性,促进人力资源存量有效盘活。

作者:刘其坤、盖江容、高翔、王柏平、张付星

加强精细化用工管理
持续提升人力资源配置效能

川庆钻探工程有限公司

川庆钻探工程有限公司聚焦破解一线岗位缺员、人均劳效偏低、创效能力不足等瓶颈问题，以盘活人力资源为重点，以创新生产组织模式为手段，以提升员工素质为保障，强化战略思维，坚持守正创新，有效缓解用工矛盾，人力资源投入产出效率大幅提升，2022年全员劳动生产率较2020年增长44.9%，为川庆钻探工程有限公司建设世界一流工程技术服务企业提供坚实保障。

一、以盘活用工存量为抓手，持续提升人力资源价值

积极发挥人力资源优势，坚持用好用活用工存量，通过"人力资源共享、井工程一体化、内外部劳务"等方式，多措并举持续盘活富余人员，促进富余人员创新创效。

（一）实施川渝人力资源共享

以"区域统筹管理"为突破口，按照"动态调剂、提升效率"原则，以区域集中管理、专业集约运营等方式，在川渝地区探索推进人力资源共享。坚持问题导向和工程思维，细化38个人力资源共享业务项目，按季度总结、年度考核方式，督导各单位稳步推进，形成成本员、材料工及污水处理工（打水工）共享、钻井队一线岗位临时代班、钻井队与精细控压队人员共享及国际业务休假员工共享等亮点。截至2022年底，累计共享8000余人次，创造经济效益7000余万元。

（二）创新推进井工程一体化

按照专业化发展、一体化统筹的总体要求，设立现场项目组，实现钻井现场人员、业务（包括钻井液、录井、定向、控压和固井等）的一体化统筹管理，有效提高各业务之间的协作效率和单井（平台）整体作业效率。同时，优化岗位职责，强化大工种、复合岗位设置，各类型号钻机作业现场均实现减配5人，有效提升人力资源综合利用效率。

（三）持续挖潜盘活人力资源

人力资源优先实行"内循环"，以"盘活存量、提升效率"为突破口，坚持"自己能干的活自己干"，促进员工跨单位、跨业务、跨区域流动，积极探索灵活多样的人力资源调剂方法，年均调剂盘活4300余人次，充分挖掘人力资源潜力。开展内外部劳务输出。针对施工区域和所属单位间工作量不平衡的情况，内部劳务输出900余人，同时，继续发挥自身技术和服务优势，通过工程承揽等方式，开拓企业间劳务输出300余人。大力推行转岗培训。清理清退生产保障和后勤服务不必要的社会化用工，将富余人员进行转岗培训，调剂到机制机修等岗位，实现调剂盘活3000余人。稳妥实施富余人员安置。将生产性、结构性、岗位性富余人员逐步显性化，对不适宜岗位工作的人员采取提前退休、内部退养、离岗歇业等措施分流安置。

二、以"四化"建设为突破口，促进减人增效

"十四五"以来，川庆钻探工程有限公司大力推进技术立企、成本领先、数字赋能三大战略，先后形成自动化钻机、钻机电代油、数字气田建设等"四化"建设成果，并利用新设备、新技术优势，持续改变基层劳动组织模式，压减生产作业单元定员编制，不断提升劳动效率。

（一）自动化改造促提质增效

为适应钻井队"四化"建设需要，打赢提质增效攻坚战，实现投入与产出合理匹配，在深入基层开展调研的基础上，制定自动化钻机人员减配工作推进方案，将配备二层台机械手的钻井队生产班石油钻井工定员标准由8人减配为7人，并建立"月度跟踪、季度总结、年度考核"的督导机制，有序推进各项措施从"纸面"到"地面"。截至2022年底，开展自动化钻机人员减配工作的钻井队132支，减配生产班石油钻井工237人，节约人工成本5000余万元。

（二）绿色低碳促高质量发展

坚持"降本增效、节能减排"理念，以绿色低碳发展为目标，扎实推进钻机"电代油"工作，在降低一线劳动强度的同时，有效减少碳排放。为适应新技术发展，从钻机类型、生产组织模式、人员配备等维度全方位进行分析，制定下发钻机电代油人员减配工作推进方案，根据区域生产特点及钻机类型，压减机电岗位定员标准，减少一线岗位需求。2021年以来，开展电代油减配工作的钻井队100支，减配柴油机工100余人，节约人工成本4000余万元。

（三）数字赋能促生产模式创新

紧紧围绕"业务发展、管理变革、技术赋能"三大主线，把数字技术全面融入生产经营全过程，以数智化转型重塑劳动生产关系。截至目前，页岩气勘探开发项目经理部初步建成无人值守、自动化生产、智能化控制、电子巡检、数字化管理的开发新形态，形成"一个中心，两个平台"的页岩气生产运行模式，作业区累计节约用工90余人。

三、以提质强基为支撑，提高综合素质

结合产业升级、业务调整、人才队伍建设需要，围绕人员能力建设、技能提升和岗位素质能力达标等内容，强化顶层设计，突出政策

引领,在把好人员进口关的同时,着力强化技能人才队伍建设。

(一)规范新进人员评估流程

结合管理需要,制定新入职、转岗人员上岗前培训及安全履职能力评估的指导意见,按照"培训—试岗—初始能力评估—跟岗—安全履职能力评估—顶岗"的流程,对新入职、转岗人员的培训及评估工作进行规范和强化,进一步把好人员"进口关"。

(二)完善技能人员管理培养体系

以职业技能等级认定为主要内容,修订出台《职业技能等级认定实施细则》《高技能人才积分晋级管理实施办法》《技能人才创新创效奖励实施办法》等制度办法,全面规范职业技能等级认定、技能人才评价、培养、使用和激励全流程管理,有序推进技能人才队伍建设。

(三)合理创建培养认定模式

推进"学分制"培训认定管理模式,以井下作业工技师(高级技师)等级认定培训为试点,组织开发石油钻井工和井下作业工技师(高级技师)"学分制"等级认定线上课程200余个,将员工在线学习积分与技能等级认定成绩挂钩。着力提升社会化用工素质,确定"技能等级认定导向,市场化薪酬配套激励"第三方用工技能素质提升试点工作思路,制定"分区域分专业试点,逐步总结有序推进"的总体实施方案,目前对多个主体工种的第三方用工认定人数已超过2700人。建立技能提升奖励制度,对取得技师、高级技师技能等级证的技能操作人员,分别按2000元/人、3000元/人予以一次性奖励,进一步激发了人员动力活力。

作者:邱金华、刘嘉伟、刘文斐、先羿

瞄准国际化本土化发展方向
持续优化境外用工管理模式

工程建设有限公司

工程建设有限公司坚持市场化、国际化发展方向，突出效益优先和风险防范总体要求，通过合理控制用工规模，持续优化境外队伍结构，整合利用属地化、全球化资源等措施，加快推进本土化进程和管理水平提升，切实减少了经营成本和安全压力，增强市场竞争力和经济效益。

一、坚持精干高效原则，控减境外中方用工

推行管理职能集约化模式，优化海外单位本部与项目部的职能定位，修订《海外单位组织机构设置规范》，有效压减海外单位本部与项目部机构设置、部门领导职数及定员总量，其中各模式下的海外单位本部定员压减超过35%、项目部压减近30%，从源头上控制中方及用工总量。结合在建项目运行实际，每年核定海外单位中方用工总量，并按项目进度审批人员配置需求。根据工程建设有限公司提质增效专项行动部署，2020年起逐年拟定并下发海外单位中方用工计划，并于2021年首次推出综合人月数控制计划，从原有的员工总量"单控"升级为员工总量和综合人月数"双控"，年内综合人月数压减16%。压缩海外单位本部规模，结合各海外单位实际业务需求和5大后移基本原则，下达岗位及人员后移方案并实行动态管理。2022年海外本部岗位及人员已实现后移145个，占本部现有中方人员43.41%。建立总部人

才储备中心，将境外在建项目实现阶段性节点后项目退出的中方富余人员及时转入中心，统一实行"3+6"或"3+9"储备管理，由公司总部统一调剂把控，已累计入池 285 人，其中 132 人已进行转岗、80 人办理退出。

二、瞄准国际化发展发向，加大外籍配置力度

明确海外单位本部及项目部机构设置外籍雇员（含国际、当地雇员）比例不得低于 40%，对于市场成熟度高，人力资源丰富的国家，外籍雇员比例不得低于 70%，中外方定员不得相互占用。在实际项目人员配置中，依据项目所处国或区域的人力资源成熟度及项目运行特点，实行"一项目一策略"，要求各海外单位每配置 1 名中方管理人员必须配置若干比例的外籍管理人员，并适时提升外籍管理人员中层配置比例。海湾地区公司哈布善脱瓶颈项目部高峰期管理人员 146 人，其中中方人员 24 人，国际雇员 122 人，国际化率达 83.56%。加大外籍雇员培养力度，提高外籍员工融入度、发挥特有优势，在部分项目试行"中外双经理制"，提升中外方融合度、凝聚力。阿穆尔分公司 AGPP 项目开工部和施工部合并为开工管理部，设立中方和俄方双经理负责制，由中方和俄方雇员担任五个专业组长，形成部门内中俄管理力量比 1：2。

三、创新项目运行模式，提高本土化分包占比

坚持本土化发展方向，将国际化本土化实施方案纳入投标策略并加以量化。项目授标后，根据业主和项目所在国法律法规要求，进一步细化项目执行策略，统筹考虑项目组织机构设置、设计、采购、施工、试运等执行策略。精细划分分包工作包，依据具体项目精准策划，选择与现场工作强度难度需求匹配的国际或本土分包商。结合境外项

目实际，实施不同技术含量施工作业分包的国际化、本土化策略，从地基处理、场地平整、材料搬运等作业开始，逐步提高基础性、低技术含量作业包的国际化本土化占比。伊拉克祖拜尔脱气站扩建项目前期土建和临时营地及办公设施建设全部使用当地分包。加大对中方分包商作业队伍本土化用工比例管理，在合同或内部任务分配单中设置最低比例要求。伊拉克祖拜尔脱气站扩建项目规定中方分包商的本土化用工比例不得低于50%，且中方安装队伍不得超过600人。

四、聚焦内部深度融合，加大"六化"建设力度

加强项目内部单位间融合，减少管理层级，选取具备条件的项目，由海外单位与国内主力配合单位组建联合执行团队共同执行。在阿联酋贝尔巴泽姆（Belbazem）海上区块开发项目中，海湾地区公司与七建公司按6.5∶3.5比例组成内部紧密型联合体，双方主体工作各有侧重、风险共担、互利共赢。加大公司"六化"建设成果利用力度，突出境外项目设计引领作用，深化设计撬块化、模块化深度，增添撬块和模块化预制供应商的寻源，确保原材料加工最大程度在现场以外完成，有效降低项目现场劳动强度、施工难度和现场施工作业量，进一步缩短现场安装时间、减少境外现场用工数量。

五、强化督导考核作用，提升精准激励效能

健全完善全方位考核制度，将"全口径国际化本土化用工率"纳入年度人事劳动分配制度改革工作考核。对于海外单位，用工率达到80%的得5分，没达到80%的，在前一年基础上每提高5%得1分，封顶4分；对于国内主力配合单位，达到下达的目标值的，额外给予5分加分。将"推进国际化本土化工作"定为对标指标，从组织机构设置、自有用工外方配置比例、本部中方后移比例、当地分包项目额

度占比、施工安装队伍使用当地人员占比等维度对海外单位进行打分，排名前3位的，给予1~3分的综合业绩分值奖励。通过各项举措的有效落实，工程建设有限公司实现了员工总量和人工成本"双下降"、效益效率"双提升"的可喜成绩，员工收入稳步增长，员工满意度显著提升。

作者：王羽、张新伟、门庆明、丁浩

优化人力资源配置　提升劳动用工效率

渤海石油装备制造有限公司

渤海石油装备制造有限公司牢牢把握"双百行动"、处僵治困等"政策窗口期"和"红利机遇期",深化劳动用工制度改革,统筹联动、综合施策,积极推进人员分流安置,优化人力资源配置,用工冗余矛盾得到缓解,劳效指标大幅提升,有效支撑了企业高质量发展。

一、归核业务,优化队伍结构

（一）退出低端低效业务

一是根据企业发展方向和功能定位,在"5+1"[①]产业发展布局的基础上,与亏损企业治理、处僵治困等专项工作相结合,进一步聚焦主责主业,萎缩退出低端低效业务;二是退出石油专用营房、振动筛、机动车检测等业务,进一步归核聚效;整合离退休、后勤服务、保险档案、培训和技能鉴定等业务,统一纳入人力资源共享中心管理;三是全面退出门卫安保、绿化环卫、吊装倒运、供水供电等社会资源供给充足的业务。通过业务归核,将优化出来的人力资源向企业主营业务转移200余人。

（二）实施专业化重组

一是推动同质化和上下游关联业务和小型化机构重组整合,将福建螺旋钢管业务与青县螺旋钢管业务整合,实现同质化业务一体化管理;二是将扬州钢管业务与防腐业务整合、大港钻铤业务与钻具业务

---

① 输送装备、油气井管、钻井准备、采油装备、炼化装备五条产品链和"制造+服务"转型增值业务链。

整合，实现上下游关联业务一体化管理；三是将大港中高压阀门业务与青县钢管制造业务整合、钻机配套业务与大港钻井装备制造业务整合，将渤海卡麦龙公司引入民营企业天津百利公司进行混改，进一步完善了主营业务产品产业链，实现了一体化集约化管理。

通过拆庙并灶、归核业务，完善了输送装备、钻井装备产业链条和产品结构，实现了主营业务、主导产品集约化、一体化有效发展。累计压降三级机构10个，人力资源更加高效利用。

（三）做强做大主营业务

着力优化业务布局，集中优势资源做强做大主责主业，通过系列改革发展举措，2022年，输送装备业务产值同比提升32%，石油专用管、钻井装备等钻采单位产值同比提升20%，通过主营业务发展，有效解决了低端低效业务退出后富余人员的上岗就业问题，共计吸纳富余人员200多人，保证了改革大局的稳定。

二、精干高效，优化劳动组织模式

（一）深化两级本部改革

坚持以上率下，全面实施两级本部部门"大岗位"改革，推进两级本部机构"三定"工作。推行职能管理综合化，构建"宽职能、少机构、大岗位"职能体系，有效解决了本部内设岗位分工过细，人力资源综合利用率不高等问题，改革后，部门实际配置90人，较批复的编制再压降10人。积极推进二级单位部门改革，压减二级本部部门7个，管理人员整体缩编10%。

（二）积极开展基层效益定员

一是企业以全面定员为抓手，通过双向选择、组织调剂等方式，推动员工从低效、非主营单位、生产任务不饱满的单位向主营业务、缺员单位转移，打破业务、区域、企业间流动壁垒；二是坚持"自己能干的活自己干",按效益定员和人工成本容纳空间模型,将各年度减员、分流人员指标逐级分解到二级单位和基层组织单元,将人员分流工作提升到企业战略高度,将人员分流指标纳入各级领导业绩合同,与领导人员薪酬和单位工资总额硬挂钩。三是建立差异化的定员核定机制,对效益相对较好的企业,本着严于标准、对标提升的原则,采取管理技术岗位定员配置、操作技能岗位与民企对标的方式确定用工人数标准,促进用工方式转型;四是对低效或经营亏损的企业,直接采取效益目标倒逼用工规模的效益定员方式确定用工人数,将直接用工压减至最低水平,通过全面定员工作破解冗员显化、优化配置、竞争上岗、"分灶吃饭"等关键难题,为企业有效开展人员分流安置工作提供了基础保障。

(三)创新基层劳动组织模式

一是推行项目制弹性用工管理,所属辽河钻采装备公司针对生产作业不均衡、不连续的基层单元,打破传统的分厂(车间)制管理模式,以项目为载体和主线,有工作量时以灵活用工方式组建项目部,无工作量时项目部即时解散,支付基本保障待遇,有效解决了专业化单位机构职能重复、人员冗余等问题,平均减少管理人员 20～30 人,实现区域内队伍、技术、物资、后勤、工作量衔接等统一管理和协调配置,提升了运行效率、降低了管理成本。二是深化"固定+机动"生产组织模式,所属华油钢管公司将生产线由"3+2"生产班组配置模式压缩为"2+2"模式,根据订单执行紧迫程度,灵活实施倒班方式,有效挖掘生产线人力资源产出效率,全年在青县、扬州、福建制管厂机动流转作业 400 多人次;三是所属巨龙钢管公司防腐厂在两条内外防腐生产线的六个班配置标准上,通过"固定+机动"生产方式,抽调辅助岗位和本部办公室人员参与"两班两倒"生产,比标准减少 2 个班配置,减少用工 70 人。

（四）建立僵尸困难企业"两分一合"考核机制

将僵尸困难企业内部在岗员工的经营绩效与分流安置等不在岗群体成本费用剥离，分开核算考核，鼓励僵尸困难企业统筹考虑人力资源优化配置，减少内部用工，提高劳动效率。2022年，所属僵尸困难企业优化盘活息工放假、劳务输出等人员400余人，同比上年降低成本费用2000万元以上，有力支持了企业扭亏解困。

三、创新实践，靠实人力挖潜举措

（一）实施劳务输出，盘活用工存量

实行内外部劳务奖励政策，对内部调剂转移的双方按实际结算费用或工资总额的20%进行奖励，所需工资额度由企业单列支持，最大限度盘活内部用工存量资源，整体性减少劳务外包用工数量和成本支出，实现公司整体效益最大化。

（二）社会市场合作，挖掘人员潜力

有效利用闲置厂房、场地、设备设施，吸纳社会资本办企业，通过劳务或业务承包形式派遣用工、获取效益，累计派遣用工300余人，实现了企业效益不减、员工利益不降。

（三）用好用足政策，妥善安置用工

积极开展混合所有制改革，实现企业减员70人以上；按照人随资产业务走的原则，结合剥离业务人员特点及企业实际容纳能力，以调转对方、劳务输出、内部退养、离岗歇业等方式就地分流安置医疗、托幼、物业、采暖、供水供电等企业办社会业务人员100余人。2022年，向中国石油内、外输出劳务800余人，分流安置人员占用工总量的25%，使队伍结构进一步优化，人力资源配置更加合理，企业发展活力进一步释放。

作者：董彦坤、王丽波、廖桂军、张克成

聚力人才队伍建设　优化人力资源配置

中国石油管理干部学院

中国石油管理干部学院全面贯彻落实中国石油决策部署和工作要求，瘦身健体、提质增效，以人力资源优化配置工作为突破口，建立机制、破解难题、开展改革攻坚战，人才队伍建设工作取得显著成效。

一、主要问题

从总量及队伍结构等维度对学院现有员工进行分析，中国石油管理干部学院主要面临员工总量不足，队伍结构不合理，高层次领军人才不足、人才培养体系不完善等问题。

（一）员工总量不足，结构规模矛盾突出

2021年与广州石油培训中心合并重组后，员工总量仅有295人，预计"十四五"期间自然减员67人。与同类事业单位对标，同等培训规模下，员工总量明显偏少。学院本部及保障部门人数占比过高，教研主营业务人员仅占员工总数的45%，难以有效支撑学院主营业务高质量发展。员工队伍年龄呈"哑铃状"结构分布，36～45岁中坚力量仅占员工总量的1/4，结构性缺员问题突出。随着"十四五"时期自然减员高峰期到来，学院员工总量不足、结构不合理、人员老化严重的问题将不断加剧。

（二）干部年龄偏大，新老交替形势严峻

干部梯队总体呈现盖层太厚、断层明显特征。虽然中基层领导人员年龄结构符合中国石油有关要求，但是正职年龄整体偏大，年轻干部的选拔培养使用机制体系还不够系统完善，年轻干部的数量明显偏少，且大多数年轻干部缺乏基层从业经历和主营业务实践，综合素质不强。干部选拔培养机制还不健全，缺乏"能上能下"的竞争、退出机制，梯队建设出现断层。

（三）教师配置失衡，研究咨询力量薄弱

对比中石化石油化工管理干部学院47人专职教师团队，中国石油管理干部学院专职教师仅30人，"十四五"期间预计退休12人，面临学科（学术）带头人和高层次专家老化严重、青黄不接等问题。年轻教师成长缓慢，缺乏实践经验，专业造诣、教学经验仍需进一步提高。科研成果产出过少，课程转化率过低，科研、咨询水平须持续加强。对照一流标准，教研咨业务领域的人才规模不能适应学院业务发展需要，名师特别是高层次人才匮乏。

二、主要举措

针对中国石油管理干部学院面临的人才队伍建设问题，根据"十四五"发展规划总体要求，以师资队伍为重心，以高层次人才为重点，以创新型人才为引领，以能力建设为主题，以调整和优化结构为主线，以改革创新为动力，大力实施人才强院，多措并举，统筹推进人才引进、培养使用、考核激励等工作，进一步加强员工队伍建设，培育高质量发展核心力量。

（一）全面推行岗位管理

制定全员职业发展规划，横向全覆盖经营管理、培训教研、技能操作，纵向贯穿各岗位层级，明确各序列人员的晋升标准与保级要求，打通横向发展通道，扩宽纵向晋升通道，打破身份界限，激发队伍活力，全面构建以"三定"工作为基础，以竞聘上岗、以岗定薪、岗变薪变为核心的动态运行机制，吸引更多青年员工走上讲台，壮大教师队伍规模，增强学院核心竞争力，推动人才队伍专业结构和布局的优化调整。

（二）加大分配制度改革力度

健全考核制度体系，修订学院《业绩考核管理办法》，深化全员业绩考核，分级分类签订业绩合同，科学设置业绩指标和考核目标，强化差异化考核评价，将员工总量控制、全员劳动生产率完全情况纳入学院中层领导人员绩效合同刚性考核兑现。

（三）健全人才培养机制

聚焦主营业务，统筹制定员工队伍素质提升规划、人才培养管理办法，遵循人才成长规律和自身特点，采取轮岗见习锻炼、职业生涯规划、导师带徒培养、教师训练营、挂职锻炼、访学交流、校区间人员交流等培养路径，聚焦学科专业建设需求，提升教研人员专业水平和创新能力，完善人才全链条培养机制，更好培育、使用、激励、成就各类人才，构建与中国石油管理干部学院发展战略相适应的人才培养体系。

（四）优化干部队伍结构

落实新提拔干部三个"三分之一"年龄结构比例要求，加大40岁左右中层领导人员与30岁左右基层领导人员的选拔培养，推动实现老中青年龄梯次的干部队伍结构。严格职数管理，抓好预备队和战略预备队储备，建立优秀年轻干部库并动态管理，动态储备各层级年轻干部。制定《中层领导人员任期制和契约化管理实施细则》《中层领导人员退出领导岗位管理暂行办法》等体系办法，发挥考核结果对干部人才选用和薪酬兑现的决定作用，推动干部"能上能下"，收入"能增能减"。组织领导干部签订任期制聘任协议及经营业绩责任书。

（五）加大青年教师培养力度

加快40岁以下青年教师的培养速度，通过重大项目锻炼、课题攻关、联合培养、双向挂职交流、培训赋能等方式提升授课与科研能力；鼓励青年教师与老教师共同开发新课，加强新老教师融合互补，合力打造行业领先、社会认可的"品牌课程"；发挥共青团育才作用，完善"推优荐才"工作机制，落实集团及学院新员工跟踪培养计划，常态化发现储备青年人才。2023年通过15门新课，青年教师队伍成长明显加快。

（六）持续加强教学、研究、咨询一体化融合发展

修订完善科研工作与科研课题相关管理办法，提升科研工作的科学化、规范化、体系化水平，确保课题负责人的路线决策权、经费使用权落实到位，在课题组成员配备上给予有力支持。跨校区、跨部门、跨学科组建联合攻关团队，按学科领域集体备课、集体攻关，建立打破部门壁垒、共建共享、协同高效的工作运行机制。修订新课试讲相关管理办法，提升新课试讲规范化制度化水平，全面加强新课把关力度，确保新课开发质量，积极引导优秀青年教师走上平台。

三、工作成效

（一）员工成长通道进一步扩宽

针对教师长期以来晋升面临"天花板"的难题，对擅长教学与课题研究的教师设立教学研究岗位子序列，对擅长从事培训项目运营的教师设立培训管理岗位子序列，延伸岗位层级，细化岗位任职资格标准，畅通员工纵向晋升、横向转换通道。构建了岗位层级明晰、晋升通道拓宽、专业结构优化、资源充分利用的人才发展格局，通过套转、转任、竞争选聘等方式，初步建成了30余人的内聘专家队伍，作为学科带头人，在教学研发、学科建设、人才培养等方面发挥了重要作用；专职教师队伍壮大至46人，持续打造名师名课，学院学术影响力不断提升。初步完成打造一支能够担负起中国石油领导人员和战略预备队、

职能管理人员、专业技术人员人员培训主力军重任的师资队伍的目标。

（二）干部队伍能力进一步强化

2022年、2023年通过退出领导岗位、转任内聘专家等方式调整14名中层领导人员，其中退出领导岗位9人、转任内聘专家5人、降职使用1人。推进了"能上能下"用人机制落地，激活了发展的"源头活水"；探索建立两校区间干部轮岗锻炼的柔性流动机制，交流中层干部2名；扎实开展"青马工程"，选调35岁以下青年员工参训，帮助年轻干部快速成长。

（三）考核分配机制进一步健全

制定学院《业绩考核管理办法》《专项奖励管理办法》，统筹兼顾两校区发展定位，建立二级单位员工总量与工资总额分配挂钩机制，研究制定各部门年度业绩考核指标，坚持以岗位价值为依据、以绩效贡献为导向，推进全员业绩考核，实现差异化薪酬分配，突出对科研、授课、重点培训项目的激励，坚持按劳分配、多劳多得的分配原则，提高关键岗位和紧缺人才薪酬市场竞争力，合理调整收入分配差距。

作者：张轶婷、刘浩

第五部分　薪酬"能增能减"篇

以效益效率为导向 深化"三横三纵"工效挂钩奖金分配体系建设

新疆油田分公司

新疆油田分公司积极应对严峻复杂的生产经营形势，在认真执行基本工资制度、做好岗位津贴补贴调整等重点工作的同时，健全完善工效挂钩奖金分配体系，扎实推动薪酬分配工作更加精准、更加规范、更有效率，不断激发企业活力动力，进一步提升企业质量效益和价值创造能力。

一、完善"三横"奖金分配机制，提升效益效率

不断强化奖金与效益效率联动，持续加大工效挂钩力度，进一步优化以业绩奖、效益奖为主，专项奖有机补充的"2+1"奖金分配模式，较好地调动了各单位增储上产、创新创效的积极主动性。

（一）坚持业绩奖励分配

保持薪酬与业绩同步增减，将考核兑现奖金的60%作为业绩奖，与业绩考核结果、业绩奖金系数挂钩兑现，差异化分配，促进工作质量和效率提升。一是体现经营难易。根据单位技术复杂程度、工作强度、安全风险等业绩贡献难易因素加权测算，分类确定经营管理难度系数，作为单位业绩奖金系数，用于奖金兑现，其中业绩奖金系数最高的为科研单位2.5，最低的为退管中心等后勤服务单位1.1；采油气生产单位中最高的为沙漠油田作业区2.4，最低的2.1，实现业绩奖向科研生产一线、经营管理难度大的单位倾斜。二是体现盈亏差异。盈

利单位综合业绩分值基准分数设为100分，封顶不超过120分；亏损单位综合业绩分值基准分数设为90分，封顶不超过110分；若整体亏损，本部门按亏损单位执行，科研等费用性单位减半执行，拉开盈亏分配差距，实现奖金向效益贡献大的单位倾斜。三是体现贡献高低。根据全年工资总额和发奖人数预测，确定人均奖金标准和兑现倍数，依据综合业绩考核结果，实施每月预支兑现、每季预考核兑现、年底清算兑现，实现考核激励约束及时到位、作用效应最大化。

（二）突出效益奖励分配

实行奖金与效益联动机制，将全年用于考核兑现奖金的40%作为效益奖，根据单位效益效率贡献大小、单位功能业务定位差异化挂钩兑现，进一步激发"油公司"生产经营、创新创效主体的积极主动性。一是与利润指标挂钩。将完成利润指标任务作为奖励的前提，设置超额利润、油气超产、对外创收考核奖励项目，完不成利润指标的单位，不兑现效益奖，进一步引导全员创效益"挣奖金"。二是与超额利润挂钩。按照"三七分成"原则奖励各单位年度超额利润，同时采用创效能力系数进行平衡调控，在体现效益效率优先的同时适度兼顾公平，激发创效主体的积极性主动性。创效能力系数依据产量、效益、综合三类要素测算确定，其中采油气单位创效能力系数取值区间为1.0~2.0，科研单位、工程技术单位取值区间为0.9~1.0，后勤服务单位取值区间为0.7~0.8。三是与油气超产挂钩。采油气生产单位年度原油交油量每超"基准值"1吨奖励150元，天然气交气量每超1吨奖励20元，同时在完成产能贡献率、产能到位率、投资管控等指标的前提下，全年新建原油生产能力每超"基准值"1吨奖励30~50元，引导各单位效益开发、高效上产。四是与对外创收挂钩。利用现有人才队伍、闲置资源积极对外创收、改善现金流的，给予外部收入挂钩奖励。挂钩兑现系数根据对外创收业务类型、增收创利难度、现金流贡献等情况差异化确定,总奖励额度不超过当年现金收入总额的2%~3%,充分调动相关单位"走出去"增收创效的积极主动性。五是与效益效率挂钩。对盈利额、利润完成率、产量、人均劳效改善情况排名靠前的单位,实施正向激励,分别给予一定奖励,进一步体现效益效率分配导向。

(三)用好专项奖励分配

作为绩效奖励的有机补充,以重点项目、重点工作为载体,实行奖励项目和总额控制,进一步调动骨干人员创新创效积极性。一是强化引导激励。健全完善专项奖管理办法及考核细则,规范奖励程序和考核分配方案模板,配套设置与改革发展方向相适应、与年度重点工作相配套的高效勘探、效益开发等八类专项奖项目,大力引导全员提效率、增效益、补短板、强弱项。二是强化精准激励。准确把握专项奖精准激励、定向激励的作用定位,以重点项目和重点工作的高效推进为奖励前提,坚持及时奖励,控制本部人员占比,精准激励在实际工作中取得的重大成果、重点项目和突出贡献人员;根据难易程度、工作成效以及贡献大小等,合理拉开奖励档次,做到奖金分配具体到人,切实保障骨干人员收入。

二、优化"三纵"精准激励机制,激发活力动力

不断完善各单位和骨干人员奖励分配机制,健全各层级单位绩效考核、工效挂钩奖励、中层领导人员及技术专家绩效管理等制度,年终清算前统筹预测分析各单位和骨干人员等收入情况,切实保障骨干收入具备一定竞争力,实现人才队伍稳定性不断增强,队伍活力动力显著提升。

(一)抓住关键少数分配

实行领导人员、专家奖金集中管理、跨序列对照、差异化兑现,

依据班子个人季度、年度绩效考核结果，实施当年考核兑现80%+次年考核清算20%的模式，更好调动关键少数带领队伍创新创效积极性。一是建立分类分档激励。依据领导人员岗位分级分类结果和公司绩效奖金总体情况，合理设定各单位领导班子分类分档奖金标准，充分体现管理幅度、难易程度和效益效率情况，专家按照集团要求的薪酬对照关系，相应确定奖励标准，根据作用发挥、贡献大小和考核结果考核发放。目前领导人员奖励标准共分为4类6档，档差达到7%~16%。二是利润产量挂钩激励。将月度利润、产量指标完成情况挂钩领导班子月度预支奖金，考核结果排前的单位领导班子月度预支奖金给予一定上浮；排名靠后的，月度预支奖金给予一定下浮；未完成指标任务的，月度预支奖金翻倍下浮，年终清算，实现关键指标任务稳步提升。

（二）抓实本部部门分配

本部部门、勘探事业部、开发公司奖金分配与业绩效益双合同双考核挂钩，促进公司整体效益效率提升。一是业绩效益双合同激励。根据本部部门、勘探事业部、开发公司功能定位和实际情况，组织签订业绩、效益双合同，依据综合业绩、效益考核结果，实施双考核双兑现，同时结合岗位价值贡献，建立岗位绩效奖励系数，适度拉开奖励差距，提高骨干人员履职尽责积极主动性。二是实行本部缺员奖金。鼓励各部门用好现有人员，控制和减少用人，针对部门缺员人数按照本部人均奖金的20%增发奖金，引导本部员工队伍精干高效，为大部制改革奠定了良好基础。三是集团指标挂钩激励。将公司整体绩效指标完成情况与本部部门挂钩，年初明确奋斗目标，次年根据集团考核结果挂钩清算兑现，有效促使指标主管部门落实管理责任。

（三）抓好基层单位分配

基层单位作为直接创造利润、产生效益的单位，奖金分配与综合业绩考核结果和效益奖考核挂钩，实现员工收入与效益同步增减。一是建立"挣奖金"机制。将超额利润作为消化效益奖的必要条件，考核兑现效益奖时必须上交等额的超额利润，实现用利润挣奖金、用奖金促利润，进一步强化全员"挣奖金"理念，引导全员努力多创利润挣取工资总额增量。二是搞活内部分配。指导各单位研究确定内部考核分配政策，依据岗位价值差异化，确定员工奖金系数，搞活内部分配，实现奖金向加快发展、推动改革的关键岗位倾斜。例如：某单位设定野外一线员工奖金系数为1.2，市区1.0；同时根据岗位价值差异，设定三级正2.0、三级副1.8、科研技术人员1.4、其他一般管理和专业技术人员1.2、操作技能人员1.0。三是强化科研激励。科研单位在业绩、效益合同考核奖励兑现基础上，增设科研提效奖励，重点向在优化方案和设计源头创效、技术攻关提效等工作中做出积极贡献的科研骨干倾斜，确保科研骨干收入具有一定竞争力。

通过"三横三纵"奖金分配体系运行，"单位奖金凭绩效，个人收入凭贡献""挣奖金"等理念更加深入人心，凝聚了改革发展强大动力，实现了员工收入有保有压，保障了关键岗位核心人才收入，有效调动各单位和全体员工推进高质量发展和提质增效的积极性、主动性和创造性。

作者：张智勇、马永峰、林子栋、尚千里、巨朋凯

完善激励机制　释放发展活力
持续深化薪酬分配机制改革

大港油田分公司

大港油田分公司面对队伍老龄化严重、结构性缺员突出、员工工作积极性不高等诸多矛盾，以深化薪酬分配机制改革为突破口，从总额决定机制、考核分配机制、薪酬执行机制入手，构建更合理、更高效、更公平的薪酬分配体系，为老油田在高质量发展道路上行稳致远做出了积极贡献。

一、主要措施

以中国石油深化薪酬分配改革意见为指导，结合大港油田分公司发展战略与当前发展阶段，坚持稳中求进工作总基调，从三个方面深化薪酬分配机制改革，打造与大港油田分公司高质量发展更加适应的薪酬分配体系。

（一）注重目标引领，构建更合理的总额决定机制

严格遵循国有企业工资决定机制改革方向，深入落实中国石油人才强企与工资总额管理有关要求，创新实行"一挂两定"工资总额决定机制，加大工资总额与单位效益效率挂钩力度，按发薪人数核定基本工资，按岗位定员核定业绩奖金。一是差异化核定单位基础增量工资。各单位工资总额主要由存量工资和增量工资构成，增量工资是决定单位员工收入增幅大小的主要因素。将50%以上的增量工资作为基础增量，统筹考虑战略规划、业务发展、地方劳动力市场价位等因素

后，根据各单位盈利与亏损、利润预算目标完成、原油产量目标完成、经营业绩考核排名情况进行差异化分配，确保不同单位因重点指标完成情况不同，从基础上合理拉开增资差距。二是按发薪人数核定存量工资。存量工资是单位员工收入的主体，是发挥薪酬基本保障作用的关键，存量工资的核定事关队伍稳定和员工切身利益。大港油田分公司始终坚持"以人民为中心"的发展思想，按发薪人数核定各单位存量工资，保证各单位有足量工资总额支付员工基本工资与各项津贴补贴，从源头上解决单位后顾之忧，保持员工收入基本稳定，增加薪酬改革认可度。三是按岗位定员核定业绩考核兑现奖金。全员劳动生产率既是国资委考核国有企业的关键指标，也是中国石油核定各企业工资总额的重要依据，探索建立岗位定员与工资总额挂钩机制，是提升全员劳动生产率的有效手段。将增量工资中的一部分作为业绩考核兑现奖金，核定业绩考核兑现奖金时不再与单位发薪人数挂钩，而是与单位岗位定员挂钩，同时采用会议、文件、培训等多种方式广泛宣贯宣传，引导各单位积极转变薪酬分配理念，提高人力资源优化盘活积极性，从根本上激发改革动力活力。

（二）注重过程激励，构建更高效的考核分配机制

按照中国石油提质增效有关工作要求，突出过程激励，强调结果反馈，调整工资发放进度与单位业绩考核结果、大港油田分公司整体经营形势挂钩联动的灵活管控机制，避免因激励反馈不及时导致重点工作干不深、落不实。一是加快工资发放进度。以往员工年内奖金发放较少，奖金主要集中于年底，极大削弱了薪酬的过程激励效果。为此，公司按照"统筹平衡、均匀适度"的管控原则，组织各单位合理加快工资发放进度，于年初核定下达各单位工资总额预拨计划，并按月度发放额占预拨计划的比例值，调控各单位工资发放进度，为初步建立灵活的工资总额管控机制夯实基础。二是促进工资发放与业绩考

核深度融合。大港油田分公司经营业绩考核分半年考核、三季度考核、全年预考核、次年总考核四次实施。为建立与业绩考核同向联动的薪酬管理机制，实现单位收入"能增能减"，以各单位上一周期考核结果为依据，分别对应7.3%、7.6%、8%三个档次月度工资发放上限，差异化控制单位下一周期工资发放进度，在大港油田分公司内部营造出"靠业绩挣工资、凭贡献增收入"的良好氛围。三是配套实施重点任务过程激励政策。积极适应生产经营形势变化情况，创新打造业绩考核办法与各专业路量化考核细则相结合的"1+N"经营考核模式。日常管理坚持"功在平时、突出重点"，围绕原油产量和扭亏解困两项重点任务，配套建立月度原油产量、季度未上市扭亏解困等过程激励政策，并要求奖金随月度工资及时发放到位。对重点任务单独考核、实时激励，进一步发挥薪酬的激励约束作用，切实保障了大港油田分公司全年生产经营任务圆满完成。

（三）注重合规管理，构建更公平的薪酬执行机制

严肃考核纪律、规范分配秩序、确保合规分配，既是国资委和中国石油对考核分配工作的一贯要求，也是各项薪酬激励政策落地生根见效的基本保障，公平理论也表明，薪酬分配公平与否直接影响员工工作积极性，大港油田分公司始终坚持以"三化"举措加强薪酬合规管理，为员工营造出公平公正的薪酬分配环境。一是薪酬制度修订合规化。严格落实中国石油各项薪酬管理规定，配套修订《工资总额管理办法》《专项奖励管理办法》《受处分人员薪酬待遇管理规定》等薪酬制度，切实履行党委会审议、民主程序、上级审核备案等工作流程，确保公司薪酬管理全过程有据可依、合法合规。二是合规监督检查常态化。坚持"严"字当头、"实"字托底，系统开展基本工资、保留工资、住房补贴、专项奖励等薪酬制度合规检查，将定期检查与不定期抽查相结合，建立常态化的合规监督检查机制，引导各单位强化合规

意识，压实管理责任，提升薪酬管理效率效能。三是考核分配管理透明化。深刻领会中国石油规范专项奖励管理相关精神，增加专项奖励分配公示流程，严格制定并落实承办部门与基层单位"两级公示"制度，鼓励各单位采用网上公示。执行月度原油产量、季度未上市扭亏解困等重点激励政策过程中，坚持考核结果发文通报、兑现奖金按月单列下达，让单位与群众广泛监督，全力保障内部分配公平。

二、取得成效

（一）激励导向由"繁"到"简"，公司业绩稳步提升

通过实行"一挂两定"工资总额决定机制，使单位员工收入与利润、原油产量、业绩考核排名、岗位定员等关键因素紧密联系，充分保障了薪酬激励的合理性。在追求效益效率、奋力稳产上产、设法减员增效等工作中，各单位的积极性均有不同程度提高。2022年，受岗位定员因素影响，单位业绩考核兑现奖金最高增幅达44%，最低减幅达13%，内部"缺员"声音逐步减少。今年以来，大港油田分公司在页岩油效益开发、深凹区风险勘探、海上油气田建设上接连取得新突破，在未上市企业亏损治理、"阿米巴"经营上不断取得新成效，圆满实现了上半年时间任务"双过半"目标，6家单位均完成了阶段亏损治理目标，其中1~2家单位年底有望率先实现扭亏解困。

（二）激励速度由"慢"到"快"，员工干劲有效激发

通过建立工资发放进度与单位业绩考核结果、大港油田分公司整体经营形势挂钩联动的灵活管控机制，充分保障了薪酬激励的高效性。月度原油产量、季度未上市扭亏解困激励政策的实施，切实把员工个人增收意愿，绑定到为单位增储上产、扭亏解困的工作付出当中。由于原油产量、扭亏解困任务与月度奖金密切相关，如今采油生产单位、未上市亏损单位员工更加关注单位生产经营形势，看得见的"真金白

银"充分调动起了员工工作的积极性和主动性。

（三）激励纪律由"松"到"紧"，队伍稳定充分保障

通过持续加强薪酬合规管理，维护了薪酬分配的权威性，加速了薪酬管理的透明化与公开化，充分保障了薪酬激励的公平性。2020年以来，公司共修订重点薪酬制度8项，开展合规监督检查5次，执行考核分配公示700余次，薪酬合规管理意识不断增强，依法合规治企理念更加深入人心。透明化的薪酬管理，不仅提高了员工工作满意度，为大港油田分公司队伍稳定奠定了坚实基础，还使管理人员对待奖金分配更加慎重，进而强化绩效管理，加快人力资源体系化、正规化的前进步伐。

作者：雷鸣

聚焦五个维度　提升考核质效
助推企业高质量发展

华北油田分公司

华北油田分公司强化顶层设计，坚持战略执行、工程建设、大抓基层"三个导向"，聚焦五个维度，构建绩效分配考核新体系，全面提升考核质效，切实发挥考核"指挥棒"作用，充分激发广大干部员工队伍创新创效活力。

一、坚持目标导向，着力提升考核的全面性

根据华北油田分公司发展战略和年度重点工作目标，不断优化完善绩效考核各项制度，确保工作有力有效推进。

（一）优化业绩考核体系

坚持以质量效益为核心，采取多维评价、动态考核等方式，针对生产经营管理的难点、重点和薄弱环节，结合各单位部门的功能定位和发展方向，按照"一单一法""一部一策"原则，精准差异设置考核指标及权重，将重点工程、重点任务作为年度关键考核指标，加大考核奖惩力度，进一步优化差异化绩效分配指标体系，促进公司发展战略和年度重点工作目标有效落实。

（二）健全考核激励制度

实行单位绩效效益浮动机制，制定"双十条"量化考核激励约束政策，瞄准公司重点领域、重点工程、关键技术，突出核心关键性指标，建立涵盖单位、班子、团队、个人全方位精准激励、实时奖惩的

可量化激励约束考核办法，充分发挥考核的激励、引领作用。

（三）强化过程管控监督

建立重要事项动态监督考核机制，结合重点工作安排，动态增加月度、季度或半年考核事项，对阶段目标完成情况及时进行督办考核、跟踪问效，考核结果严格与单位绩效工资挂钩。通过构建"项目实施单位、关联单位（部门）、项目部"一体化联动考核机制，推动重点工作落地落实。

二、优化指标设置，着力体现考核的差异性

坚持"干什么就考什么"原则，针对五大板块，差异化设置业绩考核指标和权重，切实助力生产经营高质量发展。

（一）对油气生产单位

实行老区新区差异化考核，老区突出精细注水、采收率提升等，新区突出高效开发、效益建产，引导单位提升资源掌控能力和油气供给水平。

（二）对科研单位

突出基础研究、技术创新及成果应用转化等考核，关键核心技术攻关数量、科技创新成果质量和转化创效能力持续提升，不断提高科技创新引领能力和支撑保障能力。

（三）对生产服务单位

突出服务质量、市场开拓等考核，促进服务质量不断提升，着力打造服务品牌，树立服务形象，创收创效能力和市场竞争力显著增强。

（四）对综合服务单位

突出冗员输出、服务质量、市场开拓等考核，建立以价值创造为核心的经营管理模式，加快推动服务系统转型升级落地见效。

（五）对多元开发单位

突出投资收益、市场开拓的考核，培育核心产业，做强优势产业，通过下放多元企业分配自主权，促进企业发展能力不断提升。

三、分类靶向施策，着力提升考核的精准性

根据岗位分工不同，自上而下分层级建立健全四大机制，一级考核一级、一级对一级负责，层层传递压力、层层压实责任。

（一）完善中层领导考核机制

突出领导责任和多维度评价，建立"业绩+能力素质"的考核机制。编制中层领导人员年度及任期经营业绩责任书，明确考核指标差异化权重不低于50%，个性化指标不低于2个，设置不超过3个年度主要考核指标，明确底线完成率为70%。将年度及任期考核结果与中层领导人员绩效工资、职务任免等挂钩，进一步促进经理层成员担当作为、干事创业。

（二）优化专业技术人员考核机制

围绕"创新引领、业务把关、智囊参谋、人才培养"四个方面，结合专家岗位类别差异化制定评价指标：科研类重点考察科研攻关、技术把关与科技创新成果等情况；生产类重点考察重点工程推进、产量完成等情况；生产支持类重点考察对油气生产保障和新技术的推广应用等情况。严格按照专家考核结果，差异化进行年度业绩兑现，完善科学技术专项奖励制度，加大对关键核心技术攻关任务的领军人才及科研团队的奖励力度。

（三）健全技能人才考核机制

严格落实中国石油技能专家考核兑现政策，建立健全量化积分考评体系，通过"以技提薪"激发"提技热情"。突出任务目标和成果贡献，完善技能专家积分考核标准和考核方式，强化平台建设、技改革

新、技能攻关、技能竞赛、技艺传承、荣誉加分等关键要素的综合考评。对考核结果实施强制分布,将考核结果作为续聘、解聘、岗位变动和绩效奖金发放的重要依据,进一步激发技能人才队伍创新活力。

(四)深化两级本部部门考核机制

从政治过硬、组织过硬、能力过硬、作风过硬、纪律过硬五个维度,开展"模范职能部门"创建综合评价工作。加大"作风过硬"权重,增加减负责任指标;注重日常监督管理,将年度党建计分结果纳入"组织过硬"评价,进一步激发本部部门员工干事创业积极性。将考核结果作为部门业绩工资兑现的主要依据,年终清算年度奖金,将年度考核结果进行综合排序,根据结果分层实现差异化兑现。

四、赋能基层一线,着力提升考核的灵活多样性

鼓励各单位积极探索创新,实行灵活自主的基层考核分配机制,合理拉开收入差距,实现质量效益双提升。

(一)推行"小岗村"承包模式,打造新型采油作业区

首选7家油气生产单位作为试点单位,试行"小岗村"产量成本总承包模式。通过区块产量成本自主式承包、项目化运行,优化管理模式和用工方式,加大降本增效激励力度,实现个人薪酬与单位业绩同向增长。试点改革后,试点队站减少岗位用工约30%,试点区块员工收入较同类岗位提高约10%~20%。"小岗村"承包模式取得较好效果,典型案例获得河北省企业管理创新一等奖。

(二)深化积分制薪酬改革,有效激发工作积极性

第一采油厂西柳10转油站深化积分制改革,不断完善"累计积分兑换奖金"考核绩效分配模式,对日常生产任务、提质增效、QHSE管理等关键性工作进行权重赋值、累计积分,积分结果与业绩奖金直接挂钩,彻底打破平均分配"大锅饭",员工年度业绩奖金最高与最低相

差近2万元,让主动付出的员工切实得到相应回报,员工工作主动性明显提高。其经验做法在多家基层单位推广应用。

(三)实行电力"大工种"激励,深挖人力资源潜力

电力分公司对供电7个主要工种进行优化组合,形成"大工种"用工模式,配套建立"2235"激励制度,即2个奖励项目、2个考核维度、3个奖励标准、5个激励档次。"大工种"岗位员工人均收入比一般岗位员工高10%左右,内部最高比最低收入差额多17%。

五、突出正向激励,着力提升考核的有效性

通过分类差异化精准考核激励,华北油田分公司各单位和全体干部员工积极作为,全面激发提质增效、高质量发展的内生动力,并取得显著成效。

(一)公司生产经营业绩有效增长

2022年,主要生产经营业绩指标持续向好,三级储量实现高峰增长;原油产量保持箭头向上态势;天然气业务量效齐增;新区老区勘探均实现重大突破;新能源业务取得阶段性进展;重点工程项目取得显著成果,超半数提前完成。其中巴彦油田产能建设有序推进,超额完成计划目标;山西煤层气上产目标圆满实现,在沁水盆地建成国内最大的煤层气田;雅布赖矿权流转区块预探评价取得重要突破;八里西潜山CCUS先导试验取得阶段性进展。

(二)薪酬与业绩联动机制有效促进

通过对岗位员工的工作行为、质量、效果等进行全方位考核,将员工绩效工资与考核结果挂钩,合理拉开不同地区、不同单位、不同岗位员工之间的薪酬分配差距,最大限度破解分配"大平均"难题,有效解决"干与不干不一样、干多干少不一样、干好干坏不一样"的问题。考核充分体现了分配向价值创造倾斜、向主责主业倾斜、向创

新驱动倾斜、向油田一线"卡脖子"领域倾斜。

（三）本部部门作风建设有效深化

坚持问题导向，通过完善"模范本部"考评方法，建立健全奖惩机制，营造崇尚实干、激励担当的浓厚氛围。大力践行"马上就办、担当尽责"的核心理念，强化三个"第一时间"执行落实基层工作，实现本部服务基层"两个满意"，进一步促进本部"工作效率、服务水平"双提升，持续打造"让党放心、让群众满意"的模范本部。

作者：王海涛、江福超、王青、张艳丽、李勇

业绩考核在"破"和"立"上下功夫全面激发生产经营活力

玉门油田分公司

近年来，玉门油田分公司围绕整体扭亏脱困、建设基业长青百年油田的目标，坚持把业绩考核作为深化"三项制度"改革的突破口，抓创新、强管理、活机制，全面提振员工干事创业激情，激发了生产经营活力。

一、"破""立"结合，强化顶层设计

针对业绩考核办法激励约束导向弱，与生产经营现状不匹配的问题，通过广纳建议、充分论证，对考核指标设置、计分方式等重点内容进行优化调整，出台全新业绩考核办法。持续健全业绩考核激励约束机制，对公司35项"约束及奖励类"指标细则逐条逐项进行梳理细化，反复讨论考核内容、认真推敲细节，仔细斟酌优化条款，完成20项约束指标、3项奖励指标、4项奖罚指标，共计27项考核细则的修订，形成约束指标累计不超过50分，奖励指标累计不超过10分的奖罚标准。构建了以考核办法为遵循、27项考核细则为支撑的业绩考核体系，切实做到工作有标准、管理全覆盖、考核无盲区、奖罚有依据。

二、目标引领，实现OKR与KPI联动

积极探索OKR目标管理工作法在业绩考核工作中的实践应用，聚焦中国石油下达的年度和任期考核目标，将"新能源产量当量增

量""化石能源消耗量""碳排放碳中和管理""清洁能源利用率"等指标纳入指标体系。优化税前利润、油气当量、单位成本等KPI指标分档管理政策，将一档指标加分上限由120分调整至130分，二档指标加分上限由110分调整至120分，积极引导单位提高生产技术水平、提升员工技能水平、增强工作积极性。突出效益效率导向，以提质增效、降本控费为目标，不断优化考核方法，创新实施"4+X"考核项目，在"效益类""营运类""党建类""约束及奖励类"基础上将"降本增效主题劳动竞赛"作为"X"纳入考核，每季度对各单位降本增效情况进行考核排名，排名前3的单位考核奖励1~3分，加分在下季度核拨单位奖金时体现。

三、精准发力，压紧压实责任

聚焦年度及任期目标任务，实行玉门油田分公司牵头抓总、职能部门归口管理、各单位协同落实"的工作机制，督导受约单位细化年度目标，层层分解，落实到生产经营和管理流程的每个环节，责任落实到岗位，实现人人肩上扛指标。"删繁就简"指标设置，各单位任期指标设置不超过5项，年度KPI指标数量由9~12项调整为不超过9项，对连续两年考核结果无差异或考核效果差的指标不再纳入考核体系，指标总数由169项减少到135项，精简34项，指标的科学性、针对性和准确性得到进一步提升。"量体裁衣"优化考核内容，在职能部门KPI指标中设置"玉门油田分公司税前利润""党建工作评价"共性指标，按照差异率不低于50%的原则，差异化设置"人工成本控制""研发经费投入强度""新能源业务发展评价"等个性指标，实现职能部门业绩考核方式与二级单位同步升级。在勘探开发研究院、油田作业公司、监督中心等9家费用单位的年度业绩指标中设置"玉门油田分公司税前利润""单位税前利润"指标，实行公司和单位效益

"一体联动考核"。将玉门油田分公司年度目标分解为职能部门、单位具体任务，改变了传统考核年底"一锤定音"的做法，实现目标考核精细化、过程化、科学化管理，切实将整体价值与个体责任相融合，叠加形成"1+1＞2"合力效果。

四、有的放矢，创新过程督导

坚持全过程系统督导，加强业绩考核的源头管理，以"业绩考核审议会"的形式，对16家二级单位及基层车间队站211份业绩考核办法和细则逐一进行审议，各二级单位由"一把手"亲自带队，围绕单位业绩考核体系、制度执行、工作成效进行系统全面的汇报，结合各单位生产经营实际"坐诊开方"，深入剖析业绩考核工作存在的问题，并就进一步完善考核办法、优化考核分配机制提出修订意见，累计向单位反馈指导意见160余条，督导各单位进行体系升级，16家二级单位向玉门油田分公司备案厂级、车间队站级考核办法细则183份，实现了油田业绩考核规章制度体系从上到下，纵向到底。精确把握单位工作难点，基于油田产业链长、业务杂、基层数量庞大，岗位类别多，单位业绩考核模式难以规范，考核办法难以统一的实际情况，通过"业绩考核工作推进会""制度宣贯讲座""业务能力提升培训班""经验交流分享"等形式，营造互学、互进氛围，打造跨单位业务交流提升新平台。组织二级单位业务人员不定期"列席"参加兄弟单位、基层队站的业绩考核会，以列席身份现场聆听量化考核、奖金分配等方面的好做法、好经验。通过现场督导、现场调研，科学评估在实际操作过程中涌现出来的典型案例和优秀做法，提炼出老君庙采油厂"岗位强制分级分类考核"，生产服务保障中心机械工程部"人车相对固定、逐级考核"等一批可行性强、预估效果明显、亮点突出的典型做法，汇编成《玉门油田分公司业绩考核典型案例手册》，引导各单位瞄准高标准、学习先进经验。

五、求是求实，提升价值创造

构建与效益联动的薪酬预决算机制，按照"效益决定收入"的原则，制定玉门油田分公司工资总额管理办法，实现单位业绩奖金与综合业绩分值挂钩考核发放。"严考核、硬兑现"，积极引导各受约单位跳起摸高提业绩，在年度总考核时引入"增量业绩"概念，实施"超产超利"奖励，对完成油气当量目标值，每超产100吨，综合业绩分值加0.1分；完成税前利润目标值，每超利1%，综合业绩分值加0.1分。突出重点激励，树立鲜明价值导向，在约束及奖励类考核项目中设置"顾大局保整体"考核，对于严格执行生产经营调控计划，为保利润作出突出贡献，导致自身业绩结果受到损失的单位，以奖励综合业绩分值的方式予以补偿。提升员工价值创造意识，每月度采取"倒推"的方法，以员工奖金发放表为切入口，验证单位、基层队站的业绩考核办法的落实情况，对出现考核分配与业绩考核办法不一致的情况，以"不提前告知、直达车间队站"的形式对情况进行核实，对虚假落实考核办法、细则的单位停发奖金，限期整改。强化考核分配的价值创造，考核分配进一步向基层一线、艰苦岗位、实绩突出的个人倾斜，员工间收入差距进一步合理拉开，采油工收入拉大到1.89倍，井下作业工拉大到2.01倍，炼化装置操作工拉大到2.15倍。积极与高校合作探索量化考核"新思路"，在新区、新建采油厂试点开发全员量化考核App及应用系统，通过"以点带面、点面结合"，推动全员量化业绩考核工作的数字化进程，积极引导干部、员工"跳出自身看自身、跳出考核看考核"，站在自身的角度，横向比较找差距、纵向对比看变化。

作者：孙峻、李东升、刘玉鹏、李学俭

健全绩效考核机制 促进企业高质量发展

乌鲁木齐石化分公司

乌鲁木齐石化分公司深入贯彻落实中国石油三项制度改革部署,健全绩效考核机制,不断优化绩效管理,将绩效工资系数调整、绩效指标设计、激励项目与公司目标深入结合,充分发挥绩效考核"指挥棒"作用。

一、紧盯业绩指标,及时进行预警

按照目标管理、对标考核、分类考核的全员业绩考核体系管理,建立各类专业考核标准及专项激励机制,将考核结果与薪酬激励、岗位调整、评先选优等挂钩,增强激励约束作用。

(一)实行分类划档,精准组织考核

强化单位业绩考核,细化业绩指标设计,将现有业绩合同中的营运类、约束类指标调整为生产任务类、专业达标类、装置达标类、非计划停工类、安全环保类和其他约束指标,突出生产管控、降本创效,坚守红线和底线,形成上下一致的目标管理格局。根据业务性质将各单位部门划分成生产单位、生产辅助单位和职能部门三类,在业绩指标的设定及权重方面各有不同。生产单位效益类指标权重不低于30%,营运类指标不高于70%,主要侧重成本控制、生产类和达标类指标,加大对约束类指标的考核力度,通过指标导向和过程管控实现利润指标的完成。生产辅助单位效益类指标不低于20%,营运类指标不高于80%,主要侧重成本控制、生产任务和服务类指标,主要考核单位在做好生产保障服务的基础上，降本增效、减亏或者扭亏为盈。职能部门效益类指标不低于20%，营运类指标不高于80%，主要侧重专业工作落地及费用控制，确保职能部门作用发挥。

对关键业绩考核指标划分三个档次，一档为目标值，二档奋斗目标值，三档超过奋斗目标值。公司对完成二档的单位奖励10%，完成三档的的单位奖励30%。通过分类划档，各单位对指标的关注度提高，指标导向作用有效发挥。

（二）加大业绩指标监督预警力度

加大对专业部门分管各项指标的跟进监督，将炼化销售和新材料板块下发的《炼化企业主要领导人员年度业绩合同KPI指标考核手册》和近年来集团修订（新增）的配套业绩考核细则发送给各专业部门学习，将业绩指标进行逐条分解，确定每项指标的责任领导及责任部门，每个部门确定一名业绩指标联络人，每季度对业绩指标完成情况进行预测，对未完成的指标及时进行警示，要求各专业能分析出问题原因，对业绩指标真正能做到"找问题、补差距、促提升"的良性循环，并要逐步建立业绩指标完成情况的奖罚机制；细化业绩指标设计和考核，设立每一项指标的工作效果加扣分考核标准，强化指标的导向性作用，突出生产管控、降本创效，形成上下一致的目标管理格局；各单位业绩考核结果差距最大达到2倍，全面调动降本增效的积极性与主动性。2022年度业绩考核结果发布，乌鲁木齐石化分公司获得中国石油党组的充分肯定和认可，获评中国石油A级企业。

二、调整绩效考核指标设计，加强过程管控

（一）细化二级单位绩效考核指标设置

在二级单位建立以业绩合同为主的绩效考核机制。细化业绩指标设计和考核，设立每一项指标的工作效果加扣分考核标准，强化指标

的导向性作用，突出生产管控、创效激励。在专业管理部门建立以重点绩效激励工作为主的绩效考核机制。设立各专业重点绩效工作清单，量化评价主要工作效果，设置专业工作对生产管控、创效的贡献权重，动态调整绩效激励，突出专业引领作用。

（二）加大月度激励力度

在月度绩效激励方面，全面修订完善考核标准。突出月度主要效益指标和月度重点工作效果的考核，主要效益指标与各单位月度绩效工资总额的50%挂钩，强化过程管控发挥以月保季、以季保年的作用。乌鲁木齐石化分公司年度绩效兑现除与单位业绩合同和全员业绩合同完成情况挂钩外，还将安全记分作为扣分项直接落实到每位员工，纳入年度绩效兑现，在员工队伍中牢固树立"安全平稳出效益"的理念。

三、实施精准激励，充分发挥激励导向作用

以正向激励为主，上市业务着重突出成本指标完成情况的评价，未上市业务突出效益指标、外部创收指标的评价，专业部门突出专业引领效果，"一厂一策""一车间一策"，确保"人人身上有指标"，定期对目标进行跟踪监测，落实责任，增强全员参与创效的意识，确保提质增效工作取得实效。

强化"大平稳就是大效益"理念，持续降低生产成本，努力减少非计划停工、生产波动和异常事件，提高装置运行效率和公司整体经济效益，激发职工的工作热情和积极性，实现乌鲁木齐石化分公司装置长周期运行的目标。

围绕开发创效小产品、装置节能降耗技术攻关、解决专业短板等各项措施，激发全员创新创效攻关智慧，为乌鲁木齐石化分公司在科研开发、技术攻方面储备技术技能人才，提高乌鲁木齐石化分公司高质量发展基础。

营造全员创效氛围，进行精准奖励。着力营造唯旗誓夺、勇为人先的"比学赶帮超"局面，设立专项奖励，精准激励树立企业良好形象的工作。提高各类评先选优奖励标准，加大科技创新、技术攻关及新产品开发等奖励，突出各类先进的示范引领效果。结合中国石油人才强企十大工程的工作要求，积极探索对从事基础性、前沿性的科研人员、基层技术人员的激励措施，强化对做出重要贡献人员的精准激励。

通过持续优化绩效管理，企业管理水平进一步提升。一是调动了员工工作积极性，创造了公平公正的薪酬分配机制，实现多劳多得，激发了内部潜力。二是改善了队伍结构，员工积极向缺员岗位流动，队伍结构更加合理，很大程度上实现人力资源优化配置。三是提高了管理水平。充分授权基层单位结合自身生产经营实际，发挥内部分配主体作用，制定差异化激励机制，提振了员工队伍"争闯上"的精气神，破除了"等靠要"的观念，激发了担当作为的主动性和积极性，实现了企业管理水平进一步提升，为企业健康稳步发展提供了有力支持。

作者：张艺、赵永勤

强化精准激励　增强销售企业市场竞争力

华南化工销售分公司

华南化工销售分公司坚持以"凭贡献取酬、靠业绩增收"为导向，深化全员绩效考核，增强广大干部员工的责任感、使命感，形成了良好的考核导向，为扎实推进公司由供应商向综合贸易商转型跨越高质量发展，加快建设千万吨级化工销售标杆企业夯实了基础。

一、抓好全员绩效考核运行

（一）强化业绩考核顶层设计

建立健全以效益为导向的全员业绩考核体系。一是突出考核主体，实施公司考核到单位部门、单位部门考核到岗位2个层面考核。二是突出差异化考核，划分职能管理部门、营销支持部门、销售业务部门、销售分公司4个区间分别考核，根据业务重要程度及贡献大小，确定各区间绩效薪酬兑现系数，将系数拉开差距。三是突出分类考核，精准制定效益、营运、控制和专项4类考核指标，使业绩考核的目标导向更加明确。四是强化薪酬与效益联动，以利润、购销率、全员劳动生产率完成情况确定全员每月绩效薪酬发放基数。五是依据中国石油、炼化销售和新材料板块年度绩效考核指标，每年修订完善《年度绩效考核方案》和配套考核细则，确保考核指标与职责分工精准契合，为绩效考核工作搭建了制度基础，考核体系的系统、高效、简洁，实用性、操作性更加突出。

（二）全面加强指标体系建设

突出专业化精细管理，将原有的职能部门、销售业务部门和销售分公司3个考核区间，按照管理职能调整为职能部门、营销支持部门、销售业务部门、销售分公司4个区间。坚持"少而精"原则，在年度绩效考核指标优化设置中，修订效益、服务、营运、控制4类考核指标，规范考核指标设置，能量化的量化、不能量化的细化，增设客户开发、价格对标、落袋价差、直销率、销量增量、创效能力评价等单项考核指标，进一步加大效益类指标权重；重点指标从"数量型"向"质量型"转变，切实减少因指标设置造成的考核障碍。针对价格缩差、推价到位率、直销率、高效产品销量、落袋价差收入等营销调运主营业务指标，考核目标值取上年完成值、前三年平均值或至少优于上年完成值，全面提高考核数据的真实性。健全完善关联业务指标协同考核机制，落实指标主体责任，销量、推价到位率、购销率、直销率等重点指标关联辐射到相关部门和单位，根据重要程度和责任担当差异化设置权重或扣分标准，健全完善了目标统一、责任共担、利益共享的考核机制。

（三）加大分层绩效考核力度

健全完善公司绩效小组考核、各专业线专项考核和各单位内部考核挂钩的考核机制，第一层为华南化工销售分公司考核领导小组对本部部门的考核，通过对本部部门集中考核管理，加强公司调控政策的指引作用的发挥；第二层为本部部门对基层单位的考核，按本部部门的职能和专业线进行分类考核，增强本部部门职能监督作用的发挥；第三层为单位内部考核，各单位根据华南化工销售分公司考核及自身实际情况，以效益优先、兼顾公平为原则，有针对性地开展内部考核，做到考核细化、责任到人。通过自上而下、层层覆盖、多维度、全方位的考核，将目标层层分解、量化至个人，进一步完善了分工明确、针对性强、考核奖惩到位的考核模式，强化了责任落实。

（四）突出精准激励

结合年度主营业务重点目标任务，立足解决营销调运和经营管理中的重点难点问题，进一步优化单项考核奖项的设立，制定与各业务单元重点工作任务相配套的单项奖励政策，加大对扩销、直销率和价格到位率提升、化工新产品开发等提质增效关键性和挑战性工作的考核激励，用好用活精准激励，引导业务人员努力闯市场、抢市场，在渠道开发建设、均衡销售实施、直销率提升上比学赶超，有效激发了动力活力。2022年，用于激励重点工作任务单项奖励占浮动绩效奖金的13.64%；全年实现提质增效9642万元，完成全年2079万元提质增效目标的463%；实现对标缩差32元/吨，高于考核指标59元/吨；与中石化化工销售华南分公司价格对比的19个牌号中，14个牌号领先。在华南区域的主导产品HDPE管材、HDPE膜料、PP高熔纤维料、ABS通用料，市场占有率分别达到12%、24%、12%、17%。与独山子石化分公司联合开发推广的锂电池隔膜聚丙烯T98D系列产品，在干法锂电池隔膜行业龙头客户——中兴新材料实现了批量采购与应用，实现了聚丙烯锂电池隔膜料国产化替代，填补了国内空白。

二、强化业绩考核结果应用

（一）健全沟通反馈机制，促进业绩持续提升

按照"谁负责考核，谁负责沟通与辅导"的原则，重点加强业绩合同制定和执行过程中的沟通反馈，通过月度公司业绩考核领导小组会议通报当月业绩指标完成情况，各单位召开二次分配考核会议，深入分析原因、找差距、查根源并提出改进措施，建立了华南化工销售分公司与单位、单位与岗位自上而下、自下而上的高效沟通和反馈机制。

（二）以绩效指标分类计算实现考核结果的准确兑现

坚持月度绩效指标完成情况与各部门、各单位月度绩效考核浮动奖金挂钩，根据化工销售行业的特点和考核指标的性质，将各考核指标分成累计汇算和月度区间比较两种方式兑现月度绩效考核浮动奖金。为保证绩效考核兑现客观公平，将利润、销量等部分波动变化较大的指标按照累计汇算考核方式兑现，另外一部分指标如销售计划执行率、价格到位率等按照月度考核结果区间比较的方式进行兑现，保证了业务部门取得绩效结果与兑现的浮动绩效奖金相匹配。

（三）用好用活绩效考核二次分配

考核周期"长短结合"，从单一的月度考核调整为月度、年度相结合模式，月度考核成绩同每月绩效工资挂钩，按月考核兑现；年度考核在综合评价月度考核成绩、年度重点专项工作完成情况基础上，综合性考核评分，在年终绩效二次分配中兑现，促使员工关注华南化工销售分公司和单位整体业绩实现，做到了责任压力层层传递，上下衔接、激励与约束并重，及时传递经营压力，形成了"干多干少不一样"的争强比胜氛围。

（四）充分运用激励机制，激发员工干事创业活力

绩效考核结果应用范围包括：薪酬兑现、选拔任用、综合考评、评先选优、序列晋升和培训学习等。2021年以来，在华南化工销售分公司中层管理人员及一般管理人员年度综合考核评价中，把年度绩效成果指标权重设置为40%，加大绩效考核结果在年度和任期综合考核评价指标中的比重，使绩效考核结果在突出劳动薪酬的基础上，将其计入个人年度、任期综合考核评价结果中，与员工岗位序列升降、优秀人才选育、职称评审、培训发展相结合，使得激励机制得到了充分运用。通过强化绩效考核结果应用，做到了贡献与利益对等、激励与约束并重，发挥目标驱动引领，着力激发了干部员工的干事创业活力。

掌握了一批45岁以下、40岁以下业绩优秀干部，建立了二级正职后备干部名单和二级副职优秀干部分类储备库；选送25名业绩优秀青年员工分别参加了中国石油和华南化工销售分公司"青马工程"培训班；9名业绩优秀年轻干部得到了使用，其中5人提拔至二级正职岗位，4人提拔至二级副职岗位，中层干部平均年龄45.4岁，其中二级副职平均年龄41.9岁，干部队伍年龄结构和梯度趋于合理。

作者：程开宏、刘莉、伍尚仁、刘姝彤

深化薪酬分配改革 为高质量发展赋能

西北销售分公司

西北销售分公司以中国石油三项制度改革工作部署为遵循，坚持目标导向和问题导向，聚焦内部分配改革、优化完善薪酬结构、健全专项奖励管理机制、落实精准激励措施，分步构建一体化系数模型，收入"能增能减"落实落地，薪酬分配改革向纵深推进，激发员工队伍新动能。

一、构建一体化系数模型，差异化激励作用有效发挥

以岗位价值和业绩贡献为导向，构建一体化系数模型，强化绩效考核分配，优化完善薪酬结构，员工收入"多劳多得、少劳少得"的分配理念深入人心。根据不同类型人员特点划分为四类，二级单位二级领导人员为第一类、二级单位三级及一般管理人员为第二类、公司本部部门所有人员为第三类、油库操作人员为第四类，对四类人员分别建立健全系数模型。

（一）完善组织系数模型

组织系数模型由"综合贡献率树状图"（图1）和"系数测算标准"两部分构成。铁路、公路、水运、管道按照12∶8∶8∶1比例测算作业总量（表1），模型指标包括4个主维度（含20个子维度），从人均作业量、作业方式、管理难度、安全管理风险和责任大小等方面，对14家二级单位"综合贡献率"进行价值评估，组织系数最低3.7、最高4.3，各单位间组织系数差距达14%以上。

深化薪酬分配改革　为高质量发展赋能

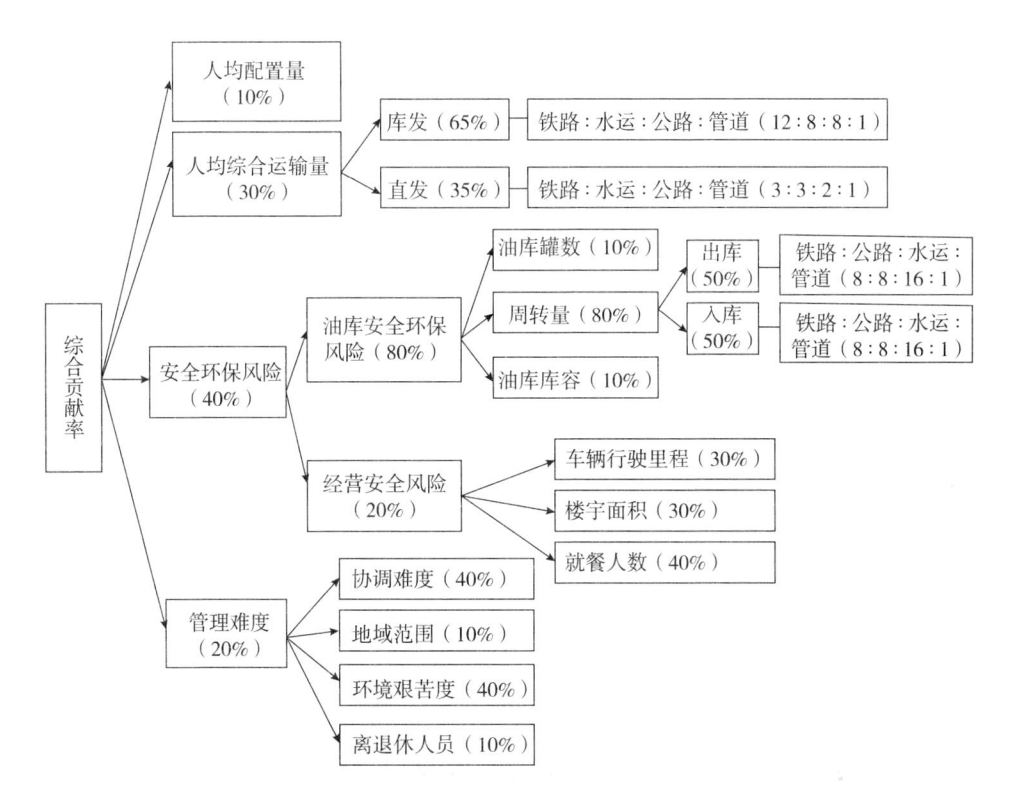

图 1　组织系数模型图

表 1　综合作业量测算模型

序号	作业模式	用工人数	工作投入比例（%）	同时生产的单元数	每单元的单次产量（吨）	每批生产量（吨）	每批生产用时	8小时生产量（吨）	折算8小时满负荷作业量（吨）	工时平均生产量（吨/时）	万吨用时	万吨用人（8小时）	各模式万吨用人与管道作业比
甲	(1)	(2)	(3)	(4)	(5)	(6)=(4)*(5)	(7)	(8)=(6)/(7)*8	(9)=(8)/(3)	(10)=(9)/(2)/8	(11)=10000/(10)	(12)=(11)/8	(13)
1	铁路	4	100%	5	55	275	1.80	1222	1222	38.19	261.82	32.73	12
2	公路	2	100%	4	20	80	0.67	960	960	60.00	166.67	20.83	8

367

续表

序号	作业模式	用工人数	工作投入比例（%）	同时生产的单元数	每单元的单次产量（吨）	每批生产量（吨）	每批生产用时	8小时生产量（吨）	折算8小时满负荷作业量（吨）	工时平均生产量（吨/时）	万吨用时	万吨用人（8小时）	各模式万吨用人与管道作业比
5	水路	3	100%	1	2000	2000	11.36	1408	1408	58.69	170.40	21.30	8
3	管道	2	40%	1	10000	10000	20.90	3828	9569	598.09	16.72	2.09	1
4		2	20%	1	8000	8000	52.60	1217	6084	380.23	26.30	3.29	

说明：1.工作投入比例：工作人员在日常工作时，除了该项工作外，也会参与其他工作，投入比例指该项工作在其总工作量中的比例；

2.铁路按卸车作业（占比93%）进行测算：每批次作5车，平均55吨/车，275吨，按卸车泵流量200米^3/时测算，需作业1.7小时，切批次工艺操作按增加0.1小时测算；

3.公路作业按4鹤位同时装车，每车装油20吨，考虑中间换仓及启停降速等原因，流量按60米^3/时测算，灌装需25分钟；车辆入库、行驶、停靠、公路发油标准化作业、静置、铅封、驶离等，测算约需15分钟；

4.管道按大流量（600米^3/时）和小流量（190米^3/时）两种模式测算，最后取平均值；

5.水路作业按220米^3/时测算。

（二）构建组织形式+岗位价值系数模型

推行基于岗位价值的分配模式，细化两级本部岗位职责，修订岗位说明书，采用"因素评分法"，从四个方面、七个因素、十六个子因素（表2）对公司本部部门、二级单位三级及以下515个岗位开展价值评估。根据各岗位职能定位，深入分析岗位评价结果，按照评价得分、比例及档级对评价岗位强制分布，确定岗位分档，设置岗位价值系数（图2）。构建"组织系数（50%）+岗位价值系数（50%）"相结合的综合系数模型，应用于第二、三类人员绩效工资核算后，同层级岗位人员的收入差距拉开12%~15%。

表2 岗位评价因素及权重表

四个方面	七个因素	十六个子因素	权重	合计
岗位贡献	岗位影响	影响范围	250	250
		贡献程度		
职责大小	工作责任	责任范围	180	320
		风险性		
	监督管理	下属人员类别	140	
		下属人数		
工作复杂程度	任职资格	知识/技能/经验	120	330
		教育水平		
	问题解决	复杂性	120	
		创新性		
	沟通协调	沟通难度	90	
		沟通频率		
		沟通范围		
工作情景	工作情境	劳动强度	100	100
		工作紧张程度		
		工作环境		

公司本部（93个岗位）

二级正岗位（9个）
| 1档2个 | 二档2个 | 三档3个 | 四档2个 |

二级副岗位（21个）
| 1档4个 | 二档6个 | 三档7个 | 四档4个 |

一般管理岗位（63个）
| 1档13个 | 二档19个 | 三档19个 | 四档12个 |

二级单位（422个岗位）

三级正岗位（70个）
| 1档16个 | 二档38个 | 三档16个 |

三级副岗位（73个）
| 1档16个 | 二档40个 | 三档17个 |

一般管理岗位（279个）
| 1档56个 | 二档88个 | 三档82个 | 四档53个 |

图2 岗位评价分档明细表

（三）构建组织系数+吨油绩效工资系数模型

引入"吨油绩效工资"分配模式，对油库操作人员开展量化考核分配。通过对加油站升油含量工资分配方式开展广泛调研，学习先进理念，结合工作实际，在油库引入"吨油绩效工资"分配模式。一是确定吨油单价，准确测算吨油单价，考虑业务量的规模效应，将吨油单价设置为阶梯单价。二是计算员工工作量，以"工时制"为基础，应用"测时写实"方法，分解操作步骤，设置每个步骤权重，科学测算员工工作量及月度吨油绩效贡献率，结合吨油单价计算吨油绩效工资。三是构建综合系数模型，推行吨油绩效工资分配方案，构建"组织系数（50%）+吨油绩效工资（50%）"相结合的综合系数模型，应用于第四类人员绩效工资核算后，油库操作人员绩效工资最大差距达到 1000 元，差距幅度 27.8%，进一步激发了油库操作员工拼业绩、比贡献的内在动力，抢活争量比贡献的氛围逐渐形成。

二、落实精准激励措施，激发员工内生动力

（一）完善工效联动机制

根据利润完成情况及运营形式，每季度动态调整绩效工资基数，最大调整幅度为调减 44.4%。通过工资与效益的挂钩联动，充分将压力层层传递，进一步激发员工内生动力，树牢了"工资是挣来的、收入靠效益"的理念。

（二）规范专项奖励管理

坚持重点业务重点激励，优秀业绩优先激励，持续加大在战略发展、业务营运、改革创新、风险防控等方面取得的创新成果、突出成绩的奖励力度，强化对做出重要贡献人员的精准激励。对承担重点工作、重大课题研究攻关任务的领军人才及团队，在专项奖励等方面给予支持，2022 年、2023 年科技创新方面分别奖励 40.5 万元、28 万元，进一步激发了员工干事创业的热情，提升精准激励效能。

（三）推进分级分类结果应用

二级领导人员年度绩效工资发放与分级分类结果和年度考核结果

双重挂钩。一是与分级分类结果挂钩，二级一类执行120%、二级二类执行100%、二级三类执行80%。二是与年度考核结果挂钩，对年度考核结果强制分布，划分为A、B、C、D四档，A档110%兑现、B档100%兑现、C档90%兑现、D档80%兑现。双重挂钩后，二级领导人员年度绩效工资相差幅度达51.5%。

（四）执行按编制核定绩效工资制度

细化岗位分类，按编制核定绩效工资，促进用工总量压减，提升人工成本投入产出效率。根据岗位评价结果，将岗位区分为管理及专业技术岗位、主体操作岗位、辅助操作岗位、服务岗位四类。第一类、第二类岗位绩效工资按100%核定，第三类按90%核定，第四类按80%核定。对显性化富余人员，第一年绩效工资按50%发放，自第二年开始按20%的比例逐年递减，直至停发。薪酬分配持续向技术含量高、工作难度大、安全风险高的岗位倾斜。

三、完善绩效管理体系，发挥"指挥棒"作用

（一）持续完善考核组织模式

紧紧围绕战略发展目标和改革重点任务，搭建"西北销售分公司—二级单位—基层部门、班组—员工"三级考核架构，建立"分级管理、覆盖全员"的考核体系，通过开展"全员考核标准化"和"全员考核量化评价"等工作，促进公司绩效管理贯通到底。加强结果运用，通过核心竞争力指标建设和考核标准结构化工作，搭建考核数据统计分析模型，定期组织绩效管理评价与指导，引导干部员工树立"单位总额靠效益、个人收入凭贡献"理念，形成了重实绩、凭贡献的分配激励模式。

（二）持续细化考核指标体系

推行"行政、党建双百考核"，梳理优化12个专业条线、64项结构

化字段的考核标准全景图，针对各管理领域与业务环节设置核心指标 72 项，设置党建工作量化指标 26 项。不断完善绩效评价方法，坚持"年度考核与月度考核相结合、结果考核与过程评价相统一"的原则，实施综合计划与绩效考核有效融合，搭建了"战略规划—年度任务—绩效指标—月度计划—绩效考核—分析改进"的闭环管理平台。践行"多劳多得、收入凭贡献"的理念，注重差异化考核激励作用发挥，鼓励二级单位、本部部门三级考核结果"正态分布、拉开差距"，基于岗位价值评估结果，分两个阶段分别建立对应四类人员的组织系数模型，有效发挥绩效管理"风向标"和"指挥棒"作用。

作者：谢建林、王慈刚、宋芳芳

薪酬激励创造新动力　助推企业高质量发展

辽宁销售分公司

辽宁销售分公司紧紧围绕激发活力、提高效率主线，以薪酬绩效改革助推高质量发展，取得积极成效。全员劳动生产率从2019年的6.63万元/人提升到2022年的25.98万元/人，增长率呈倍数提高，连续2年被中国石油评为业绩考核A级企业。

一、强化绩效考核导向引领作用

（一）完善增量超利业绩奖励机制

围绕净利润、销售总量、非油等重点指标，设立业绩奖励奖金池，对超额完成任务指标的单位进行重奖，有效引导所属单位聚焦主营业务。

（二）制定绩效考核指标动态调整机制

根据批零一体化调拨价格政策实施方案和业务运行变化情况，及时调整绩效考核指标和权重。按照"紧盯总量、突出纯枪"的工作要求，新增成品油销售总量指标，发挥考核"指挥棒"作用，助推公司业务发展战略。

（三）丰富考核维度提升公司管理水平

在考核月度人均利润、人均纯枪量的基础上，新增月度吨油整体收入考核，加大效益效率考核力度，促进"提效率、升效能、增效益"。在专项考核中增加"客存清理""两金压控""四率""强管理百日安全提升专项行动"等考核内容，充分发挥绩效考核"助推器"作用，推动各项工作有序开展。

二、持续深化加油站薪酬分配改革

建立劳动力市场价位对标机制，合理测算、调整加油站升油含量工资阶梯兑现标准，加强加油站员工薪酬收入与劳动强度、油品销量、效益贡献等方面的正向关联程度，积极推进薪酬收入水平与当地劳动力市场价位接轨。

（一）调整油非考核兑现比例

充分结合各项主营业务对公司利润的贡献程度，进一步优化油品、非油在绩效薪酬中的结构占比，实现利润贡献与奖励力度相匹配。

（二）突出站级考核关键业绩指标

坚持聚焦"主责主业、关键指标"原则，结合加油站实际精减考核指标，让员工精准把握工作重点、找准工作方向。

（三）优化加油站二次分配流程

从制度层面推动加油站经理规范正确履行薪酬二次分配权。将考核分配结果上墙公示，加油站员工进行反馈签字，过程清晰、结果公正，让员工看得明白、拿得服气，切实体现多干多得，提高员工工作积极性。

（四）规范加油站考核指标调整

进一步优化站级考核指标调整流程，确保考核指标调整提前量在一个考核周期以上，有效提高加油站考核指标的一致性和严谨性，避免临时、随意调整加油站考核指标的情况。

（五）强化地市公司预算管理

紧密结合加油站实际，充分考虑历史销量、周边市场变化等因素科学分解下达预算指标,让加油站能够"跳一跳,够得着",避免出现一刀切、平均分配等情况。

三、夯实专项奖励发放"防护堤"

(一)统筹安排部署,强化制度引领

研究制定《辽宁销售分公司专项奖励管理实施细则》,发布《关于进一步规范专项奖励管理的通知》,进一步明确了专项奖励管理要求,确保执行有据可依,有章可循。

(二)集中培训宣贯,完善发放流程

组织所属单位集中培训,深入学习政策精髓、全面落实制度要求;明确政策执行统一、项目设置统一、审批程序统一的"三统一"原则,及时纠正所属单位不合规发放专项奖励的问题。

(三)严格审核把关,筑牢合规堤坝

成立公司自查整改工作组,定期对薪酬发放情况进行全公司全覆盖检查,及时整改不符合要求问题。

(四)实时监管督办,确保长效受控

公司以人力资源管理系统和财务报表系统为抓手,专项审计、专项监察公司及所属单位工资总额列支、专项奖励发放情况,确保问题不发酵,整改不耽搁。

四、持续加强人工成本管控

扎实推进人工成本峰值管理,持续提升人工成本投入产出效率,进一步健全人工成本"跟踪、分析、评价"工作机制,深入挖掘人工成本增效潜力,强化提质增效,梯次化控员"走实步",实现用工总量硬压减,有效压控工资附加费。紧跟国家相关政策变化,加强企地沟通，努力争取政策，积极申领稳岗补贴347万元。严格规范使用劳务用工，调离、解除非"三性"岗位劳务派遣用工，有效减少劳务费用支出，2022年劳务用工数量、费用双下降，实现了在公司净利润同比增幅88%的情况下，人工成本基本持平的改革目标。

作者：陈霖、范纯广、付瑶

创新激励机制　激发内生动力

安徽销售分公司

安徽销售分公司深入贯彻落实中国石油人工成本峰值管控工作部署，坚持工资总额向基层一线倾斜的原则，紧盯与薪酬密切相关的效益、效率等指标，深入分析加油站各层级员工收入分配情况，以及加油站考核激励实际情况，研究制定加油站薪酬激励机制改革方案，周密组织开展实施，取得了较好成效。

一、典型做法及成效

（一）优化差异化薪酬分配模式

在原有按品号给予升油提成的基础上，增设三级阶梯式升油提成标准，即按月销量分品号划分为低、中、高三级阶梯，并按照25%、45%和30%的比例进行合理分布，执行不同升油提成标准。如设定92#汽油三级阶梯月销量为4万升以下、4万至13万升、13万升以上，分别执行0.026元/升、0.028元/升、0.031元/升的层层递进、阶梯式兑现提成标准，以品号导向、节点导向实现销量与效益精准挂钩，鼓励全员积极落实公司经营销售策略，实现上量、创效。

（二）构建"业务＋管理"考核模式

为使考核进一步贴近加油站经营管理实际，打破原有由组织人事部门根据地市公司指标进行考核兑现业绩工资的固有模式，调整为由市场营销部、非油品业务部直接进行业务指标考核兑现。各业务部门根据月度经营情况，结合月度考核结果，对工资总额实行"切块管理",确保工资总额完全下拨到站、分配到人,各层级之间不互相挤占。同时,协同信息管理部门共同开发即时薪酬平台,实现加油站层面员工绩效薪酬"可视化""全覆盖",员工可随时随地用手机查看当月当日绩效工资收入,让员工看得着、算得准,实现业务主导、绩效直达、实时激励。

(三)实施地市"补充激励"模式

在采取上述两种分配考核模式的同时,按照各地市公司月纯枪销量核定"业绩工资包",用于地市公司对加油站实施的市场营销类、劳动竞赛类等活动的激励,按月下拨,季度清算。在保证公司统一把控的前提下,赋予地市公司一定薪酬分配权作为补充,进一步发挥地市公司日常管理和激励作用,调动加油站员工的工作积极性。

(四)地市公司充分发挥自身主动性

宿州分公司依托连片"阿米巴",采取"1+N"的二次分配模式,将"巴长"的薪酬与"巴内"两座小站增量挂钩,同时通过岗位灵活调配,提高人均劳效,调动"巴长"及员工工作激情。铜陵分公司结合全天候及间歇性营业两种经营模式,动态调整加油站用工数量,增设机动岗应对突发状况,保障加油站正常运行。马鞍山分公司以"阿米巴"经营模式为抓手,实施"巴长"梯级管理,匹配差异化薪酬标准,同时积极搭建非油薪酬分配实时测算模型,强化目标导向,积极营造收入凭贡献的工作氛围。合肥分公司新大加油站用活非油薪酬"二次分配",将非油销售薪酬按照销售贡献进行分块合理分配,实现非油销售收入和利润"双增长"。

2022年以来,安徽销售分公司正式实施加油站薪酬激励机制改革,使加油站员工收入取得历史性改善,加油站销量大幅提升,有力激发了员工群众积极性。2023年1月至5月,加油站人均工资同比增幅22.85%,其中站经理同比增幅高达37.66%,营业员同比增幅

27.78%；纯枪销量同比增长 12.7%，账面利润同比增长 10.2%。

二、持续提升的思路举措

当前，加油站经理履职情况总体较好，但部分站经理仍存在主动担当作为意识不强、创新创效动力不足、管理服务提升心有余而力不足等问题，基层经理人队伍作用发挥还有待进一步提升。一是站经理收入水平与贡献率匹配不够精准。部分高销量站经理收入水平与加油站规模、业绩贡献率不能完全匹配。二是对高技能人才的关注和使用力度不够，高技能人才作用发挥平台需持续建立。三是加油站劳动组织模式有待转型升级。人员精力更多是在现场加油与车辆引导环节，自助加油、移动支付等提升劳效、减轻员工工作量的推广受到限制。

综合以上情况，为进一步建立健全与安徽销售分公司高质量发展相适应的站经理激励约束机制，加快基层经理人队伍专业化、职业化建设步伐，实现站经理短期激励与长远发展有机结合的激励机制，应对当前行业发展转型。通过待遇留人、制度留人、事业留人、感情留人"四个留人"，完善激发站经理工作积极性的选用育留机制，为企业发展赋能提速，提出如下思路举措：

（一）优化考核分配机制，提升站经理薪酬竞争力

薪酬竞争力的优劣是企业留住人才、增加员工的归属感和成就感、增强企业的竞争力的关键。一是吸收"阿米巴"经营管理理念，引入站经理绩效提成机制，对其实施"月度预兑现、年度总清算"的分段差异化考核分配，推行过程与结果并重的考核策略，淡化加油站员工固有意识中的升油工资、提成系数概念，解决站经理与站内员工在系数分配中的矛盾，实现站经理收入水平与贡献率的精准匹配。二是建立业绩工资与绩效任务强关联。在强调油、非量效关键指标完成情况的同时，加强对加油站"7+3"营销方略落实情况等管理指标的考核，

提升站经理落实政策的执行力。三是进一步强化业务部门对加油站经营业绩的考核主导权，结合实际运行效果，对业绩考核评价体系进行动态优化调整，提升站经理服务意识、效益意识、算账意识。

（二）完善人才成长通道，凸显站经理岗位价值

站经理队伍是销售企业需要重点打造的"三支经理人队伍"之一。一是完善包括基层经理人在内的四支人才队伍序列，做到纵向发展通畅、横向流动有序，明确各序列层级纵横转换、福利待遇对照关系，推动建立晋升有序、转换顺畅、配套衔接、运行规范的人才发展机制。二是完善站经理分级管理，健全星级站经理评定机制，抓住主要矛盾和矛盾的主要方面，建强六星级、五星级站经理，做优四星级、三星级站经理，做好二星级、一星级站经理，优化人员选聘、规范工作流程，围绕"绩效薪酬、形象打造、评先评优、序列转换、培训提升、参与决策"等方面精准激励，建立导向精准的选用育留机制。三是持续完善以站经理为主体的高技能人才队伍建设，制定高技能人才管理办法，健全津贴补贴制度，建立"一中心N支点"技能人才工作室模式，以技能专家工作室为主导，劳模工作室、创新创效工作室、技能孵化工作室等为专项攻关，鼓励优秀站经理积极参与管理创新、难题攻关、以赛促训等，解决加油站管理和服务中的实际问题。

（三）深化劳动组织模式转型，释放站经理工作潜能

加油站是销售企业的前沿阵地。一是以提升人力资源价值和劳动效率为目标，准确识变、科学应变、主动求变，系统推进加油站现场信息化、自动化升级，统筹谋划组织模式优化及用工方式转型，逐步地、有计划地实施自助加油和移动支付加油等高效运行方案。二是用好用活灵活用工这支生力军，探索新形势下适应加油站运营场景和用工特性的劳动组织新模式，让加油站把有限的人力资源，从简单的、重复性的加油操作中解放出来，把更多精力投入到无限潜力的非油业

务与管理服务提升中,推动站经理由"保姆式"管理员向"市场化"职业经理人转型升级。

(四)强化企业文化认同,激发站经理干事创业热情

企业文化是企业的灵魂,是推动企业发展的不竭动力。结合安徽销售分公司员工教育培训总体规划,在切实增强站经理队伍适应战略发展、改革创新、提质增效等专业化履职能力的同时,进一步强化站经理对中国石油企业文化和理想信念的教育引导,厚植"家·和"文化情怀,切实发挥思想文化引领带动作用,不断提升站经理思想觉悟和品行作风,增强站经理归属感、获得感、荣誉感,实现情感共鸣、感情留人,进一步稳定站经理队伍。

作者:张颖、王彦鹏、邓彬、丁伟

聚焦"能增能减"深化薪酬分配改革实现质效双增

江西销售分公司

江西销售分公司紧紧围绕"提升队伍动力活力",着力发挥业绩考核导向作用,持续搞活内部薪酬分配,引导形成"讲业绩、抓业绩、提业绩"的浓厚氛围,干部员工精神面貌焕然一新,企业发展质量效益同步提升。2022年,考核排名由销售企业第34位提升至第15位。2023年1月至10月,实现净利润2426万元、较预算增加近1.6亿元,纯枪销量73万吨、较预算增长6%。

一、坚持问题导向,坚决堵住效益"出血点"

紧抓提升效益这个基本点,摒弃"眉毛胡子一把抓"式考核,突出问题导向,积极探索实践,构建形成量效联动式精准考核激励模式。

（一）突出效益导向,优化考核指标体系

针对费用居高不下、价格到位率偏低、盈利能力偏弱等效益"出血点",效益类重点考核营业毛利、吨油营销成本,权重达到50%,商流费用将提质增效考核作为考核体系的补充,积极引导实现毛利最大化和费用的精准管控。同时,向服务要效益,将服务投诉、工单的过程与结果纳入考核,营销服务质量大幅提升。

（二）突出考核实效性,实现精准激励

推行全员绩效考核,两级单位绩效工资总额与本单位月度、季度、年度考核得分分别挂钩,严考核硬兑现,其中中层领导人员月度预发

80%，季度兑现同层级最高收入差距提升至67%。按照下管一级的原则，中层副职业绩考核得分综合个人评价及本单位业绩考核得分确定，同时结合副职分工情况确定贡献大小，设置贡献系数，引导干部多做贡献多创效益。

（三）建立考核落实监督机制，提升考核实效

将考核落实督办作为考核体系的补充，纳入纪委监督体系，直击"脸面"，每月开展一次现场督办。月度单项指标未完成计划且排名末位的，由相关部室发起对该项指标的督办，两个工作日内反馈原因分析及整改措施。季度综合考核排名末位的、效益类及经营类单项指标排名末位的、约束类指标扣分较多的，在季度经营分析会上进行通报，由公司纪委组织进行履职约谈。

（四）建立量效联动机制，提升关键业绩

结合销售企业特点，建立薪酬与利润、毛利、纯枪销量、非油收入等关键指标联动机制，进一步强化考核的导向作用。推行超"限"奖惩，完成季度利润奋斗目标的、季度纯枪销量奋斗目标的单位，中层领导人员绩效工资基数核增10%，未完成基础量的直接扣减10%。推行年度效益薪酬联动，年度绩效工资总额与净利润、成品油直批量、纯枪量、非油品收入、毛利完成率分别挂钩，完成的核增1%～5%，未完成的核减0.5%～3%，2022年度地市分公司效益薪酬最高联动增幅11%。

二、坚持精准激励，积极提振效益"增长点"

围绕激发一线队伍提量增效动力活力，以"阿米巴"经营理念为依托，建立提成工资制，推行升油提成、收入提成，员工收入与效益（毛利）、效率（销量）直接挂钩，坚持收入向一线贡献大的单位及个人倾斜，一线队伍创效能力进一步加强。

（一）建立升油提成工资制，实现收入凭贡献

员工收入与工作效率挂钩，人均提枪次数越高兑现系数越高，并逐步优化调整为实行提枪提成制，提升员工效率意识；员工收入与效益挂钩，油品价格到位率越高兑现系数越高，并逐步优化调整为实行油品毛利提成，提升员工效益意识；员工收入与量效双挂钩，推行"一站一策"式提成标准，积极引导推行单品号提成提成、非油单品类收入提成，一线员工收入中绩效工资占比65%左右。联动式提成工资制激发了员工主动销售意识，2023年新增万吨站2座。

（二）推进收入倾斜机制，增强队伍粘性

充分发挥薪酬分配的保障作用和激励效果，因地制宜，推行薪酬保障机制，工资总额一部分直接用于保障一线员工收入持续提升，员工归属感明显提升。加大激励效果，有针对性地提升升油提成标准，推行超额翻倍提成，推行高品号汽油增效提成，有效提升一线队伍围绕高效商品开展销售工作积极性。2023年1月至10月，一线员工收入同比增幅16%。

三、坚持搞活内部分配，持续抓实效益"突破点"

致力于转变两级本部员工固有思维，引入"内部竞争"，将员工收入与岗位职责履行情况直接挂钩。

（一）实行岗位定额工资管理，实现多劳多得

两级本部工资总额直接与部门定编、岗位职责挂钩，将"增人不增资、减人不减资"的理念拓展到两级本部，严格按照定员编制核定工资总额，实际人数高于或低于定编的不再增减，鼓励通过常态化岗位双选提高人岗匹配度。部门内部员工工资根据岗位职责、贡献大小确定，体现多劳多得。

（二）强化发展能力评价结果运用，推进考核的可持续性

持续将地市公司发展能力评价结果与类别挂钩、与编制挂钩、与薪酬挂钩，实行动态管理。依据发展能力大小，地市公司绩效工资兑现系数差距提升至20%，同类别地市公司兑现系数每季度动态调整，考核排名靠前的增加5%，进一步激励先进。

作者：张志东、陈举

向改革要动力 向市场要活力
持续提升科改示范企业科技创新动能

东方物探中油奥博科技有限公司

中油奥博科技有限公司是东方地球物理勘探有限责任公司与电子科技大学于2018年底合资成立的国家高新技术企业。作为2022年入选的"科改示范企业",中油奥博科技有限公司深入学习贯彻习近平总书记关于国有企业改革发展和党的建设的重要论述精神,深化市场化改革,持续完善治理、用人和激励三大机制,在核心装备、配套技术及工艺方面不断取得进步,在国际油服高端市场实现"零的突破",企业创新力和核心竞争力持续增强。

一、构建治理机制,全面夯实企业市场主体地位

一是充分发挥积极股东作用。推动电子科大以公开挂牌方式转让股权,东方地球物理勘探有限责任公司继续保持70%的控股权,战略投资者持股14%、财务投资者持股6%、电子科大专家团队持股10%。战略投资者在技术和业务上与中油奥博科技有限公司有效协同,进一步提升一体化技术服务能力和市场竞争力;专家团队由技术产品发明人变为风险利益紧密捆绑的自然人股东,进一步激活研发动能,技术研发与成果转化明显加速。由股东专家领衔研发的"避光纤多相位定向分簇射孔作业技术"首次在浙江油田成功应用,同平台单井日产气量提高40%以上。二是全面加强混合所有制企业党的领导。将党建与生产经营融合情况纳入绩效考核,制定融合实施细则、举措清单和考

核准则，实现党建责任制和生产经营责任制有效联动，充分发挥基层党组织的战斗堡垒作用和党员的先锋模范作用，推动营业收入和利润总额 2022 年实现同比翻番。三是聚焦重点落实董事会职权。充实 5 名专家型外部董事，实现外部董事占多数，引入两位行业顶级专家作为科学与技术委员会成员，提升董事会决策专业性。落实经理层成员选聘权、业绩考核权、薪酬管理权，由董事长提名一位职业经理人为总经理人选，经董事会决议聘任；由总经理提名管理团队，经董事会批准后予以聘任；董事会自主决定总经理和管理团队的薪酬标准，设定工作目标、明确考核办法。同时，董事会按照职权和规定程序制定落实中长期发展决策权、职工工资分配管理权、重大财务事项管理权等实施方案，推动 6 项重点职权得到有效落实。

二、构建用人机制，切实提升活力与效率

一是突出经理层成员科技创新考核指标。准确把握"高科技创业公司"初创阶段的根本任务，突出经理层的技术创新职责，明显提高任期制和契约化指标体系中科研创新指标的占比，其中主管副总经理 2022 年科研创新指标占比提升至 50%，有效促进经理层成员持续加大科技创新力度，2022 年获得授权专利数量同比增加 60%。二是强化员工"能进能出"机制落地。大力实行管理人员竞争上岗、末等调整和不胜任退出，2022 年新聘任管理人员 17 人，公开竞争上岗率 100%；调整退出管理人员 6 人，退出率达 20.69%；实施与效益效率指标挂钩的用工总量控制制度，确保经营效益和全员劳动生产率增速高于员工总量增速；2022 年调整和退出员工 8 人，退出率达 5.06%。三是加强高端人才引进和培养。2022 年引进全职博士生 2 人，"柔性引进"国家级高层次人才 5 名。搭建国内外重大技术攻关项目平台，为青年技术人员快速成长创造条件。

三、构建激励机制，充分激发发展动能

一是健全完善与科技创新指标挂钩的工资总额决定机制。在坚持"一适应、两挂钩"原则基础上，强化工资总额与科研创新指标的硬挂钩，科研创新指标占比达25%，形成"一适应、三挂钩"的工资总额决定机制，进一步增强了科技创新的使命感、责任感和紧迫感。二是探索实施管理层股权激励机制。在战略投资者的大力支持下，研究制定针对管理层的持股平台建设和股权激励方案，战略投资者将4%的股权协议转让给核心管理团队，使核心管理团队、专家团队与中油奥博科技有限公司真正形成"命运共同体"，实现风险共担、利益共享。三是稳妥推进科研人员中长期激励。对核心技术人员实行岗位分红，激励总额占净利润的10%；对科技攻关项目实施从阶段性技术突破到成果转化应用全生命周期激励，累计对12项成果进行了108人次即时奖励，单人次最高奖励3万元；对"高温高压光纤尾端密封配套装置"和"邻井压裂监测技术"两项关键技术实行"揭榜挂帅"，设定单个项目10万元的高标准奖励基数，为"揭榜"团队注入了强有力的研发动能。

作者：李刚、陈明、孟宪辉、王建勇、胡彦龙

高效率薪酬分配助力高质量发展

渤海钻探工程有限公司

渤海钻探工程有限公司深入推进薪酬分配制度改革，结合市场分布广、业务类型多的实际，突出"四个导向"，聚焦"三个群体"，实施"六位一体"，有效发挥薪酬激励导向功能，提升组织活力和员工动力，全面助力渤海钻探工程有限公司高质量发展。

一、突出"四个导向"，提升组织效率效益

（一）突出超额利润激励

为鼓励所属单位多创效益，超额完成利润指标，核定1.5亿元超额利润兑现工资，实行超额利润分成政策。对完成利润指标超出下达目标值的部分，各单位和渤海钻探工程有限公司按照4∶6分成，同时，各单位人均奖励额度按不超过公司当年超额奖励人均水平的1.5倍封顶。

（二）突出市场创收激励

为鼓励各单位强化市场开发，提升创收水平，核定6000万元年度创收工资，在完成当年净利润指标的前提下，与本单位市场创收增量和市场创收指标完成率挂钩考核分配；核定2000万元超额创收工资，与各单位完成年初下达的主营业务收入目标值以上的收入增量挂钩分配。

（三）突出提速提效激励

为全力推进单井安全提速工程，提升单队单机创效能力，核定

4000 万元单队单机提效兑现工资，通过"三个明确"，即明确以钻井队（压裂队）为考核对象兑现的奖励，必须直接奖励获奖钻井队（压裂队）；明确队长和书记最高可得单队单机提效工资单次奖金总额的 20%；明确各单位最晚应于次月，将奖励发放到基层队和员工，有效激发了基层队提速提效的热情。2022 年钻井平均单队进尺增加 18%，压裂平均单队施工段数增加 12%。

（四）突出一线生产激励

为鼓励各单位提高一线队伍收入水平，压缩二、三线人员数量，将增量工资实行工资分配倾斜结果挂钩奖励政策。增量工资分配时与一二线员工收入比率（油气主业队伍和生产保障队伍员工人均收入/后勤与社会服务队伍和管理本部队伍员工人均收入）挂钩，比率越高，奖励的越多；同时，设置一线员工与二、三线员工收入最低比率，达到最低比率才有资格参与增量工资的分配，鼓励各单位分配向一线倾斜。

二、聚焦"三个群体"，强化核心骨干激励

（一）强化中层领导人员精准激励

按照精准激励与授权管理相结合的原则，渤海钻探工程有限公司负责各单位（部门）正职绩效考核兑现额度的核定与发放；各单位（部门）副职人员兑现额度公司核定总额后，授权主要领导根据贡献情况二次分配，强化各单位（部门）主要领导对副职的考核权，进一步提高班子的向心力和凝聚力。2022 年所属单位正职年度绩效考核兑现最大差额 10 万元以上，副职最大差额 12 万元以上。

（二）强化博士人才精准激励

将新入职博士薪酬参照公司中层领导人员的方式实行集中管理；日常奖金参照科级人员标准与工作业绩挂钩，由工作单位负责考核，

从渤海钻探工程有限公司工资总额列支，不受工资总额限制；年度考核优秀的博士，额外追加博士奖励2万元；博士人才成熟后，再转至所属单位按专家进行管理，收入上不封顶，增强了对高层次人才的吸引力。2022年，8名博士收入突破40万元，博士群体收入达到公司人均水平2.1倍。

（三）强化钻井队长精准激励

设置基层队管理人员岗位工资系列，提高工资标准实行一岗一薪，钻井队长达到二级副职二档标准；严格执行分配向一线基层队和关键岗位倾斜的要求，采取多种形式提高关键岗位人员收入；钻井队根据岗位重要程度核定岗位奖金分配系数，每年年底对未发生安全环保事故且完成经营任务的钻井队长等关键岗位人员再给予4万~6万元的奖励。2022年，钻井队长收入超过三级正领导人员平均水平。

三、实施"六位一体"，打造科研激励体系

（一）立项建议奖励

为鼓励科技人员多立项、立好项，把握好科技立项的方向性、目标性，设立立项建议奖项。对于通过分公司级、公司级、公司级以上项目立项的建议人，分别给予600~3000元额度的奖励。

（二）科技研发过程奖励

为加强科技研发过程激励，对公司级及以上重大科研项目，按照"分级实施、精准激励、授权管理"的原则，每年核定不低于500万元科技项目研发兑现工资，按项目级别、经费额度核定项目奖励标准，并授权项目长根据团队成员贡献情况进行自主分配。

（三）优秀科技成果奖励

对优秀的科研成果提高奖励水平，加大科技研发人员奖励力度，每年设立450万元的科技创新成果专项奖励，用于奖励科技项目成果、

专利授权、标准制修订和优秀论文的主要完成人员。

（四）科技成果转化创效奖励

强化科技成果应用，设立科技成果转化创收创效专项奖励，对通过公司级及以上科技项目验收，并形成自主知识产权的技术研发类成果，自通过成果验收的次年起可连续 5 年申报专项奖励，奖励额度按销售收入的 0.5%~4% 比例标准计提，实行分段累进计提方式，重点激励在科技成果研发和推广转化应用过程中做出突出贡献的人员。

（五）"揭榜挂帅"专项激励

出台《科技项目"揭榜挂帅"管理办法》，明确"揭榜挂帅"科技项目负责人，项目在研期间，项目长薪酬待遇按本人岗位和一级工程师就高执行、副项目长薪酬待遇按本人岗位和二级工程师就高执行，2022 年渤海钻探工程有限公司 5 项"揭榜挂帅"科技项目均超额完成阶段任务目标。

（六）模拟岗位分红激励

2022 年在中国石油范围内首家实施模拟岗位分红激励，争取 835 万元单列工资支持，定向奖励科研人员、一线工程师，进一步强化核心骨干人才的精准激励，2022 年开始实施模拟岗位分红激励的两家单位净利润平均增长 29%。

作者：郑新钟、吴昀泽、刘其坤、高翔、吉野

利用定量考核"指挥棒"提升技术人员精准激励效能

海洋工程有限公司工程设计院

海洋工程有限公司工程设计院主要从事海上油气田勘探开发工程建设和钻完井工程设计咨询技术服务业务，拥有一支政治素质强、专业化、学历高、相对年轻、具有一定国际化背景的设计服务队伍。海洋工程有限公司工程设计院，在突出效益效率、强化向一线倾斜的背景下，持续优化全员绩效考核，自主研发生产管理系统，实现100%定量考核，通过强化考核结果刚性运用，实现薪酬"能增能减"。全年考核结果显示，不同岗位之间，以及相同岗位、不同员工之间的分配差距合理拉开，实现了绩效分配"效率优先、兼顾公平"的总体目标，正向激励效果较为明显。

一、坚持守正创新，优化人才评价激励机制

2022年1月起，打破以主观评价为主的考核方式，引入市场化设计咨询企业所采用的工作量考核方式，将员工薪酬分配与产值贡献挂钩，出台《专业技术人员定量考核办法》，并配套开发生产管理系统，使绩效考核结果更加客观公正。

（一）运用系统思维量化激励机制

结合工程设计行业智力密集、人工成本占比较大、项目阶段区分明显等特点，锚定提升收入利润、缩短设计周期这一根本目标，选取可量化的产值作为定量考核核心指标，激励员工在日常工作中不断累

积个人产值，充分调动全员工作积极性，不断提升市场竞争力。在量化产值KPI的过程中，充分分析收入利润构成及设计工作流程等环节，将其分为生产项目产值KPI_1、科研项目产值KPI_2、额外考核加分KPI_3三部分，即：

$$KPI=KPI_1+KPI_2+KPI_3$$

其中，生产项目考核产值KPI_1，根据项目净产值I_i、项目难度系数H_i及被考核人在项目中承担工作权重占比p_i确定，即：

$$KPI_1=\sum_{i=1}^{n} H_i \times I_i \times p_i$$

科研项目考核产值KPI_2，根据项目净产值I_i、项目完成系数H_i（由项目评审结果确定，取值小于或等于1.0）、折算系数D_i（具体根据当期考核情况确定，一般取值范围为0.6～0.8），以及被考核人在项目中承担工作权重占比p_i确定，即：

$$KPI_2=\sum_{i=1}^{n} H_i \times D_i \times I_i \times p_i$$

额外考核加分KPI_3，根据基层单位业务管理和人员管理实际需求，由基层单位额外奖励$KPI_{3基}$和企业额外奖励$KPI_{3企}$组成，分别由基层班子和项目负责人进行分配，分配结果在全员范围内公示后使用，即：

$$KPI_3=KPI_{3基}+KPI_{3企}$$

为使考核结果更加公平公正，在计算考核系数r时，充分结合被考核人当期用工成本和固定成本分摊情况，引导员工关注个人产值成本覆盖率，进一步增强"工资是挣回来的"理念。具体方式为，先计算员工当期总成本C和当期考核系数r，再根据当期兑现总额和全部人员考核系数之和确定个人考核兑现数额S。即：

$$C=C_p+C_f$$

$$r = \frac{\text{KPI}}{C}$$

$$S = S_{total} \times \frac{r}{\sum_{i=1}^{n} r_i}$$

（二）反应客观实际凸显激励效果

经过 2022 年全年的试运行，基本实现了效率优先的考核目标。一是打破"职称优先"的评价体系，经统计全年工作量，相同职称人员之间考核产值差距较大，最大值达 8 倍以上。考核前 10 名人员系数均大于 2.3，有 23% 的人员考核系数小于 1。以此为基础开展的兑现分配极大提高了绩优者的积极性和创造力，有力地鞭策了绩劣者。二是构筑"权责自洽"的管理模式，基层所室负责人、项目负责人、专业负责人分别参与管理权重、专业权重和文件及岗位权重的分配，通过分散权利，达到了相互制约、同向发力的目的，使定量考核数据来源更加反应实际情况。三是显化吃"大锅饭"人群，通过定量考核精准定位出个人产值无法完全覆盖成本的人员，引导基层所室重点关注此类人员绩效提高，激励全员进一步提高效率、承担更多工作。

二、坚持统筹兼顾，激励约束作用有效发挥

在定量考核机制设置过程中，考虑到专业技术人员能力水平差异、工作量分配不均、项目效益高低等限制性因素，牢固树立以人为本的理念，特别设计了独特的激励约束机制。

一是明确适用定量考核的薪酬范围。员工薪酬构成中的岗位工资及津贴补贴等按照公司统一薪酬体系执行，仅将绩效兑现部分纳入使用定量考核范围，其规模在工资总额中占比 60% 左右。既实现了绩效考核多劳多得的目标，又避免了收入分配差距过大带来的不稳定因素。

二是引导基层所室不断完善管理职能。应用定量考核后,基层所室负责人在日常工作中进行项目分配、人员调配、奖励产值分配等方面的作用愈发显著,基层领导人员的管理水平很大程度上会影响所在部门的绩效完成情况,进而从侧面促进了基层所室的建设。三是有效发挥骨干人才精准激励作用。根据考核机制,上一年度兑现越高的员工,本年度成本费用将越高,要增加兑现额度需付出更大努力,这能使员工树立较为合理的收入预期,持续激励员工立足岗位工作。

作者:韩延峰、张冯、刘蕴铖、安明泉、周怡潇

实施差异化绩效考核　激发员工队伍活力

渤海石油装备制造有限公司

渤海石油装备制造有限公司为破解生存发展困局，在外拓市场、内控成本的同时，坚持问题导向和市场化改革方向，持续深化薪酬分配制度改革，为各类业务单元量身定制超额利润分享、销售提成、成果转化分成等差异化的考核分配模式，推行综合计件、工编挂钩、项目制分配等菜单式精准激励机制，有效激发了企业的原生动力和员工队伍活力，经营绩效和发展质量明显改善，有力支持了企业转型升级和高质量发展。

一、差异化绩开展考核，有效发挥导向引领作用

（一）突出功能定位，实施差异化考核

根据总部、直属机构、和所属单位的功能定位和业务特点，建立差异化的绩效管理体系，有效发挥考核的导向引领作用。对生产经营单元建立以净利润为核心的绩效考核指标体系，对市场营销单元建立以营业收入为核心的绩效考核指标体系，对科技研发单元建立以科技项目运行为核心的绩效考核指标体系，对总部部门建立以年度重点工作为核心的绩效考核指标体系，企业按照功能定位实施分类差异化绩效考核，进一步增强了针对性、有效性。

（二）关注关键环节，实施"两分一合"考核

企业对"僵尸困难"企业推行"两分一合"绩效考核机制，在设定绩效指标时，充分考虑企业的历史包袱和价值创造，将经营净利润

和非经营费用"分开预算、分开核算、合并考核",实现精准考核。经营净利润用于企业内部在岗人员人均劳效的测算,与内部在岗人员的工资挂钩;非经营费用作为企业主要领导业绩合同的重要内容,单独列支考核,引导"僵尸困难"企业在关注经营行为的同时,也要关注非经营费用的压控,全方位降控企业经营成本。开展"两分一合"绩效考核机制后,经营业绩持续向好,非经营费用持续降低,经营净利润和非经营费用合并后的总体经营绩效明显改善,调动了企业经营和成本降控的积极性,2022年度"僵尸困难"企业非经营费用降控约7000万元,有力支撑了企业扭亏解困。

(三)聚焦重点难点,实施专项考核

将年度重点专项工作纳入相关单位绩效考核指标体系,一是将三级单位亏损企业治理纳入二级单位业绩合同,实现亏损企业治理横向全覆盖、纵向穿透到底;将石油机械厂"土地收储收益"、辽河重工清算处置等指标纳入业绩合同,在过程考核中重奖重罚,年度考核最高可以奖励综合绩效分值20分,未完成可以扣减综合绩效分值10分;实施利润贡献和减亏贡献奖励加分制度,进一步拉开了履职表现好、贡献大领导班子成员考核分配差距,并优先推荐优秀班子和优秀个人评选表彰,强化精神和物质双重激励。

二、健全工资总额决定机制,业绩和薪酬同向联动

根据各单元功能定位和业务特点,建立健全"差异化"的工资总额决定机制。

对生产经营单元工资总额核定实行人均劳效挂钩决定机制。每年依据预算目标和人均劳效水平核定工资总额基数,"效率升薪酬升、效率降薪酬降",人均收入与人均劳效捆绑,调动员工积极性、主动性,变自上而下压指标为自下而上要指标,变后置核定工资总额为前置预

算工资总额，同时建立超额利润"四六分成"重奖机制，持续增强增量效益决定增量收入的"挣工资"的理念。2022年盈利与亏损单位收入差距倍数最高达到2倍，薪酬正向激励和低效负效成本约束能力持续增强，经营绩效和发展内生动力不断提升。

对市场营销单元工资总额核定实行收入提成决定机制，同时与订单效益挂钩，规避销售企业"卖多卖少一个样""卖高卖低一个样"和"管卖不管收"的问题，提成额度"上不封顶、下不保底"。对市场营销人员实行签约、交货、挂账、回款全订单全周期考核，佣金与签约收入和成本支出挂钩，提成比例保持恒定，提成奖金与订单数量和质量挂钩，激励员工多拿单、拿盈单，实现员工收入与订单、收益、回款的硬挂钩。提升了市场营销人员扩销增效的主观能动性，营销人才队伍建设和营销实力持续提升。

对科技研发单元实行项目奖励和成果转化相结合的精准激励政策，着力构建了充分体现知识、技术等创新要素价值的收益分配机制，强化岗位分红、项目分红等中长期激励政策应用；对企业自主研制开发的新产品，通过成果鉴定、评奖验收后，3年内分别按其销售运营年创净利润的5%对主要贡献人员给予奖励，对企业自主创新成果采取内部作价的方式，按创效贡献大小对成果转化人员给予重奖。近年来公司推出了一批适应客户需求、市场竞争力强的新成果、新产品，自主研发的烟气轮机产品国内市场占有率超过95%，渤海能克钻杆达到国际先进水平。

三、推行"菜单式"分配机制，增强内生动力

强化政策，鼓励各单位结合自身实际，针对不同组织单元和相关群体的实际需求，量身定制分配激励方案，充分激发活力、增强动力。

持续完善综合计件制考核分配机制。为破解连续作业单元"干多

干少一个样、干与不干一个样"的"大锅饭"分配难题,二级单位按"事前算赢"原则,实行薪酬与人均利润、劳动效率指标硬挂钩,在工时定额、产量定额的基础上,采取预算和成本倒推机制,将一线员工奖金量化到每一道生产工序,实现收入与产品规格、工序单价、合格品数量直接挂钩,每个型号产品和工序"明码标价",简洁明了、数据说话,有效激发了广大员工的干劲,由过去"要我干活"变成了"我要干活"。钻杆制造厂近3年人均利润翻了两番,劳动生产率高于同行业10个百分点。

推行虚拟股权效益捆绑激励政策。为破解国有企业权责不对等,企业盈利需求和员工收入增长需求不统一的矛盾,钻头制造厂探索实施模拟持股改革,在预置股权的前提下,将股份按岗位重要程度分配到每一名在岗员工,奖金总额按超交利润"七三分成",实现企业利益与员工收益捆绑,在充分调动了员工增产创效积极性的同时,用工效率持续提升,"一专多能、一岗多职"已逐步成为常态。钻头制造厂实现净利润较改革前大幅度增长,产品利润率达到国内先进水平。

健全管理岗位职责量化考核分配体系。为破解二级单位本部人员工作量不均衡、量化困难的分配难题,江苏钢管公司探索了职责量化的考核分配机制,将部门业务细分为多个基本项,对每个基本项赋值,如出纳业务0.9分、财务稽查业务0.5分等,每名财务人员根据本人能力素质选择从事一项或多项业务,企业根据员工业务数量和考核结果计算奖金,"业务多积分多收入高、业务少积分少收入低",严格考核兑现,从根本上打破了岗位和职级固化壁垒,该单位本部同职级人员收入差距倍数达1.5倍以上,拉开了部门管理人员分配档次,有效解决了分配平均主义、"大锅饭"难题,本部工作面貌焕然一新。

推行项目制考核分配体系。为破解忙闲不均、"大锅饭"等问题,对工作量不均衡生产单元,采取项目制模式开展业务,有工作量时以灵活用工方式组建项目部，依据业绩贡献和劳动力市场价位制度激励薪酬；无工作量时项目部解散，支付基本保障待遇，奖金"忙时有、闲时无"。辽河钻采装备公司前身是国资委挂牌督办的"僵尸企业"，其打破传统的分厂（车间）制管理模式，以项目为载体和主线，根据项目规模、目标利润确定岗位数量，明晰岗位职责、考核内容和待遇标准，实现了成本有效控制和人员高效利用，成功解决了效率不高、效益不佳、机制不活、动力不足的问题，通过持续完善项目运营机制，产品成本大幅缩减，真正成为具有竞争力的市场经营主体。

企业盈利需求和员工收入增长是一对矛盾体，也是共生体，化解矛盾的途径就是将两者需求高度关联在一起，深度契合在一起，形成责任共担、利益共享、人企共赢的共同体，因此，必须建立健全以价值创造为导向、责权利明晰的考核分配机制，用贡献说话、用数据说话，让企业每一级组织都成为一个增值创效单元，把每一名员工的岗位贡献与其收入高度关联，全面激发内生动力，助力企业高质量发展。

作者：董彦坤、王丽波、黄亮、张克成

打好多元激励组合拳 激发科研人员创新动力

工程技术研究院

工程技术研究院秉承科研院所和科技型企业双重属性，坚持支撑当前、引领未来理念，聚焦科研攻关、成果转化、支持服务一体化优势和全产业链价值提升，面向领军人才、科研骨干、创新团队等不同群体，多措并举打好多元激励组合拳，调动激发广大科研人员创新热情和创造动力，显著提升了企业科技贡献力和发展质量。

一、灵活使用激励方式，激活科技创新潜能

以提升科技供给率、价值创造力和治理效能为目标，聚焦年度重点科研任务、成果增量和应用成效，强化当前创效、当期收益的即时激励效应，健全分类分级绩效考核、超额利润二次分配机制，坚决打破"大锅饭"，让创新创造者有公平的获得、有突破的动力。

（一）突出科技创新，优化考核分配

依据二级单位专业特点和职责定位，分类分级设定科研成效类和效益类考核指标权重，研究所为7∶3、产业单位为4∶6。科研成效类指标按照承担项目数量、进度质量、成果数量及转化率等进行考核；效益类指标按照人均收入、人均利润设为A、B、C三档，各档设定目标值及对应激励系数，依据申报档次和完成情况进行差异化考核兑现。3年来，各单位之间人均绩效奖金相差近3倍，同单位员工之间绩效奖金相差近5倍，公平拉开了收入档次，实现了"绩效凭实力、收入凭贡献"，全面提升了重大科研项目研发进程、质量以及技术支持服务能力。

（二）鼓励持续跨越，实行超额累进激励

着力以科技创新助力提质增效，对二级单位超额利润再分配，将超交利润按一定比例作为激励奖金，超出上年度利润部分再追加奖金，引导"跑赢自己、跑赢他人"，有效调动了科研人员的创新热情和创效意识，实现企业效益最大化。

二、精准搭配激励组合，激发科研骨干动能

遵循工程技术全生命周期创新创效规律，强化 2～3 年关键里程碑、重大标志性成果中期激励，实施科研重奖、产业累奖、标杆嘉奖"激励组合拳"，让广大科研人员静下心、坐得住、有获得、有尊严，构建"担大项目、出大成果、育大人才"的科研创新生态。

（一）强化科技攻关全过程精准激励

重点突出承接重大项目能力建设、科研质量管控和重大成果培育，进一步优化工程技术研究院科研奖励体系，出台成果奖励、知识产权奖励、科研过程管理等 6 项制度，设立基础研究奖、技术发明奖、科学技术进步奖等奖项，按照专项奖管理办法严格执行。近 3 年，牵头重大科技项目数量同比增加 3 倍，科技创新成果数量年均递增 30%，获得国家及省部级科技奖励数量同比增加 20%。

（二）强化产业创效全方位精准激励

着重创新成果同产业对接，创新项目同现实需求对接，创新劳动同利益分配对接，打通成果转化"最后一公里"。设立产业奖和成果孵化资金池，优选技术成熟度高、有良好应用前景的成果进行重点培育转化；设立重点地区技术支持奖，对科技示范井创指标、区块提速破纪录、海外技术有突破的项目给予奖励。近 3 年，科技成果转化率由 15% 提升至 30%，产业收入年均增长 50%，人均创收创利同比增长近 3 倍，2022 年获中国石油科技成果转化创效奖励较 2020 年增加 5 倍。

（三）强化突出贡献科研人员重点激励

着力产学研一体化攻关，打造一流创新联合体，设立优秀团队奖与杰出个人奖，每2年评选表彰一次。近年来，连续两届共表彰优秀创新团队和协作团队10个、各奖励20万元，杰出创新贡献者2名、每人奖励20万元，杰出青年科技人才4名、每人奖励10万元，为广大科研人员树立了标杆和样板。

三、择优选用激励工具，放大政策红利效能

充分利用国家和中国石油对科技型企业实施科技创新和成果产业化激励、工资增量单列的有利政策，先行先试，主动实践，建立以科技创效增量为导向的长期分红权激励机制，打造企业发展与员工成长的事业共同体，构建科技创新创效激励新模式。

（一）首批试点岗位分红，靶向激励核心人才

按照激励总额不高于企业净利润15%、激励对象不超过员工总量30%的要求，聚焦关键岗位，锁定长期收益，建立以创新创效为核心的量化考核模型与运行机制，挂钩各研究单位收入和利润，考核员工岗位贡献，确定具体激励对象和分红额度，实现对关键岗位群体的长效激励。实施岗位分红4年来，个人分红累计最高23万元，年人均分红由2.2万元提高到5.5万元，有效提升了核心骨干人才的创造力、能动性和忠诚度；2个研究所年收入突破亿元，年人均创收最高超400万元，处于国内同类研究所领先水平。

（二）首次试点项目收益分红，深度激励创新团队

2019年启动长寿命螺杆钻具、全可溶桥塞2个中国石油创新创效试点项目，探索以项目收益分红模式加快成果转化，激励创新团队。2个项目以模拟法人方式运作，实行全成本核算，将科技成果转化形成的净利润、产品推广数量等作为关键考评依据，设置阶梯分红比例，

聚焦岗位、贡献、绩效三个维度，科学确定项目经理、核心研发、现场转化、技术支撑4类人员的激励额度。实施3年来，人均分红8万元，项目经理分红占激励总额12.9%，项目团队能动性和创造性大幅提升，加速了产品迭代升级和商业化进程。螺杆工作寿命由200小时提升到300小时以上，整体性能达到国际先进水平，年产能达到3000套；全可溶桥塞形成8种规格、4种温度等级产品系列，整体性能达到国际领先，年产能达到10000只。

作者：常敏、康晓娜、弓志谦

突出价值导向　深化分配改革
强化精准激励　激发创新活力

工程材料研究院

工程材料研究院坚持"以价值创造者为本"理念，加快推进薪酬分配制度改革，着力构建收入分配与岗位绩效、价值贡献相匹配、具有市场竞争力的薪酬体系，积极营造"尊重人才、尊重知识、尊重创造"的良好氛围，有效激发广大干部员工创新创效动力活力，科技人才队伍效能稳步增强，重大科技创新成果不断涌现，成果转化收入跨越式增长，为世界一流研究院建设注入了强劲动力。

一、聚焦价值导向，持续完善考核分配激励约束机制

健全完善业务考核制度政策，科学设定评价指标体系，分级分类实行中层管理人员、技术专家和全体员工业绩考核制度。对中层管理人员，每年底定期组织述职述廉，院领导班子成员、助理副总师、全体中层管理人员、职工代表以及各部门员工对中层管理人员履职情况评价打分。同步开展技术专家业绩考核，科委会成员对专家创新创效情况进行评价。中层管理人员、技术专家年度考核等次强制分布，"优秀"等次比例30%左右，"基本胜任"与"不胜任"等次比例不低于5%。强化业绩考核导向激励作用。根据年度考核结果及等次，引入绩效奖金调节系数，介于1.4~0.8倍之间，合理拉开收入差距。严格控制管理人员收入水平和增幅，根据管理岗位评估结果，将全部岗位划分为5个等级，分别赋予1.4~0.6倍绩效奖金分配系数，体现不同岗位价值

差异，解决一般管理人员绩效奖金"水涨船高"的问题。

二、聚焦市场化方向，持续优化绩效奖金决定机制

突出价值创造导向、效益效率导向，将二级单位经营收入到款和利润作为分配绩效奖金的主要指标，权重达到80%。薪酬分配持续向业绩优、贡献大的科技人员倾斜，加快实现薪酬水平与市场接轨。着力提高关键核心骨干薪酬水平。对引进的海外高层次人才实行协议工资，对行业领军人才实行工资总额单列，对高级技术专家匹配高于同等级管理人员的基本薪酬待遇。高层级专家的收入得到大幅提高，多名专家收入超过领导班子成员。以全员绩效考核机制为基础，彻底打破"大锅饭"，科技人员收入差距达到10倍以上，"能增能减"、工效挂钩的薪酬分配激励机制深入人心，人才队伍稳定发展并出现回流现象，干部员工的凝聚力和获得感、归属感、责任感显著增强。

三、聚焦差异化分配，持续加大核心骨干精准激励力度

聚焦提升科技创新能力，用好用足现有政策，持续强化对核心骨干精准激励。一是完善科技创新成果奖励体系。对专利、论文、标准等技术成果，根据重要程度、影响因子、原创程度等因素，分级分类进行专项奖励；积极落实科技成果转化创效奖励政策，鼓励科技人员对自主知识产权进行转化应用。二是实施国家重大科技专项绩效奖励。对承担国家重点研发计划等国家科技重大专项的主要研究人员，在间接费用中按照80%提取绩效奖励。三是实施重大科技进展特殊奖励。对牵头制定国际标准、申报国家级创新平台以及承担重大任务的科研骨干发放特殊奖励。四是用好用足国家政策，积极推进多元化中长期激励政策落实落地。连续4年在两个子公司实施岗位分红激励工作，累计发放激励800余万元，70%以上为科技人员。2022年，承担的集

团公司首批重大科技成果规模化转化示范项目"非金属复合管科技成果规模化转化"项目，将承担研发、制造、销售、施工和技术支持的科技人员作为激励对象，申请项目收益分红奖励百余万元，奖励人数25人，80%以上为科技人员。

四、聚焦人才创新创效，持续发挥薪酬分配杠杆调节效应

薪酬分配制度改革的持续深化，有力支撑保障企业吸引人才、稳定人才、激励人才，科技人才潜力得到深度挖掘，人力资源价值创造不断提升。近年来，新增"百千万人才工程"国家级人选1人、享受国务院政府特殊津贴4人、孙越崎青年科技奖6人、陕西省杰出青年2人、陕西省中青年科技创新领军人才7人、省级创新团队5个，入选中国石油、陕西省各类青年人才计划30余人。博士占员工总数的比例超过25%，科技人才队伍结构得到大幅优化和提高。创新成果不断涌现，承担国家项目、成果数量和质量不断取得新突破。取得国家重点研发计划项目4项、国家油气重大专项课题6项、国家自然科学基金项目11项、国际标准研制项目3项；申请发明专利年均增长200%，发表高水平（SCI/EI）论文年均增长64%；制修订国际、国家、行业、团体和企业标准142项，获得省部级和社会力量科技奖励78项。充分发挥科学研究、质量标准、成果转化三位一体优势，依托三个全资子公司，大力推动国家重点实验室创新成果的孵化转化，并推动产业化快速发展，经营收入连年迈上新台阶。经营收入年均增长23.8%，研发经费投入和全员劳动生产率大幅增长，自主造血能力及对集团效益的贡献度稳步提升。

作者：张广利、艾志刚、卢攀辉、杜伟、付彧

打出考核分配"组合拳"
激发三项制度改革动力活力

中油财务有限责任公司

中油财务有限责任公司积极创建特色组织绩效考核体系、全员绩效考核体系和薪酬分配机制，打出考核分配改革"组合拳"，激发干部员工干事创业活力。近年来，先后荣获中国石油先进集体、年度业绩考核 A 级企业等称号，连续获得金龙奖"中国金融机构金牌榜·年度最佳服务财务公司"奖等多个行业重要奖项。

一、突出价值导向，建立差异化组织绩效考核体系

（一）量体裁衣，创建组织绩效考核指标体系

围绕发展战略、年度经营目标、重点任务和部门核心职能四个主要维度，结合监管要求，按照可量化可考核、突出关键核心的原则，差异化设置前中后台分类考核指标体系。公司连续 4 年与各考核主体签订年度业绩合同，2022 年各考核主体业绩考核结果高低分差百分比达 75.16%，组织绩效考核真正与部门绩效强关联、紧挂钩。

（二）"一把尺子量到底"，组织绩效考核制度化、规范化

制定组织绩效考核办法，系统规范考核工作管理运行机制、业绩合同订立形式、考核评价实施步骤，明确考核结果分级定档规则。

（三）统筹差异，建立年度考核兑现机制

深入开展对考核结果公允性、可比性及合理性的探索研究，配套制定"部门综合系数""利润指标完成系数""提质增效考核兑现方

案""创利分成工作方案"等综合调节机制与激励约束政策,推动建立季度预考核、预兑现和全年严考核、硬兑现工作规则。

二、发挥"指挥棒"功能,推动"能上能下、能进能出"

(一)目标任务层层分解,全员签订业绩合同

按照"公司任务指标有着落、人人肩上有担子"原则,研究设计个人业绩合同指标分解及赋分规则,组织各单位围绕组织绩效考核指标、年度重点工作任务、岗位职责和扣分项目等因素,层层分解员工个人业绩合同指标、设计目标值及评分规则。2021年至2023年连续3年分别与近180名干部员工层层签订年度业绩合同,签约覆盖率100%。

(二)实施全员综合考评,强制分布定等级

制定年度员工综合考评实施方案,规范考评内容程序,明确兑现系数规则,并结合考评导向,出台管理人员和员工履职测评指标体系;采用"个人业绩考核"+"履职测评"相结合方式对全员实施综合考评,并对考评结果实行5个等级强制分布,2021年首次完成全员综合考核评价工作,同一考核主体内员工综合考评结果高低分差高达25.3%,2022年同一考核主体内员工综合考评结果分差最高达29.49%。

(三)强化考核结果应用,考核结果定"去留"

出台员工退出岗位管理办法,明确干部员工晋级退出方法。明确5种退出情形,同时规范了退出后序列转换、职级调整、薪酬待遇、退出管理等方面要求,加大对员工刚性约束和对不胜任员工调整力度,强化落实市场化用工机制,推动"三能"机制落地实施。

三、激发活力动力,打破平均主义"大锅饭"

(一)向贡献者倾斜

正确处理薪酬分配矛盾,结合部门二次分配、专项奖励等机制,

加大薪酬分配向效益贡献大、业绩突出的单位及员工倾斜，进一步拉开收入分配差距。2021年同职级员工收入差最高达46.5%、2022年最高达30.98%，杜绝"干与不干一个样、干多干少一个样、干好干坏一个样"。

（二）加快建立市场化薪酬分配机制

开展薪酬对标及问题诊断。抓住公司薪酬体系中的难点痛点，系统研究与效益指标联动挂钩、与效率及工资水平调控相适应的工资总额决定机制和薪酬体系优化方案，研究修订《薪酬管理办法》，工效挂钩的薪酬分配机制更加完善完备。

（三）强化非物质激励措施

用好荣誉激励，加大荣誉表彰和选优树优力度，先后组织开展推荐参评中国石油"十大杰出青年"岗位能手、青年文明号、"两优一先"等奖项，以及公司年度先进、优秀青年等评选表彰工作，近3年来，共173人次和58个集体分别荣获表彰，通过具有仪式感的表彰会、先进事迹报告会、网站宣传等方式，营造了"比学赶超"的浓郁氛围，进一步强化了员工价值认同与精神鼓舞，为中国石油高质量发展提供了金融保障。

作者：王晨曦、何玲、解婷婷、高鑫、李汀

第六部分　人才队伍建设篇

销售企业市场营销专家队伍建设实践

销售分公司

销售分公司坚持以系统思维和工程思维加大顶层设计，结合企业紧缺人才情况和关键营销环节，从零售、营销、市场研究、非油、新能源、仓储、工程和信息 8 个方向定向发力，实现市场营销专家队伍从无到有、从有到实的发展，初步打造成百人规模的"政治强、懂营销、能打仗、打胜仗"的市场营销人才队伍。

一、典型做法

（一）在"优选"上见真章

2021 年市场营销会议召开后，销售分公司第一时间召开市场营销专家队伍建设视频会，正式在 9 家试点单位启动市场营销专家队伍建设工作。2023 年初销售分公司专题研究销售企业人才队伍建设，下发《销售企业人才队伍建设指导意见》，为销售企业市场营销专家队伍建设制定了完善的选聘流程和明确的工作方向，销售企业市场营销专家选聘从"试点先行"过渡到"全面铺开"，在主导专家选聘工作时，严格遵循"制定方案、发布公告、申报推荐、资格审查、评审选拔、研究审批、结果公示、履行聘任"等规范程序，认真审查任职资格，在试点单位推荐的基础上，业务部门间严密配合、加强专业面试，把牢入口关。经过 2 次公开选聘，78 名专家迅速进入角色、积极开展工作，取得了较好工作成果。

（二）在"精育"上下功夫

突出宏观把控，精心筹备组织多期销售企业市场营销专家培训班，邀请多名知名企业和专业机构的专家教授，从统计模型、数据分析、数字化营销、市场竞争策略、市场洞察分析、非油业务升级等多个方面提升市场营销专家"四种能力"，培育销售业务领军人才。鼓励专家提升学历、职称、职业技能等级，为市场营销专家参加继续学习教育、提升职业资格等级提供政策支持及保障服务。为进一步系统提升专业能力，还将与北京理工大学、中国石油大学等高等院校、培训机构、系统内先进单位密切合作，为专家创造联合攻关、学术论坛等多种形式的学术研讨和交流考察学习机会。

（三）在"严管"上求长效

以各销售企业为管理主体，构建"公司党委和职能部门负责选聘考核、专家委员会负责任务分配验收"的双重管理模式，制定符合本单位实际的市场营销专家（专员）选聘方案和管理办法。组织签订《年度绩效合同》《聘期目标任务书》和《保密承诺书》，明确聘任年限、岗位职责、重点任务和解聘条件，加强市场营销专家的履职管理。坚持"年度考核定薪酬、聘期考核定去留"的原则，强化考核管理，年度考核和聘期考核结果按20%、65%、10%和5%的比例，强制分布为"ABCD"4个档次，并对考核结果刚性兑现，年度考核结果为"D"，扣减或不兑现绩效薪酬；聘期考核结果为"D"，降级使用或直接解聘。

（四）在"活用"上明导向

市场营销专家队伍同时接受销售分公司和所在销售企业的双重领导，同时承接市场营销方面的两级开放性研究课题，研究方向主要围绕销售业务发展的瓶颈问题，以及新能源、数字化转型等前瞻性问题。以项目为牵引，组织实行跨地区结对的运作方式，激发专家"揭榜挂帅"，自主组建项目团队，让专家资源在系统内部"动"起来。打破序列通道壁垒，畅通员工成长转换通道，将专业技术序列的市场营销专家、高级专家岗位，技能操作序列的一级、二级营销专员岗位，分别与经营管理序列的二级正副职岗位、三级正副职岗位相互对应，让想干事、能干事、干成事的干部有了充分发挥的空间。明确市场营销专家薪酬待遇与二级正副职薪酬水平的对照关系，享受对应层级岗位的福利待遇标准，加大绩效薪酬与履职表现、研究成果挂钩兑现力度，充分发挥薪酬激励的牵引作用，激发干事创业内生动力，让专家队伍"活"起来。

二、工作成效

注重专家作用发挥，通过人才潜能充分挖掘、发挥考核评价"指挥棒"作用等措施，激发了市场营销专家队伍的积极性和主动性，各销售企业市场营销专家"出成果、解难题、传帮带"的作用效果逐步显现。

（一）市场研究更"透"

针对市场营销工作中的重点难点问题进行课题攻关，市场营销专家既注重收集研究国际国内市场信息，更注重扎根调研当地市场动态、了解一手资料，通过对辖区内各市场主体市场参与度、相互间竞争态势、新能源发展情况进行定期分析，深入研究市场规律，精准研判行业动态，为公司识别重大市场信号、预测业务发展趋势，为后续决策部署提供有效的方向指引。广东销售分公司刘国柱、四川销售分公司代丽等10余名专家正承担销售分公司级课题，从事相应的区域市场、市场份额、风险防控等方面的持续研究，目前已取得了明显成效。

（二）营销决策更"准"

凭借对市场宏观态势和行业发展趋势的把握，市场营销专家对公司营销体系建设和营销模式创新等关键发展策略，提供咨询建议和优化方案，帮助各级领导班子制定更加科学精准的经营决策。重庆销售分公司喻强带领团队积极献计献策，不断开拓跨省业务、改善直批结构，帮助公司实现油品利润和跨省开发奖励3000余万元、直批利润近1000万元。

（三）业务转型更"快"

市场营销专家紧跟行业发展前沿和科技发展前沿，积极开展对"气、电、氢、太阳能、地热"等新能源、"线上线下营销平台、3.0版加油站"等新模式，以及"大数据、互联网、物联网、人工智能"等新技术的课题研究和技术论证，最大化提升公司劳动生产效率。河北销售分公司连会强团队研究数字化信息化对销售业务带来的行业机遇，编写的《成品油销售企业基于互联网平台的全会员、全在线、全渠道营销实践》荣获中国石油创新成果一等奖；陕西销售分公司李榕研发的"人枪匹配绩效模块研究"软件获得著作权；甘肃销售分公司黄胜文团队组织的"基于数字化型'能源商超e点通'"项目荣获国资委第三届中央企业熠星创新创意大赛优秀奖。目前，各专家团队承接的8个企业级研究课题，以及22个由销售分公司业务部门和昆仑好客有限公司制定的重点研究课题，正在有序开展。

（四）带动作用更"强"

在培养专业化营销人才方面，市场营销专家注重"传帮带"作用发挥，通过技术交流、专题讲座、导师带徒等形式培养一大批较为成熟的青年技术业务骨干，为企业打造市场营销人才队伍做出了重要贡献。市场营销专家在2023年上半年全国石油石化系统加油站操作员职业技能竞赛中，全程参与、悉心指导，参赛选手最终获得个体竞赛8块金牌、团体竞赛2块金牌，取得了前所未有的好成绩。

（五）经营质量更"优"

面对双低站治理、精益成本管理、一体化营销等一线加油站的经营难题，专家团队深入辖区内每座加油站进行运营诊断，对其发展规划、内部潜力挖掘、亏损治理、效益效率提升进行具体分析，提出针对性优化意见，协助编制精准促销方案，并跟踪反馈运行结果，帮助加油站及时纠偏，切实解决一线难题。广东销售分公司刘国柱带领团队开展"一站一策"营销治理和"双低站扭亏模型研究"，提升汽油销量，精准管控柴油折扣，源潭高速加油站实现扭亏为盈、增利981万元；开展便利店管理升级，压控运作成本17%，节约3100万元。

作者：黄赤、曹斌、顾聪聪、江宁

厚植人才成长沃土　构建人才发展生态全力锻造新时代高技能人才

大庆油田有限责任公司

大庆油田有限责任公司聚焦油田"关键人才短缺、接续力量不足、效能释放不够"三大人才核心症结问题，在人才培养、选拔、使用、激励等工作中靶向精准发力，在守正创新中破题起势，全力提高技能人才队伍建设水平。

一、持续健全人才管理机制，人才发展环境不断优化

大庆油田有限责任公司始终坚持党管人才原则，加强顶层设计，靠实保障措施，建立健全技能人才各项管理机制，为技能人才队伍建设创造有利条件。

（一）牢固树立"一把手"意识

严格落实"一把手"抓"第一资源"责任，制定出台《加强党委联系服务专家工作方案》，全面推进党委联系服务专家工作制度化、科学化、常态化；2022年12月，高规格召开大庆油田技能人才工作会议，油田领导班子、二级单位党政一把手出席会议，进一步明确新时代技能人才工作的总体思路、发展目标、重点任务，推出系列激励和保障措施，奋力谱写油田人才高地建设"新篇章"。

（二）建立技能人才发展规划

围绕重点业务和新兴领域确定油田主体专业工种，开展人才需求预测，制定技能人才发展规划，强化人力资源对业务发展的支撑作用，

构建以公司统一部署、二级单位整体推动、三级单位具体实施的人才培养工作格局。

（三）完善技能人才管理制度

先后修订完善《高技能人才管理办法》《技能专家、劳模和工匠人才创新工作室管理办法》等4项人才管理制度，持续健全人才培养、平台建设、创新创效等"1+N"配套管理制度体系，全面提升技能人才队伍建设制度保障机制，为技能人才成长铺路架桥。

（四）畅通人才成长通道

从油田生产实际出发，提出目标指引和通道设计，畅通初级工到集团公司技能大师9级技能成长通道，在黑龙江省内率先并轨人社部"新八级"职业技能等级制度，搭建双线晋升通道，为技能人才成长科学规划路线图。

二、持续健全人才培育机制，队伍整体素质稳步提升

坚持把人才提质培优、增值赋能作为推动油田高质量发展的重要手段，以承担开发中国石油"技能人才通用能力素质模型"为有利契机，确认技能人才核心能力，并对照能力素质建设目标，实施全员技能提升计划。

（一）聚焦技能领军人才培养

深入实施"石油名匠"培养计划，联合国内高等院校，围绕企业新业务新业态，为7名"石油名匠"重点培养对象制订"一人一策"计划，强化"滴灌式"培养；坚持将高技能领军人才"送出去"开拓技术视野，先后选送26人次赴美国、英国、德国等国家开展技术交流培训；坚持党性锻炼，组织185名技能专家赴苏州干部学院、恩来干部学院等地开展党性研修，筑牢信念之基。

（二）聚焦技能骨干人才培养

深入探索"工程师＋技师"双师型人才培养体系，制定以双师带徒、轮岗实践、项目驱动为主要手段的培养方案，强化"菜单式""贴身式"培养，双向完善一线人才知识架构，加快培养储备一批懂生产、会技术、善攻关的复合型人才。

（三）聚焦接续技能人才培养

以采油工、集输工、井下作业工等7个主体工种的技师、高级技师认定前培训为试点，探索"学分制"培训，以高等级认定考试大纲为基础，科学配置各工种学分，并自主开发123项线上标准化课程，填补油田高等级技能线上实训课程的空白。通过学分制框架下的线上线下弹性培训，成绩合格的学员可提前申报技能等级认定，有效缓解一线生产的工学矛盾，提高技能认定的效率，同时大大缩短技能人才取证周期。针对企业内部转岗的1400余名员工，借势借力国家支持性政策开展"企业新型学徒制"培养，以岗位职责要求为培训蓝本，制定培训教案，以职业技能等级取证为考核项，采取"线上自学＋脱产集中学习＋岗位实践"的三阶段"弹性学制"培训形式，助力学员加速提升成长，达到"转岗即顶岗"的效果，为缓解油田内部结构性冗缺员的现实问题、促进人力资源优化配置提供有力支撑。

三、持续完善人才使用机制，人才展示舞台更加广阔

紧紧围绕油田高质量发展主战场，综合施策，为技能人才发挥价值创造有利条件，开创人人争相成才、人人尽展其才的生动局面。

（一）强化打造创新创效平台

积极支持和鼓励技能专家工作室建设，完善管理规章制度及考核评价体系，新建国家级技能大师工作室1个，省部级技能大师工作室6

个，广泛带动员工投身创新实践；探索打破单位界限和专业壁垒，创建成立由勘探开发、工程技术、工程建设3大分会10个专业组构成的大庆油田技师协会，构建完善"集团技师协会—油田技师协会—技能专家工作室—创新团队"四级一线生产创新体系；探索创新基地管理模式，以第六采油厂为试点，优化整合技能专家工作室、劳模创新工作室和技术革新工作室，以项目制为依托，吸纳一线技术人员与高技能人才，深入推进"红工衣白大褂"协同机制。2020以来，技能人才依托各类创新创效平台累计参与解决中国石油创新基金项目10项，解决中国石油难题200余项、油田公司难题900余项，30余项技能人才优秀成果列为油田公司推广计划，成果数量已超过2万件套，技术实力有效转化为现实先进生产力。

（二）强化打造以赛促训平台

坚持以赛促训、以赛促练、以赛提升，始终把竞赛与生产经营、技能培训、实训基础设施建设等紧密结合，积极承办电工、天然气净化操作工、集输工国家级竞赛；持续举办大庆油田新时代技术技能竞赛，逐步探索将经营管理序列、专业技术序列、技能操作序列竞赛同步纳入大赛竞技平台，不断丰富竞赛内涵，为推进油田全员练兵、全员技术创新进步提供了广阔竞技平台。2022年以来，大庆油田承办国家级竞赛3项，省部（集团）级竞赛5项、举办油田内部赛事13项，11.2万人次参与，累计获得各层级竞赛个人和团体奖项200余个，通过竞赛产生全国技术能手4人。

（三）强化打造人才培养平台

充分发挥以铁人学院为龙头、以油田各类培训机构和技能专家工作室为支撑的实训培训体系作用，持续开展实操培训师、数字化运维等示范性培训，不断提升技能人才综合能力；利用国家大力推进技能人才培训基地建设有利契机，成功申报国家级高技能人才培训基地1

个、省级职业技能竞赛集训基地 1 个,依托国家拨付的建设项目资金,加快数字化标准实训体系建设。

四、持续强化人才激励机制,人才内生动力有效激发

注重营造崇尚创新、礼遇人才的良好氛围,通过完善物质和精神双激励政策,充分激发调动技能人才的积极性,进一步提升技能人才的认同感、获得感、幸福感。

(一)健全完善油田技能人才表彰体系

突出价值创造导向,完善技能人才表彰奖励办法,设立油田公司技术能手(评选)、技能人才培养突出贡献个人、技能开发管理先进个人、技能开发先进单位等奖项,拓宽表彰幅度,增加获取途径,充分激发技能人才和人才"施工队长"的积极性、主动性。

(二)在注重技能人才中培育选树典型

持续引导技能人才发展方向,充分发挥高技能人才的引领作用和舆论导向作用,从技艺精湛、业绩突出、德艺双馨的技能人才中选树优秀典型,2020 年以来,从高技能人才队伍中,推选全国技术能手 2 人、中央企业技术能手 1 人、龙江大工匠 2 人、龙江技术能手 6 人、黑龙江省首席技师 3 人。

(三)强化技能人才政治待遇激励

围绕打造"党和国家最可信赖的骨干力量",推荐党的二十大代表 1 人、黑龙江省党代表 3 人、黑龙江省人大代表 1 人,选拔推荐优秀高技能人才到群团组织挂职或兼职,建立中国石油技能大师、技能专家列席业务相关重要会议,参加重大活动,传阅有关文件机制。

(四)优化技能人才考核评价机制

健全能力导向清晰的技能人才多维评价体系,修订《油田公司技能专家、首席技师积分制评分标准》《大庆油田高技能人才工作规则》,

落实考核结果与薪酬分配挂钩机制,完善优胜劣汰的激励与退出机制,建立聘期内高技能人才补充机制,真正实现技能序列"能上能下",人员"能进能出",收入"能增能减"。

作者:李钟磬、姜玖志、温博、王殿辉、姜晖

创新深地科研体制机制
赋能世界一流大油气田建设

塔里木油田分公司

塔里木油田分公司以科研体制机制改革创新为突破口，探索建立了开放合作的联合创新机制、专家领衔的科研管理机制、价值主导的人才培养机制，对外积极搭建新型研发平台、对内深化科研机构改革，加快培育锻造世界一流人才队伍，打造深地领域原创技术策源地。

一、突出开放合作，加强科研平台建设

坚持"立足甲方、五湖四海、集智攻关"，突出少人高效"油公司"特色，充分依托中国石油超深层复杂油气藏勘探开发技术研发中心，塔里木油田分公司主导，联合内外部科研力量，构建起自主、开放、融合、共享的联合创新机制，以更加开放的思维、开阔的视野撬动世界一流的科研人才和资源。

（一）锚定发展定位，搭建科技创新组织架构

坚持做强做大中国石油超深层复杂油气藏勘探开发技术研发中心，牢牢把握超深层复杂油气藏勘探开发技术研发、工业化应用支持服务、人才培养和国际技术交流合作四大功能定位，对内发挥油田"三院一中心"科研主体地位，对外与优质资源共建科研分中心、创新联盟等创新联合体，将研发中心打造成开放合作的新型研发平台。建立油田公司党工委（领导小组）统一领导、技术委员会指导、专家委员会管理、项目长负责、研发中心办公室支撑保障的完全开放的科技创新组

织架构（图1）。围绕一个中国石油超深层复杂油气藏勘探开发技术研发中心，分步成立N个分中心、研发基地和共建实验室，中国石油勘探院、中国石油工程院、石油大学（华东）等3个分中心和乌鲁木齐研发基地已挂牌运行。2023年5月，成功创建自治区级工程研究中心。

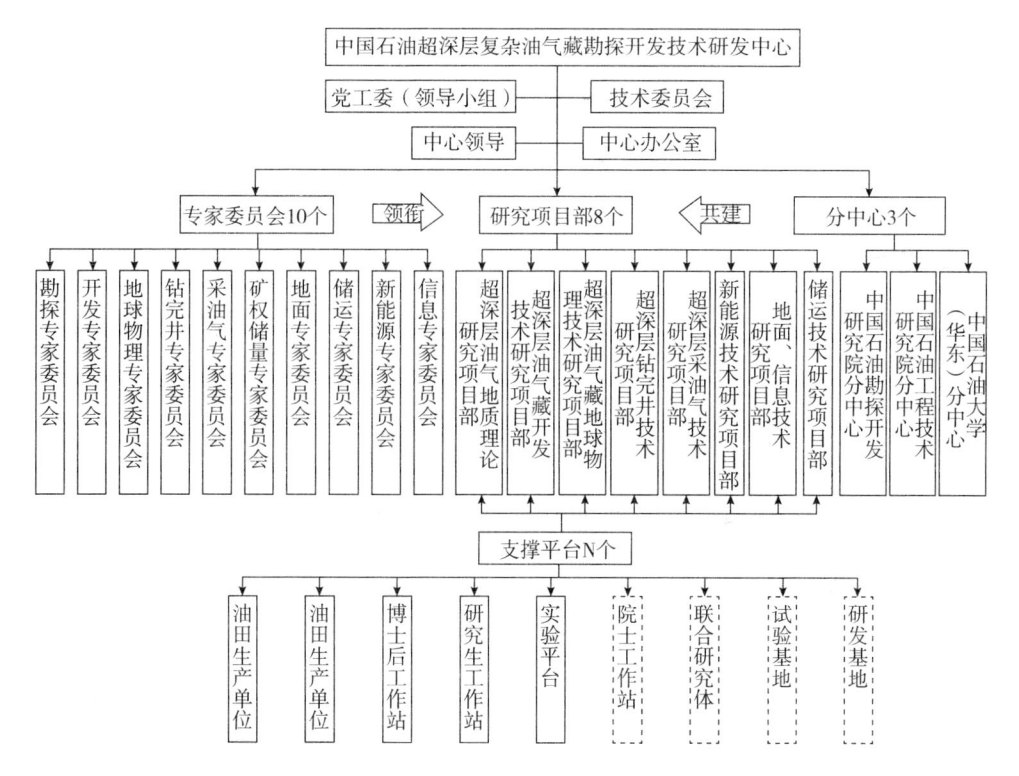

图1 中国石油超深层复杂油气藏勘探开发技术研发中心组织架构图

（二）理顺运行机制，建强内外部科研队伍

对内理顺运行机制，将油田企业首席专家岗位设置在中国石油超深层复杂油气藏勘探开发技术研发中心，明确其独立核算，保障顺畅高效运行。建立首席专家领衔的科研体制，成立勘探、开发、地球物理、钻完井、采油气、矿权储量、地面、储运、新能源、信息等10个专家委员会，由7名企业首席专家、28名企业高级专家和94名核心科研骨干组成，建立专家主导的科研体制，指导推进本专业领域重点科研任务，围绕深地卡脖子技术攻关，结合生产一线难题，发挥"出题人、答题人、阅卷人"作用。对外持续深化与高校、企业的优势合作，成功引入5个院士联合创新团队。建立常态化的交流机制，聚焦深地4方面83项技术难题，举办4场大型学术交流会议，采用定向+公开邀请的方式，汇聚9名院士和150余家高校、科研机构、1200余人集智攻关。

（三）完善配套政策，强化精准激励

制定《中国石油超深层复杂油气藏勘探开发技术研发中心专项工资总额挂钩兑现办法》，对承担科研项目的单位，依据项目数量和完成情况，配套专项工资总额挂钩激励，所需工资总额单列支持，引导鼓励科研单位积极主动承接科研项目。项目承接单位同步配套完善单位内部考核分配办法，加大对项目做出突出贡献的关键管理人员、专业技术骨干的激励力度。聚焦关键技术"卡脖子"问题，激发创新动力活力，制定《"揭榜挂帅"科技项目管理办法》，建立重大项目全球"揭榜挂帅"机制，7项卡脖子技术攻关项目面向全球张榜，行业内外52名专家竞相揭榜，4个项目揭榜成功，为成建制引入高端创新团队蹚出一条新路。

二、突出专家主导，深化科研单位改革

勘探开发研究院的核心职责是勘探开发科技攻关与技术支撑，应由专家主导搞科研，科研机构改革应该紧紧围绕"专家搞科研"这一主线，建团队、赋能量、激活力。

（一）围绕"专家搞科研"，创新组织形态

坚持业务导向，全面撤销所（室）行政机构，根据科研任务和盆地矿权，成立基础研究、风险勘探、碳酸盐岩、天然气开发、油藏开

发、物探、测井、提高采收率、战略研究等 9 个科研团队（研究部）以及相应的科研项目，科研团队及科研项目无行政级别，全面实行岗位管理（图 2）。科研团队内推行专家负责制，赋予专家"技术路线决定权、经费使用权、成员选择权、考核分配权"，履行"发现问题、分析问题、解决问题"职责，发挥好"出题人、组织答题人、阅卷人"作用。突出专业化组织、项目制管理，科研团队组建科研项目设置紧盯战略发展目标，根据科研任务、工作需要动态优化调整。

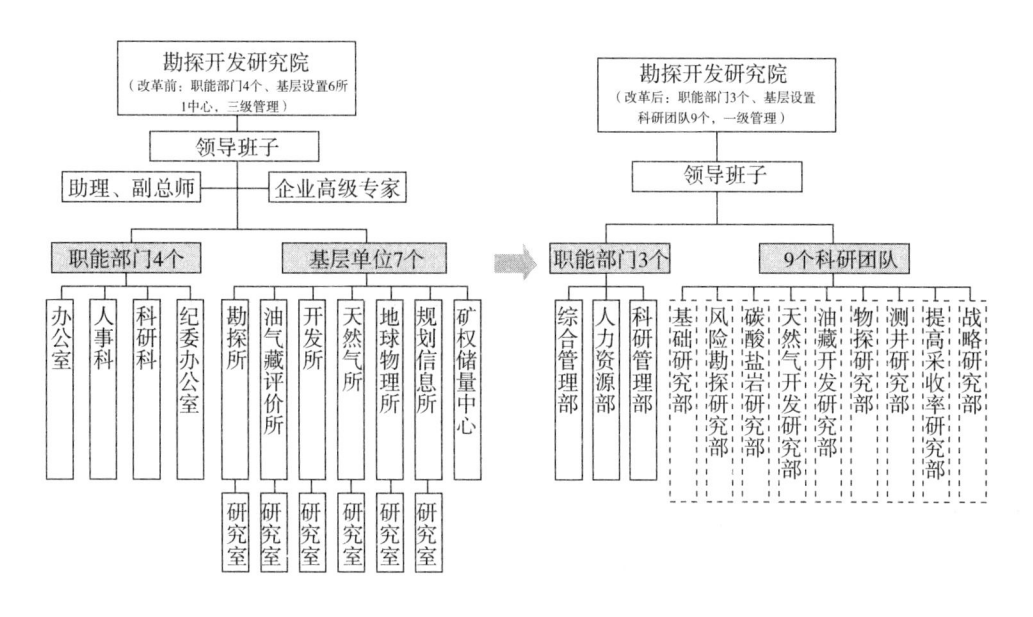

图 2　勘探开发研究院改革前后对比

（二）围绕"专家搞科研"，创新岗位设置

坚持因事设岗、以岗定能、以能择人，打破岗位序列和职级的束缚，完善"能上能下"机制。各级专家从所（室）员工转变成科研团队成员，设置研究部主任、副主任、项目经理、副经理等岗位，无固定职级，与现有经营管理、专业技术岗位序列和层级完全脱钩，资格条件根据科研任务、科研难度、项目大小等因素确定,不唯年龄、学历、资历和职级选聘人员。科研团队岗位从上到下逐级竞聘,通过"揭榜挂帅"选聘科研团队负责人,再由团队负责人组织公开选聘团队成员。彻底打破"铁饭碗、铁岗位",实行动态管理、"能上能下",年度考核排名后 20% 的,重新竞聘上岗。本次改革,研究院逐级选聘研究部主任 9 人、副主任 11 人、项目经理 27 人、副经理 47 人。科研团队设置 3 名专家助理,协助专家负责科研和团队建设工作。全面打通岗位序列转换和晋升通道,科研人员可参加对应层级或上一层级岗位选聘,互认从业经历和资历。建立向上流动有位、向下退出有序、跨序列流动畅通无阻的人才成长通道,让科研岗位成为员工向往的"香饽饽"。

(三)围绕"专家搞科研",配套激励政策

坚持以岗定薪,薪酬向科研团队岗位倾斜,研究部主任、副主任、项目经理、副经理等科研团队岗位薪酬根据项目大小、价值贡献等因素考核确定,在什么岗、干什么活、拿什么钱。坚持以绩择人,将科研团队岗位作为检验专业技术人员能力素质、工作业绩的试金石、练兵场。坚持能者上,对业绩优秀的,以团队、项目、平台为支撑,为取得更大成果创造条件。坚持劣者汰,年度考核强制排序,排名靠后的重新竞聘,落聘的易岗易薪,将躺平者、懈怠者淘汰出局。在科研单位,比的就是科研能力、技术实力,看的就是科研成果、科研效益,靠的就是公平公正、公开敞亮。

三、突出"生聚理用",强化科研人才培养

以创新科研平台建设为基础,以科研体制改革为契机,系统强化科研人才培养。聚焦人力资源价值提升,着力完善"生聚理用"人才发展机制,以深化改革理顺管理、激发活力,营造良好的引才、育才、

用才环境，让每一个科研人员通过努力都能看到改变现状的希望，切实打造深地科技种子队。

（一）完善"生才"机制，厚植人才成长沃土

牢固树立科学育才观，坚持面向深地勘探开发主战场，持续健全完善科研人才创新载体。分层次分领域推进专家创新示范团队建设，打造 15 个两级专家领衔的油田级创新示范团队，以科研项目、专项经费保障团队攻关研究。以重大项目、重点工程为依托，针对生产一线重点难点问题，成立迪那 2 气田控水稳产项目组、迪北侏罗系难动用储量项目部、老油气田稳产"压舱石工程"技术专家组等生产技术组织，让专业技术人员在项目和实干中成才。大力实施"十百千"人才培养工程，2023 年分级分类遴选出领军人才 20 人、拔尖人才 78 人、骨干人才 245 人，通过给课题、压担子帮助人才加快成长。

（二）完善"聚才"机制，营造爱才敬才浓厚氛围

高度重视人才培养"软实力"建设，突出比较优势，持续巩固完善风清气正的政治生态、宽松和谐的人文环境、心齐劲足的工作氛围、务实创新的精神文化、现代高效的管理模式、公平公正的用人机制。2023 年，公开选聘中层以上专家岗位 28 个，创选聘岗位、竞聘人数最高纪录。新员工引进质量逐年提升，2023 年"双一流"院校毕业生占比达到 73.9%。推进党委联系服务专家制度化、科学化、常态化，建立"一对一"直接联系服务机制，公司领导班子成员直接联系 1~3 名专家，定期开展联系服务工作，做到政治上充分信任、思想上主动引导、工作上创造条件、生活上关心照顾。

（三）完善"理才"机制，激发人才干事创业热情

积极发挥薪酬激励指挥棒作用，聚焦价值量化、分配差异化这一主线，强化以"重点事、重点人"为核心的精准激励，创建具有塔里木特色的"一主线两重点"考核分配体系。聚焦"一条主线"，在公司

所属单位全面推行工资总额管理，建立与各单位综合业绩增幅和编制定员强相关、强挂钩的工资总额决定机制。组织各单位有序推进岗位价值评价工作，建立"以岗定薪、按绩取酬"的差异化薪酬分配体系。聚焦"两重点"，加强以专项行动、重点项目、重点工作督查督办为核心的"重点事"专项考核激励，完善以核心骨干甄选、"十百千"人才、研发中心核心人才等"重点人"精准激励。2023年上半年，推动公司91个重点项目提速创效，激励核心骨干担当作为。

（四）完善"用才"机制，打造人尽其才工作格局

积极为技术人才施展才华搭好舞台，努力打造人尽其才的工作格局。分级、分类、分岗位建立岗位权责清单，将各级技术专家权责内嵌到技术把关、方案编制等业务流程节点，充分发挥技术专家创新引领、业务把关、智囊参谋、人才培养的核心职责。积极为各类人才松绑减负，大力倡导相关人开相关会、相关人的相关会集中时间开，提高会议质量和效率。大力推行"云端联动、坦途沟通、移动办公、云上科研"高效办公科研模式，帮助科研人员集中精力抓技术、搞科研、审方案。优化简化项目管理流程节点，开题设计、经费预算报告和计划任务书审核节点数量平均减少三分之一，编制和审核时间平均减少9天。

四、取得的成效

（一）机构编制更加优化

实现组织形态大变革，打破传统科层制，管理层级由原来的院—所—科室三级调整为院—科研团队两级。全面撤销所、室行政机构，核减三级及以上机构43个、三级副及以上职数135人，改革后仅设置三级机构3个，机构数量大幅减少。120人从经营管理岗位转变为专业技术岗位，专业技术人员占比由67%提高到90%。

（二）运行管理更加高效

实现专家作用大提升，打破原有行政、技术两条线主导科研，通过"揭榜挂帅""公开选聘"等方式将优秀的科研人员选聘到相应团队岗位主导科研工作，让真才实学之人有用武之地，充分激发了员工创新动力和活力。将支部建立在科研团队上，全面加强党对科研工作的领导，深入推进党建与科研有机融合，把党建"软实力"转化为科研发展的"硬支撑"。改革后，科研人员科研投入时间由原来不足40%提高到80%以上。

（三）科研生产成效更加明显

推动油田科研生产工作再创佳绩，油气勘探取得五个战略突破、十个预探发现、六个评价进展；克探1井在克拉苏深层获得重大突破，有望形成万亿方规模接替领域；雄探1井、托探1井在寒武系发现油气，共同揭示古生界亿吨级原油勘探领域；恰探1井首次在塔西南山前碳酸盐岩获工业气流，开创了塔西南山前近源勘探新局面。油气开发博孜、富满两大上产区产能建设高效推进，新井成功率再创新高。油田经营业绩保持行业前列，入选国资委"创建世界一流专业领军示范企业"。

作者：张保书、李林、林俊杰、王建、吴俊锋

深化育才机制改革　拓展人才发展通道打造科技创新人才队伍

大港油田分公司

大港油田分公司积极推进专业技术岗位序列改革，逐步构建起具有自身特色的专业技术岗位序列管理体系，打造了一支以5名企业首席专家为领军，20名企业高级专家、55名一级工程师为核心，157名二级工程师、419名三级工程师为骨干，1700余名助理工程师和技术员为储备，规模适度、素质优良的专业技术人才队伍，为大港油田分公司高质量发展提供了强有力的人才保障。

一、注重发挥"三个优势"，加快推动改革工作落地

按照中国石油专业技术岗位序列改革工作要求，在已有技术专家队伍建设模式的基础上，借管理、政策、队伍优势发力、不断探索，推进改革工作稳步落实落地。

（一）发挥管理经验优势

大港油田分公司于2001年率先启动技术专家队伍建设工作。2016年在科研与主要油气生产单位推行专业技术岗位序列改革，完成了中层级岗位设置与人员聘任工作；2020年在全公司范围全面深化推进专业技术岗位序列改革工作，各层级专业技术岗位序列基本建立。多年的持续探索积累了丰富的技术人才队伍建设经验，形成了畅通有序的技术人才发展通道。

（二）发挥政策机制优势

先后制修订了《技术专家管理办法》《关于深化专业技术岗位序列改革的实施意见》等一系列专业技术序列管理文件，2022年，整合原有制度出台《专业技术岗位序列管理办法（试行）》，对专业技术岗位层级和岗位设置、聘任程序、薪酬分配、考核激励等方面进行了细化和明确，形成了较完善的政策体系和运行机制。

（三）发挥队伍结构优势

随着专业技术岗位序列改革工作持续推进，大港油田分公司逐步建立起以岗位为主线、以岗育人、以岗用人、以岗励人的专业技术人才队伍建设体系，不断加大石油主体专业人才和成熟型技术人才引进力度，有序引导各类人才走专业技术岗位序列的发展道路，技术人才队伍规模结构、专业结构、年龄结构等得到不断优化，为专业技术岗位序列改革工作推进和落地奠定了基础。

二、着力抓好"三个关键"，搭建层级清晰的职业通道

结合中国石油要求和公司发展对人才队伍建设的需要，聚焦岗位设置、责权界定、序列转换三个关键点，搭建好专业技术岗位序列框架。

（一）抓好岗位设置

统筹考虑勘探、开发和工程工艺三大主体专业领域发展需要，在改革试点推行之初，坚持主营业务与新兴业务协调发展，强化岗位论证、岗位评估，合理规范岗位布局，按业务比例分配第三层级岗位职数，既突出主营业务，又平衡其他重要业务协调发展，确保专业覆盖面全、岗位设置科学、职数配置合理。

（二）抓好职权界定

着力解决专业技术序列与经营管理序列的责权交叉难题，在大港

油田公司层面不再设置副总工程师、副总地质师，职能由企业首席专家承担，二级单位层面取消副总工程师、副总地质师岗位，职能由企业高级专家或一、二级工程师承担，基层单位层面取消工程师、地质师岗位，职能由二、三级工程师承担。同时，细化梳理工作流程，合理划分各序列层级职能范围，以岗位说明书形式明确专业技术序列岗位的技术把关、决策咨询、科研攻关等职能，确保各岗位责权清晰。

（三）抓好序列转换

实行不同序列岗位相关经历互认互转，严格按照序列转换程序和条件，推动优秀人才在不同序列间转岗流动。2020年以来，共有108名管理人才选聘为企业高级专家和各级工程师，38名专业技术人才竞聘到管理岗位，6名技能人才转到专业技术岗位，实现纵向发展畅通、横向转换有序。

三、严把选聘"三道关口"，实现人岗匹配的动态管理

坚持依岗选人，强化选聘与考核，打造层级分明、规模合理的"金字塔"型专业技术人才队伍。

（一）严把首聘"关口"

坚持业务发展前瞻性与队伍规模相匹配，分专业设定聘任条件，严格选聘程序、科学实施人才评价，并重考量实际业绩贡献和现实素质能力，依岗选人用人。2016年，中层级首批聘任企业首席专家4人、企业高级专家20人、一级工程师47人；2021年，第三层级首批聘任二级工程师112人、三级工程师387人、助理工程师和技术员1500余人。通过择优选聘，不仅脱颖而出一批优秀青年技术人才，同时也有一批高级职称人员低聘到助理工程师岗位，做到把真正有才能、能干事、有贡献的专业技术人才放到合适的层级岗位。

（二）严把续聘"关口"

建立以聘期考核为依据的"能上能下"动态机制，综合聘期内各年度综合考核评价情况"定去留"，聘期综合考核同层级、同专业领域排序前80%的直接续聘，排序后20%重新参加选聘，落选的直接降一级聘任。2020年，依据中层级人员聘期综合考核结果，32人直接续聘，11人重新选聘，其中6人重新聘任到原层级岗位，5人降级聘任，中层级人才队伍结构得到优化。

（三）严把选聘"关口"

将规模选聘与个别选聘相结合，与勘探开发等专业部门建立联动机制，按照业务实际需要和专业任职条件，依岗实施岗位动态调整和补充。2020年以来，共增聘企业首席专家1人，企业高级专家3人，一级工程师20人、二、三级工程师134人，解聘企业高级专家4人，一级工程师9人，二、三级工程师85人，专业技术人才队伍整体结构得到进一步优化。

四、实施激励"三项措施"，树立担当实干"风向标"

坚持以岗位层级为基础，建立以业绩考核结果为依据的激励分配机制。

（一）建立正导向的考核体系

对专业技术人员考核实行分级管理、分层联动，区分岗位类别，坚持定量为主、定性为辅，实绩成果"硬指标"和实干担当"软指标"相结合，分日常工作和科研项目两类设置年度KPI考核指标，权重各占50%。同时，对年度获奖科研项目、授权知识产权以及专项工作等按标准给予专项加分，最高分可加17分，真实全面反映技术能力水平。

（二）实施差异化的薪酬激励

将专业技术岗位序列业绩考核结果与薪酬兑现升降"硬挂钩"。依据年度考核量化评分，分层级、分专业领域、分单位性质实行分档排序赋分，硬性拉开考核差距，并严格实行差异化薪酬兑现，合理调控、精准化激励，中层级岗位人员年度业绩薪酬兑现差距最高可达30%，充分调动了技术人才工作热情。

（三）创造助成才的良性环境

分级推行点对点联系服务技术人才模式，联系范围延伸覆盖至三级工程师，联系组织由大港油田分公司党委、所属单位党委延伸至基层党支部，多渠道、多途径强化日常联系和沟通交流，稳定并充分调动人才积极性。近年来共有3人评选为享受国务院政府特殊津贴专家，1人荣获全国劳动模范称号，1人被评为天津市最美科技工作者，1人被评为天津市突出贡献专家，2人评选为中国石油科学家培育对象。

五、搭台激发"三种作用"，打造企业发展"助推器"

通过搭建作用发挥平台，有效促进专业技术人才立足岗位担当作为，以突出的业绩和丰硕的成果助推公司高质量发展。

（一）激发技术引领助策作用

明确中层级人员承担集团公司级或公司级科研项目任务，鼓励和安排第三层级人员参与各级科研项目，支持各级技术人才参加相关学术研讨论证和技术交流会议，参与大港油田分公司和所属单位的科技发展规划、年度科研计划制定等工作。中层级人员年度承担科研项目，二、三级工程师年度参与科研项目达100%，专业技术人才在公司科技研发、勘探开发、工程技术领域各项重大决策，以及油田页岩油、现存储量区等四大领域实现突破中，发挥了重要的技术引领和支撑作用。

（二）激发人才培养助长作用

开展专家大讲堂，要求企业首席专家和企业高级专家每年开展技术讲座不少于30学时，一级工程师每年开展技术讲座不少于20学时。建立师带徒层级体系，实施科研单位专家跨单位带徒，带动了一大批青年技术人才快速成长，加快了阶梯式后备人才队伍建设。建立"红工衣"与"白大褂"工作模式，中层级人员根据专业领域和支撑方向，参与技能创新成果科技项目，指导攻关研究、解决难题，加快新工艺、新技术、新成果向生产一线推广应用。

（三）激发生产支持助力作用

根据生产实际需求，组建由企业高级专家或一级工程师领衔的技术团队，为生产单位提供全方位专业对口支持。2020年至今，共组建78个团队，指导或参与生产单位相关的科研项目（课题）400余项，多形式为生产单位立项论证、方案制定、技术决策等提供技术咨询和支持800余次，跨单位带徒培养生产单位青年技术骨干近300人，有效促进科研与生产深度融合、成果转化应用和后备科技人才培养。

作者：陈卫兵、陈少华、王赛、李鑫

持续深化专业技术岗位序列改革
全面支撑公司高质量发展深刻转型

煤层气有限责任公司

煤层气有限责任公司以习近平新时代中国特色社会主义思想为指导,大力推进人才强企工程,完善深化专业技术岗位序列改革,不断激发专业技术人才爱岗立业热情,营造充满活力、富有效率、更加开放的人才制度环境,全面提升人才价值,为煤层气有限责任公司迈向高质量发展深刻转型做出积极贡献。

一、抓住"四个点",持续推动专业技术人才归位

以现有用工为出发点,开展人才专项盘点。以调整队伍结构为主线,科学设置人才成长通道,在现有用工规模下,按照"管理+技术"用工方式,分领域、分专业、分层次开展地质、工程、地面、数字化、信息化、营销专业领域人才专项盘点,研究制定"63155 专业化人才队伍建设"实施方案,即"十四五"末建成 600 人左右的地质、工程、地面三支人才队伍,300 人左右的经营、党建两支人才队伍,100 人左右的市场管理及监督人才队伍,50 人左右的高素质精干的营销队伍,50 人左右的数字化人才队伍。

以岗位职数为着力点,强化编制管理。围绕"控减压降"和"强优转提",深化"经营管理序列做减法""专业技术序列做加法",推动有技术专长或专业背景的 466 人回归到技术岗位,中层领导职数、助理副总师(资深高级主管)、基层领导人员职数分别核减为 2.4%、

11.1%、24.8%，经营管理序列职数与专业技术岗位职数联动调整，做精做强专业技术序列队伍。

以岗位序列为落脚点，完成用工方式转型。优化专业技术岗位序列和层级结构，将科研、生产、产建、安全、监督、物资装备等岗位统一纳入专业技术序列。畅通"H"型人才转化通道，由上至下开展岗位能力素质评估，在"十三五"期间专业技术序列改革的基础上，重新论证岗位设置和选聘标准，从支撑业务发展和支持人才成长的角度，持续提高任职资格条件的适应性、针对性和科学性。其中，基础研究类人才主要评价把握产业发展基础科学理论创新方向，分析研究、总结规律的实际能力；科研开发类人才主要评价解决生产瓶颈技术的研发能力，重大技术创新能力，解决技术难题能力；技术推广类人才主要评价推动成果转化、应用方面的实践能力；生产应用类人才主要评价掌握所从事领域基础知识和基本技能，完成日常技术工作、解决生产中的技术难题的实际能力。二级单位改革方案全部审批完成，专业技术序列岗位与经营管理序列岗位比例由4：6优化至5：5。

以选聘标准为关键点，科学评价人才机制。修订完善专业技术职务任职资格评审工作管理办法，针对科研单位、生产单位的不同工作性质，根据岗位职责要求，突出工作能力与业绩贡献，着力破除唯论文、唯帽子、唯职称、唯学历、唯奖项的不良倾向，突出品德、能力和业绩选聘标准，分类建立体现不同单位、不同岗位、不同层次人才特点的评价机制，推行"代表作"制度（专利成果、标准规范、项目报告、工程方案、设计文件、技术分析报告、中长期规划、培训教材（课件）、教案等，均可作为申报人员代表性作品用于岗位申报），多维度考察技术人员的学术水平，把"专业技术研究到公司生产实践中去"的氛围和成效初步彰显。

二、明确"七个机制",稳固技术人员责权利

一是建立审核决策机制。年度科技项目立项建议由首席专家审核,经煤层气有限责任公司党委会议审定的技术路线、战略规划和煤层气有限责任公司科技工作领导小组审批的科技攻关项目(课题)等,技术层面的开题论证、实施运行、结题验收均由各专业领域首席专家决策执行、由高到低各层级专家审核把关。

二是建立发挥智库专家团队作用机制。经煤层气有限责任公司主要领导审定,分专业设立科研攻关团队及创新工作室,赋予团队经理组建团队(工作室)管理权、人员调配权、项目经费使用权。对于核心技术攻关、前沿技术储备,团队经理可实行协议工资制,并赋予对项目团队绩效考核、奖金分配决定权;对于技术成果转化应用,团队经理可实行岗位分红制,并赋予对成果转化收益分配权。

三是建立"传帮带"人才培养机制。原则上每位专家培育2名技术过硬、具有战略思维、创新意识,能力素质全面的徒弟,掌握5名分支专业技术骨干,延伸掌握10名左右熟练掌握基础技能的后备力量。

四是强化联系服务专家机制。按照"分层次、多渠道、全覆盖"的联系服务原则,煤层气有限责任公司分管领导联系首席专家,所属单位党委委员联系高级专家、一级工程师,及时了解并帮助解决专业技术人员在工作和生活中的实际问题。涉及生产运行、技术攻关等重要事宜,经主要领导审定后,纳入督查督办,并及时反馈。

五是健全鼓励科技创新容错纠错机制。建立宽容失败的容错机制,鼓励专家技术创新,尤其是对前沿技术、高端技术的应用,对非主观原因的技术失误减免处罚;完善透明公开的纠错机制,客观地分析失败原因,给出解决办法,营造鼓励创新的良好氛围。

六是建立专家学术技术交流机制。每年开展两次以上基础理论授课，促进专家分享各自领域的研究成果、创新资源，启发人才思维灵感、开拓学术视野，在互动交流共享中持续提升。

七是建立首席专家对本部部门、二级单位考核机制。根据专业领域，在年度业绩考核中，重点考核涉及业务部门在技术支持、现场试验、推广应用方面的支撑配合情况，同时，按照"协同联动、连带共担"原则，根据重点工作参与及完成情况，对其他单位（部门）进行考核评价。

三、完善评价考核体制，为作用发挥增力

差异化设置任务书指标。采用"摸高"机制，组织技术人员全部签订任务书，按照KPI、个人目标和发展目标三个维度，完善以岗位为基础、以价值贡献为导向、以主管领导动态考核为补充的考核体系，根据岗位性质、研究领域的不同，从承担课题或重点任务的级别、类别、难易程度、工作量大小、进展成效方面，设置一人一岗指标，任期和年度差异化指标权重不低于50%。

合理确定指标目标值。进一步降低同质化、扩大差异化，针对技术人员岗位层级和责任分工，在发表论文、成果评优、标准体系建设、成果转化创效、基础理论攻关、基础实验研究、人才培养等关键指标分档设置，使考核指标可量化、可操作、可检查，着力破除"洗碗效应"。

科学制定指标计算方法。规范指标考核实施细则，打破"一套方法考核所有指标"的方式。对于论文、标准体系建设等目标值为正数的增长性指标，单项业绩指标分值用"比例法"计算；对于成本等控制性指标或目标值为负数的增长性指标，单项业绩指标分值用"减函数"计算；对于方案审核完成率、储层钻遇率、新建产能产量符合率

等目标值最高为100的百分率指标，单项业绩指标分值用"内差法"计算。

完善技术津贴发放方式。打破职务职级身份，严格执行"以岗定薪，易岗易薪"制度，动态价值分配。以工作业绩为主要依据，突出能力、贡献的核心地位，打破"待遇终身制"，切实改变"躺平式专家"，稀释身份系数杠杆，持续加强技术人员作用发挥，岗位津贴根据年度考核结果，采取"下发式"在下一年度按月发放，考核为"基本称职"和"不称职"的，除参加下一层级岗位竞聘外，下年不再发放津贴。对于做出突出贡献的团队和个人，年度总收入上不封顶，进一步体现收入分配的价值导向。

探索高层次人才实行市场化薪酬。建立健全与行业特点相匹配、与岗位职责相适应、与业绩贡献相挂钩的市场化分配机制，对引领行业发展方向、掌握核心技术、解决"卡脖子"难题等科技领军人才、核心骨干人才，采取协议工资制，推进薪酬水平分步骤、有计划地与劳动力市场价位接轨，打造真正的行业人才高地。

四、配套人才培养方式，深化队伍建设

建立培训矩阵，完善个人培训档案。组织编制涵盖83个业务单元的培训管理矩阵，建立了437项培训课程体系，提炼出1266个岗位培训标准，明确各岗位的应知应会。按照"干什么、学什么、缺什么、补什么"的原则，开展能力评估、识别技术人员能力短板，划分"规范类、达标类、自主类"三个层面，形成培训需求矩阵，将培训对象具体到人；全面掌握技术人员的培训信息，完善员工培训档案6715人次，累计采集信息474590项，逐步推进员工培训规范化、科学化、信息化管理。

组建专家工作室，突出实践促提升。聚焦勘探、开发、工程、地

面、新能源、信息等六个领域，煤层气有限责任公司两级专家担任工作室领军人，聘任一级工程师、青年科技英才培养人选和技术骨干为专职研究人员，相关单位技术总师为兼职研究人员，全面负责区块动态分析研究工作，累计设立攻关项目49个，"三个一代"创新格局初步形成，有效推动了更多科技成果转化为现实生产力。

聚焦搭建舞台，推动岗位创新增效。探索建立一线生产难题征集常态机制，开展难题征集、技术攻关、创新成果评审和推广应用工作。以小技术、小革新、小创造为主攻方向，实时为生产体检把脉，围绕影响和制约生产难点开展攻关，鼓励专业技术人员深扎基层一线发挥作用，累计组织各级专家一线咨询会诊89次，解决技术难题44余项，发现排除隐患285余项，及时封堵公司效益"出血点"。

通过深化专业技术岗位序列改革，有效激发了员工队伍创新创效活力，公司效率效益得到进一步提升。2023年，煤层气有限责任公司日产量超过1000万立方米，将实现年产量33亿立方米（油当量264万吨），较2022年增加5.5亿立方米（44万吨）。2023年煤层气有限责任公司百万吨油当量用工416人，较2022年百万吨油当量用工节约79人，增加的44万吨节约用工总量34人。全员劳动生产率连年大幅攀升，2023年较2022年预计增长26.72%；人力资源投入产出较高，根据中国石油公布的数据，煤层气有限责任公司人工成本利用率和人事费用率分别为438%和7.8%，均位于油气田企业第三名。

作者：江云涛、陈松鹤、穆松涛、莫司琪

建好抓实用活"四个体系"
打造专业技术岗位序列改革新引擎

兰州石化分公司

兰州石化分公司聚焦专业技术序列改革，突出科学设岗、明晰权责、理顺机制、规范选聘、考评激励五个模块建设，着力构建晋级、选聘、培养、评价"四个体系"，打造专业技术岗位序列改革发力"新引擎"，建立了纵向晋升有序、横向转换顺畅的流动机制，打通了人才纵横成长发展通道，为企业高质量发展提供了源源不断的内生动力。

一、基本情况

兰州石化分公司是集炼油、化工、装备制造、工程建设、检维修为一体的大型综合性炼化企业。现有员工16036人，其中管理人员2211人，专业技术人员2888人，技能操作人员10937人。具有高级职称人员1189人，中级职称人员2740人。在聘企业首席专家4人，企业高级专家4人，一级工程师20人，二、三级工程师118人，享受国务院政府特殊津贴5人，建成技术领衔工作室17个。

二、主要做法

（一）强化顶层设计，构建完善的晋级保障体系

一是开展岗位评估，科学论证设岗。由主要领导牵头，人力资源部会同专业部门依据业务布局及转型升级发展，采取因素分析法，科学合理设置选聘职数及晋升通道上限，设置三级及以上专业技术岗位

1834个，占比53%。其中，企业首席专家岗位4个，企业高级专家岗位12个，一、二、三级工程师岗位1818个。根据业务发展动态调整核减岗位和职数，建立了精干高效的梯次岗位体系。

二是细化运行机制，规范人才管理。发布《兰州石化分公司专业技术人才管理规定》《兰州石化分公司科技创新专项奖励考核办法》等制度，从选聘、培养、使用、考核和激励等方面持续规范专业技术人才管理。实施岗位分级分类管理，确定企业首席专家、企业高级专家由党委统一领导、人力资源部门统一负责开展管理工作，一级工程师由二级单位人力资源部门协助公司进行日常管理，第三层级专业技术岗位序列人员由二级单位参照中层级专业技术岗位序列标准执行。

三是厘清岗位职责，明确权利义务。围绕重大专项任务、重大技术方案等，明晰各专业层级通用性责任清单，作为分类分级岗位职责描述的依据。根据设置的专业技术岗位，按业务领域和岗位层级分别编制岗位说明书。从"人财物"等各方面大力支持专家人才投入项目研发和难题攻关，赋予企业首席专家、企业高级专家统筹分配权，一级工程师人力、设备资源使用权，充分给予各层级专家科研团队组建提名权、项目经费使用权等。

（二）择优选拔人才，构建顺畅的选聘保障体系

一是坚持一体统筹，分层分类实施。中层级专业技术岗位序列选聘由党委指导，采取竞争选聘的方式，成立专业评审组，评审组组长由各专业分管领导担任，成员由同专业专家和相关专业部门领导组成，负责量化评审和评议等工作。第三层级专业技术岗位采取竞争选聘或组织选聘方式进行，由二级单位参照中层级专业技术岗位序列执行，人力资源部全程参与指导帮扶。

二是严格晋升标准，确保人岗相适。根据专业性质和选聘层级，分别制定选聘评价指标，择优开展专业技术人才选聘。搭建青年技术

人员成长"快车道",中国石油青年科技人才培养对象直接选聘为二级工程师。畅通经营管理和专业技术横向流动通道,3名中层级技术人才转换至经营管理序列、23名经营管理人员转聘到专业技术序列,将合适的人放到合适的岗位上,人尽其才,才尽其用。

(三)立足业务发展,构建多元的培养保障体系

一是明确任务目标,攻坚克难推动创新创效。各层级专业技术人才结合岗位职责,聚焦重点工程项目、创新创效、决策咨询、学术交流和人才培养等内容制定年度及聘期任务书,并分级组织签订,形成了主要领导同企业首席专家,分管领导同企业高级专家和一级工程师,基层单位主要领导同二、三级工程师分别签订工作任务书的运行机制。企业首席专家和企业高级专家分别承担中国石油重大科技专项、科学技术部项目10余项,中层级以下专家承担公司级各项重点项目,促进科技成果研发转化。

二是搭建交流平台,多措并举促进作用发挥。由企业首席专家领衔,企业高级专家和一、二、三级工程师参与,成立科技创新中心,聚焦炼油、乙烯、新能源等11个重大专业领域,全方位支撑兰州石化分公司全领域技术发展。分专业组建17个技术领衔工作室,工作室领衔人由中层级及以上专业技术人才领衔,将一、二、三级工程师、企业技能专家等吸纳为工作室成员,同技能专家(劳模创新)工作室互联共建,形成了"一个科创中心、三个平台支撑、十一个领域主体、四级专业人才的"1+3+11+4"科技创新管理新模式,专业技术人才集智攻坚效应凸显,为公司提供强有力的科技支撑和创新动能。

三是注重培养开发,技术赋能加快成长成才。以炼化前沿技术、"双碳""三新"等为主要内容,分批次组织中层级专业技术人才,二、三级工程师和青年技术骨干人才赴兰州大学、中国石油大学等高校进修,持续拓展视野、增长才干。围绕重大技术、重要项目、产品质量、

发展方向等方面，组织专业技术人才同国内知名高校和科研院所开展技术交流。构建技术带技能、技能劳模带技术的互动交流型导师带徒模式，签订师徒协议192对，实现两支队伍人才共同成长进步。实施"百名青年技术骨干"后备培养计划，强化后备人才"1+N+3"实践历练，加快中层级专业技术人才储备。

（四）坚持结果导向，构建完备的评价保障体系

一是落实福利待遇，完善科技创新激励机制。按照专业技术序列岗位职级兑现技术津贴，差旅、物业、取暖及办公用房等标准均按照同层级经营管理序列岗位标准执行。设置科技创新及新能源新材料研发奖、科技成果转化创效奖和技术领衔工作室专项奖，按照技术转化收入的3%~10%实施奖励，最高奖励达百万元以上，激发技术人才创新创效活力动力。

二是分级分类评价，强化考核结果激励作用。通过"定量+定性"的方式，按照"结构分"和"累积分"开展专业技术人才考核，全面考察技术人才业绩成果。根据专业技术人才不同级别分别进行考核划档，严格控制"优秀"等次人员在30%以内，加强考核激励力度，依据考核结果在月奖和兑现奖中按60%~110%进行发放。同时，对年度考核结果为"优秀"的，参照同层级经营管理人员年度平均薪酬水平进行补差。

三是践行联系服务，营造人才集聚良好环境。公司党委领导班子与企业首席专家、企业高级专家直接建立"一对一"联系服务关系，各单位党委领导班子联系一、二、三级工程师，建立定期会面、日常沟通、集体谈心、建言献策、及时报告等"五项机制"。将企业首席专家、企业高级专家、一级工程师纳入公司技术委员会，参加各类科研计划和重大技改项目的调研及论证，承担技术咨询和专家会诊等工作。邀请各级专业技术人才列席党的有关会议，推荐担任党代表、人大代

表，在评先选优中加大倾斜力度，技术人才归属感、荣誉感和认同感不断提升。

三、几点启示

兰州石化分公司通过不断探索专业技术序列改革实践，取得了一定成效，积累了一些经验，在促进专业技术人才成长发展方面，主要有以下几点启示。

（一）畅通人才成长发展的"大通道"，有利于激发活力动力

持续深化岗位序列改革，加大专业技术人才特别是中高层次人才选聘力度，从政策引导、制度保障和选聘实践等方面打破人才流动壁垒，促进人才在更大领域、更高层面共建共享。

（二）搭建人才发挥作用的"大平台"，有利于融合技术力量

充分发挥专家人才队伍作用，当好智囊参谋，参与企业发展战略前瞻预研和科技发展顶层设计，为科学决策、加强管理提供技术性咨询支持。

（三）优化人才考评激励的"大体系"，有利于提升人才价值

以精准考核激励为主线，推进分类分级考评，形成以岗位价值、能力水平、工作业绩为重点的多维评价体系，引导科研人员聚焦主责主业，专心搞研究。

（四）拓宽人才培训开发的"大视野"，有利于加快人才培养

遵循人才成长规律，建立上下、内外协同联动机制，坚持培训与开发并重，以标准化培训为抓手，在加强全员赋能培训的同时，开发培养技术骨干人才。

作者：张德明、陈德昌、刘洋

深化专业技术岗位序列改革
激励人才作用发挥

锦西石化分公司

锦西石化分公司深入推进专业技术岗位序列改革,积极搭建专家作用发挥平台,细化考核实现专家动态管理,有效激发了专业技术人才干事创业热情和创新创造活力,为公司推进高水平科技自立自强,加快关键核心技术攻关提供了有力的人才保障。

一、改革背景

锦西石化分公司在岗员工6000余人,其中专业技术人员800余人,取得副高级职称200余人,取得中级职称近400人。技术人才队伍职称占比呈正态分布,构成合理,但是作用发挥不到位,主要原因有以下几点:技术人才评价缺乏分析过程,没有具体量化评价指标;技术岗位横向比较,年底业绩奖金差异化程度不高,工作积极性较低;工程系列副高级职称聘任论资排辈情况比较明显;专业技术人员纵向发展通道不畅通,横向转换路径不明确,技术人才发展的"天花板"极大地抑制了技术人才学技术、干技术的意愿。

二、主要做法

(一)强化顶层设计,系统谋划改革

按照"试点先行、分类推进、典型引路、总结经验、全面推广"的思路,做好改革顶层设计,合理确定改革实施范围,发挥试点带动辐射作用，把握节奏、稳步实施，深化专业技术岗位序列试点改革，建立科学合理的岗位体系、有效激励的薪酬体系、严格公正的选聘体系、适合管用的考评体系，实现岗位"能上能下"、薪酬"能增能减"、人员"能进能出"的动态管理机制，为专业技术人员提供独立、畅通、稳定的职业发展通道，拓展事业发展空间，充分调动专业技术人员的工作积极性，有效激发专业技术人员的创新创效动力活力，促进人才作用发挥，为公司培养一批过硬的专业化技术人才。

一是科学设岗，择优选聘，分级实施，规范运行。根据公司生产、科研需要，合理设置专业技术岗位层级、数量及任职条件，严格按照岗位任职条件和选聘程序择优选聘。秉承竞争的理念，广泛通过组织选聘的方式开展专业技术岗位竞争上岗。联合各职能部门、各单位制定出由37项基本指标和69项业绩指标构成的选聘量化评价标准。树立"看能力，论业绩"的选聘导向，更强调本专业技术岗位作用发挥。

二是严格考核，动态管理，价值导向，精准激励。突出业绩贡献导向，严格考核标准，坚持定量评价与定性评价相结合，分类分级组织实施各层级专业技术人才年度和聘期考核。组织签订任务目标责任书，做到权责压实，从"创新引领、业务把关、智囊参谋、人才培养、日常工作"五个方面规定了相关技术岗位的聘期任务和年度任务。聘期考核及年度考核将根据任务目标责任书开展业绩兑现答辩，逐项汇报工作开展情况。有效发挥考核牵引作用，注重考核结果应用，下发量化评价标准，按照各层级考核比例，刚性执行"聘期考核定去留，年度考核定薪酬"原则，实现岗位"能上能下"、收入"能增能减"，真正激发技术人才干事创业的动力活力。

（二）注重务实担当，选优配强人才

一是以"稳步推进、循序渐进"为原则，深入分析当前形式，针对专业技术岗位序列改革推行情况，将二级工程师分为二级工程师A

以及二级工程师 B。二级工程师 A 作为一级工程师的储备力量由锦西石化分公司开展组织选聘聘任到岗，二级工程师 B 由各二级单位进行组织选聘聘任到岗。各层级岗位选聘按照注重能力、突出贡献、业绩优先、公平公正的原则，按照层级由高到低的顺序逐级开展岗位选拔聘任，参加高一层级岗位竞聘落选的可直接参加低一层级岗位的竞聘。二级工程师 A 及以上层级由公司直接管理，二级工程师 B 及以下层级岗位由各二级单位管理，其选聘标准可以在公司标准之上进行差异化设置，提高选聘标准的容错率。

二是根据企业发展定位，突出核心主干专业，围绕生产重大技术难题、技术瓶颈和技术攻关及创新难点，坚持"突出核心业务、强化业绩评估、因事设岗、以岗择人"的原则，建设特色鲜明、层次清晰的专业化、差异化、梯次化的专业技术岗位序列。待条件具备时，优中选优，选择能够担当起公司最高技术水平的代表性人物担任企业首席专家。

三是根据公司生产经营实际情况以及专业技术人员现状，在主营业务、科研机构和生产辅助保障业务中实施专业技术序列岗位改革，涉及主干领域包括炼油化工和生产支持，分支专业主要包括石油炼制、石油化工、机械、信息工程、安全环保、地面建设和油气储运，建立专业完备的专业技术晋升通道。

（三）突出平台建设，拓展作用发挥

始终把发挥专业技术人员作用，激发技术人才队伍创新活力作为改革工作的落脚点。

印发《锦西石化分公司关于进一步激发专业技术人才成长动力和创新活力的实施措施》《锦西石化分公司一级工程师、二级工程师 A 选聘实施方案》等系列文件。明确培育规划导航机制、完善培养开发机制、强化评价发现机制、健全激励保障机制等 4 个方面 18 条具体举措。组织实施"专业技术人才培养工程"。聚焦转型升级,新能源、数字化等重点领域,着力打造一支素质过硬的专业技术人才队伍。大力开展导师带徒工作。把导师带徒作为人才培养的有力抓手,充分发挥专家的"传帮带"作用,促进青年人才快速成长,确保人才接替有序。对达到预期培养目标的专家,给予薪酬激励。组织技术人员轮岗交流培养。把岗位交流作为重要的人才培养方式,充分发挥各类单位的互补优势,促进青年人才快速成长。每年选派青年骨干开展轮岗交流实践锻炼,培养效果比较显著。开展青年科技人才竞赛。通过以赛促训,以训促学,以学促干方式,激发广大专业技术人员深耕专业,锤炼本领,一批青年技术骨干脱颖而出。

(四)从严监督管理,促进担当作为

专业技术职务实行年度和任期考核评价。对生产类专业技术岗位人员,重点考察在本专业领域方案制定和工程建设项目、生产建设和科技规划工作中作用发挥情况。对科研类专业技术岗位人员,重点考察科研项目完成情况,科研成果技术指标成熟性创新性,解决企业发展中的共性或关键技术瓶颈问题效果。

专业技术人员年度考核和任期考核结果档次按照考核得分强制分布,由高到低分为优秀、称职、基本称职和不称职4个档次。其中,优秀等次控制在同层级的25%以内,基本称职和不称职等次控制在同层级的10%以上。聘期考核结果依据聘期内3个年度考核结果加权计算确定,权重分别为30%、30%、40%;任职2个年度的权重分别为40%、60%;任职1个年度的,年度考核结果视同聘期考核结果。坚持"年度考核定薪酬,聘期考核定去留"原则。

年度考核结果与绩效工资挂钩,动态调整发放。聘期考核结果作为岗位选聘的重要依据。考核结果为"称职"及以上的,年终业绩奖金按100%核算;考核结果为"基本称职"的,年终业绩奖金按90%

核算；考核结果为"不称职"的，年终业绩奖金按 80% 核算。对于业绩特别突出的专家，锦西石化分公司层面给予一次性奖励。

聘期考核结果作为岗位选聘的重要依据，聘期考核结果为"称职"及以上的，可直接续聘且有资格参加上一层级岗位选聘；聘期考核结果为"基本称职"的，须重新参加本层级岗位选聘，落选的可参加低层级选聘；聘期考核结果为"不称职"的，参加低一层级选聘。

明确对应关系，在人才成长通道纵向贯通的基础上，优化"三支人才"岗位序列横向对应关系，为人才跨序列转换和完善薪酬待遇政策提供参考。鼓励专业技术人员和行政管理人员根据自身特点选择职业发展通道，认可专业技术岗位和管理岗位序列对应岗位层级专业一致（或相近）的从业经历，并按照规定程序和标准条件，在专业技术和行政管理 2 个序列间转换。

三、改革成效

总结专业技术岗位序列改革，取得了四大成效。一是拓宽了人才成长通道，明确了技术人才晋升路径，聚焦放权赋能，强化一线专业技术人员的主体地位。二是推出 18 项措施，建立岗位"能上能下"、薪酬"能增能减"、人员"能进能出"的动态管理机制。三是激发了专业技术人才爱岗立业热情，促进技术成果转化，提升企业核心竞争力。锦西石化分公司技术人员本年度发表论文、创新成果、获得专利同比增长 420%。四是部署了 10 个专家领衔的科技创新团队，签订任务目标责任书，赋予技术人才广阔的自主创新空间和容错机制，技术学习热情空前高涨。

作者：江波、高威、薄锦航、常林、王楚然

专业技术岗位序列改革行稳致远城市炼厂人才强企工程落地生根

长庆石化分公司

长庆石化分公司作为中国石油炼化企业专业技术岗位序列改革首批单位，经过3年多的探索实践，稳步构建了"党管人才、因岗择人、发挥作用、考核激励、服务保障"的专业技术岗位序列管理模式，有力推动改革向纵深发展，打造了一支政治可靠、德才兼备、技术过硬的专业技术人才队伍，为公司建设世界一流示范型城市炼厂，奋进高质量发展提供强有力的技术支撑和人才保障。

一、坚持党管人才，确保改革行稳致远

一是党委把准改革方向。长庆石化分公司党委把人才建设作为"一把手"工程来抓，成立人才强企工作领导小组，在世界一流示范型城市炼厂建设"446"战略布局中明确"人才队伍一流"目标。先后两次召开专题人才工作会议，研究部署专业技术岗位序列改革建设、责权划分、作用发挥等问题，有效推进工作科学化、制度化、规范化，在建设世界一流企业的征程中，锻炼培养一流人才，锻造领军工程师。

二是健全完善管理制度。坚持目标导向和问题导向相统一，针对专业技术岗位人员职责界定、选聘考核、作用发挥等方面的关键症结，面向各二级单位进行意见征集，主动与部门"一把手"面对面访谈，多次开展现场调研，并向公司领导班子反馈有关情况，两次制修订《专业技术岗位人员管理办法》，探索制定专业技术人员作用发挥、

专业技术人员考核、青年科技人才发现培养等管理制度，形成专业技术人才"生聚理用"的管理机制。

三是严把选聘晋升关口。坚持把"讲政治、专业化、真本领"作为选聘的重要依据，打通与经营管理岗位和技能操作岗位序列对应层级的晋升通道，真正做到"唯德唯才""不拘一格"。从事业需要、岗位需要出发，根据人选和岗位匹配度科学规划人才成长路线。采用组织选拔和竞争上岗两种选聘方式，规范组织程序，确保组织意图与个人价值体现有效结合。

二、落实因需设岗，奠定人岗匹配基础

一是稳步扩大设岗范围。统筹处理试点和全局的关系，在岗位设置、责权划分、薪酬激励等方面按照岗位贡献、难易程度、风险指数等进行统筹考虑，首批改革在4个主要生产单位和一个直属部门的22个专业推行，总结经验做法，研究解决共性问题。第二批逐步推广至安全环保、油气储运、质量检验等专业，实现了专业技术岗位"全覆盖"。

二是差异化核定岗位数量。坚持以畅通专业技术人才成长通道、发挥专业技术人才作用为原则，根据中国石油专业设置规范，结合主营业务性质、专业重要程度、人才队伍结构等，分层分类逐级调整细化专业设置。按照"提出建议汇总梳理征求意见党委审核"的程序，先后开展了多次岗位设置论证，持续优化岗位设置，保障岗位设置与业务发展、队伍结构相适应。

三、突出作用发挥，促进干事创效

一是明确清晰的对等权责。加强专业技术人员在立项决策、技术审查、建言献策等方面权限，推动赋权赋责。2023年精益大修期间，4

名三级工程师首次担任项目经理，赋予他们现场指挥管理、人员调动、物资调配等相关权利，圆满完成了精益大修任务。2020年以来，长庆石化分公司三级工程师及以上专业技术人员共参与集团公司级项目45人次、厅局级项目58人次，取得发明专利3项、实用新型专利15项，2名40岁以下专业技术骨干入选中国石油"青年科技人才培养计划"。

二是实施有力的履职保障。分层级建立专业技术岗位人员责权保障、资源保障和团队保障，做到岗位有支撑，平台有事干，工作有团队。各单位以制定工作任务书为抓手，统筹安排本专业技术人才承担科研生产任务，推动专业技术岗位人人肩上有担子、作用发挥有平台。近几年，先后由高级专家牵头完成或在研《炼化企业废气与挥发性有机物（VOCs）排放控制及回收技术开发与示范应用》《典型炼油化工污水处理厂智能化管控技术研究》等重点科研项目12项，参与36人次。

三是开展多样的培训交流。三年来，以高级专家和技术骨干为主体，组织开展"技术大讲堂"活动30余场次，课程内容涉及"炼化主要流程""电气仪表""HSE工具""双碳双新"等内容，搭建起贴合生产实际的课程体系，邀请中国石油专家和外部专家，开展"素质提升大学堂"活动20余场次。与中石化炼化企业联合开展"石化专业技术培训班"。

四、突出考核激励，促进整改提升

一是推行分级分类考核。坚持分级分类、精准施策，以工作任务书为抓手，分专业分层级实行差异化考核评价，推动考核与日常表现挂钩，提高考核科学化精准化水平。2022年对一级工程师以下专业技术人员实行了单独考核，由"管理+技术+操作技能"三个层面代表参与职业素养测评工作，真正实现"干什么考什么、干好干坏大家评"，保障考核结果公平公正。

二是精准反馈促进提升。考核按照工作业绩（定量）和职业素养测评（定性）的原则，分别以80%和20%权重计算，严格将年度考核结果与薪酬收入挂钩，体现差异化兑现。针对个人制定考核结果反馈表，由所在单位与被考核人共同查找不足、分析原因，共同制定整改措施，分步实现整改提升。

五、注重服务保障，解决后顾之忧

一是保障政治待遇。对一级工程师及以上专业技术岗位对标同层级管理人员，拥有传阅有关重要文件、参加高层次教育培训、参加公司相关重大活动和重要会议的权限。参加长庆石化分公司党委理论学习中心组集体学习，选派参加国情企情研修班、体系外审、专项检查等。

二是保障福利待遇。严格落实岗位薪酬目标值对应关系，对标同层级管理人员确定薪酬待遇、差旅标准、体检标准等，享受相应层级的技术津贴。积极创造良好办公条件，加快推进建设专家工作室，积极发挥外联作用，加强与咸阳市、陕西省秦创原创业驱动平台等开展合作，在氢能源利用、低噪声工厂、减油增特、减油增化等方面取得突破。

三是突出关怀关爱。坚持开展党委联系服务专家活动，企业高级专家一级工程师实现了党委委员联系全覆盖。实行双向联系、问题督办、谈心谈话等机制，坚持走访慰问和纾难解困。协调解决重大疾病就医，落实健康关爱，开辟就医保障绿色通道，落实诊疗服务优先待遇，为专家身心健康保驾护航。

作者：吕波、上官永宝、李智、林荣、王铃铃

深化三支经理人队伍建设
为公司高质量发展赋能护航

辽宁销售分公司

辽宁销售分公司深入推进人才强企工程，聚焦人才队伍建设引领作用，持续完善"选育管用"机制，突出主营业务，紧盯地市公司经理人、加油站经理人和客户经理人等三支经理人队伍，优结构、强能力、激活力，为公司高质量发展提供坚实人才保障。

一、聚焦结构优化，做强地市公司经理人队伍

（一）优机制强引领

坚持加强党的领导和完善辽宁销售分公司治理有机统一，健全领导体制机制，优化党政"一肩挑"配备，实行党委书记和执行董事由一人担任，执行董事和经理原则上分设，实现18家所属单位模拟法人治理结构全覆盖，理顺上下领导体制，有效提升领导班子干事创业、担当作为能力。

（二）调结构强合力

从事业需要和企业发展出发选干部配班子，着重选用了一批善于抓班子带队伍、聚人才强党建的复合型正职，推进班子合理配备、有序接替。所属单位班子基本实现"70后""80后"为主体、"80"左右挑大梁的梯次化配备结构，现在职二级正职中，21人兼具经营管理和党务工作岗位任职经历，占比40%。

（三）增阅历强能力

以锻炼提升为出发点，进一步加大党务与业务、本部与基层双向交流力度，激发干部队伍的动力活力。3年来，有34人进行了交流任职，其中，本部与基层双向交流16人，党务与业务双向交流18人，并积极选派14名优秀年轻干部到销售分公司和地方政府挂职锻炼。

（四）建梯队强基础

以所属各单位党委推荐、辽宁销售分公司统一考试考察的"一推双考"方式，积极推进"预备队"和"战略预备队"建设，建立起了一支80人左右的优秀中青年干部队伍，并定期组织开展中青年干部培训班，持续加强动态培养，为战略思维较高、专业素养较好的优秀年轻干部"搭台子""铺路子""压担子"。3年来，新提拔中层干部中40岁及以下30人，占比51.7%。

（五）通渠道强激励

按照"年度考核定薪酬、任期考核定去留"的思路，全面落实中层领导人员任期制和契约化管理，明确"双70、双80"考核退出原则，打破领导干部"铁交椅"。同时，持续完善干部年度考核结果分析机制，进一步加强考核结果应用，3年来，累计对26名二级正副职干部采取提醒、诫勉、扣减绩效薪酬、岗位调整等措施。

二、聚焦赋能培养，做优加油站经理人队伍

（一）打破成长天花板

把加油站经理作为培养三级正副职的主要阵地和重要岗位，出台《加油站经理聘用管理指导意见》《加油站经理积分评级管理细则》，在采用公开竞聘和定标择聘方法选拔加油站经理基础上，构建"薪酬看绩效、成长靠积分"的加油站经理人综合评价体系，按照首席、资深、高级、中级、初级5个不同等级，打通向对应层级管理岗位竞聘的通

道，允许首席站经理参与二级副职、资深站经理参与三级正职、高级站经理参与三级副职的竞聘，有效拓宽基层单位人才选用视野，实现横向转换顺畅有序的人才培养选拔机制。累计有 3 名站经理成功竞聘到公司本部管理岗位，所属单位有 44 名站经理竞聘到三级正副职岗位。

（二）丰富业务技能包

开展加油站经理赋能提升专项行动，创新整合业务研讨、案例分析、头脑风暴等多元化学习形式，分批对全公司 1180 名加油站经理充电赋能，着力打通学用转化"最后一公里"，为全力打造懂市场、敢拼搏、善攻坚的加油站经理人队伍赋能。

（三）培养技能带头人

出台《高技能人才管理实施细则》等多项制度，构建形成基于岗位职责和上岗条件的"三层九级"人才成长通道职位体系，打通技能人才与经营管理人才、专业技术人才之间的流动渠道，实现经历互认、横向贯通、纵向畅通，有效破除技能人才发展"玻璃墙"。同时，以职业技能鉴定和岗位技能练兵为切入点和着力点，持续提升加油站经理技能操作等级，积极推荐选送优秀技能人才参加高层级技能竞赛，充分发挥加油站经理示范引领作用，营造浓厚技能成才氛围，推动公司技能人才队伍建设质量持续提升。截至目前，加油站经理中有企业技能专家 1 人、高级技师 10 人、技师 106 人，技师及以上高技能人才比例超过 50%；在 2023 年 2 月全国石油石化系统加油站操作员职业技能竞赛中，4 名加油站经理进入决赛，取得 1 金 2 银 4 铜的优异成绩。

（四）建立接续种子队

研究出台《后备加油站经理培养实施方案》，坚持理论导师与业务导师相融合、知识课堂与实践课堂相融合、培养与评价相融合的"三双"培养模式，建立健全以教育培训、导师辅导、自我学习、轮岗实习为核心环节的培养体系，初步打造了一支 100 余人的后备站经理队伍，为加油站经理人队伍实现优胜劣汰、良性循环奠定了坚实基础。

三、聚焦活力激发，做精客户经理人队伍

（一）以数字画像为依托完善分级体系

遵循数字驱动原则，以客户数量、销量、毛利、新增客户、复购情况、计划完成率等分级评价指标，构建数字画像模型，对客户经理人进行月度、年度数字画像评分。其中，以年度评分结果对客户经理人进行分类，实行末位淘汰；以月度评分结果挂钩客户经理人的月度变动薪酬。通过这种全新的评价体系，有效提升了客户经理人分类、评价的客观性和科学性，明确了客户经理人队伍的管理提升方向。

（二）以单序列管理为基础优化运行机制

针对现有客户经理人原岗位基薪标准不统一的情况，研究制定客户经理人基本工资执行表，依据年度数字画像结果和现岗位基薪确定客户经理级别和档次，套入新制定的基本工资表，实行动态管理，首次就近平高套入，次年依据年度画像分值重新确定的客户经理人级别和档次，进行垂直升降或晋档降档。不仅统一规范了客户经理人基本工资管理，有效保障了客户经理人队伍的稳定；更建立了客户经理人按照画像评级结果竞聘对应层级管理岗位，实现横向转换顺畅有序的人才培养选拔机制，畅通了客户经理人的发展通道。

（三）以考核激励为根本激发队伍活力

遵循"上不封顶、下不保底"原则，对客户经理人变动薪酬进行全方位优化，纳入公司统一管理范畴，及时掌握客户经理人在客户服务、信息反馈、市场开发等常规工作的开展情况。同时，进一步丰富完善变动薪酬构成指标，明确非油、IC卡储值、吨油销售和毛利提成等奖励标准，并依据各地市公司市场销售环境和客户经理人数量，引

入难度系数和团队系数指标,积极构建以量效平衡为基准,多维度开展业绩综合量化评价的薪酬考核激励机制,真正打破了分配"大锅饭",使得客户经理人队伍的活力得到进一步释放。自2021年全面实施以来,2022年直批客户同比增加1274户,增幅29%;实现销量同比增加34.2万吨,增幅28%。

作者:陈霖、范纯广、潘晓曦、曲菲菲

紧抓发展之源 激发创效活力
深化人才工程建设推动企业高质量发展

河南销售分公司

河南销售分公司认真贯彻落实中国石油三项制度改革工作部署，以"人才强企工程"为蓝图指引，健全体制机制，大力推进实施人才赋能发展"九项行动计划"，着力打造支撑企业转型升级、具有竞争力的人才队伍，为河南销售分公司高质量发展提供坚实的人力资源保障。

一、坚持问题导向，健全人才发展制度体系

一是建立配套评价体系。制定地市公司人力资源价值评价方案，重点瞄准培训达成率、人才取证率、骨干人才流失率等关键指标，定期开展评估评价，找准队伍建设的短板和弱项持续改进。二是完善督导考核机制。将人才强企工程纳入领导人员业绩考核和党建责任制考核评价，坚持"季度评价、半年督促、年终考核"，分阶段研究部署重点工作任务、通报推进情况，形成省公司牵头抓总、各单位推进落实、定期评价反馈的闭环机制。三是强化责任分工落实。明确地市公司党委是本单位人才强企工程的责任主体，党政主要领导是第一责任人，负责组织推进人才工作与主营业务同谋划、同部署、同落实，结合实际制定配套方案及运行计划；各部门分工负责做好本领域人才资源盘点、培养开发计划和专业人才发展规划，抓好推动实施和跟进落实。

二、统筹"选育管用",打造高素质干部队伍

一是严格任期制和契约化管理。印发《推进经理层成员任期制和契约化管理实施办法》,实现经理层成员任期制和契约化管理全覆盖,按照市场规律真正压紧压实经理层经营责任,强化考核结果刚性应用,统筹用好免职、降职、降级、调离等措施,加大各层级、各年龄段管理人员退出力度,管理人员累计末等调整或不胜任退出占比达15%。二是完善干部队伍结构。在18家二级单位开展模拟法人治理结构,科学统筹班子成员分工,发挥"1+1＞2"作用。强化地市公司领导班子整体功能和结构分析,统筹考虑经营规模和管理难度等因素,严格按照"345"原则优化班子配备。建立干部队伍综合分析研判机制,大力发现选拔优秀年轻干部,目前已实现二级正职中40岁左右占比"1/6"、二级副职中40岁左右占比"1/4"的年龄结构建设目标,17家二级单位中14家配备了80后班子成员,占比82%。三是加大干部交流力度。积极推动领导人员跨单位、跨部门交流任职及党务、经营岗位"双向交流",跨单位交流调整干部32人次。制定《后备干部双向挂职锻炼方案》,把基层一线、艰苦岗位和关键任务作为年轻干部"墩苗育苗"必修课,针对性选派优秀年轻干部到二级单位经理助理岗位挂职;近两年,共选派12名年轻干部内部挂职锻炼,推荐4名二级副职跨省挂职锻炼、4名中层干部接续"定点帮扶县"帮扶挂职。

三、聚焦"生聚理用",建设专业化人才队伍

一是畅通全职业发展渠道。制定《关于完善河南销售分公司人才成长通道建设的实施方案》,建立健全"经营管理、操作技能、专业技术"序列间的互通渠道,构建横向顺畅、纵向贯通、"能上能下"的转换机制,促进三支人才队伍相互流动,管理岗位6人转任营销专家,

提升了营销人才队伍战斗力和创造力。二是加速营销人才职业化改革。制定《地市公司营销专业人才队伍实施意见》，以非油业务为试点建立四级营销经理机制，围绕商品、运营和市场拓展，重构非油分公司本部岗位晋升体系，以差异化业绩指标为导向，岗位间月度绩效差距最高到2000元，实现了由"发工资"向"挣收入"的根本性转变，员工靠前作战、增收创效的热情高涨。三是做好紧缺人才引进培育。组织开展紧缺人才需求调研，鼓励员工考取相应专业资格资质，培养"一专多能"的复合型人才。加大法律、新能源、大数据等紧缺专业人才的引进力度，建立了20~30人的法律专业人才库，有针对性地制定培养方向和目标，条件特别优秀的，聘为地市公司法律顾问岗。四是抓实大学生培养使用。修订完善《高校毕业生引进、培养与使用工作办法》，制定大学生五年培养计划，建立"五年三阶+全程导师"培养锻炼机制，"一对一"制定个人成长规划，全程跟踪评价，对表现优秀的列入公司后备人才库，确保人才引得进、留得住、用得好。

四、紧盯"一线核心"，培育基层经理人队伍

一是选优配强联片经理。印发《深化地市公司党支部与联片团队建设、促进党建经营有机融合工作方案》，找准推进基层"三基本"建设与"三基"工作的着力点，打造"党支部+联片团队+阿米巴经营"融合互促的机制，选优配强党支部书记兼任联片经理，充分放权明责，着重做好4个带领、4个抓实、3个推动工作，"对内一股绳、对外一盘棋"，凝聚所辖区域加油站竞争和发展合力。二是重点培养优秀站经理。印发《加油站经理队伍三年培养方案》等制度措施，着力提升站经理队伍"八种本领"，建立培育长效机制，计划利用三年时间重点打造100名优秀站经理、100名站经理储备人才、60座实训基地、60名专题讲师并开发20门精品课程。目前举办3期优秀加油站经理及后备

人才培训班，参训185人；开展18期送培训下基层活动，参训站经理592人。三是打造全产品客户经理。印发《2023年全产品客户经理薪酬考核指导意见》，打通客户经理由"直批"向"全产品"销售的通道，实现"油卡非润"一体化营销，不断增强公司销售能力、竞争能力和对终端市场的控制能力。加强客户经理分级管理，按照"普通、三星、四星、五星"进行级别评定，每季度调整一次，突出油非动态考核评价，形成以评比促竞争的管理机制。

五、提升"能力素质"，推动人才全面赋能

一是做好干部能力提升培训。突出政治建设提素质强本领，有序开展分级分类培训，组织河南销售分公司12名人大代表和政协委员开展代表委员履职能力培训班，提高参政议政能力；依托河南省委党校开展2期驻豫企业习近平新时代中国特色社会主义思想及二十大精神培训，参训113人；组织开展2期中青班和青马班，参训78人；组织开展内训师培训班，参训54人。二是强化党务干部和党员队伍培训。持续推进党组织书记、党务干部和党员队伍建设，确保党支部书记和党务人员每年至少参加1次集中培训，党员每年集中学习培训时间不少于32学时，党员教育管理覆盖率保持100%。坚持集中教育与经常性教育相结合，充分利用好红色教育资源，加强党性教育，借助"三党校五基地"，每年分级分类组织开展党性教育培训6期。三是强化取证上岗刚性约束。规范岗位序列及层级与职称的匹配关系，管理岗位以内部取证为上岗条件，强化取证上岗的约束力，推进管理岗位全员取证考试，开展考核800余人次，700余人取得专业证书。四是加强高技能人才队伍建设。制定《高技能人才管理实施细则》和《职业技能等级认定管理实施细则》，加速培养和打造适应公司高质量发展的技能骨干人才，2022年至2023年组织开展技能等级评价1700多人，实

紧抓发展之源 激发创效活力 深化人才工程建设推动企业高质量发展

现了一线操作岗位持证率100%，培育技师、高级技师160多人。组织参加全国石油石化系统加油站操作员职业技能竞赛，斩获个人三银一铜、团队两银一铜，优秀裁判一名，奖牌总数在中石油参赛队伍中名列第二。

作者：董海、朱得义、徐晋波

多措并举打造人才新高地

石油化工研究院

石油化工研究院锚定世界一流研究院建设目标，统筹抓好"生聚理用"人才发展机制，筑牢高层次人才引进根基、拓宽高水平科技人才培育渠道、构建科技人才成长的全链条体系，着力打造能源与化工领域人才创新高地，为推动石油化工研究院高质量发展和转型升级提供坚实的创新动力支撑和人才保障。

一、筑牢高层次人才引进根基

（一）全面盘点人才队伍现状，制定人才发展计划

依据石油化工研究院"十四五"科技规划，分别对全院15个研发领域及北京院部13个研究领域的首席专家、高级专家、一级工程师等层级人才队伍现状进行梳理盘点分析。根据各领域人才队伍结构现状，提出各领域3~5年人才队伍建设的初步规划，为制定高层次科技人才和海外博士后人才精准引进奠定了坚实基础。

（二）大力实施高层次人才引进工程

瞄准建设世界一流研究院发展目标，聚焦"基础+高端"业务发展定位，提出生物化工、新材料、绿色低碳、精细化工、工艺工程研发、数智技术、分析表征等七大专业领域的发展规划及人才补充需求，打造高端领军、成熟骨干及青年后备等三类人才的引才方案，制定涵盖社会招聘、系统内招聘、毕业生招聘等三条通道的人才配置计划。3年来对口引进高层次人才13名，有效缓解了急需紧缺领域高层次人才

数量不足、质量不高的现状。

二、拓展高水平科技人才培育渠道

（一）构建人才淬炼机制

坚持精神锤炼，弘扬石油精神和科学家精神，形成党员骨干双向培养文化载体。坚持事业历练，压担子、搭梯子、铺路子，实施"人才+项目"快速培养模式，优先安排骨干人员承担新能源、新材料、生物化工等领域的重大项目攻关，8名骨干成功揭榜中国石油下游首批"卡脖子"技术项目经理。

（二）建立人才特训模式

实施青年科技人才培养工程，动态选拔130余名青年科技人才队伍，通过多维度、个性化特训培养，有30名成长为中国石油青年科技人才。作为中国石油首期青年科技人才挂职交流锻炼试点单位，派出燕鹏华等3名中国石油青年科技人才赴吉林石化分公司进行挂职锻炼。开办"青年讲堂"、五四青年学术论坛，承办首届中国石油炼化技术青年学术论坛，6名青年骨干获奖。"80后"青年专家王力博的工作室被授予中国石油首批"青年创新工作室"，担纲研发的1-丁烯/1-己烯灵活切换技术，在乙烷制乙烯两个国家示范项目上成功运用，填补了国内空白。

三、构建科技人才成长的全链条体系

（一）健全全链条人才培育体系

作为中国石油首批国家工程硕博士培养的重点试点企业之一，提高站位、开拓思路、创新举措，举全院之力把卓越工程师培养作为创新完善人才培养体系升级的重要契机，严格把好学员筛选、导师选配、项目遴选和培养协议签订等"四关"，对已成功进院的12人，确保接收1个培养成才1个。统筹谋划开展国家"材料与化工"专业硕博士学位点申报和运行管理,进一步将培养关口前移。持续推进3个博士后科研工作站运行管理,确保博士后动态在站人员至少10人的目标。规范设立首个董事长院士专家工作站,开展院士专家工作站的申报及建设,出台《院士专家工作站管理办法》。

(二)打造人才培育平台

坚持高端引领,引进2名院士成立工作室,培养了极性聚合领域首席专家1名;组建油田化工材料创新联合体、α-烯烃产业技术创新中心,打通上下游、内外部联合人才培养平台;邀请30余名院士、知名学者到院开展学术讲座,充分接触外部"最强大脑";承办OGCI"绿色低碳发展"国际研讨会、化工学会科技创新大会等高端论坛,开阔眼界、提升境界,以青年骨干担当主持的MOF材料专家研讨会,聚集了国内知名专家,为联合开展新型高效吸附材料开发创造了条件,形成培育高端人才的"平台辐射效应"。

四、锻造高素质干部队伍

(一)持续深化干部改革

做细做实领导班子和领导人员年度考核,不断完善测评体系,首次利用数字化搭建了领导班子及领导人员年度测评系统,完成全院23个二级单位领导班子及55名中层领导人员的民主测评工作。通过对全院领导班子和领导人员进行盘点分析,评定划分了年度领导班子及领导人员档次,首次按比例对领导班子评定出"一般"档次,对领导人员评定出"基本称职"档次。高质量开展任期制考核工作,梳理中层领导人员任期合同、岗位调整情况,认真总结3年来院中层领导人员任免、退出情况,重点突出业绩指标、安全环保履职能力和后备干部培养等因素,顺利完成63名中层领导人员的任期制考核。将等次评定，作为薪酬兑现、干部调整的重要依据。

（二）精准考察建立后备干部"人才库"

有步骤有计划多渠道开展后备干部推荐工作。采取集中推荐+日常调研相结合的方式，组织完成全院23个单位（部门）后备干部的推荐工作，实现了全覆盖。建立了以113名优秀年轻干部为主体的后备干部人才库，储备了一支以40岁左右干部为主体的预备队和以30岁左右干部为主体的战略预备队，并实施动态管理。

五、创新科技管理机制、加强考核激励机制

（一）深入推动专家主导的科研创新团队新模式

坚持研发中心定位，勇担时代重任，面向科技前沿、面向研发主战场，建立完善自由灵活、能充分激发创新创造的科研运行新机制。科学处理好机制和体制的辩证关系，团队建设上，从"戴帽子"向"重实战"转变，在实战中发现和造就战略科学家、科技领军人才及其创新团队。对照"双碳三新"业务布局，完善调整国家特聘专家、催化裂解制化学品技术等5个创新团队，以支撑重点领域和重大项目为核心，构建分子设计与智能研发、石油基炭材料技术和前沿材料青年等3个创新团队。

（二）持续优化差异化考核分配机制

坚持价值引导，继续深化分级分类考核，按量化可考核、突出关键指标原则，持续优化考核体系，根据基础研究、研发应用、科研服务支撑三大工作领域，有针对性开展指标优化调整，设置对应考核权重；坚持薪酬分配向科研一线、向业绩突出的科研骨干倾斜，深入推进对科研人员的差异化考核，实现薪酬激励与绩效考核的紧密挂钩，经过近年来连续对考核与激励机制的优化，中高层级岗位科研人员薪酬已与同层级管理岗级相对应，其中，业绩突出人员的收入已超过对

应管理岗级；坚持加强高端科技人才激励力度。充分用好中国石油对科技人才的激励政策，对引进的高层次科技人才及承担中国石油关键核心项目攻关的科研骨干，积极申请薪酬单列，实行年薪制、协议工资制等形式，配套制定具有一定挑战性的业绩指标，加强差异化考核，进一步激发了优秀科研骨干的活力动力。

作者：何平、赵海军、李井泉、沈晓辉、庞子翔

强化人才培育 打造育才阵地
助力管理技术型企业高质量发展

西部钻探工程有限公司

西部钻探工程有限公司积极推进专业技术岗位序列改革，探索建立"3+6+N"岗位设置模式，在3个主干领域6个分支专业设置N个岗位。截至目前，共选聘企业首席专家3人，企业高级专家12人，一级工程师36人，二、三级工程师277人，在成长通道、技术实力、人才培养等方面取得了显著成效。

一、把握改革出发点，构建"人人成才"的发展通道

（一）总体规划谋长远

立足公司建设管理技术型企业发展定位，明确"三支人才队伍，共驱发展快车"的人才理念，在人才规划中明确三支人才队伍的规模和培养方向，推动三支人才队伍均衡、有序发展。围绕专业技术人才"选、育、用、评"重点环节，将序列改革作为专业技术人才队伍建设的重要抓手。确定培育高端人才、壮大关键人才、储备接替人才的战略定位，实施"科技研发＋工程技术"双途径培养，制定《专业技术人才分层次培养指导意见》，配套18项培养措施。开展专业技术人才盘点、测评和画像分析，科学规划人才发展领域和路径，按照对应领域和既定路径，系统化推进各层次人才培育培养。

（二）建章立制打基础

健全制度，规范程序，推进改革选聘工作有章可循。坚持制度先

行，制订《进一步深化专业技术岗位序列改革实施意见》，配套选聘、使用、管理、考核等办法，建立选聘方案审批、人选审核报备机制，形成"1+6"制度体系。配套激励政策，印发《科技创新管理制度》《科学技术奖励办法》，探索建立了低固定薪酬＋高浮动绩效薪酬的领先型薪酬策略，细分科技人物奖和项目奖，明确奖励标准，激励专业技术序列人才立足技术创实绩。明确技术定位，建立首席专家定思路、指路线，中层级专家管重点、强支撑，二、三级工程师重实践、推应用的技术定位，发挥技术优势用人才，促进更好的履职尽责。

（三）积极宣传促推进

通过多种方式宣传政策和待遇，加快改革推进。进行专题会议宣讲，组织召开政策宣贯会议，讲透改革目的意义，讲清选聘条件，鼓励员工积极参与改革，投身专业技术工作。广泛宣传动员，通过网页，推送和滚动播放层级对应关系、序列转换程序、薪酬待遇等改革关键内容，针对性辅导，有效推动专业技术岗位序列改革全面铺开。表彰选树典型，召开科技创新总结大会和工程技术表彰会，先后表彰85名优秀技术人才和11个先进团队。安排典型人才走进生产、科研一线和新入职员工培训班进行事迹宣讲，塑造技术人才成长成才典型案例。

二、抓好改革关键点，形成"人尽其才"的良好局面

（一）严把人才选拔关

坚持因事设岗，以事择人，梯次布局人才队伍。科学设岗"建模型"，结合西部钻探工程有限公司战略规划，区分科研和生产单位性质和规模，高层级岗位设在3个主干领域，中层级岗位设在6个分支专业，第三层级设置7级3516个岗位，中层级由西部钻探工程有限公司公开选聘，第三层级分专业分年龄段下达单位选聘指标，打造梯次结构分布、扇形专业层级的专业技术人才布局。严控比例"优结构"，设

置二、三级工程师选聘年龄控制线，对年龄比例不达标的单位从严审核，并进行预警熔断、提出后续整改要求。目前西部钻探工程有限公司选聘三级工程师最年轻的27岁，35岁以下占比20.3%，40岁以下占比49.8%，为中层级人才结构优化打下基础。严把条件"选人才"，坚持优中选优、宁缺毋滥原则，突出"三严"，从严审核单位选聘方案，从严审批人选条件，从严审查管理岗位转聘人员资格，对专业结构不合理的方案坚决退回，对聘任条件不符合的人选不予审批，允许岗位空缺，切实将学专业、干专业的优秀人才选拔吸纳到专业技术岗位序列。

（二）科学配置用好才

立足技术定位，注重实绩，发挥优势用好用活各级人才。技术领衔促发展，公司统筹安排企业首席专家在重点项目、重点工程中攻坚啃硬，科研岗专家领衔"准噶尔盆地防漏堵漏"技术攻关取得有效突破、"个性化钻头+多向耦合提速工具"成功应用，突破了滴西区块的提速瓶颈；油气开发专家立足苏里格气田经济效益开发、解决油气增储上产的关键技术难题，苏里格风险作业百万吨上产工程高效运行、达13区块效益合作稳步推进；油气井工程专家紧贴前线，在青海、南缘、玛湖、塔里木山前等复杂区域，牵头重点、难点关键施工，开展咨询会诊，为决策提供依据。支撑把关强保障，探索出"一级工程师靠前驻井盯防+企业高级专家入驻EISC远程指导"工作模式，以"近端+远程"联合精准施策，上半年，专家团队通过EISC制定下达技术措施13179条，审核重点井复杂处置方案53井次，规避井下较大风险66井次。技术支撑直达现场模式，风险提早预警、过程及时纠偏，助力油田打成了轮探1、康探1、呼探1、富东1等一批重大发现井和品牌工程。技术应用促上产，二、三级工程师立足现场技术推广和实践应用，重点区域提速成效显著，玛湖区域实现规模提速15%以上，打造了深层致密油提速标杆。吉木萨尔页岩油2022年平均钻井周期降幅32.27%，助推首个国家级陆相页岩油示范区规模建产。

（三）提供机会搭好台

用好科技创新平台和人才培养政策，让技术人才干事有舞台、成长有空间。搭建创新机会，联合工程技术和科技管理部门提前布局，支持专家参与重大技术项目经理应聘，1名企业首席专家"揭榜挂帅"中国石油重点项目，12名中层级专家主持或参与省部级难题攻关21项、创新基金项目13个、一级工程师参与公司级科研项目45项，安排第三层级技术人员参与二级单位级科研项目，"'人才+项目'蹲苗培养"模式更加完善。创造交流平台，先后优选16名专家参加中国石油学术交流会议，推进8名二、三级工程师进行跨单位、跨区域、跨专业一年期岗位交流，以调训方式举办专业技术骨干培训，组织基层技术人员轮训，扩大业务面和知识面，提升专业技术水平。拓宽成长空间，依托博士后工作站、新疆维吾尔自治区人才工程、克拉玛依市青年工程师选树等平台，大力推荐优秀技术人才领任务、进项目、带团队，为技术人才成长创造机会，助力人才走向更高平台。

（四）配套待遇显地位

坚持待遇三落实，建立联系服务机制，营造重视人才、尊重人才、珍惜人才的浓厚氛围。落实薪酬福利待遇，坚持年度薪酬待遇参照管理序列对应岗位执行，落实办公用房、健康疗养、工作用餐等福利待遇，提升技术人员"获得感"，增加专业技术岗位序列"吸引力"。提高政治待遇，明确对应级别排名、统一会议座次排序，规范宣传报道岗位名称，建立政治吸纳制度，列席职工代表会议，邀请参与重大发展战略、重点项目讨论，提高了专业技术人才的政治地位。建立联系服务，推进两级党委领导班子成员和专家"一对一"联系服务机制，切实关心关爱专家人才工作、生活等状况，解决实际困难，进一步提升专家人才的幸福感和创新创效活力。

三、把好考核基准线，形成"干事创业"的激励导向

（一）聚焦任务下达

坚持用其所长、用其所专，以年度任务书为抓手，定职责下任务。任务个性化，结合年度生产重点和技术难点，突出专家人才优势编制《年度目标任务书》，技术型专家以解决难题、五类井技术管控、质量提升等为主要内容，科研型专家以课题攻关、成果转化、推广应用等为主要内容，量身定制9~12项不同的指标任务，差异化设置考核权分比例，分层次个性化下达年度任务。指标可量化，突出目标导向，定性与定量相结合，以工作业绩为主导设80%指标权重，细化考核计分标准，加分设120分上限，扣分不保底；优化学术讲座、人才培养、科研项目承担等作用发挥指标，设20%指标权重；另设安全环保、党风廉政、违规违纪直接扣分项，变专业技术人才的技术优势为人才队伍的整体实力，以点带面提升队伍的整体素质。

（二）聚焦过程管控

紧盯目标任务，建立"季度预警提示、半年阶段考核、年度综合评价"机制，抓好任务落实。季度预警提示，对照年度任务指标实行三色预警，工作进展顺利的进行绿色标注，进度滞后的给予黄色预警，进度较慢的给予红色警告，督促专业技术人员开展"揭榜挂帅"、学术讲堂、人才培养、成果萃取等工作。半年阶段考核，出台阶段性考核办法，年中组织阶段性任务完成情况考核评价，对8名考核结果为"基本称职"的专家，月技术津贴按90%预发放，促进了专家履职尽责、发挥作用，真正做到以平时之功垒全年胜势。年度多维评价，采取多部门多角度考核，业务部门依据公司指标完成情况量化打分，专业委员会和公司党委根据作用发挥综合表现，参考指标完成情况进行

评价，三个维度分步实施，赋予不同权重加权计算结果，强化年度考核的科学性和公平性。

（三）聚焦考核应用

充分发挥人才评价"指挥棒"作用，激励与约束并重，激发人才创新创造活力。强制分布结果，坚持控"优秀"严"末端"，考核结果分4个等次，设定"优秀"等次比例不超过20%，"基本称职"和"不称职"等次不低于5%，促进各层级人才比学赶超。严格结果应用，考核结果直接用于兑现年度业绩奖金，分档次设置10%的级差，奖励优秀鞭策后进，实现精准激励差异化分配，自改革以来，扣减排名靠后11人业绩兑现。坚持动态管理，根据"聘期考核定去留"原则，考核结果为"基本称职"的，重新参加岗位选聘，累计解聘5人，有效传导了工作压力。

作者：刘勇、赵栋林、李舒、谢庆、巴富满

全面深化专业技术岗位序列改革
全力打造高水平科技自立自强先行军

长城钻探工程有限公司

长城钻探工程有限公司锚定"全力打造中国石油高水平科技自立自强先行军"目标，在所属7家生产单位和2家科研单位开展改革试点与推广的基础上，全面推进"双序列"改革，聚焦选聘、使用、考评关键环节，持续健全人才队伍岗位职级体系，畅通职业成长通道，在主营业务领域选聘形成了一批由企业首席专家、中层级和第三层级专业技术人才组成的298人的"金字塔型"专家人才队伍，基本形成结构合理、层次清晰、特色鲜明的专业技术人才布局。

一、悉心"选"，联通改革点，构建"不拘一格降人才"的选聘体系

（一）优设岗

企业高级专家和一级工程师由长城钻探工程有限公司党委统筹研究设置，二、三级工程师岗位职数本着"公司总体统筹、各单位自行管理"的原则从严设置和管控。根据公司"十四五"规划、业务定位及当前实际业务需要，突出主营业务和重点专业领域，设置钻井工程、井下作业、地质与采油、录井与信息4个一级专业，涵盖长城钻探工程有限公司业务涉及的15个二级专业和53个专业方向，岗位设置更加合理。创新设置专家统用、自用"双模式"，取消有自用一级工程师

的二级单位副总工程师和副总地质师岗位设置。T4—T7[①]共计设置386个岗位。

(二)明职责

围绕科研领衔、技术决策咨询、技术规划、技术支持、技术把关、学术交流和人才培养等内容,企业高级专家主要设置9项职责,一级工程师主要设置7项职责。一方面明确了同一专业领域高一级对下一级专业技术人员在科研、生产项目或重点工作任务的指导或审核,另一方面明确了专业技术人员的技术管理职能和对所在单位同一层级经营管理岗位序列人员履职的协助配合,使专业技术岗位人员拥有的权限与承担的责任相对应,实现责权对等和岗位管理。

(三)强选聘

按照不同岗位业务性质、不同岗位层级的"分类分级"原则制定选聘标准,重点突出解决问题与创新能力、工作业绩与质量,并综合考虑个人综合素质、任职资历、外语水平及培训。企业高级专家、一级工程师选聘标准主要由技术引领等9项指标构成;二、三级工程师选聘标准主要由能力水平等9项指标构成。区分科研和生产岗位设置相应权重和分值,既兼具共性又体现差异性,精准确立选聘条件,依据不同情况选用"789"[②]选聘方式,突出优中选优,实现人才合理布局。

[①] 企业高级专家、一级工程师、二级工程师、三级工程师。
[②] 对不同人选分别采取组织选聘、公开招聘和竞争选聘等方式开展,其中组织选聘按照制定方案、发布预告、民主推荐、组织考察、党委会研究审定、结果公示、履行聘任等7步进行;公开招聘按照制定方案、发布招聘公告、能力素质测评、评审选拔、组织考察、党委会研究审定、结果公示、履行聘任等8步进行;竞争选聘按照制定方案、发布启事、申报推荐、资质审查、评审选拔、组织考察、党委会研究审定、结果公示、履行聘任等9步进行。

二、精心"用",贯通改革线,搭建"百舸争流千帆竞"的用人平台

(一)把牢科技引领"风向标"

建立专家"五位一体"目标管理机制,由各级党委赋予专家精准的技术职责分工,将科技创新、技术支持、决策咨询、人才培养作为专项目标项,领导临时交办重要工作列为个性目标项,以目标导向激扬专家智慧涌流。科技创新、决策咨询面向生产技术难题、勘探开发技术需求和国际前沿技术,开展课题顶层设计,把关技术路线指标,"揭榜挂帅"领衔担任各级项目课题长(项目长);技术支持围绕井控安全、提速提效和复杂事故预防,指导现场开展技术攻关和复杂问题处理;人才培养开展师徒结对,分享技术经验和成功案例,定向培养专业领域高层次人才和青年后备人才。

(二)打造攻坚克难"主阵地"

结合攻关需要,将企业高级专家和一级工程师分为公司专班统用和二级单位自用两种模式,按区域成立国内3个工程技术专班和海外2个专家工作组,制定区域工程技术专班实施方案,强化区域工程技术管理和瓶颈攻关,与区域油气田共同推进地质工程一体化,提高钻完井速度和施工质量;持续开展技术交流和区域技术巡诊,定期承办中东地区技术交流会和海外钻采工程技术研讨会,形成强有力的国内外技术支撑体系。

(三)启动创新创造"强引擎"

建立首席专家负责制,成立钻井工程、井下压裂、地质与采油3个技术专家工作室,由本专业领域首席专家领衔、中层级和第三层级专业技术人员动态组成。根据生产现场技术难题、甲方勘探开发技术需求和国际先进工程技术发展趋势,专家工作室负责科研课题的顶层

设计，把关技术路线和技术指标，指导并解决项目运行过程中存在的问题，推动科技成果转化、完善和推广。专家工作室在支撑长城钻探工程有限公司创新发展方面发挥了重大作用，已成为专家开展技术难题攻关、咨询会诊、科技创新、人才培养及承载技术实力的"航母"。截至目前，各级专家领衔，技术骨干参加，承担重大科研专项课题研究，先后获得国家科技进步奖3项，省部级科技奖励77项，中国石油科技成果鉴定17项，中国石油年度十大科技进展6项，入选中国石油自主创新重要产品目录8项，11人入选中国石油"青年科技人才培养计划"。

三、细心"考"，融通改革面，形成"识取庐山真面目"的考评机制

（一）精细考核管理

成立专家考核工作领导小组，下设考核办公室和5个业绩考核评价组，评价组成员赋予相应打分权重，实施分级分类考核。建立专家工作目标任务绩效考核体系，采取定量与定性相结合的方式，量化各项考核指标项，便于专家目标明确、方向准确开展各项工作。

（二）创新考核评价

研究印发《专业技术岗位序列人员考核管理办法》，年度考核内容主要包括业绩考核和履职测评两部分。业绩考核企业高级专家及以下岗位人员权重占比70%，履职测评权重占比30%；聘期考核结果根据聘期内各年度考核结果按档次赋分后的算术平均值确定并区分不同情形。

（三）精准考核激励

依据岗位职责、工作分工和绩效合同开展专家年度考核，强制分布各个考核档次的人员比例，严格与同层级经营管理岗位序列人员年

薪酬收入水平挂钩，考核产生10%~100%的绩效差距，实现收入"能增能减"；搭建z-score标准化数学模型，依据各年度考核结果精确计算聘期考核结果，实现岗位"能上能下"。在中国石油"年度考核定薪酬"的原则上，增加了年度考核结果的任职应用。参照年度考核结果与绩效工资兑现的比例关系，将年度考核结果实行档次赋分制，实现考核科学准确。

在集团公司的悉心指导下，长城钻探工程有限公司"双序列"改革"早试点、早起步、稳推进、强质效"，取得了一定实效。接下来重点做好五个持续：持续优化专家岗位职责，建立以钻井、压裂为龙头的专家区域管理模式，完善专家量化激励约束机制，精准制定专业技术岗位人员年度绩效合同；持续完善改革制度，解决专业技术人才队伍结构性矛盾突出，人才政策精准化程度不高，人才评价"四唯"存在薄弱环节，人才发展体制机制改革存在"最后一公里"不畅通等问题；持续开展中层级及以上专家接续人才盘点，深入落实青年科技人才培养计划，建立企业两级专家和一级工程师接替人才库，强化培养，动态管理，充实专家人才后备力量；持续落实好中国石油高层级专家管理办法，做好企业首席专家日常管理，根据需要上报企业首席专家选聘方案和拟聘人选，开展选聘工作；持续强化"施工队伍"素质提升，做好各级专业技术岗位人员的选聘、管理、使用、考核激励、服务等工作，做实各项改革政策红利，深入推进人才强企工程，为"全力打造中国石油高水平科技自立自强先行军"贡献长城力量。

作者：王洋、甄广峰、张增辉、庞宏飞

突出"五抓"促"五精"
建设高素质专业技术人才队伍

渤海钻探工程有限公司

渤海钻探工程有限公司坚持目标导向、问题导向，大力实施人才强企工程，持续深入推进专业技术岗位序列改革，紧紧抓住"职数规划、职责确定、择优选聘、作用发挥、考核评价"五个关键环节，稳中求进，初步建成一支规模适度、分布均衡、结构合理、充满活力、后备充足的专业技术岗位序列人才队伍。

一、抓核心要素，精细职数规划

坚持科学设岗。围绕主营业务，紧盯主体专业，根据公司中长期科研、技术发展规划设岗，确保满足公司发展需要。依据科研项目、生产任务，以及业务规模、复杂程度、区域特征等关键要素，按照岗位价值设岗，确保岗位作用发挥。力求精干高效。采取定性和定量结合的"要素评价法"，对岗位的业务性质、从业人数、知识经验、工作量、复杂性等10个要素进行评价，经所属单位、公司两级论证，对现有专业技术岗位进行价值评估筛选，设置专业技术岗位30余个。采用"需求调查+专家评估"方法，设置企业高级专家岗数40余个，一级工程师岗数百余个，二级工程师及以下岗数4000余个。企业高级专家和一级工程师岗位主要分布在渤海钻探工程有限公司层面或所属单位，发挥领衔把关作用；二级工程师岗位主要分布在基层科研、生产单位，发挥技术骨干作用，三级工程师及以下岗位主要分布在基层站队，发挥科研、生产主力军作用。

二、抓作用发挥，精确岗位责权

明确界定职责。细化梳理工作流程，突出专业技术岗位"创新引领、业务把关、智囊参谋、人才培养"四大职能，扎实开展专业技术岗位《岗位说明书》的编制工作，确保"一岗一书"、职责清晰。强化赋权赋能。企业首席专家向渤海钻探工程有限公司领导班子负责，协助领导开展科研、技术管理工作，参加领导班子相关会议；企业高级专家、一级工程师参照所属单位领导班子成员管理，参与班子技术工作分工，协助分公司主要领导开展专业管理工作；二、三级工程师参照三级单位班子成员管理，协助上级专家开展工作。为一级工程师及以上科研类专业技术岗位人员创建科技创新团队，保持研究方向和核心成员相对稳定，帮助其深耕专业。积极松绑减负，严禁向三级工程师及以上专业技术岗位人员摊派党建、QHSE以外的与科研、技术无关的事务性工作。

三、抓核心骨干，精优岗位选聘

规范选聘高层级岗位。按照中国石油《关于进一步规范企业首席专家管理工作的意见》要求，规范企业首席专家管理，将3名享受渤海钻探工程有限公司助理待遇的首席专家规范为企业高级专家管理。严守职数规定，严格选拔程序，严把人选资格，将经验丰富、业绩突出、行业影响力大的2名优秀技术尖子选聘到首席专家岗位，做精了渤海钻探工程有限公司"深井复杂结构井第一军"的人才"塔尖"。精准选聘中层级岗位。严控企业高级专家、一级工程师队伍规模，坚持向科研人员、关键技术倾斜，2022年，通过组织选聘和竞争选聘，优先从总工（师）、硕博士中选拔企业高级专家8人、一级工程师47人，

"二代 BH-VDT4000 垂直钻井系统研制"等 22 个公司重大研发项目、"隆华 1"等 12 个中国石油重点工程均实现了一级工程师及以上专业技术岗位人员领衔，做强了专业技术岗位人员队伍的"塔身"。规模选聘第三层级岗位。壮大二、三级工程师队伍规模，坚持向基层一线生产技术骨干倾斜，保障现场工程技术需要。2022 年，从钻井队、试油队等一线作业队、外部项目部的技术骨干中，新增选聘二级工程师 141 人、三级工程师 408 人、助理工程师和技术员 412 人，充分调动了技术人员扎根一线的积极性，做大了专业技术岗位人员队伍的"塔基"。

四、抓重点职能，精准作用发挥

突出创新引领，2022 年以来，一级工程师及以上岗位人员作为项目长、副项目长承担公司及以上科技项目（课题）75 项，其中中国石油项目 11 项，渤海钻探工程有限公司重大项目 25 项，渤海钻探工程有限公司获省部级科技奖励 13 项，4 项科技成果通过中国石油成果鉴定达到国际先进水平，申报国家专利 143 件，授权国家专利 101 件。突出技术把关，三级工程师以上专业技术岗位人员靠前指挥，重点井驻井盯井 489 人次，钻井事故复杂时率降低 0.65 个百分点，创工程技术指标 206 项，准噶尔盆地南缘 2 口中国石油重点井创造多项新纪录新指标。突出智囊参谋，2022 年以来，一级工程师及以上专业技术岗位人员参与中国石油、油田技术服务有限公司组织的技术交流、咨询会诊活动 167 人次，参与渤海钻探工程有限公司组织的科技项目立项、科技项目评审验收、施工方案论证 412 人次。突出人才培养，2022 年以来，一级工程师及以上专业技术岗位人员在渤海钻探工程有限公司"专家大讲堂"上讲座、授课 69 人次，受训 6300 余人次，二、三级工程师在所属单位"专家大讲堂"授课 2263 人次，受训 1.9 万人次，带动了一大批青年科技人员快速成长、脱颖而出。

五、抓激励导向，精实考核评价

完善考核评价体系。专业技术岗位人员考核包括专业技术绩效考核和履职测评两部分，权重分别为60%和40%。专业技术绩效考核以年度《专业技术绩效合同》为依据，按照科研、技术两类岗位设置考核指标，科研类岗位主要考核科技立项、项目研究进展、科技奖励、发明专利及科技成果转化应用等指标，技术类岗位主要考核工程提速、工程质量、事故复杂控制、重点井监控等指标，同时将中国石油科技成果、中国石油纪录、省部级及以上科技奖励等作为加分项指标，充分体现岗位的职责重心、业绩贡献。强化考核结果应用。严格执行中国石油"年度考核定薪酬、聘期考核定去留"政策，2022年度，开展一级工程师及以上年度考核35人，其中考核为"优秀"的7人，占总人数的20%，"称职"的26人，"基本称职"的2人，对考核为"优秀"的予以表彰，考核为"基本称职"的按照标准的80%兑现年度绩效工资。同时，对19名聘期届满的一级工程师及以上人员实施了聘期考核，考核"称职"及以上人员予以续聘，1名考核为"基本称职"的一级工程师降级为二级工程师使用。通过严考核、硬兑现，奖优罚劣，有效激励了专业技术人员队伍，建立了岗位"能上能下"的动态管理机制。

作者：刘德如、李峰、王有江、刘玮

以岗位管理为主线
推动专业技术岗位序列改革走正走稳走远

测井有限公司

测井有限公司聚焦破解专业技术队伍资格评聘不清晰、内部晋升不通畅、序列转换不平衡、作用发挥不充分等难题，以岗位管理为主线，在研发、制造、服务、应用等主营业务领域全面实施岗位序列改革，为全部专业技术人员提供了一条畅通、稳定、有序的职业发展通道。

一、顶层设计，确保专业技术岗位序列改革"走正"

（一）统一思想筑牢共识

成立由"一把手"挂帅的测井有限公司、所属单位两级改革领导小组，上下贯通、部门联动学习研讨中央、中国石油有关改革、人才工作会议精神，构筑坚实畅通、步调一致、协同推进的改革思维。测井有限公司、所属单位两个层面通过宣讲会、座谈会、答疑会及研讨会等多种形式，广泛深入开展政策宣传和改革动员，让广大专业技术人员吃透改革精神、理解改革、支持改革并积极参与改革。

（二）系统开展岗位归集

坚持岗位设置与科技研发、生产技术，与区域特征、复杂程度，与职业发展、通道布局等多种维度紧密结合，围绕"研究、制造、服务、应用"四大主营业务，通过"分类法"开展岗位归集、设计，系统构建大技术岗位工作格局，建立完善T3～T9共4个方向7个层级

74 个岗位的矩阵式成长模型，同时建立国际培训晋级体系与专业技术岗位序列之间发展通道。

（三）科学实施岗位评估

按照不同专业领域、岗位层级、业务特点对人才能力素质要求的不同，组织工作评价委员会加强岗位梳理和评估论证，高级专家突出技术领衔、一级工程师突出技术把关、二级工程师突出技术负责、三级工程师突出具体实施，岗位设置界面清晰、层次分明、责权明确。同时在测井评价类岗位试点从核心能力、通用能力、专业能力角度绘制人才成长素质模型。

（四）合理规划岗位布局

推动中层级专家在全公司范围内发挥作用，实行统一派驻机制，由"两院"或区域共享中心集中管理，结合二级单位业务性质、体量规模、管理幅度等因素合理设置岗位方向及数量，根据业务需要进行派驻。推动第三层级技术岗位序列梯次化建设，以人才规模、技术实力、效益贡献为导向，创新建立二、三级工程师岗位数量总体管控下达、动态运行增补及选聘报审报备机制。

二、配套机制，确保专业技术岗位序列改革"走稳"

（一）实行竞争择优的选聘机制

把政治表现、工作实绩、贡献大小和专业精神作为衡量标准，分级建立岗位选聘评价指标体系，严格按条件选人、按标准评价、按程序运行，突出选用业绩贡献特别突出、专家评议认可度高的青年骨干。2023 年，6 名中国石油青年科技人才晋升为一级工程师，三级工程师及以上岗位 100% 实现竞争上岗，没有合适人选或者报名人选仍需进一步历练的岗位保持空缺。

（二）实行多方协同的签约机制

建立年度任务与岗位职责、业绩考核紧密联动的工作推进机制，强化科技、装备、生产、评价等4个本部部门深度参与本业务领域专家的年度任务书制定，结合中长期发展规划及年度任务计划，中层级专家分别与测井有限公司领导或业务部门签订年度任务书，并将集中管理单位、派驻使用单位作为受约方一并纳入，测井有限公司、本部、单位、专家四方围绕年度计划密切配合、相得益彰。

（三）实行分级分类的考核机制

科学区分考核周期、专家职责、业务定位，建立多维分类考核评价体系，强化"业务主管领导、上级同行专家、推广应用单位"三类评价主体，分别运行差异化指标权重。年度评价突出进展成效、聘期评价突出成果突破，高级专家突出领衔攻关、一级工程师突出把关定向，科研岗位突出科技创新、生产岗位突出技术创效，人才培养突出人事部门、业绩成果突出业务部门。

（四）实行"能上能下"的结果应用机制

严格实施考核档次强制分布，"基本称职"及以下的占比不低于10%，2023年年初，7名聘期考核"基本称职"的中层级专家退出。针对每位专家的考核情况定制"结果告知函"，并对考核为"基本称职"及以下专家的安排党委联系人"一对一"反馈结果、研判原因、督促改进、服务跟踪。推进技术人才在序列间同层级收入相当，实施领军人才精准激励，多名企业首席专家达到近百万年薪。

三、搭建平台，确保专业技术岗位序列改革"走远"

（一）强化科研组织运行

围绕制约油气勘探开发的测井技术难题，将国家、中国石油、油田技术服务有限公司、公司层面的各类科研项目整合为"十大科技创新项目",将基础实验、复用技术、测井数据等整合为"四大公共技术平台",破除岗位层级、任职资历不拘一格培养青年人才,"揭榜挂帅"选聘7名基层干部人才担任项目经理,形成公司首席专家领衔负责、项目经理协调运行、课题经理具体研究的项目制管理新模式。

（二）强化技术团队部署

在技术服务及支持保障单位组建由技术总师管理、中层级岗位参加的技术领衔团队,与行政领导班子双轨运行,在科研单位分层次部署认定一批可互相嵌套、也可独立运行的"四跨"成长型创新团队,包括首席专家领衔的公司级科技创新团队、高级专家领衔的分公司级技术研发团队、一级工程师领衔的基层单位级技术攻关团队,形成人才集智倍增效应。

（三）强化人才服务保障

提升人才自主培养质量,为企业首席专家配备科研助理,推动中层级专家在会议安排、工作用餐、健康疗养等同等待遇,邀请参与公司发展规划研讨、改革部署会议等企业重大交流,组织国情企情研修、青年骨干素质提升等企业重点培训,举办测井装备联盟、测井科技高端论坛等行业重大学术活动,支持在高校、学会兼职,全力为技术人才搭好台、铺好路。

全面实施专业技术岗位序列改革以来,测井有限公司通过建立岗位设置、晋级考核、薪酬激励等14个制度,完善了"选、用、育、考、培、退"机制,为专业技术人员提供了一条清晰、畅通、稳定、有序的职业发展通道,激发4655名技术人才在各自领域充分释放技术才能,部署了11个测井院士、企业首席专家领衔的科技创新团队,设立了3000万元/年"十大科技创新项目"奖励基金,引领"卡脖子"等科技项目攻关,研发了多维高精度、过钻具成像等一批重要创新成果,保障了10万井次/年的"六油三气"重点区域测井施工,推进了全员劳动生产率较改革前增幅达到 20.48%,支撑了测井行业技术策源地和产业链链长单位的打造,彰显了中国石油专业技术岗位序列改革决策的巨大优势和显著成效。

作者:张宪、方抒睿、完颜红兵

完善"生聚理用"机制 激发科技创新动能

海洋工程有限公司渤星公司

海洋工程有限公司所属天津中油渤星工程科技有限公司是集科技研发、工艺设计、产品制造、技术服务和工程服务为一体的高新技术企业，是国内最早开展固井材料及外加剂研究的机构，首创了多项关键性固井技术，解决了多项"卡脖子"难题，2022年3月入选中国石油科改示范企业。从完善人才"生聚理用"机制入手，建成了一支结构合理、创新能力突出的科技人才队伍。近3年来，开展省部级以上科研项目13项，获得授权发明专利19件，打造企业技术利器4项，获得省部级科技奖励8项，新成果转化10项，科技成果转化收入超过6亿元，2022年营业收入和净利润均创历史新高。

一、加强顶层设计，实现科技人才队伍建设有的放矢

（一）做好科技人才队伍建设规划

从人才类型和人才层次两个维度对科技人才进行盘点，摸清家底。根据企业发展定位和业务规划提出人才队伍中长期建设目标，精准引进、培养人才。

（二）建立市场化高层次人才引进和培养机制

印发《引进高层次人才管理办法》，对标市场化薪酬待遇，提出"一人一策"的引进方式，引进9名高层次人才。加强博士后工作站管理，引进博士后2人。

(三)多措并举、分层分级实施人才培养

新员工入职后及时指定带徒导师,明确培训目标,签订导师带徒合同,做实师徒结对培训。对于青年技术骨干,及时进行科研、技服和市场等多个岗位的轮训,以利于培养复合型人才。对不同岗位、不同层次的人员通过开展需求调研,定制培训方案,实施精准培训。

二、畅通职业发展通道,实现人才成长生态良性循环

(一)优化专业技术岗位层级

除中国石油和海洋工程有限公司层面管理的专家外,在管理权限内设置一、二、三级工程师、助理工程师和技术员等5个层级,明确与管理岗位序列的层级对应关系、薪酬对应关系,互认资历年限,为人才跨序列转换提供依据,拓展技术人员的晋升通道。2022年,3名三级正副职管理人员通过公开竞聘方式聘任为专业技术人员。

(二)开展职业生涯规划管理

指导新员工对自己的性格特点、知识层次、资源等进行分析,确立个人职业目标。单位指定导师作为职业规划辅导人,协助新员工制定职业生涯策略,并定期对其进行评估和修正。通过职业生涯管理,企业自身人力资源需求与员工职业生涯需求达到平衡,营造了育人、留人的良好氛围。2022年关键岗位员工主动离职率降到1%以下。

(三)打造核心骨干发挥作用平台

对于专家级人才,不断在人才培养方面压担子,业绩合同中设置带徒指标,并要求定期举办专家大讲堂。技术专家领衔组建专家工作室,根据专业方向形成具备特色的创新团队,经常性地开展课题研讨、技术培训等科技活动,为员工开展技术交流和培训赋能提供便利。

三、完善评价考核机制，实现科技人才激励有效精准

（一）定期开展全员能力评价

能力评价的结果在岗位晋升方面充分应用，在员工聘入高一层级技术岗位前首先根据管理权限依据高一层级的技术要求进行能力评估，能力达到任职条件的再通过岗位竞聘进入高一层级。

（二）开展全员业绩考核

年初各单位将承担的业绩指标层层分解，与员工签订业绩合同，业绩合同以岗位职责为依据，以可量化计分为原则，不同技术岗位的主要业绩指标体现出差异化。加强考核结果应用，杜绝"大锅饭"，真正实现员工收入"能增能减"，激发员工干事创业热情。

（三）开展科技创新贡献度评估

设计了科技创新贡献度评价模型，用于评价科技人员在科技创新方面的"贡献度"。评价模型针对研发人员和非研发人员区别设计指标和权重，分别从岗位职责、业务素质、科技创新、推广创效等4类要素中选取15个子要素赋值。科技创新贡献度评价的结果主要用于确定中长期激励对象，也用于对特殊贡献人员实施专项奖励。2022年依据评估结果确定岗位分红对象47人，科技人员占比87%，单人最高激励7.5万元，科技人员创新热情得到激发。

作者：李臻、刘蕴铖、马薇、殷波、冯望生

构建"三新"模式
开创专业技术人才队伍建设新局面

管道局工程有限公司

管道局工程有限公司针对专业技术岗位序列改革存在的体制机制不完善等问题，结合生产实际，创新顶层设计，以"三新"模式打造具有管道特色的专业技术岗位体系，实现专业技术岗位"全产业链"主体专业全覆盖，有效激发专业技术人才创新创效动力活力，为企业高质量发展提供了强有力的制度保障和科技人才支撑。

一、重塑专业技术人才队伍建设"新体系"

从制度的顶层设计破题，梳理完善人才管理政策，分专业细化岗位设置，明确岗位职责分工，从人才队伍建设的整体层面和专业技术人才的个体发展层面构筑起"强关联"关系。

（一）坚持问题导向，设计全覆盖式专业技术人才管理制度体系

以岗位管理为核心、层级对应为基础、作用发挥为目标，重新制定《管道局工程有限公司专业技术人才管理办法》《管道局工程有限公司专家管理办法》，建立公司党委统一领导，专家委员会牵头，相关部室、直属机构和单位协同配合的责任保障体系。确定单位、专家联名和绿色通道三种人选推荐方式，优化选聘考察程序及标准，不拘一格选用人才，形成纵向晋升有序、横向转换通畅的人才成长通道。坚决杜绝跨序列兼岗兼职，做实专业技术岗位管理，明确一级工程师及以上专业技术人才岗位职责及任职规范，为履职尽责提供制度保障。

（二）持续夯实基础，构建金字塔式专业技术人才岗位设置格局

以规划为指引、以发展为导向，做实专业技术岗位设置。结合业务结构和队伍现状，全面开展岗位梳理论证，构建涵盖工程技术、生产支持2大主干领域，地面建设和油气储运、机械、信息工程、安全环保4大分支专业，油气储运工艺等33个重点关键业务、输油工艺等48个关键专业方向的全产业链专业技术岗位体系。同时，设置专业技术岗位7500个，科学规划岗位层级布局，其中：一级工程师及以上岗位100个、二级工程师岗位占比20%、三级工程师岗位占比55%、助理工程师及以下岗位占比23.7%；在此基础上，根据所属单位业务分类和专业技术人才队伍现状，差异化核定各层级岗位职数，为全面开展专业技术岗位选聘工作奠定坚实基础。

（三）注重上下联动，建立分级式专业技术人才岗位职责模式

结合专业技术岗位的专业领域，建立上一层级指导下一层级，下一层级支持上一层级，上下层级紧密配合的专业技术岗位职责管理模式。在签订《任期目标责任书》《年度工作任务书》时，须由上一层级专家签字把关；首席专家对聘任岗位所在专业领域的科技发展和技术把关负总责，主要负责管道局工程有限公司在行业内的技术引领和科研领衔作用的发挥，高级专家协助首席专家推动聘任岗位所在专业领域的工作开展，主要负责指导所属单位相关领域内的业务开展和技术进步，一级工程师主要负责所在单位的专业技术进步和业务发展。各领域内人才团队职责分工明确、优势充分激发，快速形成人才集智倍增效应。

二、构建专家人才选聘晋升"新机制"

从人才的精准选聘着眼，设计差异化的选聘标准、多样化的选聘方式，致力于打通转换通道，增强专业技术人才选聘工作的科学性。

（一）开展精准选拔，设计差异化专家选聘标准

改变以往"一把尺子量到底"的选聘标准，着眼于专家能力水平，按照科研类、生产类精准制定专家选聘量化测评标准，设置获奖成果、工法标准论文、荣誉称号、主持项目、解决问题能力、技术创新能力、述职答辩等7项指标。科研类岗位选聘标准侧重评价科技创新能力，生产类岗位选聘标准侧重评价解决生产难题，差异化、精细化的评价标准提升了专家选聘工作的精准性和科学性。

（二）做到量体裁衣，采取多样化专家选聘方式

通过组织选聘、竞争选聘两种方式开展选聘工作。组织选聘适用于人选比较突出，各方面认可度比较高的情形；竞争选聘适用于符合资格条件的人员较多、意见不够集中，需要进一步拓宽视野、全面了解和发现更多适合岗位人才的情形。多样化的选聘方式更有利于专家人才的脱颖而出，2022年，管道局工程有限公司通过组织选聘方式选聘首席专家1人、高级专家6人，通过竞争选聘方式选聘一级工程师10人。

（三）有效破除壁垒，畅通跨序列转换晋升通道

确立专业技术和经营管理岗位序列层级对应关系，为岗位转换提供了依据。比照经营管理岗位考察程序，进一步规范专家岗位选聘程序，在专家委员会量化评审推荐的基础上，比照设置选聘动议、组织考察、党委会审议、任前谈话、任职宣布等对应环节，为序列间的岗位转换奠定了组织程序基础。明确三级工程师及以上专业技术人才从业经历和资历与其他岗位序列互认机制，公司首席专家、高级专家和一级工程师分别对应一级企业副职、二级企业正职和二级企业副职，可按照程序要求进行转任或晋升，为跨序列的岗位晋升铺平了道路。2022年选聘的18名专家中，从管理岗平级转入2人、管理岗选聘晋升9人，合计占比61.1%；2023年，从管理岗平级转入4人，其中高级

专家1人、一级工程师3人。

三、激发专家人才创新创效"新动能"

从提升专家人才的活力动力处落笔，制定《关于进一步发挥管道局工程有限公司专家作用发挥的指导意见》，打造作用发挥平台，强化考核指标对岗位履职的牵引，不断激发专业技术人才的创新创效能力。

（一）瞄准权责对等，统筹专家作用发挥的制度设计

积极开展党委联系服务专家工作，实现专家政治待遇，办公用房、文件传阅、健康体检与同层级领导人员待遇相同，专家排序在同层级企业领导人员之后。确定专业技术管理范围和权限，安排专业技术人才在各层级科委会、专家委员会等机构中担任重要职务，安排首席专家担任科学技术委员会副主任和专业分会主任，安排首席专家或高级专家担任专家委员会专业组组长，一级工程师以上人员担任专业组成员，所属单位安排专家担任本单位科学技术委员会或专家委员会相应职务。首席专家、高级专家和一级工程师按规定参加相应层级领导班子工作例会等重要会议，参与决策把关。全面优化科技工作管理流程，明确将专业技术人才审核把关环节纳入管理流程之中，科技研发、工程管理等部门在向单位主要领导提交专业技术领域重要规章制度、技术文件、技术方案前，必须将专家审核前置于领导审批，树立专家在相关领域内的权威，有效提升决策科学性。

（二）实现同频共振，打造专家作用发挥多样化平台

围绕工作室、团队和重点科研项目，为专家发挥作用创造有利条件。建立首席专家工作室，配备固定工作场所，允许公开招聘工作室成员，工资总额单独予以支持，形成专家工作的主阵地。围绕专家打造专家创新团队，明确相对稳定的专业研究方向，促进专家创新团队在科研实践中出成果、出人才。推进实施科研项目"揭榜挂帅""赛马

制"，鼓励专业技术人才勇挑重担，担任项目长，积极开展科研攻关。

（三）促进履职尽责，制定专家作用发挥的考核体系

以促进岗位履职为目标，科学设置考核细则，充分发挥考核激励作用。在定量考核中，差异化设置科研类和生产类指标，根据日常履职表现即可测算个人年终考核分数，督促其在各项工作中尽职尽责。在定性考核中，指标侧重政治素质和职业素养，与对应层级经营管理岗位序列人员考核同步开展，结果分为"称职"和"不称职"，对"不称职"的实行"一票否决"。开展考核结果"强制分布"，严格按照层级对应关系和考核结果兑现绩效，实施专家工资总额单列，切实发挥考核"指挥棒"作用。

作者：陈友君、陈义、崔昊、魏军锋、曹永新

深入推进专业技术岗位序列改革
加快建设引领发展的战略人才力量

工程建设有限公司

工程建设有限公司聚焦专业技术人才职业发展"天花板""独木桥"问题，扎实推进"双序列"改革，配套完善管理机制，不断激发人才奋进高质量发展、建功立业新时代的动力活力，形成了人才与企业共赢发展的新局面。截至目前，公司享受国务院政府特殊津贴专家7人、行业级勘察设计大师9人、省部级技术人才称号9人，12人成为中国石油青年科技人才培养人选。作为公司壮大领军方阵、增强接续韧性的破题之举，"双序列"改革对人才梯队成长的激励作用正逐步显现。

一、抓好改革顶层设计，推动序列建设落地实施

（一）科学设置技术岗位

着眼当好油气田地面工程领域科技创新的"国家队"、战略新兴产业发展的"急先锋"功能定位，统筹考虑公司科研、生产需要和人才成长需求，组织生产技术部门和二级单位开展主题座谈研讨和外部调研取经，按照"科研、设计、施工、建设、制造"5个业务方向，从专业宽度和职业评价的维度，研究形成了以"2个主干领域—5个分支专业—32个重点关键业务—88个分项业务"为架构的专业技术岗位职级体系和对应的职数规划。分级开展拟聘人员盘点，针对公司技术人才集中分布在二、三级工程师层级的队伍特点，进一步细化分档，促进

人岗精准匹配。

（二）健全配套管理制度

贯彻"以奋斗者为本，以能力实绩为导向"的人才工作价值理念，着眼"任职标准、岗位责权、选聘考核、序列转换、薪酬待遇"等岗位管理关键要素，修订《专业技术岗位序列管理程序》。强化中层级岗位人员管理，确定了决策咨询、创新引领、技术把关、工程服务、学术带头、人才评价6项职责，规范了汇报路线和工作权限，严禁跨序列兼岗兼职，将岗位真正做实。印发《关于促进科技创新的二十四条措施》，在强化人才培养、搭建项目平台、健全激励机制、营造文化氛围等方面配套序列改革保障政策，为专业技术人才更好发挥作用创造条件、提升动力。

（三）分级实施岗位选聘

按照"整体设计，分级实施"原则，中层级岗位选聘在全公司范围内组织实施，其他层级在改革意愿强烈、条件成熟的设计单位开展改革试点。以组织选聘和竞争选聘为主要方式，按照科研和生产2个类别分级建立量化评价标准，中层级岗位设置技术成果、项目业绩等9项指标，突出科技人才创新价值、能力、贡献评价导向。经过两级选聘，已在主营业务领域形成了一支"金字塔型"专家人才队伍，有近30名专业精湛、成果突出的中层、基层领导人员主动回归技术工作，在广大专业技术人员中起到了辐射带动效应。

二、搭建赋能创新平台，拓展人才作用发挥空间

（一）组建集智创新平台

整合资源为专家骨干搭台组队，共建立天然气处理创新团队等7个公司创新团队，在二级单位成立创新工作室、博士工作室，既保持独立运行，也根据专项任务向上嵌套开展研究。共有7个团队获省部

级协会科技创新先进团队称号，通过引领研发人员开展"卡脖子"关键技术攻关，实现在天然气净化处理与深冷提 XAI、酸性油气田材料与腐蚀控制等专业达到国际先进水平，在 800 万吨 / 年大型 LNG 国产化成套技术、油气长输管道、高效设备与节能环保、勘察与岩土等专业领域达到国内领先水平。2023 年以来，各级研发团队共开展国家重大专项、中国石油重大专项、中油工程以及工程建设有限公司科研项目共计 82 项，获授权专利 20 件。

（二）优化岗位实践平台

淡化专家人事管理权，加强内部调派使用，高级专家在工程建设有限公司和所在单位两个层面发挥作用，一级工程师主要依托所在单位发挥作用，同时承担工程建设有限公司专项任务。落实专家岗位职责，由主管领导、工程建设有限公司技术及生产部门、专家本人共同研究签订《年度工作任务书》，多方合力发挥专家作用。以重点工程项目、重大科技项目为载体，支持专家承担领衔责任，确保重点项目配置率达到 100%，安排专家开展咨询会诊，2022 年为工程项目提供技术支持及技术会诊 33 项次，参加国家、中国石油标准审查会 30 多次，在中国石油开展专业讲座 10 次。向国家部委、行业协会推荐评审专家 40 人，提升人才外部影响力。

（三）打造专家育才平台

充分发挥专家学术带头作用，组织"专家课堂"精品课程开发，2023 年共录制专家课程 11 门，编写新能源培训教材 2 册。让高潜力人才进入专家创新团队，建立团队"传帮带"机制，促进接替人才、紧缺人才、优秀青年人才的成长。从专家中优选导师，与 12 名中国石油青年科技人才培养人选签署带徒协议，制定年度培养计划，动态记录培养人选培养情况。实施新能源新业务青年科技人才培养计划，共优选 45 名 35 岁以下培养人选，安排内部导师实施"两个一周"（每月从事"双新"项目工作一周,每季度集中办公一周)培养,邀请外部专家开展年度评估指导,定向培养战略新兴产业青年科技人才。

三、推进目标绩效管理,激发价值创造内生动力

(一)构建绩效考核体系

坚持"干什么、考什么"原则,中层级岗位人员年度考核采用"履职测评定性考核+业绩考核定量考核"相结合方式,业绩考核本着"谁主管谁考核"的原则,明确考评主体和权重,设置量化评分标准,对照绩效计划和目标任务完成情况逐项量化赋分,参考中国石油高层级专家"'专'字上见实效,不追求面面俱到"的考核思路,被考核人可从5个评价方向有选择地投入精力,最大限度发挥自身优势特点。第三层级岗位人员以所承担的年度任务完成情况、工作业绩价值和贡献作用为考核重点,对职业道德评价要素考核"不称职"的执行"一票否决"。考核结果实行"强制分布",对"基本称职""不称职"人员,安排专人帮助研判原因,研究制定改进计划,切实发挥考核"指挥棒"作用。

(二)强化约束激励机制

专业技术岗位人员年度薪酬水平与本单位同级管理人员对标。坚持"年度考核定薪酬、聘期考核定去留"原则,按照年度考核结果兑现绩效奖金,考核档次为"优秀""称职""基本称职"的人员,年度绩效奖分别按兑现标准的100%、90%、80%发放,"不称职"人员视情况增加扣减幅度直至全部扣除。聘期考核为"基本称职"需重新参加同级岗位选聘,"不称职"人员降级参加选聘,实现"能上能下"。为科技人才设置科技成果奖、应用成果转化创效奖等多项科技专项奖励,工资总额单列,2022年共发放科技专项奖722万元,对公司级及以上科技项目发放项目绩效奖励,充分激发科技人才创新创效动能。

（三）树立创新创效典范

持续开展"弘扬爱国奋斗精神、建功立业新时代"活动，突出政治引领、文化引领，大力弘扬科学家精神、石油精神和大庆精神铁人精神，深化党委联系服务专家网格化建设，定期召开科技大会，表彰科技工作先进集体、先进个人，给予物质奖励。依托微信平台推出"先锋·堡垒""奋斗者风采"等系列报道，2023年以来已有40余位科技领军、创新先锋进入干部员工视野，集中展现了石油建设者引领技术攻关、奋战项目一线的情怀和风采，引发了广大科技人员内心的共鸣，增强了职业荣誉感和自豪感。在工程建设公司营造了尊重人才、尊重创造的良好氛围。

作者：李昊鹏、门庆明